高质量发展的目标要求和战略重点

下

国务院发展研究中心课题组 著

中国发展出版社
CHINA DEVELOPMENT PRESS

地方案例研究篇

案例一

江苏制造业高质量发展的战略目标与路径研究

1 江苏制造业发展的现实基础及主要问题

改革开放以来，江苏制造业迅猛发展，极大推动了全省工业化和现代化进程，有力支撑了全省经济社会持续发展，从根本上奠定了江苏经济大省地位。

1.1 发展基础

1.1.1 规模总量保持全国领先

制造业规模连续 8 年保持全国第一，2015 ~ 2017 年增速始终高于全国平均水平。2017 年规上工业增加值超过 3.5 万亿元、增长 7.5%，占全国比重 12.5%，对全省经济增长的贡献率在 50% 左右。规上工业企业利润总额超过 1 万亿元、居全国第一，占全国比重超过 14%。从国内比较来看，江苏 2017 年规上工业产值为 15.49 万亿元，占全国工业产值的 13.3%，比紧随其后的山东和广东分别高出 1.23 万亿元、1.93 万亿元。苏南是中国最大的工业基地。从国际比较来看，2016 年江苏省制造业占全球 3.6%，相当于美国的 20.5%，日本的 49.9%，德国的 62.3%，约为韩国的 1.2 倍、印度的 1.4 倍、英国的 1.6 倍、意大利的 1.7 倍、法国的 1.8 倍。

1.1.2　行业竞争优势明显

江苏制造业门类较为齐全，产业链比较完备，产业集群发展水平较高，基本上融入全球产业分工体系。在制造业 31 个细分行业中，江苏有 8 个行业收入排名位居全国第一、6 个行业位居第二、其余 6 个行业位居第三、四位。8 个大行业（机械、轻工、电子、石化、冶金、纺织、建材、医药）长期在国内同行中处于第一方阵，前 6 个行业主营业务收入均过万亿元。41 个细分行业主营业务收入达到千亿元以上，25 个达到百亿级。机械、纺织连续多年位居全国首位。电子、石化、冶金、医药居全国第二，轻工居全国第三。电子信息行业主营业务收入达 2.2 万亿元，全国占比 18.0%，其中晶圆制造、集成电路、封装测试、光纤光缆等细分行业规模和技术水平长期位于全国前列。纺织行业主营业务收入达 1.5 万亿元，全国占比 36%，其中有 14 个大类产量排在全国前三位。医药主营业务收入达 0.4 万亿元，全国占比 14.2%，基本涵盖了化学原料药、化学制剂、中药、药用辅料等。高新技术产业、战略性新兴产业保持较快增长，先进制造业占比从 2012 年的 38.7% 增长至 45% 左右。新材料、节能环保、医药、软件、新能源、海工装备等产业规模居全国第一，新一代信息技术产业规模居全国第二，光伏、智能电网、海工装备等细分领域分别占全国市场份额的 50%、40% 和 30% 以上。

1.1.3　市场主体实力持续提升

全省营业收入亿元以上企业超过 2 万家，行业细分领域的“单打冠军”超过 2000 家。超 500 亿元制造业企业从 2014 年的 13 家增加至 16 家，沙钢、恒力、悦达、中天钢铁4家企业营业收入超千亿元。制造业上市公司288家，总市值超2.5万亿元，均居全国前列。太平洋建设、沙钢、恒力、苏宁云商4家企业入围世界500强，47家企业入围中国制造500强。徐工集团、亨通集团、天合光能、南瑞集团等龙头企业发展水平位居世界同行业前列。龙头企业、专精特新中小企业等市场主体竞争力不断增强，成为引领江苏省制造业向中高端迈进的主要力量。

1.1.4 载体功能逐步增强

集中集聚集约发展是江苏制造业发展的重要特点。江苏是全国创办开发区最早、各类开发区门类最齐全、制造业产出最大的省份之一，各级各类开发区对制造业的集聚和产业链效应不断增强。开发区是制造业发展的中心阵地。全省开发区创造了全省1/2的地区生产总值和一般公共预算收入，制造业份额超过70%，在全省经济总量中举足轻重。产业集群各具特色。各园区坚持实施全产业链发展，着力推动产业升级，做大做强主导产业，走出各自“高、新、特”之路。苏州工业园区大力发展创新型服务型经济，形成以信达生物、苏大维格等为代表，规模近千亿元的生物医药、纳米技术应用、人工智能三大新兴产业集群，高新技术产业、新兴产业产值占比分别达到67%、59%。苏州工业园区引进中科院苏州纳米所等“国家队”科研院所8家，国家级创新基地20多个，累计建成各类科技载体超380万平方米。人才总量能级迅速增加。以产学研为依托，推进院士工作站、博士后工作站、国家级技术研发中心等创新载体建设，吸引科技人才及其团队陆续加盟，科技和人才要素聚集明显。

1.2 主要问题

长期以来，江苏制造业增长主要依赖生产要素驱动，粗放增长的特征难以短时间内扭转，存在的问题也非常突出。

1.2.1 传统产业转型升级不快

江苏省传统产业转型升级速度较慢，传统产业占比过高、简单加工制造占比较大、产品偏中低端等问题比较突出。传统产业占比接近70%，特别是沿江地区重化工业、高耗能行业比重偏高，退出低端产能任务仍然繁重。营收超百亿元的制造企业多集中在传统产业领域，4 家超千亿元的也都分布在冶金、纺织等传统行业。

1.2.2 标志性领军企业偏少

江苏制造业虽然总量规模大，成长起一批优质企业，但几乎没有真正具有行业引领支撑作用的标杆性企业。江苏高端装备制造规模超过 3000 亿元，位居全国前列，在工业机器人、高端数控机床等领域也拥有一批代表性企业，但与国内领先企业相比，在规模、研发等方面仍有较大差距，难以起到行业引领作用。以常州和无锡为代表的石墨烯产业起步早，聚集了 3 家上市公司和上百家企业，在国内有一定影响力，但在高品质石墨烯规模化方面还没有取得重大突破。此外，以无锡为代表的物联网、以苏州为代表的纳米材料等新兴产业缺少实力强、模式新的标杆性企业带动整个行业发展。

1.2.3 产业附加值较低

制造业总体上处在全球产业链的中低端，产业层次还不够高，高端产品供给能力不够强。作为制造和出口大省，江苏制造最大的问题在于价值链分工的不利定位，生产规模和出口份额虽可观但收益较低，国际竞争力相对较弱，这点在电气机械及电子通信设备、装备制造、交通运输设备等新兴制造部门尤为明显。当前江苏制造部门 65% 的工业机器人、80% 的集成电路芯片制造装备、40% 的大型石化装备、70% 的汽车制造关键设备严重依赖进口，船舶电子产品本土化还不到

10%。企业生产制造更多还停留在劳动密集、资本密集的加工制造环节。

1.2.4 数字化指数不高

江苏制造业数字化、智能化水平亟待提高，数字新技术中的大数据、云计算、物联网、区块链、人工智能五大技术与制造业结合不够紧密。目前，江苏企业的生产设备数字化率平均仅为32%，数字化生产设备联网率仅为23.9%，关键生产工序数字化率仅为27.8%，数控率低于30%的规模以上工业企业比率达52.9%，在高端技术、工业软件和产品标准等领域都缺乏足够的话语权。

1.2.5 全要素生产率不足

江苏省以全国1.1%的国土面积创造了全国10.4%的经济总量，但与此同时，土地开发强度大，排放总量大，土地资源、环境容量的瓶颈制约日益突出，全要素对经济产出的支撑作用不够突出。随着经济的深入发展，传统要素配置对经济增长的贡献逐步下降，对于当下江苏转变经济发展方式而言，提升要素层次，由传统土地、劳动力和资源环境三大要素投入模式向科技进步、人才红利和管理创新三大高端要素驱动的转变就成为高收入阶段经济持续增长的主要手段。

1.3 原因分析

上述问题的存在，既有发展不平衡不充分的因素，也有长期积累的体制机制障碍。

创新活力不足，创新体系整体效能还不强，科技创新资源分散、重复、低效的问题还没有从根本上得到解决，“项目多、帽子多、牌子多”等现象仍较突出。科教资源与产业发展契合度不够高，全国167个工学类一级重点学科中，江苏省仅17个，与制造业大省地位不相匹配。影响全社会创新创造的体制性束缚没有得到根本破除，理念、制度等方面存在深层次制约，"鼓励创新、宽容失败"的文化氛围没有广泛接受和推广。

核心技术受制于人，从行业整体水平来看，我省新兴产业整体对外技术依存度高达65%，而发达国家仅为2%。高端装备核心零部件生产技术偏少，国产化水平较低。少数领域的技术处于全球领跑和并跑水平，信息、先进制造、能源领域只有3%的全球并跑技术，先进制造领域目前几乎没有领跑技术。研发碎片化、切片化现象比较严重，有限的资源难以整合到以企业为主体的研发平台上。

市场化程度不够高，市场在资源配置中的决定性作用仍没有得到充分发挥，影响市场机制的体制性、政策性顽疾仍时有存在。在土地、资金、人才等要素资源配置方面，企业受到的非市场化干预因素较多。市场中介组织的发育与发达国家和领先省市相比有一定差距，法治化环境有待进一步改善。

政府服务环境不够优，政府部门对深化"放管服"改革的思想认识参差不齐，有待进一步加强。政府层面对平台企业、区块链等新经济形态引导不足，对数字经济缺少战略性谋划。政府和市场的职能分工界限模糊，放权给市场社会效果不明显。放权的"含金量"不够，协同衔接明显不足。"新办法不会用，老办法不管用，硬办法不敢用，软办法不顶用"。力除烦苛之弊，大兴便民之举，回应人民群众的新需求，需要进一步更大力度深化改革，破解深层次矛盾和问题。

2　江苏制造业高质量发展的战略目标

推进江苏制造业高质量发展，必须主动适应世界科技产业发展的最新潮流，对标国际一流，着力推进质量变革、效率变革和动力变革，构建现代制造业产业体系，为实现经济高质量发展走在全国前列奠定扎实基础。

2.1 战略导向

2.1.1 从数量型制造到质量型制造

江苏作为制造业大省，在保持量的优势的同时，要坚决贯彻十九大经济从数量型向质量型转变的战略，着力效率提升，着力质量提升，着力技术提升，让制造业的数量向质量转变成为经济转型的引领力量和中坚力量。

2.1.2 从灰色制造到绿色制造

摒弃过去的更多地靠资源投入、靠消耗环境容量、靠更多的物质损耗来获得制造业增长的路径，突出减量化，突出节能减排，突出环境友好，形成江苏绿色制造体系，淡化制造业的“灰度”，使江苏制造能够比肩国际物质消耗水平，在国内达到一流。

2.1.3 从制造业大省到制造业强省

把制造业发展的重点放在质量、力量上，放在高度、新度上，放在价值和效益上，致力于在产品层面上形成“江苏品牌群”，致力于在技术创新层面上强化核心技术攻关的“内功”，形成在全球制造中的“拳头”，致力于向产业链的中高端攀升，在产业组织和价值上实现，把规模优势真正转化成为价值优势。

2.2 发展目标

江苏新制造的发展目标主要是“国内排头兵、国际性基地、三个指标明显提升”，既展现出在国内竞争中的地位，又体现出在国际上的影响，更重要的是问题导向、效果导向，切实解决现代制造业高质量发展的内核问题。

2.2.1　中国先进制造业排头兵

江苏制造业在保持国内规模第一位的同时，要更加突出制造业新兴产业的发展，通过高技术制造的提升，能够解决中国难题，在中国制造业的高质量发展上能够解决重大的瓶颈制约，突破关键核心技术，引领中国先进制造业发展进程，成为中国先进制造业的排头兵。

2.2.2　国际影响力制造业基地

通过制造业产业链提升占据全球价值链的中高端地位，制造业部分领域具有世界创新引领能力和相对竞争优势，具有世界水平的制造业产品质量和品牌，能耗水平进入世界先进行列，绿色制造水平比肩国际，形成自主可控的现代制造业产业体系。同时能够强力吸纳国际一流的人才、技术、资本、资源，实现与国际制造领域先进技术、市场、人才的常态交互连接，成为中国在国际制造业竞争中的中流砥柱，能够抵抗大的贸易竞争压力和快速变化的市场风险。

2.2.3　制造业高质量发展核心指标明显提高

制造业增加值率到 2022 年力争达到 27%。江苏高质量制造要切实在价值增长上体现，提高投入产出效益，向高端、高效和高附加值方向转变，明确把提高制造业增加值率作为目标导向，推动转型升级，切实改变附加值低的状况，在达到国内平均水平的基础上，达到国内前列，努力向世界先进对标看齐。

数字经济指数到 2022 年超过 50%。数字经济指数保持在全国前二的地位，数字产业和数字技术提升实体经济得到更好更快发展，数字制造、智能制造、网络制造发展水平领先全国。

规模以上工业企业研发经费内部支出占主营业务收入比重每年增

加 0.1%，技术进步和资源重新配置成为制造业提升的重要动能，稳定地处于全国领先水平。

3 江苏制造业高质量发展的战略取向

江苏制造业高质量发展是一个具有历史意义的转型阶段。改革开放以来，江苏经济同全国一样，较好地实现了从计划经济向市场经济的深刻转变，市场机制激发了巨大的活力和创造力，江苏制造实现了量的飞速发展。进入新时代，江苏制造业处于转型升级之痛中，面临着从高速增长向高质量发展的转变，这一历史转变刚刚开始，其难度要较市场性的历史转变大得多、难得多，对此要有十分清醒的认识。基于这样的思考，江苏制造业发展要切实贯彻新发展理念，以供给侧结构性改革为主线，坚持质量第一、效益优先，紧扣高质量发展要求，“走新道路、用新动力、取新红利”，有效推动制造业发展动力变革、效率变革、质量变革，力争用十年左右的时间建设成为具有国际影响力的制造业强省，为实现江苏制造业高质量发展的历史变革创造条件。

3.1 制造业高质量发展要走新道路

传统的制造业模式在新的产业和技术革命的新形势下，已经难以持续，需要走新的道路才能实现发展的目标。一是要从外延扩张的老路转向内涵提升的新路。外延式发展的方式，已经使江苏的土地、资源、能源消耗、环境支撑等难以为继，必须要走到以提高资源利用效率、提高劳动生产力的新道路上来。二是要从旧的制造模式转到新制造上来。新制造是以智能化、大数据、互联网为代表的新技术所促成的智能化大规模个性化定制生产与服务，能够满足消费者全新的个性化需求，这是传统制造模式难以企及的。要确立“换道”意识，在新的技术应用、新的制造模式、新的商务服务上实现赶超和卓越。

3.2 制造业高质量发展要用新动力

科技创新是制造业高质量发展的最大动能。制造业高质量发展的衡量标准是其高价值目标能否实现，集中体现在制造业增加值率、数字化水平和全要素生产率上，各项工作行动和创新举措应遵循这一目标。要着力技术提升，着力发挥技术改造的作用，全面提高技术装备的水平，使江苏目前规模较大的制造业门类在生产能力和水平上有明显提高。致力于技术创新，在先进制造业和战略性新兴产业方面，重点发挥好苏南自主创新示范区的作用，建设强国战略国家级示范区，在先进制造业基地建设、特色产业打造、发展模式创新等方面加快打造具有创新力和竞争力的先进制造基地，成为江苏在全球制造中的“拳头”。不断积累创新成果，汇聚全球创新成果和英才，实施制造业创新中心建设工程，围绕人工智能、增材制造、高性能碳纤维、高端工程机械、工业软件等关键领域，布局建设一批省级能够汇聚全省优势资源的制造业创新中心，实现优势领域、共性技术、关键技术的重大突破，成为江苏制造源源不断的“内功”。要在重大技术攻关方面不断呈现亮点，通过行业龙头企业、高校科研院所、国家级创新平台参与中心协同建设，着力在工业互联网、工业软件、人工智能等领域实施一批重大技术攻关项目，不断攻克产业发展的重大核心技术瓶颈，努力占领产业发展制高点。

价值链处于中低端是江苏制造业高质量发展的痛点，围绕痛点施策，要提升在全球价值链上的地位。要逐个分析江苏制造业价值链的各环节，抓住其中的关键问题突破。要培育核心技术为支撑的“链主企业”，大力支持本土大型制造业企业引领或紧跟国际技术发展的方向，在核心技术层面形成突破，形成产业链全链条上的竞争优势。以核心环节的高端技术突破和商业模式创新结合的方式，掌控核心环节，实现价值链上的角色转换，形成以大型制造业企业为龙头的区域核心技术链和价值网络，成为世界级的“链主企业”。

3.3 制造业高质量发展要取新红利

当今科技和产业的快速发展，发挥数字化创新对于江苏制造业的提升作用，可以获取数字红利。数字信息发生、循环、扩展过程是数字经济获取经济效益的主要路径，要借助数字经济发展构筑新平台、新模式，强化数字经济全方位的渗透力，使经济增长的质量得到较大提升。数字经济以使用数字化的知识和信息作为关键生产要素，与过去强调实物投入产业发展路径相区别。巨大的数字金矿，是江苏制造业高质量发展取之不竭的源泉。

数字经济对产业发展的带动和渗透作用是战略性的，一方面可发展大量成长性好的数字产业，另一方面数字技术对各行各业的渗透应用，对整个经济能起到极其强大的提升作用。国际上有 iGDP 的新概念，就是数字经济占 GDP 的水平，iGDP 标志着 GDP 的含金量。iGDP 主要包括两大方面：一是发展数字产业，开发数字硬件产业、软件产业以及服务业；二是应用数字技术，将数字技术渗透到各行各业，大幅度提升产业附加值。加大这两块比重将大大提升 iGDP 的水平。iGDP 超过 50%，表明数字经济已占主导地位。联合国有关专家的模型表明：一个城市或地区，通过大幅度提高数字经济水平，当数字化程度超过 75%，就可以不增加投资，在现有存量资产基础上，将整个 GDP 提升 3.5 倍，这充分表明提升 iGDP 能够获得大量数字红利。以江苏制造业来说，2016 年全省规模以上制造业总产值超过 16 万亿元，要通过信息和数字的运用，加快工业化和信息化的深度融合，如利用工业 4.0 技术构建数字双胞胎、发展数字化产品、建设物联网、工业云等，促进存量经济的提质，促进产业园区升级，促进现有经济结构的转型，促进新兴产业发展，获取更多的数字红利。瞄准龙头产业与支柱产业，发挥数字经济对现有产业体系的提升作用，打造交易与服务平台，加速对产业上下游环节和企业的整合，提升企业和产业竞争力。

4　江苏制造业高质量发展的关键路径

江苏新制造高质量发展要实现国内排头兵、国际性基地、三个指标明显提高的目标，江苏新制造发展要基于现实状况，认清自身的优势、特点和不足；着眼于前瞻性，从当今世界最前沿的产业和科技发展对照思考，从国内竞争的最新态势来观瞻；立足于针对性，用系统化思维，突出关键，把握重点，形成近期切实可行的发展路径。

4.1　聚焦数字化创新

当前，世界经济正处在一个以信息数字技术为主导的数字革命时期。江苏要顺应数字经济时代潮流，创造数字红利，大跨度向以数字为基础的新实体经济“换道”。江苏数字创新应聚焦“两化一脑”，即数字产业化、产业数字化和智能数字大脑。江苏发展数字经济的本质要求为生产的数字化，数字化生产之关键是实现“两个一切”，即一切业务数字化，一切数字业务化。由此，江苏聚焦创新重点，重点应建设数字化生态体系。这个生态体系由“两化一脑”三个部分组成。两化即智能产业化和产业智能化。智能产业化包括智能硬件、智能软件和智能服务；产业智能化包括智能工业、智能农业、智能服务业、智能农村、智能城市等，是实体经济与数字技术的融合，是传统经济的重构。“一脑”就是建立智能数字大脑。智能数字大脑是整个生态体系的核心，起到总体组织作用。智能数字大脑由三大部分组成：一是大数据中心，将海量数据集中建立数据库，实现数据共享。二是基础软件系统，将大量基础软件系统模块化，实现开源的公共服务。三是智能云平台，建立智能化云平台，强化网络安全，为社会提供可靠的智能服务。

4.1.1 数字产业化

数字产业化的内容主要是加快建设制造强省，加快发展先进制造业、战略性新兴产业，推动互联网、大数据、人工智能等新兴技术和实体经济深度融合，在中高端消费、创新引领、绿色低碳、共享经济、现代供应链、人力资本服务等领域培育新增长点、形成新动能。要瞄准科技前沿抢先布局战略性技术、颠覆性技术，在机器人、物联网、纳米材料、生命科学、人工智能、大数据等领域，力争在核心技术、设备研发上取得突破。

首先，发展数字硬件产业。发展智能制造，要优先发展智能制造相关的信息业，夯实相关信息技术，以促进传统制造企业智能化转型。一是集成电路及专用设备技术方面，提高芯片、传感器产品的设计开发能力，整体达到国内领先水平。加快新型元器件、太阳能电池、新型显示技术、电子整机装联设备和关键仪器研发和产业化，力争进入世界先进行列。二是提升重点领域机器人的智能化水平。聚焦智能生产、智慧工厂、智慧物流、智能企业的机器人的智能化水平提升，攻克智能机器人关键技术、重点发展轻型机器人向中高端迈进，推进专业服务机器人实现系列化、商品化，促进服务机器人向更广领域发展。三是重点聚焦人工智能、深度学习、操作系统等共性关键技术，突破高性能机器人结构优化设计、精确参数辨识补偿、标准化体系结构设计、信息技术融合、智能感知与测试等服务机器人关键技术；重点突破机器人通用控制软件平台、人机交融、自然交互等新一代智能机器人核心技术。

其次，发展数字软件产业。软件定义一切，与数字硬件相比，数字软件尤为重要。数字软件产业群中有智能系统软件、智能专业软件、智能应用软件、众多嵌入式软件，大量工业 APP、小程序、二维码等。数字工业软件作为智能制造的重要基础和核心支撑，对于推动我国制造业转型升级，实现制造强国战略具有重要意义。云计算、物联网和人工智能是影响工业软件发展的核心技术。

江苏应积极推动工业软件产业重点建设工程。一方面，支持具有自主知识产权的基础软件、嵌入式软件、应用软件及中间件产业化以提升重点领域生产的智能化水平，加快建设南京中国软件名城、苏州嵌入式软件产业基地、无锡集成电路设计产业化基地、常州动漫游戏产业化基地等，加快打造沪宁线软件产业密集带，加快规模化发展步伐，形成一批龙头骨干企业和知名品牌。另一方面，江苏省将实施工业 APP 培育工程，加强部省合作，抢占关键共性技术突破、平台建设、标准规范制定等工业 APP 培育的制高点；加强省市联动，形成上下承接、推动有力的工业 APP 培育工作机制；构建供需紧密联系、协同推进的工业 APP 应用生态。

同时，应培育数字软件产业生态系统。一是推进操作系统、数据库、中间件等核心软件技术研发，发展具有国内先进水平的关键领域安全操作系统、工业大数据处理系统等工业基础软件，突破智能设计与仿真、制造物联与服务、工业大数据处理等高端工业软件核心技术，开发自主可控的高端工业平台和重点领域应用软件，建立集成标准与安全测评体系，指导行业协会发布优秀工业核心软件目录。二是加快信息技术集成应用，运用嵌入式系统、工业应用软件、能源能控软件、故障诊断软件、传感和通信系统协议等软件系统、通信技术对现有装备进行适应性改造，提升现有装备的可接入水平和装备之间异构数据的交互能力，实现研发设计、生产加工、制造物流到远程智能诊断的全流程信息数据集成。三是加快培育一批专业性强、行业特色明显的智能制造系统服务集成商，在方案设计、软件开发、精密制造、技术支持、监测维护、故障诊断等方面为行业提供智能化系统解决方案并提供相应服务。

最后，发展数字服务业。数字服务为新业态服务，主要方式为在线服务，包括在线办公、在线会议、在线客服、在线咨询、在线运维、在线监管、在线诊疗、在线救助等，通过大量动态数据，实施精准监控。数字服务目前最为成功的是在线教育，数以万计的人在云端“慕课”学习，不断更新知识和技能，特别是农村和边远地区的学生都可以得到优质教学资源和服务，在线教育可以打破教育的数字鸿沟。

江苏作为教育大省，近些年在在线教育的投资上逐渐增加，但目前在线精品课程的建设成果不足，在线教育需要围绕江苏省智能制造的突出需求加快建设，力争走在全国前列。同时，江苏应大力推进在线服务的 PaaS、IaaS 和 SaaS 平台建设。培育第三方数字服务，引入、培育数据共享、设备互联、场景互联、云服务和人工智能等第三方专业服务公司，培育和引进一批解决方案服务商，从数据采集、管理、分析以及可视化，全流程为社会提供大数据应用解决方案。

4.1.2 产业数字化

产业数字化，主要围绕支持传统产业优化升级，加快发展现代服务业尤其是生产性服务业，瞄准国际标准提高水平。围绕战略性新兴产业，培育若干世界级先进制造业集群。加强水利、铁路、公路、水运、航空、管道、电网、信息、物流等基础设施网络建设的有效投入，提高投入的有效性。

首先，工业互联网。智能制造为新制造，是产业智能化的首要之用。智能制造的关键是工业互联网，新制造为大系统工程，包括五大板块：一是智能产品，应用芯片等技术实现产品的智能。二是智能开发设计，采用大数据技术和仿真技术进行智能化设计。三是智能供应链，在云平台上解决供应链的高效协同运行。四是智能生产，在采用机器人技术基础上，实施定制化和分布式柔性生产。五是智能服务，通过软件为用户提供智能服务和远程监控。这五大板块共同构建智能制造的整体解决方案。

江苏在这方面要做好以下三点。

一是应支持智能制造系统集成和应用服务，建立面向智能制造重点行业的工业云，采集产品数据、运营数据、价值链上大数据以及外部数据，实现经营、管理和决策的智能优化，加快构建以智能制造“母工厂”为核心的系统层面智能制造技术的应用载体。重点支持省内骨干企业与国内龙头互联网企业、电信运营商开展深度合作，联合打造装备、新能源、电子信息、工控安全及热处理等十大行业云平台，着力提升对行业海量异构数据的集成、存储和计算能力。鼓励和支持市、县、重点产业集聚区与国内龙头工业云平台和工业互联网平台联合打造区域级工业云平台，加快以数据为驱动的网络化、智能化进程，进一步推动产业链发展资源优化整合，促进工业企业全要素连接和资源优化配置。

二是突破核心技术。鼓励企业、高校、科研机构参与国内外大数据标准化建设和关键技术研发，集成创新资源开展前瞻性、先导性、关键共性技术研究，重点突破虚拟化、并行计算、海量信息处理、大数据存储、数据挖掘、分析算法、建模融合、人工智能、超级计算机、5G 通信、区块链、量子技术等一批关键核心技术。

三是开发关键零部件。加强科技成果转化，加快推动核心芯片、高性能安全可控服务器、海量存储、机器人部件（减速器、控制器、伺服系统）、传感器、芯片等大数据产品和关键零部件研发及产业化，推进云操作系统、工业控制实时操作系统、智能终端操作系统以及高端传感器、人机交互等软硬件基础产品的研发和应用。

其次，数字新技术应用。新一轮技术革命的核心是数字技术革命。数字新技术是一个大体系，主要由五大数字技术组成，包括大数据技术、云计算技术、物联网技术、区块链技术、人工智能技术。五大数字技术支撑数字化生产方式，其中大数据为数字资源，云计算为数字平台，物联网为数字传输，区块链为数字信任，人工智能为数字智能，五大新技术相互融合，推动数字新经济快速发展。

江苏应加快建设工业互联网、工业大数据、工业云服务平台，组建行业的工业互联网联盟，支持建设十大行业级、企业级的工业云平台，争取成为国家级平台。吸引国际性、国家级数据服务中心、云计算中心等功能性平台落户江苏，建设一批公共服务、重点行业、大型企业云计算数据中心和灾备中心。支持 BAT 和华为大数据、云计算中心对接江苏省优势行业平台，增强高性能计算、海量数据存储、大数据分析、协同进程能力，使江苏省优势产业融入数字经济，形成行业性全国服务的大数据平台。组织实施十万企业上云工程，鼓励各地结合实际发展数字经济园区和平台，鼓励各地通过政府购买服务等方式支持中小企业业务系统的云化改造和云端迁移，打造平台能力建设与平台海量用户使用双向迭代、互促共进的技术产业人才支撑体系和商业模式。

最后，智能数字大脑。智能数字大脑是整个生态体系的核心，起到总体组织作用。数字创新生态系统的最顶层为政府数字大脑。江苏应积极开放政府数据资源，打通各部门间壁垒，搭建横跨省、市两级的大数据中心，引导社会力量参与开发政府数据资源，实现对数据资源的集中管理、应用与保护。重点打造政府大脑、产业大脑和企业大脑建设工程。

江苏应构建资源网络，支持鼓励政务大数据、经济大数据、生态文明大数据、民生服务大数据的开发、收集、管理，强力推动经济、社会、公共事务的数字化。强化数据资源管理和互联互动，完成信息资源共享交互平台，积蓄数据资源动能。在数据的智能化管理和服务方面谋求体制和技术上的突破，扶持和引导产业大脑、企业大脑建设，使江苏成为数据资源最为富集、使用成本最为低廉、使用最为便利的区域。

通过努力，在 2017 年江苏数字发展指数 76.07、全国排名第四的基础上力争每年增长 2%；到 2022 年全省数字产业和数字技术提升实体经济的总量达到 GDP 的 50%；企业数字化、网络化、智能化水平不断提升，企业两化融合发展指数超过 60、继续保持全国领先，建成国家级智能制造试点示范项目 20 个，国家级工业互联网平台 2 个，推动 10 万家企业“上云”。在机器人、智能家居、数据存储、控制系统、移动终端、物联网、数据处理等数字经济领域推动创新，形成以生产生活数字化为内核，大数据技术为依托，人工智能（AI）、集成电路（IC）和物联网（IOT）等“3I”技术为主攻方向的江苏数字技术创新格局。

4.2 强化高价值升级

制造业高质量发展的衡量标准是其高价值目标能否实现，集中体现在制造业增加值率，要力求实现每年提高1个百分点的目标。一要提升在全球价值链上的地位。要逐个分析江苏制造业价值链的各环节，抓住其中的关键问题突破。要培育核心技术为支撑的“链主企业”，大力支持本土大型制造业企业引领或紧跟国际技术发展的方向，在核心技术层面形成突破，形成产业链全链条上的竞争优势。以核心环节的高端技术突破和商业模式创新结合的方式，掌控核心环节，实现价值链上的角色转换，形成以大型制造业企业为龙头的区域核心技术链和价值网络，成为世界级的“链主企业”。二要通过品牌创新和质量创优，提升制造业品质。江苏亟须把工业的规模优势转化为质量优势、引领优势，以提高供给体系质量为主攻方向，以提升质量和效益为中心，扎实推进制造业质量建设。要加速全面提升制造业的质量，以国际一流水平对标，对传统装备进行升级改造，切实提高生产水平和产品质量。提升制造业的生产效率。提升制造业的个性化、柔软性生产能力。实施标准领航提升工程，制定领先于国家标准、行业标准的“领航标准”，培育一批“领航标准”产品。深入实施“三品”战略、原材料供给水平提升工程、装备制造竞争力提升工程等质量提升行动，培育质量标杆企业，弘扬先进质量文化。针对制造领域经典品牌和优质品牌开展分类培育，实施自主工业品牌推广计划，形成一批具有国际影响力的江苏本土知名品牌。三要着力提升工业设计水平。加快建设工业设计中心，突出抓好设计中心、发展平台建设，带动全行业工业设计发展。提升工业设计创新能力，加强设计领域共性关键技术研发，逐步建设完善创新设计生态系统。推进工业设计国际化，鼓励工业制造企业、设计企业、设计机构和设计院校加强国际合作交流，构筑国际设计合作网络。四要着力推动重组优化。促进存量资产重组，鼓励优势企业兼并重组、做强做大，培育一批行业龙头骨干企业，推动专业企业向平台企业发展。推动军民融合发展，推动军工与民企加深合作，实现军民互通共享，加快形成多领域、高效益的军民融合深度发展格局。引导跨界融合发展，推动大数据、人工智能和制造业深度融合，积极培育新产品、新技术、新模式、新业态，推动工业经济向数字驱动型转变。五是加快发展知识产权密集型产业。完善知识产权密集型产业发展体系，优化产业知识产权布局，提升产业知识产权密集度。加快培育知识产权密集型企业，引导企业健全知识产权管理流程和管理制度，将知识产权战略纳入经营发展战略，推动企业围绕技术创新和市场开拓优化专利布局。支持建设重点产业知识产权联盟，开展知识产权资源整合与战略运用，合力突破关键核心技术，打造制造业知识产权整体竞争优势。

4.3　推进制造业服务化

制造业服务化、生产向服务延伸是大趋势，把卖产品与卖服务更好结合，在用户服务上不断创新，是制造业价值提升的重要方向。一是发展生产性服务业。促进制造业与服务业深度融合，支持发展现代物流、工业设计、节能环保服务等生产性服务业。推动生产向服务延伸，从生产环节向价值链两端的创新创意、研发设计、营销、售后服务等延伸。发展新业态生产性服务业，利用现代信息技术手段配置数据资源，着力发展共享经济、平台经济、生态经济服务。二是培育第三方专业服务。推动企业将内部服务环节外包，培育专业化服务企业，提升人才培训、科技服务、数据分析应用等第三方专业服务的水平，使制造业服务的专业化水平跟上世界步伐，加快达到世界水平，实现江苏制造业发展质量效益明显改善。打造一批智能服务领军企业，发展解决方案综合服务，鼓励服务企业与制造业企业结成协作联合体，培育一批智能制造整体解决方案供应商，形成智慧江苏行业应用解决方案。三是深化服务价值。实现从卖产品到卖服务，要求将产品功能价值向服务价值拓展，打造以服务为核心的价值实现体系。重点推进安装调试、故障诊断、维修保养、安全检测、产品再造、长期租赁、资金融通等延伸服务。推进用户服务创新，要求以用户满意为核心，实现“产品 + 服务”全生命周期价值提升。重在推进以用户与企业一体化融合的服务理念创新，以数据智能为依托的服务手段创新，以综合增值服务为重点的服务内容创新。

4.4 提高绿色制造水平

绿色制造是制造业高质量发展的应有之义，而且越来越显得重要。要把环境友好作为江苏制造业高质量发展的底线，在绿色发展上要有明确的目标要求，绿色制造技术得到普遍应用，土地产出效益和节地水平大幅提升，单位工业增加值能耗比 2015 年下降 18%，工业主要污染物排放量比上年下降 8.0%，工业固体废物综合利用率高于 90%，工业亩均税收达 20 万元 / 亩左右。一是推进重点行业专项整治，引领绿色发展高质量。破解发展方式粗放、资源环境约束加剧等问题，坚持进退并举，通过技术装备升级，降低工业能耗，减少污染排放，退出落后低端产能，建设绿色制造体系，打造环境友好型生态产业。对钢铁、有色、化工、建材、轻工、印染等传统制造业进行绿色改造，大力推广余热余压回收、水循环利用、重金属污染减量化、有毒有害原料替代、废渣资源化等绿色工艺技术装备，加快应用清洁高效铸造、锻压、焊接、表面处理、切削等加工工艺，实现绿色生产。二是建设绿色制造体系，创建国家级绿色工厂、绿色园区和绿色供应链、绿色设计产品，创建若干国家级绿色工厂、绿色园区和若干绿色供应链管理企业，从产品原料、包装、设计、工艺、生产到产品分销以及回收处置利用的绿色化，实现源头减排、过程控制、末端治理、综合利用全过程绿色发展。节能环保产业规模继续位居全国前列。三是大力发展再制造产业，构建再制造产业体系，实现资源节约和效益提升。结合开展重点行业专项整治，积极推进“263”减化和化工企业“四个一批”专项行动计划实施，落实《江苏省长江经济带化工污染专项整治工作方案》，全面推动沿江、沿海、沿运河等重点区域化工企业整治。在纺织、铸造等行业继续退出一批低端低效产能企业。

4.5　大力培育领军企业

要实现制造业高质量发展的历史转变，必须破解缺乏世界一流的领军企业、“专精特新”企业国际竞争力不够强的问题，要逐步形成100家左右规模优势明显、具备产业链整合能力的龙头骨干企业，一批在行业细分领域具有一定国际影响力的隐形冠军企业和引领新兴产业发展的“独角兽”企业。一是打造生态型平台企业。构建创新生态圈。落实各类政策，加大对企业的补贴力度，支持龙头企业与相关机构联合开展序贯型合作创新。支撑江苏省产业技术研究院及东南大学等机构，开展同步型合作创新。优化供应链管理。强化供应链管理的意识、做好供应链管理的引导和扶持。培育供应链管理专业人员，支持企业将供应链管理以及数字化纳入企业生态系统中。完善产业链布局。鼓励企业完善产业链，深耕上下游打造闭环一站式解决方案。以终端产品和整机企业为重点，支持重点企业瞄准产业链关键环节和核心技术，实施高端并购、强强联合，加速全球产业链关键资源整合，培育一批根植江苏，自主创新能力、品牌知名度、资源整合能力达到世界级的龙头企业。二是培育“独角兽”企业。构建政产学研金用的创新服务体系。构建分层分类的“独角兽”企业支持体系，构建以“独角兽”企业为主体的产业创新体系，打造“独角兽”企业金融支持体系。促进创新要素及成果转移转化。加大对江苏省产业技术研究院等创新要素源密集机构的支持，加快国际创新资源要素集聚平台建设，建立和完善科技成果转化体系。构建“独角兽”企业孵化平台。瞄准未来产业，建立“独角兽”企业孵化支持平台。支持从技术到产品的验证及转化，搭建产品定型及小量生产验证平台，建立技术评价与产业化评估体系。

4.6 扎实推进“双创经济”

大众创业，万众创新，是企业产生和发展的原动力，是江苏制造业高质量发展最为广泛和深厚的基础，需要不断升级，保持持续活力。一是孵化创客团队，集聚高端人才。建立国际创客市场体系，推动“洋海归”“农海归”等各类“回归”主体创新创业。建立本籍在外优秀人才库，鼓励启动“银龄计划”的退休高端人才回乡创新。搭建创客载体。打造全链条孵化培育体系，搭建工业大数据开放平台，优化创客扶持基金，引导社会资本设立创新创业扶持基金，提供场地 + 资金 + 导师一揽子服务。营造创新氛围。举办创业大赛、技术论坛、项目路演、沙龙等活动，营造敢为人先、宽容失败的创新文化。为创新创业的高层次人才提供特殊津贴，维护政策的连贯性和确定性。二是培育中小微企业。构建中小企业孵化加速器。打造“苗圃—孵化器—加速器”科技创业孵化链条，完善孵化器人才培养机制，培养和留住专业服务人才。创新孵化加速器模式，推动持股孵化。培育中小微领军企业。支持企业协同创新和联合攻关，引导中小企业走“专精特新”道路。完善中介服务体系，建立中小企业服务平台网络，加快智能化车间改造。构筑企业创新创业合作链。鼓励企业联合研发，促进中小企业集聚配套的纵向产业体系合作。加强载体建设和配套能力共享，鼓励企业采取“内生 + 外延”式发展，推动中小企业在细分领域精准布局。三是构建创新中心。构建企业联合创新中心。优化联合创新机制，鼓励从线性创新向互动创新转变，鼓励龙头打造“裂变式”创新。创建中小企业联合创新服务平台，鼓励企业借助 SPA 等前沿技术，打造一站式创新平台。打造产业协同创新中心。构建产业创新联盟，增强资源配置能力、优化产业结构。以需求链推动技术研发和整合，打造基于产业集群和生态的供应链服务平台。营造价值链融合创新中心。加大产业价值链的深度，拓宽产业价值链的广度，推动由产品制造向产品服务转道，打造服务价值链。鼓励企业从单一的产品链、产业链向价值产业圈转变。

4.7　深化企业改革开放

制造业企业的进一步深化改革和扩大开放，是实现高质量历史性转型的必然要求，是动力也是方向，江苏企业要始终以敢于创新、敢为人先的气派引领风气。

一是加大企业经营模式的改革和创新，在大平台加小团组、细胞体经营、共享经济模式等方面加大改革力度，使市场化的改革动能在企业发展中更为强劲。企业内部发展自主经营体，促进企业自我创新、自我驱动、自我运转，形成适应网络化发展的新型组织管理形态。

二是塑造全球化企业。促进企业全球化发展，实现全球配置资源，构建开放式的创新体系，通过开放进一步提升企业核心竞争力，在国际化的平台上实现价值提升。把远景新能源、亨通集团等企业在国际化发展方面的探索更好地推广开来，形成江苏企业在新的历史阶段的新特色。培育更多的全球化企业，促进江苏制造企业嫁接全球资源，借助全球的动力实现双向的互动。全球化背景下，越来越多的江苏制造业深度融入全球产业链条，与世界各国企业开展贸易往来，进行产业投资，引进和学习国际先进经验和技术，实现产业转型升级。

4.7.1 构建企业走出去服务平台

一是构建企业走出去政府公共服务平台。企业走出去正确选择投资区域、投资项目、确定投资规模以及采取措施防控风险是企业海外投资并实现经济效益的必要前提，需要政府构建企业走出去智力服务平台，在海外主要国家设立海外维权工作站、建立专家咨询委员会和优质服务机构库、收集各国投资和产业相关政策及案例，为企业走出去提供强大的信息情报支撑。二是打造企业走出去自身服务平台。支持企业借助传感器、大数据分析等数字化手段搭建全球维保服务系统，实现远程可视化维修服务及可预测性维护与服务。支持企业打造运输全流程可视化平台，构建全球化配件物流运输体系，确保全球业务拓展的物流支撑。三是组建企业走出去并购服务平台。搭建海外并购服务平台，鼓励长电集团、鱼跃医疗等企业走出去并购高端制造、能源环保等相关企业，设立海外并购奖励资金，鼓励企业将海外并购后的高端产业、高新技术、高品质服务等“引进来”与母公司融合发展，同时带动省内配套产业和企业优化升级，发挥内外互动、全球整合的协同效应和规模优势。

4.7.2　打造全球品牌影响力

全球化已向纵深发展，制造业的品牌影响力是带来溢价、产生增值的一种无形资产，承载的是消费者对品牌拥有者提供的产品或服务的认可。一是支持企业积极实施品牌战略。鼓励企业加快产品升级换代、加强品牌保护意识，支持企业围绕产品注册海外商标，通过参与慈善事业、奖学金计划、公益基金等塑造企业的产品形象。二是引导企业实施品质提升工程。鼓励企业专注于细分技术的品质提升和创新不断努力，以需求引导研发，在目的地建立研发中心，根据本地市场需求进行研发制造，快速以本土化产品满足当地市场，通过细分市场的品质影响力逐步成为领导者。三是优化企业走出去的国际品牌战略。鼓励企业加强全球品牌力的提升与扩张，支持企业学习海尔式的自主创牌经验、鼓励品牌走出去。各地政府围绕物联网、高端装备制造等本地优势产业集中打造本地品牌的声誉和影响力，在文化交流及市场活动中推介“江苏制造”产品，在制造业规模全球化的同时实现品牌创建的优势，打破贴牌、代工的全球化路径依赖。

4.7.3　打造全球化人才团队

人才的全球化，对迈向国际化的中国企业尤为重要，全球化人才是企业走向全球化、重视人才发展的必然结果。一是基于产业吸引全球高端产业人才。鼓励各地根据产业特色打造国家和省级留创园，发挥国家和省级引智示范基地辐射带动作用，支持国内外企业和行业组织间开展技术交流和合作，推进国际离岸孵化体系建设，用产业基础吸引更多的全球化人才加盟，促进从园区吸引外资向提供先进制度平台和硬件载体吸纳全球高端技术人才转变。二是政府应牵头绘制本地产业的全球高端人才地图，尤其是技术研发、产品设计、网络品牌等非实体性高端人才的分布，建立动态的人才分布数据库，协助企业找到具有创新性、国际领先的高层次人才，助力向“微笑曲线”两端攀升。三是支持和鼓励企业制定科学合理的激励机制，建立培训体系，注重内部员工的培养，加强企业全球化人才的培养和再教育，推动企业与高校院所建立人才联合培养机制，培养创新人才。在海外市场吸引并留住人才，在团队中建立全球思维模式，注重跨文化管理和融合，培育既了解企业又能融入当地的全球化人才团队。

4.7.4 完善全球价值链布局

调整、扬弃单一出口导向的全球化战略，重塑基于中国内需和投资贸易一体化的全球化战略体系，构建市场驱动型的全球价值链。一是支持企业以全球化的视野规划未来，从全球角度来布局价值链。鼓励江苏大全、长电集团等企业借助“一带一路”规划优势，扩大制造业对外直接投资，在产品、资本“走出去”的基础上，通过自建、并购、合作等方式，构建主导的全球价值链。二是培育一批如远景新能源类的创新能力强、全球技术领先、品牌影响力强的领军企业。鼓励企业借助全球创新资源的能力在美国、欧洲等科技资源密集的国家和地区设立研发中心，通过 PCT 途径布局全球专利，从品牌营销、质量提升、标准引领、研发设计、精细化管理等各个领域提升产品品质，提高企业核心竞争力和高端制造能级。三是鼓励企业加强海外研发中心布局和海外生产要素布局。支持企业联合全球的研发力量，以“全球资源嫁接中国动力”的发展理念，对海外收购的资源进行本土化整合及运用，将高附加值环节转移到国内，共同打造一批高价值链的江苏制造“名企、名品”集群。

4.8 提升综合服务能力

以制造业提质增效和转型升级为导向，提升科技、金融、人才、政策等综合服务能力，营造融合制造业发展的服务生态，增强制造业的支撑保障能力。一是构建科技服务新体系。推广“苏技 e”等互联网技术交易平台，培育技术转移经理人团队。发展产业头条、中德智能制造研究院等新型智库。推进江苏军民融合产业发展研究中心等创新服务平台，支持南京软件谷硅谷等离岸孵化器建设。二是探索金融创新新模式。支持江苏股权交易中心建设，试点创投租赁业务。发展江苏省综合金融服务平台等构建多元化的融资平台。支持苏宁集团等平台企业数字化、集团化产融结合。三是制定人才服务新措施，推广二元制职业技术教育，建立数字化制造业人才市场、高层次人才库和监控管理平台，启动制造业人才专项资金，制定江苏制造业海外高层次人才重点引进目录。四是培养企业家服务新理念。建立社会容错与企业家创新的“双机制”，支持苏商学院建设，搭建苏商投资服务平台。保护企业家的物权、债权、股权、知识产权等合法权益，对优秀企业家给予社会荣誉激励，健全涉企政策制定的企业家参与机制，拓宽企业家参与国家政治生活和管理社会公共事务的渠道。五是创新政策服务、促进政策落地。整合分散在经信、科技、商务和发改委等部门的创新引导功能，打造跨部门跨区域制造业高质量创新政策体系。根据不同省辖市和区域的资源禀赋及产业技术优势区别，形成区域创新政策分类指导。制定制造业高质量发展配套政策和实施细则，促进政策落地。

八个方面的对策路径，现实性地聚焦于江苏制造业的困境，力图能够有效地促使江苏制造业大而强，有平原有高峰，有品质有品牌，实现江苏制造业创新能力强、工艺先进、数字化智能化水平高、产品质量好、能耗和物耗低、污染物排放少、处于全球价值链中高端、整体竞争力居于世界前列，能够与人民日益增长的美好生活需要相适应。

案例二

河南推动经济高质量发展的思路与对策

1　推动经济高质量发展的基础与条件

河南地处中部，是一个发展中省份，从高质量发展的视角对河南省情进行重新审视不难发现，河南推动高质量发展的既有基础与有利条件在于经济体量大、市场空间大、产业门类全、区位交通好；而约束条件在于发展水平低、产业层次低、经济效率低、创新资源少、创新能力弱。

1.1　发展水平：经济总量较大，但人均水平较低

1.1.1　人口和经济总量较大

2017 年年末河南常住人口 9559.13 万人，全国排名第 3 位，仅次于广东、山东。河南地区生产总值 2000 年以来一直稳居全国第 5 位，2017 年达到 44988.16 亿元。粮食产量长期居于全国前列，近些年粮食生产能力一直稳定在 1200 亿斤，仅次于黑龙江。河南社会消费品零售总额多年稳居全国第 5 位，2017 年达到 19666.77 亿元。河南固定资产投资由 2000 年全国的第 11 位上升到 2017 年的第 3 位，2017

年实现43890.36亿元。2000年以来河南一般公共预算收入在全国排名一直稳居第8位，2017年达到3396.97亿元。

1.1.2 人均水平明显落后于全国水平

2017年，河南人均GDP仅为全国平均水平的79.0%。2016年，河南在岗职工平均工资50028元，仅为全国平均水平的72.5%，居全国第31位；居民可支配收入为18443元，仅为全国平均水平的77.4%，在全国排名第24位，其中城镇居民可支配收入27233元，居全国第25位，农村居民可支配收入11697元，居全国第18位。

1.2 经济结构：工业化城镇化水平显著提升，但依然落后于全国平均水平

1.2.1 工业化、城镇化水平明显偏低

工业化发展水平相对滞后。2017年河南人均GDP为47130元，折合6980美元，基本达到钱纳里划分的工业化中后期起点标准（7067美元）。从工业化率来看，河南工业化率在2010年达到57.3%的高点之后，开始呈现下降态势，2017年降为41.8%，表明已经进入工业化中后期阶段。但与全国工业化进程相比，滞后5～8年的时间。城镇化水平仍然偏低。2017年河南城镇化率达到50.16%，首次超过50%的发展节点，但低于全国平均水平（58.52%）8.36个百分点。且户籍城镇化率低于常住人口城镇化率10多个百分点。

1.2.2 产业结构层次较低

2017年河南三次产业结构为9.6：47.7：42.7，与全国三次产业结构（7.9：40.5：51.6）相比，一产、二产分别高出1.7和7.2个百分点，三产低于全国8.9个百分点。尽管近年来河南一直致力于优化产业结构、构建现代产业体系，在汽车、电子信息、装备制造、食品、轻工、新型建材

等产业方面形成一定优势，并着力培育生物、新材料、新能源、新能源汽车四个先导产业，但产业低端低效的状况还没有得到根本扭转。2017年河南传统产业占规模以上工业的比重高达44.5%，高耗能工业占比33.3%，战略性新兴产业占比仅为12.1%，高技术产业占比仅为8.2%，工业结构以能源原材料为主、以初级产品为主的格局尚未改变。

1.2.3 地区差距明显

从区域发展来看，中原城市群核心区（9市）与传统农区（黄淮4市与南阳市5市）差距明显，区域发展的不均衡程度有扩大的趋势。从城乡发展来看，近年来河南农村居民收入增速持续高于城镇居民，城乡收入差距有收敛趋势，但差距依旧明显，2017年河南城乡居民人均可支配收入之比为2.32。从城市群来看，中心城市郑州首位度不断提高，从2010年的17.5%提高到2017年的20.3%，但是依然低于武汉（36.7%）、成都（37.6%）、西安（34.1%）等中西部地区的单核中心城市，集聚辐射能力双不足。

1.3 经济效率：主要效率指标纵向比有改善，但是明显低于全国平均水平

一是税收占GDP比重偏低。据省财政厅对比研究，2016年河南税收占GDP比重为10%，低于全国平均水平8.9个百分点，居全国倒数第3位。二是劳动生产率较低。2016年河南省全员劳动生产率达到60575元/人，不及全国平均水平的2/3。三是固定资产投资边际效益递减。2002 ~ 2016年，河南每增加1元GDP所需固定资产投资从2.7元增加至11.6元，分别是广东的2.8倍、江苏的1.7倍、浙江的1.7倍；二产每增加1元增加值需要13.7元固定资产投资，分别是粤苏浙的3.1倍、1.4倍和2.2倍。四是单位GDP能耗偏高。2015年河南单位GDP

能耗为 0.633 吨标准煤 / 万元，万元工业增加值能耗为 1.24 吨标准煤，高于全国平均水平。五是建设用地产出强度低。河南建设用地强度由 2003 年的 0.33 亿元 / 平方公里增加到 2016 年的 1.53 亿元 / 平方公里，仍低于全国 1.90 亿元 / 平方公里的平均水平。

1.4 经济活力：经济活跃程度不断提高，但是与发达地区差距依然较大

一是民间投资增速下滑、比重下降。近年来，河南民间投资占比一直高于全国平均水平。但 2016 年以来河南民间投资增速持续低于固定资产投资增速，2018 年 1 ~ 7 月又跌落至 5.4%，低于全国 3.4 个百分点。民间投资占比也从 2015 年的 84.9% 的峰值，一路下降到 2017 年的 78.1%。二是企业法人单位数量较少。河南企业法人单位数从 2010 年的 25.9 万户跃升到 2016 年的 58.1 万户，但低于广东的 132.5 万户，江苏的 171.7 万户和浙江的 130.8 万户，甚至低于湖北的 61.0 万户。三是上市企业数量少。据统计，截至 2017 年年底，河南上市公司（A 股）数量为 78 家，不及广东省 2017 年一年新增数量（98 家），相当于广东省（568 家）的 13.7%，浙江省（414 家）的 18.8%，山东省（194 家）的 40.2%。四是技术市场不活跃。2017 年河南全年签订技术合同 0.59 万份，仅为全国（36.8 万份）的 1.6%；河南技术合同成交金额 76.93 亿元，为全国（13424 亿元）的 0.57%。

1.5 发展动力：新的动力还没有形成，新旧动能尚不能接续

1.5.1 人口红利消失

作为一个人口大省，河南在 2009 年进入了劳动年龄人口负增长的历史拐点，出现了劳动人口绝对数量和占人口总量比重的双下

降。而全国劳动年龄人口绝对数量下降是在2012年，河南比全国提早了3年。2017年，全省劳动年龄人口为6538万人，占常住人口比重为68.4%，低于全国70.8%的水平。从受教育程度来看，2016年河南专科以上人口仅占7.9%，低于全国的12.9%，同期粤苏浙依次为13.8%、16.6%和15.2%，河南在全国排名第29位。

1.5.2　科技创新能力较弱

《中国区域科技创新评价报告2016—2017》显示，河南综合科技创新水平指数为48.21，位居全国第21位，低于全国平均水平。2016年河南R&D投入强度约为1.22%，低于全国2.11%的平均水平；R&D人员折合全时当量约为17.3万人年，仅为全国387.8万人年的4.46%。截至2017年年底，河南共有高新技术企业2270家，不足全国的2%；拥有国家级企业技术中心84个，仅占全国的6.58%；每万人口拥有发明专利量3.0件，不到全国平均水平的1/3。

2　推动经济高质量发展的特殊性和基本要求

党的十九大作出了我国经济已由高速增长阶段转向高质量发展阶段的重大判断。作出这一判断的国情背景是：一方面，我国综合国力更加强大，具备了向经济发展更高阶段迈进的基础和能力；另一方面，社会主要矛盾发生变化，经济发展的环境条件变化，现有的供给结构已经不能适应新的需求，原有的发展方式难以为继。很显然，推动高质量发展，我国既具备了一定的基础和能力，又是主要矛盾变化和环境条件变化倒逼使然。

相比之下，河南作为一个发展中经济体，在经济社会发展水平低于全国平均水平的条件下进入新的发展阶段，这意味着河南要在较低的发展阶段上，面对与全国同样的矛盾、问题和压力，与全国同步实现建设现代化经济体系的战略目标。在这一背景下，河南推动高质量发展具有明显的追赶性、被动性、双重性和非均衡性，即从基本省情和发展目标来看，河南作为一个追赶型经济体的角色没有改变，工业化、城镇化的任务还远没有完成，必须继续致力于做大蛋糕；从发展条件和基础来看，推动高质量发展的基础和能力不足，需要在较低的发展水平上推动经济转型；从发展任务来看，面临既要增长又要转型、既要讲数量又要求质量的双重任务；从发展方式和路径来看，在较低的发展水平上，无法水到渠成地全面推动高质量发展，必须通过非均衡的手段推动经济体逐渐进入高质量发展阶段。因此，现阶段河南推动经济高质量发展，必须在传统产业、传统技术、传统增长模式、传统增长动力与新产业、新技术、新模式和新动力之间找到均衡点，处理好以下几个关系。

2.1 数量型增长和高质量发展的关系

与全国平均水平相比，河南工业化、城镇化水平低，全要素生产率低，人均收入水平低，这说明作为一个发展中经济体，河南潜在增长率高于全国平均水平，还有数量型增长的空间。但推动经济高速增长的人力资源、资源环境和市场条件已经发生变化，以传统方式，在既定产业层次上，依靠大量要素投入谋求快速发展的条件已不具备。因此，新时期河南的发展别无选择，必须通过转变发展方式、优化产业结构、转化发展动力，谋求区域经济新的增长。在这一过程中，如果河南过于执着于增长速度目标，通过不符合市场规律的权宜之计强行维持一定的增长速度，会造成经济社会关系的扭曲变形，迟延市场发育，放大后发劣势，为未来区域经济发展埋下隐患；但作为一个一亿人口的大型经济体，如果在转型过程中把握不好节奏，造成过快的经济下滑，又会激化现实矛盾，使区域经济陷入长期萧条的泥淖而难以自拔。因此，推动高质量发展的焦点在于找到并践行“以质促量”的途径。

2.2　利用已有优势与培育塑造新优势的关系

谋划下一步发展，河南最大的优势首先就是规模优势，人口数量多，经济体量大，消费市场大，投资额度大，产业门类齐全，产业基础比较雄厚。其次，是河南的区位条件和交通优势，具有较好的发展交通运输和物流仓储等关联产业的优势，同时在物流模式创新上也取得了明显进展。但在高质量发展背景下，河南最大的短板就是科教人才缺乏、创新资源不足。而从开放空间来看，一个区域科教人才供给的丰度，取决于该区域要素报酬水平的高低，回报高则人才聚，回报低则人才失。科教人才资源缺乏是欠发达地区的共同特征。如何在“大”和“中”的既有优势中孕育或催发新的优势，并以此吸引创新资源集聚，是河南推动高质量发展的关键。

2.3　传统技术应用和利用新技术成果的关系

一个追赶型经济体如果想改变既有的不利位置，实现区域地位跃升，最大的机遇在于引入新的变量，利用新的技术革命和工业革命形成的“技术代差”，在同一技术代际内很难实现超越。纵观美国和德日等发达国家的转型历程，莫不是抓住了科技革命的重大契机，超越了旧的经济体。当前新一轮科技革命和工业革命正在多点突破，最重要的是这次以互联网和大数据为基础的第四次工业革命的一个显著特点，就是“大”和规模门槛，互联网、大数据、物联网和云计算等都是建立在规模效应之上的，没有庞大的移动终端用户，没有庞大的网民数量就难以积累起必要的数据量，达不到必要的数据门槛。这一特点就与河南之“大”发生了重大应和。实现高质量发展，河南需要在“大”的规模优势和新技术革命之间找连接点，在规模优势的厚土中栽种新技术革命的种子。

2.4 传统产业升级与新兴产业培育的关系

在高速增长阶段，河南经过长期的积累与发展，形成了门类齐全的产业体系、庞大的产业基础，也形成了偏重的产业结构。而实现经济高质量发展，则要求在产业链的高端环节和核心技术领域开拓空间，促进产业转型升级。面对产业结构偏重，传统产业占比较大、新型产业占比较小的省情，河南既要利用新技术革命的最新成果，加快培育发展高端产业，加快实现主导产业的更替，加快形成现代化产业体系，也要立足庞大的传统产业基础，向产业高端领域攀登，促进老树发新芽，满足不断升级的消费需求。完成促进区域经济增长和区域经济转型的双重任务，最核心的是在传统产业升级和新型产业发展之间找到连接点，立足既有的产业基础，通过植入新技术、新理念和新创意，延续产业链条、提高产品质量和效能，衍生新的产品和新的产业，最终实现传统产业与现代产业之间的融合发展和协同互动。

2.5 区域均衡发展与非均衡发展的关系

河南作为一个追赶型经济体，在高质量发展的背景下谋划区域发展布局，面临两难选择：一方面，中心城市首位度不高，城镇体系不健全，需要继续加快城镇化进程；另一方面，区域发展不平衡，各区域板块之间开始分化。推动高质量发展，河南必须在区域非均衡和均衡发展之间寻求到最大公约数，体现以下几个方面的要求：第一，如何强化重点地区发展，以在全球化市场化背景下保持或提升区域的整体竞争力、活力和优势；第二，如何贯彻协调发展理念，缩小区域差距，或者如何避免区域发展中可能出现的明显不均衡问题；第三，如何将经济转型、产业升级、中心城市建设、对接和放大国家区域政策、应对激烈的区域竞争等发展要求体现在区域布局上。

3　推动经济高质量发展的思路与途径

未来 5 年，推动经济高质量发展，河南应按照“突出重点，协同推进”的原则，聚焦产业升级、区域协同和开放合作三大主题，着力构建河南特色的“3+1”现代产业体系，着力打造“群区产”套合的区域协同发展新格局，着力发展更高层次的开放型经济，推动区域经济由数量型增长阶段向高质量发展阶段迈进。

3.1　聚焦产业升级：构建河南特色的“3+1”现代产业体系

依据河南既有的产业基础和发展优势，适应新一轮科技革命和产业革命演进的趋势，按照“以质促量”的基本遵循，以产业融合促升级转型，积极构建三大体系加一个板块的“3+1”现代产业体系。“三大体系”包括食品—纤维（轻纺、家居）体系、先进制造业—生产性服务业体系和枢纽经济体系；“一个板块”包括文化创意产业、数字经济、人力资源服务业和现代金融业。

“三大体系”主要是从河南产业基础和优势出发，同时兼具其成长性，是河南实现产业转型升级的母本和载体，是构建河南特色产业体系的依托，有利于形成由河南主导的产业链、价值链。“一个板块”

是新技术、新模式和新理念等“新介质”的集中表达，是实体经济转型升级的“催化剂”和“加速器”。“+”体现的是“三大体系”与“一个板块”之间的融合，活化扩展更新传统产业，促进众多产业的嫁接融合，催生出新的产业和新的业态，释放出巨大动能。

3.1.1 做优“食品—纤维”体系

河南是一个农业大省，不仅粮食产量高、农业规模大，更重要的是河南整体产业结构也深深地打上了农业的烙印，2017 年农产品后加工领域的食品产业主营业务收入达到 1.25 万亿元，轻纺—家居产业主营业务收入为 7059.75 亿元，“农业—食品—轻纺”已经构成河南第一大产业群体，总规模近 3 万亿元，在省域范围内已经形成了一个在国内市场上份额占比较高的全产业链。未来一个时期，“食品—纤维”体系的发展方向是，立足于城乡居民消费水平的提高和消费结构不断升级的市场需求，在现有产业规模的基础上，充分利用文创产业和互联网、人工智能等先进技术和先进理念，沿着安全、绿色、便利和智能化、个性化、定制化和品牌化的路子，向产业高端迈进，打造具有全球竞争力的“食品—纤维”体系，真正实现由农业大省向农业强省的转变。

3.1.2 做强“先进制造业—生产性服务业”产业体系

高端装备制造业是构建河南特色现代产业体系的脊梁。根据省工信厅有关数据，2017 年河南装备制造业主营业务收入 1.35 万亿元，占全省工业比重的 16.8%。如果再加上电子信息产业和汽车及零部件制造等高成长性制造业和高技术产业，主营业务收入约 2 万亿元，占全省工业比重达到 25.7%。其中，通用设备制造业和专用设备制造业区位商处于大于 1 小于 2 的区间，具有一定的比较优势；金属制品业、铁路船舶航空及其他运输设备制造业、电气机械和器械制造业、仪器仪表制造业四个行业的区位商虽然小于 1，但呈现出明显的上升趋势，比较优势正在形成；电子信息制造业和汽车制造业的区位商也在提升，形成了如智能手机、宇通客车等一批很有竞争力的品牌优势。未来一个时期，构建“先进制造业—生产性服务业”产业体系，其核心是着眼于河南生产性服务业发展不足，对实体经济尤其是制造业支撑不够的短板，抓住制造业服务化和服务型制造业发展的牛鼻子，通过与互联网、大数据和人工智能的融合，形成制造业与服务业良性互动融合共生的关系，打造现代制造业大省。

3.1.3　做大枢纽经济体系

首先，随着市场的深化和开放程度的提高，河南地处中部的区位优势不断凸显。其次，综合交通枢纽建设取得重大进展，同时信息通信和大数据、互联网骨干枢纽，包括金融中心的功能正在不断叠加、交互，综合枢纽优势正在加速形成。最后，航空经济加快发展，郑州跨境电商综合试验区加快建设，物流产业集群初步构建，从交通中心向物流中心的转换升级已经完成。构建枢纽经济体系，主要任务是推进综合交通枢纽实体化，发展“枢纽型”产业，打造综合交通枢纽—物流枢纽—关联产业的产业链和生态圈，形成与制造业互促共进的发展格局，以避免交通枢纽重地跌入“运送旅客和货物的场所”的陷阱，防止交通物流与实体经济脱节的倾向，建设具有强劲产业支撑的贸易强省。

3.1.4　大力发展新经济

加快发展包括文化创意、数字经济、人力资源服务和现代金融在内的“一个板块”，利用先进要素改造、活化和延展传统产业。首先，大力发展文化创意产业，通过对个体创意、技巧和才华的激发和应用，对传统文化进行稀释和改造，对传统产业进行渗透和重塑。其次，大力发展数字经济，不断催生新产业新形态，并使传统产业的老树发出新芽。再次，大力发展人力资源服务业，增加现有人力资源的人力资本含量，依靠良好的环境吸引更多的创新型人才。最后，突出发展现代金融，做大做强“金融豫军”，优化金融生态环境，防范化解金融风险，更好服务实体经济。

3.2 聚焦区域协同：构建“群区产”套合的区域协同发展新格局

立足于城乡区域协同发展的要求和不断提高区域竞争力的现实要求，未来5年，河南应确立“一核、一群、三板块”区域协调发展新格局。“一核”就是郑州市都市区，“一群”是中原城市群，“三板块”包括引领发展区、转型发展区和新兴发展区，其中引领发展区包括郑州、洛阳、开封、新乡、许昌、漯河经济条件较好的6市；转型发展区包括平顶山、安阳、鹤壁、焦作、濮阳、三门峡、济源7个资源型地区；新兴发展区包括南阳市和黄淮四市5个传统农区。

3.2.1 继续强化郑州市的核心地位

在全国城镇化格局中，河南城镇化发展处于沿海三大城镇化群极化扩散效应的覆盖之下，周边地区又面临关中、武汉、成渝等城市群和京津冀、长江经济带的竞争；作为实施中心城市带动战略、引领河南城镇化发展的龙头，郑州市近年来的首位度虽然显著提高，但明显低于武汉、成都和西安。河南需要有一个综合实力较强、产业和人才集聚度较高、创新力竞争力优势明显的经济中心城市，在全国乃至全球范围内吸纳优质资源要素，辐射带动全省经济发展。

3.2.2 兼顾其他区域发展

进入新发展阶段后，河南区域发展不充分不平衡问题日益突出，其中平顶山、安阳、鹤壁等资源型城市和地区经济增长明显放缓，产业转型升级压力大，资源环境问题凸显；南阳和黄淮四市等传统农区长期以来发展水平落后于全省，与先进地区的差距还在不断拉大；中原城市群核心圈地区发展水平较高，创新发展能力较强，在高质量发展背景下需要加快转型升级步伐，进一步强化引领地位。把“群区”套合起来，区分区域类型，分区施策，有利于协同推进非均衡发展和均衡发展，最终促进区域协调发展。

3.2.3　进行分区定位施策

在“群区产”套合的区域协同发展新格局背景下，各区的基本定位是：引领发展区，即郑州市等发展条件较好的6个省辖市，是河南的重点发展地区。未来5年，应发挥综合优势，着力打造改革开放新高地，担当创新发展新尖兵，在发展壮大战略新兴产业、先进制造业、现代服务业和新业态、新模式等方面走在前列，重点加快提质发展，辐射和带动周边和全省经济发展。传统农区5市，是河南的新兴发展区。未来一个时期，要依托现有农业生产与加工基础，重点打造现代农业产业集群，建设全国重要的食品—纤维体系，并不断强化与条件较好的引领发展区的互动与合作，促进三产融合，增加优质绿色农产品供给，打造一批全国知名绿色食品品牌，加快发展进程。资源型地区，是河南转型发展任务最重的地区。未来一个时期，要在现有产业基础上，重点打造精品原材料产业集群，同时利用较好的自然地理资源和人文景观，大力发展健康养老产业、文化旅游产业和特色农业，加快培育接续产业，加快新旧产业更替，重振昔日雄风。

3.3　聚焦开放合作：构建立体全面开放的新格局

未来一个时期，要顺应高质量发展的需要，紧紧围绕促进产业升级和集聚创新资源两大主题，在继续巩固既有开放格局的同时，积极寻求新的开放合作空间，深度对接发达国家和发达地区的先进生产力，抢抓参与国际产能合作新机遇，着力建设中西部地区开放高地。

把构建立体全面开放新态势作为推动高质量发展的三大战略之一，放在重要位置的基本考量是，第一，河南的开放地位发生重大变化。上一轮我国开放发展的主战场在沿海，而河南作为内陆地区处于腹地。新一轮开放发展已经把河南推向前沿，河南有条件有机遇在这场大变局中扮演重要角色，争取在一些领域取得领先地位。第二，河南开放发展的优势和短板发生重大变化。原有的发展优势和条件不再，但是完整的产业配套能力、便利的区位和综合交通枢纽、庞大的消费市场等新优势已经生成，同时科教人才、创新资源不足的短板约束越来越明显。必须在新的变局中以新优势兑现新诉求，有针对性地补短培优，高水平参与全球分工。第三，河南推进新一轮开放发展的任务发生重大变化。在新的发展阶段，高端要素、高端产业落地对环境的要求越来越高，河南必须充分发挥自身文化资源底蕴深厚，人文、自然旅游资源丰富的优势，通过塑造制度优势、环境优势和文化优势吸引集聚创新要素和高端人才，服务于经济高质量发展。

当前，河南就充分发挥通道、平台、市场三大竞争优势，深度融入“一带一路”倡议，进行立体开放方面作出了系统安排，尤其是在“向西”开放上用了很大的力气，也取得了一定进展。但目前西向开放成效还不明显，而向东开放一直没有新的起色，向南向北的开放布局还很少。未来一个时期，着眼于全球化背景下国内外发展格局的大洗牌和河南实现转型发展的新要求，需要继续拓展外部发展空间。一是着眼于对接外部创新要素和先进生产力，继续推进和提升东南向开放。目前粤港澳大湾区成为全球创新密度最高的区域，该地区在全国新一轮发展中的引领地位不断强化，同时我国与美日韩新等环太平洋国家的开放和合作也进入了一个新阶段，面临新的机遇与挑战，河南要在这一大变局中搏击奋起，综合利用产业、市场、文化和平台优势，积极吸引高端人才和创新人才，满足高质量发展的需要。二是着眼于开拓南亚、东南亚等新兴国际市场，布局并扩大南向开放。从全球经济发展走势来看，整个东南亚、南亚区域将进入高速增长期。河南作为一个经济大省，要充分利用南亚、东南亚这个拥有 23 亿人口的巨大市场，对接拓展开放型发展新空间。三是着眼于扩大国际产能合作，深度融入“一带一路”倡议。“一带一路”倡议提出后，六大经济走廊建设的进展参差不齐。目前河南对新欧亚大陆桥走廊以外的五大走廊包括目前比较活跃的中非合作的关注和介入都较少。五大走廊涉及的区域与河南发展阶段具有较好的继替性，资源和产业类型也具有较好的互补性，加强与这些地区的合作有利于打造以我为主的全球生产价值链。河南应着眼于扩大产能合作和长期资源安全，加强对五大经济走廊的研究和谋划，积极探索与相关国家和地区的合作协调机制，多渠道、多层次推进与经济走廊的对接，争取走在深度融入“一带一路”倡议的前列。

4　推动经济高质量发展的主要举措

当前，体制改革在一定程度上已经突破经济领域，进入行政管理体制范畴，只有更好地发挥政府作用，才能实现让市场在资源配置中发挥决定性作用的改革目标。作为一个欠发达经济体，面对市场发育程度低、经济发展活力不足等问题，完成增长与转型的双重任务，要求政府必须同时扮演好改革推进者、公共产品提供者和区域产业政策制定实施者等多重角色，有效推进经济转型。

4.1 深度推进体制机制创新

体制机制改革是实现高质量发展的制度保障，必须把加快体制机制改革放在突出的位置。要切实建立起法治化的市场经济，用法律法规约束政府过度干预市场的行为，约束经济人的违规违法行为。要从法律层面消除所有制歧视，平等保护所有企业和个人的财产权不受侵犯，知识产权不受到侵害。要深化“放管服”改革，结合当前将要推进的党政群机构改革，把“放管服”改革作为核心内容和改革目标，优化机构设置和职能配置，提高审批、服务、监管效率，降低企业成本。要以推进国有企业混合所有制改革为契机，切实打破要素市场和服务业的行政垄断和市场垄断，全面推进垄断行业竞争环节向社会资本开放，创造公平竞争环境。出台促进民营经济发展的若干政策措施，强化民营企业产权保护和激励。积极引导民营经济参与国资国企混合所有制改革，支持优势民营企业开展跨地区、跨行业、跨所有制兼并联合，做大做强一批行业领军民营企业。要重构科技创新体制机制，将重点放到支持民间创新方面，鼓励企业开展基础性、关键性、前沿性创新研究，提高企业科技创新的行动能力和参与度。完善科技创新激励机制，全面下放创新成果处置权、使用权和收益分配权，支持科研人员有序流动。

4.2 强化高质量发展的政策导向

对一个由高速增长向高质量发展转变的追赶型经济体，突出指标体系、政策体系和政绩考核体系建设，能够发挥指挥棒的引领作用，快速有效地把发展理念、思路、举措从高速增长转移到高质量发展的轨道上来。

——指标体系。指标体系是高质量发展政策体系、政绩考核对标测量依据，居于六大体系的核心地位。要把经济增长与高质量发展兼容在一个框架中，构建起以五大发展理念为底色，以追赶型经济为特征，以经济增长、创新发展、协调发展、开放发展、绿色发展、共享发展等六大类指标体系为内容的基本框架。

——政策体系。政策体系是实现高质量发展的推进器。政策体系的核心在于市场化取向下的产业政策。新产业政策扶植和支持的对象应集中在产业价值链的高端，支持解决环境和生态友好发展的问题。其核心是创新政策，政策重点在培育科技创新上，并把科技创新让渡给市场和企业。相应的财政、金融、土地、环保等政策要与产业政策相配套。改革政策侧重于市场化机制的打造，社会政策给予民生更多的关注，区域政策旨在解决区域之间的协调互动发展问题。

——政绩考核体系。政绩考核体系是实现高质量发展的“指挥棒”，要按照时效性原则、区域性原则和操作性原则，建设符合高质量发展要求的政绩考核体系，扭转高速发展背景下的“唯 GDP”取向，充分调动广大干部推动高质量发展的积极性和主动性，为实现高质量发展提供有力保障。

4.3　着力促进发展平台的功能释放

“三区一群”是河南推动高质量发展的优势所在和前沿阵地。各项战略规划和战略平台作为引领带动全省经济高质量发展的战略组合，具有很高的含金量和很大的影响力，要充分利用国家赋予的先行先试政策，以制度创新为核心，以可复制可推广为基本要求，致力于重点领域和关键环节实现改革创新突破，尽快形成政策洼地和环境高地，率先在“点”上形成领先局面，充分释放国家战略规划和平台的叠加效应，为高质量发展探索新路径。

4.4 切实补齐科技创新短板

河南是一个创新资源相对不足的省份，要把创新摆在发展全局的核心位置上。通过推进开放创新和自主创新，尽快补齐科技创新和科技人才短板。创新科技计划管理、科技成果评价、科技成果转化、科技创新激励、科技资源共享等体制机制，激发创新活力，提高科技资源配置效率。建立重点产业技术创新战略联盟，鼓励产学研协同创新，健全产业创新体系。加快产业集聚区创新能力建设，重点打造一批千亿级产业集群。强化科技与市场对接，提升科技成果产业化水平。完善创新投融资体系，营造良好创新生态。

4.5 着力打好三大攻坚战

防范化解重大风险、精准脱贫、污染防治三大攻坚战，是补齐高质量发展短板的重点。防范化解重大风险攻坚战，必须继续深化供给侧结构性改革，把发展经济的着力点放在实体经济上，促进形成金融和实体经济、金融和房地产、金融体系内部的良性循环，以实体经济发展对冲经济风险。精准脱贫攻坚战，在实现脱贫目标的同时，也为经济高质量发展带来投资需求、消费需求的增长。污染防治攻坚战，利用倒逼传统产业转型升级、创造新型产业生成空间的契机，把生态环保与经济增长、各种污染防治与新兴产业培育放在一个思路框架中，通过环境治理催生出新的产业链条，形成产业发展新支撑。

案例三

福建推进高质量发展的思路与对策研究

1 福建推进高质量发展的基础条件

1.1 发展基础

经过改革开放 40 年来的发展，福建在综合经济实力、产业转型升级、基础设施建设、生态环境质量、人民生活水平等方面取得了长足进步，为迈向高质量发展阶段奠定了坚实的基础。

1.1.1 综合经济实力大幅提升

改革开放以来，福建充分发挥山海资源丰富、对台区位独特、华侨华人众多、生态环境优美、民营经济发达等优势，不断推动经济社会发展跃上新的台阶。一是经济总量跻身全国十强。1978 年福建 GDP 总量不足百亿元，在全国居第 22 位，占全国的 1.8%；2016 年进入全国前十，2017 年达到 3.23 万亿元，占全国 GDP 比重上升至 3.9%。二是人均 GDP 进入全国前列。1978 年福建人均 GDP 为 273 元，相当于全国平均水平的 70% 左右；2017 年达到 82960 元，折合 12287 美元，比全国平均水平高 39.1%，居全国第 6 位；1979 ~ 2017 年全省人均 GDP 年均增长 10.9%，比全国高 2.4 个百分点，在各省份中位居榜首。三是经济保持持续较快增长。1979 ~ 2017 年，福建经济年均增长 12.3%，仅次于广东，位居全国第 2 位，比全国水平高 2.8 个百分点。

1.1.2 产业转型升级步伐加快

福建坚持做大总量与提升质量并重、做优增量与盘活存量并举，着力打造福建产业升级版，经济发展动能发生明显变化。一是三大主导产业发展壮大。2017 年，福建电子信息制造业规上工业总产值规模居全国第 7 位，软件和信息服务业规模居全国第 8 位；机械装备工业规上工业总产值规模居全国第 18 位，大中型客车产量居全国第 2 位；石化工业向湄洲湾石化基地、漳州古雷石化基地和江阴化工新材料产业园等“两基地一专区”集聚发展。二是传统产业加快改造提升。2017 年，福建纺织服装、冶金、建材的规上工业总产值分别居全国第 5、7、16 位；传统产业推广智能化改造，全省 551 家企业通过“两化融合”国家贯标评定，数量居全国第一。三是新兴产业加速发展。深入实施新兴产业倍增计划，2017 年全省新一代信息技术、高端装备制造、新能源汽车、节能环保、新材料等战略性新兴产业实现增加值 3721 亿元，占 GDP 比重达 11.5%。

1.1.3 城乡基础设施日益完善

20 世纪 90 年代以来，福建持续加大基础设施投入，着力补齐短板，基础设施网络化和现代化水平明显提升。一是交通出行更加便捷。铁路交通跨入“高铁时代”，时速 200 公里以上的高快速铁路运营里程达到 1570 公里，进出省通道 9 个，实现“市市通快铁”；高速公路通车里程突破 5200 公里，进出省通道 16 个，实现“县县通高速”；拥有 6 个机场，国内外航线 392 条。二是现代化港口建设加快推进。2017 年，全省集装箱航线达 270 条，福州、厦门、湄洲湾三大港均跨入亿吨港行列。三是能源基础设施取得新突破。2017 年，全省电力装机总容量突破 5000 万千瓦，电网智能化达到国内领先水平。四是信息化发展水平位居全国前列。2017 年，福建信息化综合指数居全国第 6 位、互联网普及率居第 4 位、“两化融合”水平居第 6 位、数字经济总量居第 7 位。

1.1.4　清新福建成为全国样板

生态优势是福建最具竞争力的优势，将为高质量发展提供重要条件。一是国家生态文明试验区建设成效显著。中央部署的 38 项重点改革任务有 37 项已经形成改革成果，重点生态区位商品林赎买、生态司法保护机制、河长制等一批领先改革经验和制度成果向全国推广。二是生态环境质量保持全优。2017 年，全省主要河流水质优良比例达 95.8%，高于全国平均水平 25 个百分点；所有设区城市空气质量优良天数比例达 96.2%，高于全国平均水平 18.2 个百分点；PM2.5 年均浓度 27 微克 / 立方米，比全国平均水平低 37.2%；森林覆盖率 65.95%，持续位居全国首位。三是走出具有特色的生态 + 发展新路。各市县推进生态建设与产业、文化、民生、旅游、城建等深度融合，有力提升了宜居、宜业、宜商、宜游水平，实现了生态效益、经济效益和社会效益的有机统一。

1.1.5　人民群众获得感增强

近年来，福建民生支出占一般公共预算支出比重每年均超过七成，民生社会事业补短板取得显著成效。一是脱贫攻坚取得决定性进展。2017 年年底全省农村贫困人口、贫困发生率分别下降到 4286 人、0.02%，基本消除现行扶贫标准国定贫困人口。二是基本公共服务持续改善。全面实现城乡居民基本医保政策一体化和设区市统筹，养老、医疗保险等社会保障实现制度全覆盖。教育质量明显提高，基础教育指标排名居全国前列，提前一年通过国家义务教育发展基本均衡县评估认定，厦门大学、福州大学列入国家“双一流”建设高校。“健康福建”建设深入推进，全面实施“三医”联动改革，基本实现每个乡镇有一所乡镇卫生院、每个街道有一所社区卫生服务中心、每个行政村有一个村卫生所。三是居民生活水平大幅提升。2017 年，全省城镇居民发展和享受型消费（居住、交通通信、教育文化娱乐）支出占生活消费支出的 48.7%；城镇居民恩格尔系数为 32.9%，比 1978 年降低 32.6 个百分点；农村居民恩格尔系数为 36.9%，比 1978 年降低 32.5 个百分点。

1.2 主要难点

从经济结构、经济效率、创新驱动发展能力等方面来看，福建推进高质量发展还面临一些不足与困难，需要坚持问题导向，瞄准靶心，着力突破。

1.2.1 产业结构不够合理

服务业发展相对薄弱一直是福建经济发展的短板。2017 年福建服务业增加值占 GDP 比重为 43.6%，虽比 2012 年提高 4.3 个百分点，但仍比全国平均水平低 8 个百分点，居全国第 25 位。同时，在第三产业中，传统服务业仍占较大比重，2017 年全省交通运输、仓储和邮政业、批发和零售业、住宿和餐饮业增加值合计占服务业比重达 33.6%，比全国高 3.4 个百分点，而生产性服务业供需缺口呈增大趋势，部分新兴生产性服务业发展较慢。

1.2.2 投入产出效率递减

提升经济增长质量，关键是要提升投入产出的效率和效益，但从福建近几年来的经济增长态势来看不够理想。福建每亿元投资新增GDP从2010年的0.30亿元下降至2017年的0.13亿元，表明投资效果系数下滑，有效投资不足，投资对GDP增长的作用在弱化；实体经济盈利水平较低，2012～2017年全省规模以上工业企业主营业务收入利润率在6.0%～6.8%之间波动，盈利能力较弱的状况没有根本改善。

1.2.3 科技创新存在短板

与兄弟省市相比，福建科技创新对经济增长的支撑能力相对不足。从研发投入来看，2017年福建R&D经费支出占GDP的比例为1.68%，研发经费投入强度比全国低0.44个百分点。从成果转化来看，2013～2017年全省发明专利数较快增长，但新产品产值占规模以上工业总产值的比例由2013年的10.2%下降到2017年的9. 2%，存在发明专利无法有效转化成产品的问题。从创新人才来看，高水平研发机构少，985高校仅1所，211以上高校仅2所，“双一流”入选高校仅2所，国家级独立科研院所仅4家。从创新平台来看，拥有国家重点实验室9个、国家级工程技术研究中心7个，数量明显少于江苏、浙江、广东等省。

1.2.4 区域发展不够协调

全省区域、城乡之间缩小发展差距的难度在加大。从地区发展来看，2017年泉州、福州GDP总量分别为7548亿元、7104亿元，同期南平为1621亿元，不足泉州的1/4；厦门人均GDP为110999元，南平为61132元，相差近一倍；全省人均GDP最高的县与最低的县差值达7.44万元，是2012年的1.31倍。从城乡收入来看，2013～2017年城乡居民人均可支配收入比分别为2.47、2.43、2.41、2.40、2.39，虽继续缩小，但缩小的幅度有所减弱。从资源要素配置来看，各类市场资源主要集中在福州、厦门和泉州，其他设区市所占比重较小。

2 福建推进高质量发展的总体思路

党的十九大报告指出，我国经济已由高速增长阶段转向高质量发展阶段。从省情实际出发，福建推进高质量发展必须与加快建设新福建、实现赶超目标有机结合起来。建设新福建是福建今后一个时期发展的根本性任务，就是要按照“机制活、产业优、百姓富、生态美”的要求，推动福建在新的历史起点上实现更高水平的发展；实现赶超目标是建设新福建的阶段性任务，就是要在全面建成小康社会的基础上，在经济总量上完成赶超，为加快新福建建设打下坚实基础。而坚持高质量发展落实赶超是加快建设新福建的根本途径，就是要在推动发展质量的全面提升中，继续保持较快的有质量有效益的增长速度，以高质量发展引领全省经济社会不断迈上新的台阶。

2.1 基本思路

以习近平新时代中国特色社会主义思想为指导，深入贯彻落实党的十九大精神，按照省委十届六次全会部署，坚持新发展理念，坚持质量第一、效益优先，以深化供给侧结构性改革为主线，打好防范化解重大风险、精准脱贫、污染防治三大攻坚战，紧紧围绕高质量发展落实赶超，着力创新驱动，着力转型升级，着力区域协调，着力乡村振兴，着力改革开放，着力生态建设，着力改善民生，妥善解决好不平衡不充分发展问题，努力实现产业发展高素质、城乡建设高品质、改革开放高层次、生态环境高颜值、社会治理高效能、民生幸福高指数，开创新时代新福建建设的新局面。

2.2 主要要求

福建在推进高质量发展落实赶超、加快建设新福建的过程中，要把握好以下几个关系。

2.2.1 正确处理好质量与速度的关系

现阶段，福建经济总量还不够大、产业还不够优，做大总量是加快发展的首要之义，是实现赶超目标最为直接、最为紧迫的任务，全省生产总值增速有必要确保比全国平均水平高 2 个百分点左右。同时，我国经济发展已经进入新常态，福建经济在保持了 40 年年均增长 12.3% 的高速增长、人均 GDP 突破 1.2 万美元之后，又必须遵循经济发展规律，推进从量的扩张转向质的提升，既在经济总量、综合实力上继续提升，更在产业结构调整、城乡区域协调、生态环境质量、社会事业发展、人民生活水平等方面取得新进展，为今后更长时期的发展打下基础、提供支撑。在高质量发展阶段，已不具备单纯地追求高速度的条件，但高质量发展也不等于低速发展，正确处理好发展质量与发展速度的关系，是高质量发展落实落地的关键。

2.2.2 正确处理好工业化与城镇化的关系

工业化和城镇化之间具有一种螺旋式上升互相促进的机制，当工业化进入中后期阶段后，城镇化作为工业化的载体作用更加凸显。近年来，福建经济社会发展进入工业化中后期阶段的特征日益明显，在这一阶段推进高质量发展，必须强化高质量城镇化的有效支撑，特别是要强化全省“一盘棋”理念，加快全省大中小城市融合发展，推进城乡统筹、山海联动，加快一体化进程。对于福建来说，现阶段要突出三个方面工作：一是增强福州都市区和厦漳泉都市区的引擎带动作用，带动闽东北、闽西南两个协同发展区加快发展；二是深入推进以人为核心的新型城镇化，提升中心城市综合功能，培育发展中小城市，分类发展小城镇，加快农业转移人口市民化；三是大力推进产城联动、产城融合，促进城市功能与产业发展需求相匹配，城市与产业在布局上功能互补、在作用上相辅相成。

2.2.3 正确处理好新动能与旧动能转换接续的关系

经济转型升级的过程，实质是新旧动能不断迭代更替的过程，新旧动能转换是实现高质量发展的重要动力。福建发展的当务之急是加快培育新动能，大力推进新一代技术、新材料、高端装备、节能环保、新能源及新能源汽车、海洋高新、生物医药等新兴产业发展，提升新动能对经济增长和城镇新增就业的支撑作用，着力解决新动能发展较快但规模不大、比重不高的问题，力争有 2 ~ 3 个产业能够发展壮大成为今后一个时期福建新的主导产业。但又要看到，目前福建的纺织、食品、冶金、建材等传统产业实现的工业总产值占全省工业总产值的近一半，其增长速度高于三大主导产业，仍有巨大潜力可挖。因此，不能把新旧动能转换的着力点仅仅放在培育新兴产业上，还要在改造提升传统产业上下气力，推动传统产业“老树长新芽”，为新旧动能转换释放潜力和拓展空间。

2.2.4 正确处理好百姓富与生态美的关系

“生态美”与“百姓富”，两者既互为条件、互为基础，又相互包含、相互促进。但“生态美”不会自然而然地带来“百姓富”，要让绿水青山充分发挥出经济效益，必须打通“绿水青山”与“金山银山”的转化通道，有效实现经济效益、社会效益、生态效益的同步提升。对于福建来说，一方面要继续强化“绿色 GDP”意识，强化环境就是资源、环境就是资本、保护环境就是发展生产力的环保意识，在发展中加强保护，坚决打赢污染防治攻坚战；另一方面又要大力推进绿色发展，建立健全绿色低碳循环发展的经济体系，推动生态产业化、产业生态化，加快发展生产、生活、生态有机融合的业态，将绿色生态科技成果转化作为生态经济发展的重要支撑。

2.2.5　正确处理好发展市场经济与建设服务型政府的关系

处理好政府和市场的关系，使市场在资源配置中起决定性作用和更好地发挥政府作用，是深化供给侧结构性改革、推进高质量发展的根本要求。民营经济在福建经济总量中占大头，2017 年民营经济增加值占全省 GDP 的 67.2%，提供了 70.5% 的税收、73% 的科技成果和 82% 的就业，创造了闻名全国的“晋江经验”。作为民营经济发展大省，在推动高质量发展的过程中，要十分注重通过深化“放管服”改革，全面推行“一趟不用跑”和“最多跑一趟”办事清单，营造国际一流营商环境，使市场通过价值规律、竞争规律、供求规律等在资源配置中起决定性作用；同时，又要高度重视和加强政府对市场经济发展的引导和服务，切实管好那些市场管不了或管不好的事情，在基础教育、基础科研、公共卫生、公共福利等方面为市场经济发展提供公共产品和服务。

2.3　实现路径

机制活、产业优、百姓富、生态美，既是习近平总书记对福建发展提出的重要要求，也是推进高质量发展落实赶超、加快建设新福建的实现路径。

2.3.1　聚焦“机制活”，注重在深化改革开放中激发活力

机制活是高质量发展的制度保障，就是要以质量变革、效率变革、动力变革为目标，推动生产要素从低质低效领域向优质高效领域流动，实现效益最大化和效率最优化，为高质量发展提供强有力体制支撑。从福建来看，应着重从三个方面入手。一是用活战略机遇。要

创造性地用足用好用活中央赋予的建设 21 世纪海上丝绸之路核心区、国家生态文明试验区、自由贸易试验区、平潭综合实验区、福州新区和福厦泉国家自主创新示范区等“六区叠加”政策优势，既最大限度地发挥各个“区”的政策效用，又有力推进“六区”联动发展，充分发挥综合效应。二是激活市场主体活力。要突出抓好具有标志性、引领性、支柱性的重点改革，着力深化“放管服”改革，营造一流的营商环境，让市场主体从改革中真正受益，形成政府有作为、市场有效率、主体有活力的体制机制新优势。三是搞活对外开放。要通过培育外贸竞争新优势、打造国际知名投资新高地、构建对外开放新体制，进一步提升开放型经济的广度、深度和效益，以开放促改革、促发展、促创新，确保福建始终走在全国改革开放的前列。

2.3.2 聚焦“产业优”，注重在创新驱动中提升产业竞争力

产业优是高质量发展的主攻方向，就是要以深化供给侧结构性改革为主线，实施创新驱动发展战略，推进产业优化升级，加快建设实体经济、科技创新、现代金融、人力资源协同发展的现代产业体系。从福建来看，应着重从四个方面入手。一是推动主导产业强链条、壮集群。对于电子信息、机械制造、石油化工三大主导产业，要加强建链、补链、强链，努力使产业链条更加完善、功能更加齐备，并实现集群化发展。二是推动新兴产业快成长、上规模。对于已具备较好基础的新一代信息技术、新材料、高端装备、新能源及新能源汽车等新兴产业来说，要倾斜更多资源，加快突破核心技术，培育核心企业，加快发展壮大，形成对经济增长的有效支撑。三是推动传统产业长新芽、智能化。对于纺织、食品、冶金、建材等传统产业来说，要深入推进“智造”工程，运用“智能化 +”手段，为传统产业赋能升级。四是推进现代服务业提比重、促融合。对于现代服务业来说，要加快

推进生产性服务业社会化专业化高端化、生活性服务业便利化精细化品质化，逐步提高服务业占地区生产总值的比重。

2.3.3　聚焦“百姓富”，注重在发展提升中增进人民福祉

百姓富是高质量发展的落脚点，就是要坚持以人民为中心的发展思想，着眼于满足人民日益增长的美好生活需要，加快补齐民生社会事业短板，提高人民群众的获得感、幸福感、安全感。从福建来看，应着重从三个方面入手。一是坚决打赢脱贫攻坚战。要大力推进精准扶贫、精准脱贫，确保到 2020 年现行标准下的省定农村贫困人口全部脱贫，贫困村和扶贫开发工作重点县如期摘帽。二是加快民生社会事业发展。紧扣社会主要矛盾变化，按照“七有”要求，抓好教育、就业、收入、社保、医疗、养老、住房等各项民生实事。三是着加强社会治理和平安建设。要加快更高水平的平安福建建设，不断提升社会治理的社会化、法治化、智能化、专业化水平。

2.3.4　聚焦“生态美”，注重在生态文明建设中巩固绿色优势

生态美是高质量发展的内在要求，就是要增强绿水青山就是金山银山的意识，持续深化生态省建设，解决突出问题，创新体制机制，努力实现生态环境的“高颜值”。从福建来看，应着重从四个方面入手。一是全面完成试验任务。要对照生态文明试验区建设方案的要求，抓好已出台改革措施的落地生根，研究推出新的改革任务，率先形成可复制推广的成功经验和制度成果。二是加快推进绿色发展。要加快发展壮大节能环保产业、清洁生产产业、清洁能源产业，建立健全绿色低碳循环发展的经济体系。三是打好污染防治攻坚战。要解决好群众感受最直观、反映最强烈的突出生态环境问题，持续打造清洁家园，提供更多优质生态产品。四是加强生态系统的保护与修复。要加大山水林田湖和海洋生态保护力度，提升生态环境保护整体效果。

3 福建推进高质量发展的重点任务

福建推进高质量发展，要紧密结合新福建建设和落实赶超目标，立足现有基础、发挥比较优势、突出问题导向，用好用足中央赋予的各项政策，在全国高质量发展大局中把握重点任务、重点方向，形成具有福建特色的高质量发展路径。

3.1 产业发展高质量

高质量发展首先体现在产业和产品的高质量上。福建在推进高质量发展的过程中，必须始终把实体经济作为第一支撑，把产业发展作为第一战场，突出主导产业、新兴产业和现代服务业发展，加快传统产业转型升级，在壮大规模中推动产业迈向中高端。

3.1.1 加快三大主导产业发展

深入实施建链强链补链工程，电子信息产业突出“增芯强屏”，打造东南沿海新的集成电路产业集聚区和电子信息产业基地；石油化工产业突出上下游产业链的延伸，努力实现基地化布局和全产业链发展；机械装备产业突出“智能创新”，培育发展高端装备产业。以培育一流企业为目标，推进百亿龙头成长计划，支持龙头企业并购优质企业、营销渠道、关键设备和组建产业联盟和创新联合体，加快打造一批具有国际影响力和竞争力的大企业大集团。推进千亿集群支撑计划，统筹规划全省重点产业集群发展，以龙头企业为依托，推进产业链向两头延伸，搭建上下游对接合作平台，形成产业布局合理、区域特色突出、结构明显优化的产业集群发展格局。

3.1.2 推动新兴产业规模化发展

深入推进新兴产业倍增工程，加快培育一批新产业、攻克转化一批新技术、构筑提升一批新平台、融合催生一批新业态、打造一批“双高”龙头、高新技术和科技小巨人企业群体。优化发展集成电路制造业，做大做强平板显示产业，大力发展特色芯片设计业，提升封装测试业、设备和材料等配套产业，支持化合物半导体、高端传感器产业发展。加快发展新能源汽车产业，加快突破整车设计、动力电池、驱动电机及电控系统等关键零部件核心技术，跟踪研究燃料电池汽车及下一代新能源汽车。加快发展新材料产业，大力发展特种金属、先进高分子、高性能复合材料，突破石墨烯等关键技术研发和生产应用。

3.1.3　全面改造提升传统产业

适应国内消费升级需求，处理好发展新技术、新产品、新业态与传统产业转型升级、提质增效的关系，深入推进传统产业“智造”工程，引导纺织服装、食品加工、建材、冶金、轻工等传统产业，实施推广智能化改造，加大力度建设智能工厂、智能车间，促进向高端产品链、价值链延伸拓展，进一步巩固扩大竞争优势。推进企业上云上平台，推动业务系统云化改造和向云端迁移，共享智造资源，开展供需对接、供应链集成、众包众筹等创新型应用，培育新的利润增长点。

3.1.4　促进现代服务业提质增效

深入推进现代服务业提速提质工程，推动企业集聚、主辅分离、机制创新，有序规范建设一批定位清晰、带动示范效应强的省级服务业集聚区，进一步提高服务业占地区生产总值的比重。适应产业发展融合化和生活需要多样化趋势，按照产业链各环节内在关联要求，加快现代化与农业、服务业与制造业、服务业各领域之间融合发展，推进相关服务业态和环节整合重组，催生、推广一批新业态新模式，培育形成新的经济增长点。

3.2 城乡区域发展高质量

城乡、区域协调发展的程度与水平是衡量高质量发展的重要维度。对福建来说，要强化全省“一盘棋”理念，统筹发展资源，形成发展合力，实现一体化发展，走出一条山海协作、城乡统筹、优势互补的发展路子。

3.2.1 加快建设两大协同发展区

以福州都市区和厦漳泉都市区为引擎，强化规划引领，加快形成统筹有力、竞争有序、绿色协调、共享共赢的区域发展新机制，推动闽东北、闽西南两大协作发展区在新的起点上形成双轮驱动、南北互动、协调推进、统筹发展的格局。坚持交通一体化先行，聚焦关键通道和重要节点建设，高起点建设快速、便捷、高效、安全的综合立体交通网络；推动协同发展区内和协同发展区间产业合理分布和上下游联动，促进产业链、供应链、价值链的深度融合；加强社会事业领域合作，逐步推进教育、医疗卫生和文体资源共享，促进社会保障、城市管理、社会治安、人口管理等公共管理事务一体化、均等化。

3.2.2 推动新型城镇化高质量发展

建立健全农业转移人口市民化机制，推动农业转移人口进得来、住得下、融得进、能就业、可创业，不断提高户籍人口城镇化率。做大做强福州、厦门、泉州三大中心城市，加快漳州、三明、莆田、南平、龙岩和宁德等区域中心城市发展，推进绿色城市、海绵城市、智慧城市建设，加大力度解决群众反映强烈的拥堵、内涝、停车难等问题，增强综合承载能力。把加快培育中小城市作为优化城镇规模结构的主攻方向，发展壮大县域经济，依托优势资源发展特色产业。分类发展小城镇，积极培育特色小镇，引导小城镇走特色化、集约化、现代化的发展道路。

3.2.3 实施好乡村振兴战略

加快发展特色现代农业，在做大做强做优茶叶、蔬菜、水果、畜禽、水产、林竹、花卉苗木七大优势特色产业的基础上，大力培育食用菌产业、乡村旅游业、乡村物流业。聚焦农村垃圾处理、污水治理、农房整治、村容村貌提升和厕所革命，梯次推动乡村山水林田路房整体改善，建设生态宜居的美丽乡村。促进基础设施向乡村延伸，推动资源要素向乡村流动，推进城乡融合发展，逐步使农村成为能吸引人、留住人的地方。

3.3 开放发展高质量

当前，经济全球化深入发展，我国经济与世界经济的相互联系相互影响日益加深，对外开放性是高质量发展的重要特征。福建推进高质量发展，要以更加开放的姿态融入世界经济，主动参与全球资源配置，培育国际合作和竞争新优势，再造开放型经济新红利。

3.3.1 推动“海丝”核心区建设走实走深

建设互联互通的重要枢纽，加强海上通道、陆海联运通道、信息通道建设，积极打造服务全国、面向世界的21世纪海上丝绸之路核心区战略通道和综合枢纽。构筑经贸合作的重要平台，重点拓展与东盟的经贸合作，积极开拓南亚、西亚、非洲东海岸等印度洋沿岸地区新兴市场。形成人文交流的重要纽带，与“海丝”沿线国家和地区间相互增设一批友好城市，办好丝绸之路国际电影节、“海丝”（福州）

国际旅游节以及“海丝”相关论坛、艺术节等重大活动，广泛开展教育、科技、旅游、卫生、体育等领域交流合作。

3.3.2 加快自由贸易试验区发展

进一步完善以负面清单管理为核心的投资管理制度、以贸易便利化为重点的贸易监管制度、以金融服务业开放为目标的金融创新制度、以政府职能转变为核心的事中事后监管制度，建立与国际投资贸易规则相适应的体制机制，营造法治化、国际化、便利化营商环境。创新两岸合作机制，率先推动与台湾地区投资贸易自由，以推进两岸金融合作为重点，在扩大人民币跨境使用、资本项目可兑换、跨境投融资等方面开展金融开放创新试点。发挥自贸试验区溢出效应，加快创新成果复制推广，形成区内区外联动发展局面。

3.3.3 进一步拓展对外合作空间

深化外贸体制机制改革，优化通关、检验检疫、退税等外贸发展环境，加快培育跨境电子商务、外贸综合服务平台等新型贸易方式发展，提升外贸便利化水平。更加积极有效利用外资，打造稳定公平透明可预期的营商环境，注重引进先进制造业和现代服务业，鼓励外资企业增资扩股。引导和推动企业开展国际产能和装备制造合作，推动优势产业产能“走出去”，建设若干境外资源开发基地，共建一批国际产业合作园区。

3.4 绿色发展高质量

绿色发展是当今世界潮流，是经济社会可持续发展的内在要求，是高质量发展的重要标志。对福建来说，要深入贯彻落实好习近平生态文明思想，坚决打好污染防治攻坚战，让天更蓝、山更绿、水更清、环境更优美。

3.4.1　在绿色发展上实现新提升

推动经济绿色低碳循环发展，加快传统产业智能化、清洁化改造，培育壮大节能环保产业、清洁生产产业、清洁能源产业。强化生态环境硬约束，落实生态保护红线、环境质量底线、资源利用上限和环境准入清单，严格空间管制、容量管控和环境准入，促进环境效益、经济效益、社会效益多赢。充分运用市场手段，推动碳排放权、排污权、用能权交易，引导绿色资源优化配置。

3.4.2　在环境质量上实现新改善

打好蓝天保卫战，对标更高空气质量标准，坚持臭氧和 PM2.5 协同控制，加强挥发性有机物治理，严格管控道路、施工等城市扬尘污染，强化区域联防联控和污染天气应对，让蓝天白云成为常态。打好碧水保卫战，统筹左右岸、上下游、陆上水上、地表地下、河流海洋、污染防治与生态保护，全面推行“河湖长制”。打好净土保卫战，以保障农产品质量和人居环境安全为重点，加强土壤污染治理与修复，推进垃圾分类处置，让老百姓吃得更放心、住得更安心。

3.4.3　在国家生态文明试验区建设上实现新突破

探索构建促进绿色发展的体制机制，树立节约资源和保护环境的绿色导向，为高质量发展提供绿色新动能。完善提升党政领导生态环境保护目标责任制考核制度、领导干部自然资源资产离任审计制度、党政领导干部生态环境损害责任追究制度等改革措施。总结提升试验区三年建设成果，再推出一批可复制推广的创新举措，努力打造践行习近平生态文明思想的示范区，为全国生态文明建设提供“福建样板”。

3.5 人民生活高质量

推进高质量发展，最终必须落实到社会民生事业的高质量发展上。要适应社会主要矛盾的变化，采取针对性更强、覆盖面更大、作用更直接的举措，解决好事关百姓生存发展的“头等大事”和影响百姓日常生活的“关键小事”。

3.5.1 推进精准扶贫精准脱贫

因地因户因人分类精准施策，坚持“输血”与“造血”并举，精准落实产业、就业、搬迁、金融、健康、教育、低保兜底等扶贫措施，拓宽居民劳动收入和财产性收入渠道，激发贫困群众增收脱贫内生动力。鼓励社会力量参与脱贫攻坚，促进要素资源向乡村流动，引导好工商资本下乡的积极性，完善科技特派员制度，形成人人皆愿为、人人皆可为、人人皆能为的社会扶贫机制。

3.5.2 着力补齐民生社会事业短板

加快补齐教育事业短板，扩大普惠性学前教育资源供给，推动义务教育优质均衡发展和普遍高中优质特色发展，推进高等教育“双一流”建设。加快补齐医疗卫生事业短板，扩大产科儿科、精神卫生服务供给，夯实基础医疗卫生基础。加快补齐养老服务短板，注重提高养老服务质量，提升居家社区养老生活品质，推动机构养老服务提质增效，深入推进医养融合发展，构建多层次养老服务体系。

3.5.3 维护社会安定稳定

全面落实维稳工作责任制，及时应对和化解经济下行过程中产生的各类社会风险隐患。加快构建多元化矛盾纠纷解决体系，完善落实社会稳定风险评估机制，从源头上防止矛盾风险产生。加强社会治安综合治理，扎实推进平安福建建设，深入推进扫黑除恶专项斗争，切实抓好安全生产，全面提升应急能力，为人民群众创造安居乐业、安定有序的良好环境。

4　福建推进高质量发展的对策措施

高质量发展是一场关系发展全局的深刻变革，必须进一步解放思想，勇于攻坚克难，完善体制机制，为高质量发展创造良好的环境。

4.1　实施创新驱动发展战略

始终把创新作为坚持高质量发展的第一动力，加快实施创新能力突破行动，积极构建以产业需求为导向、平台建设为基础、成果转化为目的的创新驱动新格局。强化核心技术攻关，集聚创新资源，布局创新力量，推动产学研联合实施科技重大专项，加速推动主导产业和新兴产业领域核心技术突破。加快建设创新平台，进一步推进福厦泉国家自主创新示范区建设，支持有条件的地方建设科技城，吸引名校、名院、名企集聚；加快推进一批“国字号”研发机构落地建设，积极争取国家在福建布局大科学工程；打造一批高水平制造业创新中心、工程技术研究中心、企业技术中心，加快布局建设研发前沿、学科融通、综合集成的省实验室。激发主体创新活力，突出创新正向激励，分级分类实行地方政府科技创新绩效奖励，积极落实财政奖补措施，加大企业和科研机构的创新奖励力度，提升创新主体获得感；转变科研机构管理和运行机制，提升科研机构创新管理和成果转化自主权，实行科研、教育、产业、资本一体化运作，不断释放科研院所创新潜能。

4.2 营造国际一流营商环境

以改革开放40周年为契机，拓展改革广度和深度，消除制约高质量发展的瓶颈，更好地为高质量发展拓展新空间、激发新活力。围绕打造世界一流的法治化国际化便利化营商环境，加快转变政府职能，进一步简政放权，持续深化“放管服”改革，全面推行“一趟不用跑”“最多跑一趟”和“政务+互联网”，真正放出活力、管出公平、服出便利。积极构建“亲、清”新型政商关系，弘扬优秀企业家精神，加强法治政府和诚信政府建设，对国有、民营、外资企业一视同仁、平等对待，真心实意为企业排忧解难，促进市场各类主体公平有序竞争，营造尊商重商、亲商安商、扶商兴商的良好环境。

4.3 强化创新人才队伍支撑

加强科技人才队伍建设，重点培养一批一流创新人才和优秀企业家，培育壮大面向生产一线的实用工程人才和专业技能人才队伍。加大人才引进力度，坚持“高精尖缺”导向，深入实施“海纳百川”高端人才聚焦计划，建立吸引优秀科技、工程与管理人才的竞争流动机制。深入推进项目评审、人才评价、机构评估改革，建立健全以创新能力、质量、贡献为导向的创新人才评级体系，以产业招揽人才、以人才引进项目、以项目对接人才。改革收入分配制度，将科研人员收入与岗位职责、工作业绩、实际贡献挂钩，以增加知识价值为导向，让有作为、有贡献的科技工作者“名利双收”。

4.4 着力完善考核评价机制

结合福建实际，研究制定推动高质量发展的指标体系、政策体系、标准体系、统计体系和绩效评价、政绩考核办法，创建和完善制度环境。研究制定反映投入产出的高质量发展监测体系，重点跟踪监测科技进步贡献率和全要素生产率变动情况，强化质量提升、内涵发展的导向。发挥考核评价体系的“指挥棒”作用，把高质量发展考核结果作为对各市县领导班子和领导干部综合考评的重要依据，让高质量发展成为全省上下的自觉行动。

案例四

吉林省人口问题与高质量发展研究

1　吉林省人口主要问题

1.1　劳动年龄人口变动对经济增长贡献度正在下降

2000 ~ 2015 年，吉林省劳动年龄人口从 2011.06 万人，增加到 2122.9 万人，增加了 111.84 万人，年平均增长率为 0.26%（见图 1）。从劳动年龄人口的变动、劳动生产率变动、劳动力利用效率对经济增长的贡献度来看，在此期间，这三个因素的贡献度分别为 5.51%、75.19% 和 19.30%（见表 1，表 2）。

第一阶段是 2000 ~ 2007 年。吉林省劳动年龄人口规模从 2011.06 万人增长到 2189.64 万人，净增加 178.58 万人，年平均增长率为 0.90%。这一阶段，吉林省劳动年龄人口数量呈波动增加，增长率呈波动下降，到 2007 年，吉林省劳动生产率增速达到峰值 14.67%，同时，相对应的吉林省地方生产总值增速也达到了峰值 16.1%。社会消费品零售总额增速达到了 25.1%。这与 2004 年开始实施东北振兴战略有关，2004 ~ 2007 年，吉林省固定资产投资保持了 4 年超过

表1　劳动年龄人口各因素对吉林省经济增长的贡献度　单位：%

时间	劳动年龄人口	劳动生产率	劳动力利用效率
2000 ~ 2007	14.88	85.3	–0.18
2008 ~ 2015	–5.45	76.32	29.13
2000 ~ 2015	5.51	75.19	19.30

根据吉林省劳动年龄人口规模变化情况，大致可以分为两个阶段。

30% 以上的高速增长，带来了劳动年龄人口的增加，促进了消费的快速增长，但在此期间，吉林省的劳动年龄人口变动和劳动生产率变化对经济增长的贡献度占较大比例，劳动力利用效率对经济增长的贡献度并不高。据测算，2000 ~ 2007 年，吉林省劳动年龄人口变动对吉林省经济增长的贡献度为 14.88%，劳动生产率对经济增长的贡献度达到 85.3%，劳动力利用效率对经济增长的贡献度为 –0.18%。

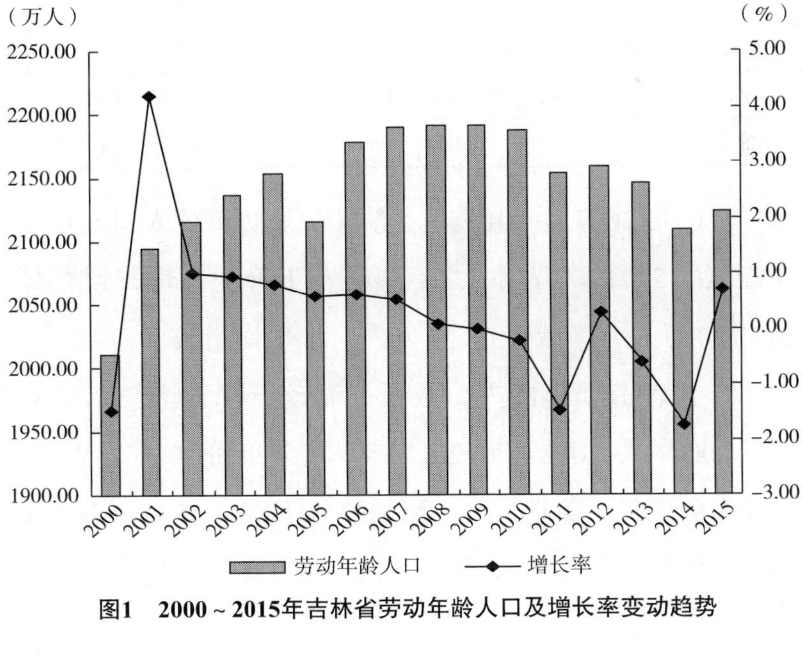

图1　2000 ~ 2015年吉林省劳动年龄人口及增长率变动趋势

表2　　2000 ~ 2015年吉林省经济增长及各影响因素变动情况

年份	实际 GDP（亿元）	增长率（%）	就业人口数（万人）	劳动生产率（元 / 人）	增长率（%）	劳动力利用效率（%）	增长率（%）	劳动年龄人口数（万人）	增长率（%）
2000	505.16	9.20	1164.02	4339.79	5.07	57.88	5.50	2011.06	–1.49
2001	552.12	9.30	1167.41	4729.44	8.98	55.72	–3.74	2095.18	4.18
2002	604.59	9.50	1186.60	5095.15	7.73	56.08	0.65	2115.94	0.99
2003	666.25	10.20	1202.50	5540.54	8.74	56.30	0.40	2135.84	0.94
2004	747.53	12.20	1222.00	6117.27	10.41	56.77	0.82	2152.72	0.79
2005	837.98	12.10	1238.90	6763.90	10.57	57.22	0.79	2116.00	0.58
2006	963.67	15.00	1250.50	7706.28	13.93	57.41	0.33	2178.34	0.60
2007	1118.83	16.10	1266.10	8836.82	14.67	57.82	0.72	2189.64	0.52
2008	1297.83	16.00	1281.40	10128.22	14.61	58.47	1.12	2191.47	0.08
2009	1474.34	13.60	1297.30	11364.68	12.21	59.20	1.25	2191.22	–0.01
2010	1677.81	13.80	1311.60	12792.09	12.56	60.00	1.35	2186.70	–0.21
2011	1909.34	13.80	1337.78	14272.45	11.57	62.13	3.54	2153.34	–1.49
2012	2137.95	11.97	1355.90	15767.76	10.48	62.80	1.09	2159.06	0.27
2013	2315.39	8.30	1415.43	16358.21	3.74	65.97	5.04	2145.72	–0.62
2014	2465.90	6.50	1447.17	17039.46	4.16	68.64	4.06	2108.32	–1.74
2015	2626.20	6.50	1455.78	17807.04	4.50	69.47	1.21	2122.90	0.69

第二阶段是 2007 ~ 2015 年。吉林省劳动年龄人口规模在 2008 年达到峰值的 2191.47 万人，之后呈波动下降的态势，到 2015 年减少到 2122.90 万人，净减少 68.57 万人，年平均增长率为 –0.38%。这一阶段，吉林省劳动年龄人口数量呈波动下降，增长率呈 W 形变动，除了 2008 年、2012 年和 2015 年，其余年份吉林省劳动年龄人口均表现为负增长。劳动生产率增速逐年下降，在 2013 年达到最低值 3.74%，之后略有回升。同时，相对应的吉林省地方生产总值增速呈逐年下降的态势，固定资产投资和社会消费品零售总额增速均呈波动下降的态势。这与 2008 年国际金融危机爆发之后，经济环境

整体变化有关，也与吉林省内部经济结构调整的需求有关。据测算，2007 ~ 2015 年，吉林省劳动年龄人口变动对吉林省经济增长的贡献度为 –5.45%，劳动生产率对经济增长的贡献度下降到 76.32%，劳动力利用效率对经济增长的贡献度提升到 29.13%。劳动年龄人口的变动对吉林省经济增长的贡献度为负值，这表明劳动年龄人口的变动已经对吉林省经济增长构成制约。

1.2　劳动人口负担系数逐年变大

2012 ~ 2017 年，吉林省的人口自然增长率分别为 0.36‰、0.32‰、0.40‰、0.34‰、–0.05‰、0.26‰，呈现出波动下降趋势，2016 年吉林省人口自然增长率更是首次出现负增长（见图 2）。2017 年吉林省的人口自然增长率为 0.26‰，比全国的 5.32‰相差 20 倍多。与直辖市的北京、上海比也相差甚多。与黑龙江比，吉林省的人口自然增长率略高于黑龙江，黑龙江已经连续三年出现了负增长的情况。

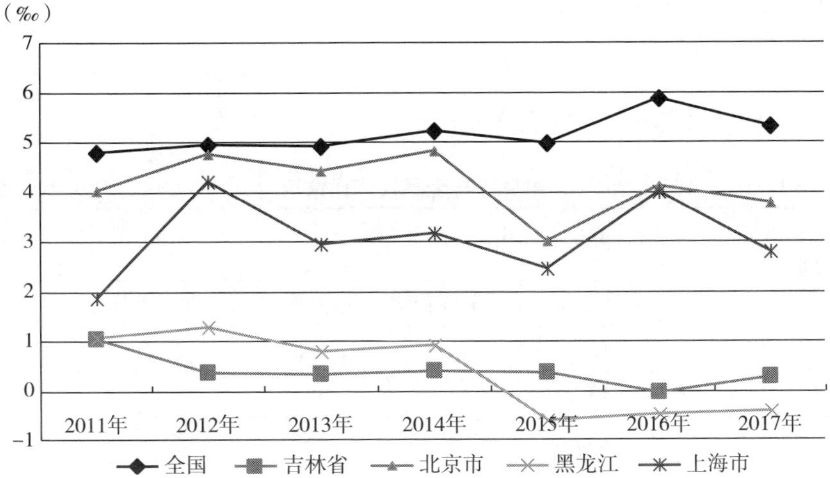

图2　2012 ~ 2017年人口自然增长率变化比较

数据来源：吉林统计年鉴。

未来吉林省出生人口数量呈逐步减少的趋势不会有较大的改善，一是育龄妇女数量和已婚育龄妇女数量大幅度减少。2008 ~ 2017 年，10 年间育龄妇女减少 112.95 万，已婚育龄妇女从 2010 年开始减少，平均每年减少 15.64 万。这将直接导致一孩出生数量下降幅度很大。二是育龄妇女生育意愿不强。近 65% 的育龄妇女理想孩子个数不超过 1 个。出现想生的生不了，能生的又不想生现象。前者是年龄偏大，后者是抚养孩子的成本太高，而且许多职业女性担心生育二孩会导致职位变动或影响职务升迁，加剧原本就存在的隐性就业歧视。出生人口数量长期维持在较低水平，必然导致未来劳动力供给的不足，对经济社会发展极其不利。

2012 ~ 2017 年，吉林省人口总抚养比从 27.4% 上升至 34.2%，上升了 6.8 个百分点。吉林省总抚养比、少儿抚养比和老年抚养比三个指标与全国平均水平的差距都在快速缩小，2012 年，吉林省总抚养比低于全国 7.5 个百分点，到 2017 年，缩小到 5 个百分点；2012 年，少儿抚养比低于全国 6.6 个百分点，到 2017 年缩小到 5.7 个百分点；而老年抚养比，2012 年是低于全国 0.9 个百分点，到 2017 年已经反超全国 0.7 个百分点（见表 3）。

表3　　吉林省与全国抚养比情况　　单位：%

年份	吉林			全国		
	总抚养比	少儿抚养比	老年抚养比	总抚养比	少儿抚养比	老年抚养比
2012	27.4	15.6	11.8	34.9	22.2	12.7
2013	28.2	15.1	13.1	35.3	22.2	13.1
2014	30.5	16.2	14.3	36.1	22.4	13.7
2015	30.2	15.6	14.6	37.0	22.7	14.3
2016	33.1	18.5	14.7	37.9	22.9	15.0
2017	34.2	17.6	16.6	39.2	23.3	15.9

根据国内学者研究，人口抚养比为 47% ~ 50% 是人口红利期，而抚养比小于 44% 为红利更高的“人口暴利期”。从全国来看，我国仍然处于人口暴利期，吉林省总抚养比低于全国平均水平，意味着现阶段吉林省的劳动年龄人口还比较充足，但吉林省总抚养比呈现快速提升的态势，劳动年龄人口充足的情况不可持续。同时，吉林省的少儿抚养比一直低于全国平均水平，这是因为吉林省是全国执行计划生育政策最好的省份之一。2010 年第六次人口普查数据显示，15 ~ 19 岁、20 ~ 24 岁年龄段人口数分别仅为 168.4 万人、250.1 万人，加起来仅为人口总量的 15.5%。这意味着，吉林省人口老龄化进入高增长期后，老龄人口多为计划生育家庭的老年人，而由此产生的“四二一”结构家庭难题会更加凸显。

1.3　人口外流现象日益严重

在近代史上，中国人口迁移的趋势基本上是顺着三大流向进行的，即“闯关东”“走西口”“下南洋”，“闯关东”一路迁移人口为最多，总计移民人口在数千万，年平均移入人口在 50 万左右。闯关东奠定了今天东北人口发展的基础。新中国成立后东北地区的人口变动主要经历了四个阶段，即 1949 ~ 1980 年的人口快速增长阶段，1980 ~ 1990 年的人口稳定增长阶段，1991 ~ 1999 年的人口缓慢增长阶段以及 2000 ~ 2009 年的人口极低增长阶段。从 2010 年以来，吉林净迁移人口出现了负值，且呈现出先增后减又增的态势（见表 4）。迁移流动是原住地之推力与目的地之拉力相互作用的结果。流出地的就业不足、期望工资较低等构成推力，促使人们向其他地区迁移；同时，流入地更好的就业机会、更高的工资、更好的教育和卫生设施等构成拉力，吸引人们前往此地。从历史上的“闯关东”到当前“孔雀东南飞”都是经济助力的结果。

表4　　吉林省人口总量和净迁移率

年份	年末人口（万人）	净迁入人口（万人）	净迁入率（%）
2000	2627.3		
2001	2637.1	0.92	0.35
2002	2649.4	3.89	1.47
2003	2658.6	4.93	1.85
2004	2661.9	–1.38	–0.52
2005	2669.4	0.66	0.25
2006	2679.5	2.97	1.11
2007	2696.1	9.90	3.67
2008	2710.5	10.06	3.71
2009	2719.5	3.71	1.36
2010	2723.8	–1.22	–0.45
2011	2726.5	–0.88	–0.32
2012	2701.5	–25.95	–9.61
2013	2678.5	–23.86	–8.91
2014	2671.3	–8.27	–3.10
2015	2662.1	–10.10	–3.80

据统计，2017年吉林省户籍人口净流出7.15万人，较2010年增加4.10万人，呈波动增加的态势。2010～2017年，吉林省户籍迁往外省的人口数（除2016年）总体变化不大，始终保持在12万到13万之间，但是省外迁入的户籍人口逐年减少，2017年为4.97万人，较2010年减少4.46万人，可见吉林省对外来人口的吸引力正在逐年减弱（见图3）。

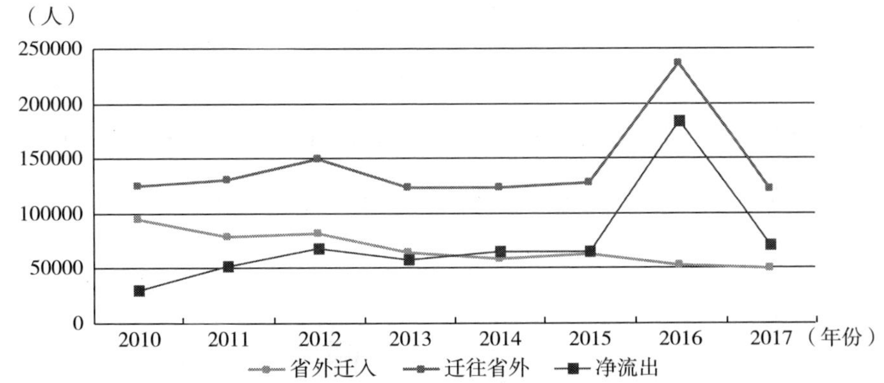

图3　2012～2017年吉林省人口净流出变化

数据来源：吉林省公安厅内部资料。

根据2015年全国1%人口抽样调查数据，吉林省流动人口各年龄组中，25～29岁年龄组人数为66.3万人，占12.67%，在流动人口中所占比重最大；其次是35～39岁年龄组49.0万人、40～44岁年龄组48.3万人、30～34岁年龄组46.9万人、45～49岁年龄组44.7万人，所占比重都超过了8.54%。此外，20～24岁年龄组42.3万人，占8.08%。从人口净流向来看，主要是闯关东“回流”的天津、河北、山东等省市，毗邻的辽宁、黑龙江以及北京、上海、广东等经济发达地区。从流动成因来看，省外迁移工作就业、学习培训等经济因素所占比重较大；而省内流动人口以经济作为原因进行迁移的比例较低，说明吉林省经济发展活跃程度不高。

1.4　人口老龄化与经济发展程度不匹配

国际上通用的衡量一个国家或地区人口老龄化标准是，60岁及以上人口占总人口比重超过10%，或者65岁及以上人口占总人口比重超过7%，满足其中之一即认为该国家或地区进入人口老龄化社会。2000年，全国65岁及以上占总人口比重达到7.1%，正式进入老龄化社会。2003 年吉林省 60 岁及以上人口占全省总人口的比重达到 10.54%。尽管进入老龄化社会的时间晚于全国，但吉林省人口老龄化的速度较快（见图 4）。在吉林省人口总量增幅仅为 1.4% 的情况下，老龄人口数量大幅增加，17 年间，老龄人口数量翻了一倍多。

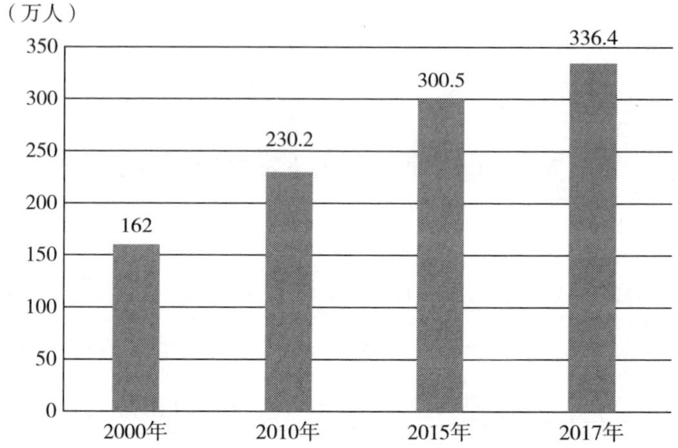

图4　吉林省65岁及以上老年人口数量变化情况

据 2015 年 1% 人口抽样调查数据显示，吉林省 60 周岁以上老年人口占总人口的比例为 18.1%，高于全国平均 2 个百分点；65 岁以上老年人口占总人口的 11.24%，高于全国平均水平 0.74 个百分点。从老年抚养比来看，2017 年年末，吉林省老年抚养比为 28.65%，高于全国平均 1.99 个百分点。

从 2010 年第六次人口普查数据来看，吉林省 40 ~ 44 岁、45 ~ 49 岁人口数量分别为 289.3 万人、261.4 万人，为每五岁一年龄分段中人口数量最多的两个年龄段。其中，41 岁、43 岁、48 岁三个年龄组的人数均超过了 60 万人。这是因为 1962 ~ 1970 年是新中国成立后第二个人口高增长期。按照年龄位移，预测到 2020 年，吉林省 60 岁及以上老年人口数将接近 600 万人，2030 年将突破 850 万人，到 2040 年达到峰值的 942.5 万人，随后回落，在 2050 年保持在 929.9 万人（见图 5），届时吉林省的 60 岁及以上老龄人口占总人口比重很有可能超过 30%。

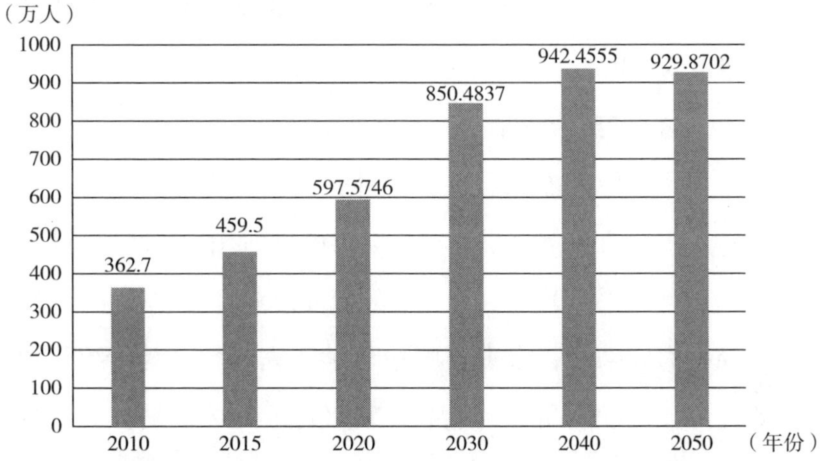

图5　吉林省2010～2050年60岁及以上老年人口数量变动预测

进入人口老龄化社会是在经济发达条件下，国家或地区城市化、工业化发展到一定阶段必然出现的现象。发达国家在进入老龄化社会时的人均 GDP 在 5000 至 1 万美元以上。而吉林省在 65 岁以上老年人口达到 7% 时，人均国民生产总值却只有 1000 美元左右。

1.5　人才资源配置不优

1.5.1　人口整体受教育程度较高，但高层次人才不足

根据 2016 年全国人口变动情况抽样调查样本数据，2016 年吉林省 6 岁以上人口受教育程度总量约为 370 万人，占 6 岁以上人口总数的 14.5% 左右，高于全国 1.21 个百分点，占比居全国第 9 位。但吉林省高层次人才相对短缺，截至 2018 年 8 月 1 日，全国两院院士共 1647 人，吉林省共拥有两院院士 24 人，占全国比重仅为 1.46%，国家“万人计划”专家 49 人，占全国比重为 1.43%，低于辽宁、黑龙

江。2016 年在本地就业的高校毕业生中，高职高专院校毕业生在省内就业的比例最高，达 67.60%，而 211 高校毕业生比例最低，仅为 30.61%。2017 年，吉林大学本专科毕业生和研究生留在吉林本地就业的比重均仅为 23%。

1.5.2 人才分布不合理

一是企业高素质人才比重低。吉林省高素质人才大多集中在机关或高等院校、科研机构等事业单位，大中型企业中的高学历高层次科技人才比例低，仅为 10% 左右。二是行业结构不合理。从吉林省人才队伍的行业构成来看，多数集中在科学研究和教育等传统行业，以及汽车、医药、化学制品等制造业，新兴行业人才短缺。企业经营管理人才、高技能人才、农村实用人才和社会工作人才数量不足。三是区域分布极不均衡。吉林省超过半数的人才集中在长春和吉林，特别是科技人才，长春市和吉林市占比达到 85% 左右。

1.5.3 人才流动还存在较多障碍

一是机关、事业、企业间人才的流动还不通畅。吉林省政府一直鼓励机关和事业单位的人才向企业流动，也实施了一系列服务国企和民企的人才项目，但这些政策都是短期的，一旦项目结束，人才就会回到原来的政府机构或事业单位，真正能留在企业的很少。二是适合人才发展的平台相对匮乏。尤其是一些高学历及紧缺专业的毕业生就业时不愿意留在吉林省，而会选择经济发达地区。三是企业激励和竞争机制不健全，存在逆向淘汰的现象。吉林省的人才贡献率始终低于全国平均水平，说明人才的创造性没有被很好地激发出来。

2　吉林省人口问题对高质量发展的影响

2.1　社会各界对吉林省经济社会发展的整体预期下降

2.1.1　媒体和学界高度关注东北地区的人口问题

随着东北地区经济发展的持续低迷，东北地区的人口问题越来越引起媒体和学界的关注与重视。从东北地区整体来看，人口结构失衡、人口净迁出规模不断扩大、人口老龄化加速、人口出生率过低等问题在当前日趋凸显，有的学者提出东北将面临人口结构本身所造成的经济困局，有的学者指出东北的人口危机将造成其未来发展后继无人；有的学者说东北的人口结构最老。人口危机率先爆发，今后经济活力远低于全国，人口外流的势能增大。如果不出台有效措施政策，超低出生率、年轻劳动力外流，对于老龄化严重的东北将是雪上加霜，这些研究和报道在一定程度上降低了外界对吉林省乃至整个东北地区经济社会发展形势的预期。

2.1.2　企业来吉林投资的意愿不强

一方面与吉林振兴密切相关的汽车、电子信息、生物工程与制药、新材料、新能源、先进装备制造等十大领域，都面临人才紧缺的问题，这对于来吉林投资的企业来说无疑是釜底抽薪。另一方面吉林省劳动力供给偏紧，由原来的无限供给转向了有限供给。劳动力短缺的直接影响是劳动力成本快速上升。劳动力短缺和劳动力成本的快速上升对吉林省以密集型为主的制造业尤其是产品出口企业影响较大，都极大地降低了企业来吉林投资的意愿。

2.1.3 居民储蓄意愿和消费水平受到影响

吉林省人口规模减少不仅意味着劳动力供给不再丰富，劳动的低成本优势丧失，更深一步则降低社会储蓄和投资，对吉林省经济社会产生了极大的负面影响。因为人口的减少一方面不利于扩大市场规模，进而造成收入和储蓄的减少，从而无法实现进一步的资本积累和扩大再生产。另一方面生产、流通、分配、消费等各个环节，都离不开人口。人口越少，越不容易产生新的需求和供给，也较难孕育新的产业和经济增长点。

2.2 在一定程度上制约了吉林省产业转型升级

2.2.1 科技人员不足影响创新发展

据测算，2017 年与吉林省总体经济发展密切相关的汽车产业、电子信息、石化与医药产业等领域中，高层次科技人才缺口达到 2.8 万人，而且随着产业的不断调整与升级，今后几年中对这些高层次科技人才的需求缺口将可能高达 20 万人。据相关研究，2015 年吉林省创新环境指标整体排名全国第 23 位，各项二级指标中，一般公共预算支出排名第 13 位，教育支出排名第 24 位。可见，教育投入在公共预算中所占比重较小、科技人才缺乏，在一定程度上影响了吉林省的创新发展。

2.2.2 传统劳动密集型产业发展受限

自 1978 年以来，吉林省的劳动力以每年 3% 左右的速度增长，有效地促进了劳动密集型产业的发展。但这种劳动力优势正逐渐消失，劳动力将由原来的无限供给转向有限供给，劳动力短缺的直接影响是劳动力成本快速上升，对吉林省以密集型为主的制造业企业影响较大。

2.2.3 三次产业结构调整受到制约

从第一产业来看，吉林省的农业生产模式不同于人口稠密的南方省份，更适合高度机械化的、规模化的农场式的现代农业。但从目前的情况来看，第一产业转型升级所需要的技术人员严重短缺，特别是缺少农业科技人才。吉林省第二产业和第三产业正在不断地壮大起来以适应产业结构的调整与优化，对人才的需求也随之变大。但重点支柱优势产业中，汽车产业中的机械设计、机电、铸造和电气专业人才，光电子产业中的电子技术专业人才，现代服务业中的物流、信息服务和旅游专业人才，医药产业中的药品研制与开发等专业人才均存在不足。第三产业所需的服务业人才持续供不应求，根据吉林省人才（人力资源）市场 2018 年第一季度供求信息，吉林省服务行业就业缺口较大，主要职业为销售行业、餐饮娱乐行业和业务员，而第三产业中对经济效率和技术创新起着关键作用的金融业、物流等生产性服务业人才尚显不足。

2.3 人口老龄化加剧了社会负担

2.3.1 养老金、医疗保障及社会福利等支出不断增加

一是吉林省基本养老保险金收支已出现逆差。随着人口老龄化的发展，劳动年龄人口在总人口中的比例减少，2016 年，吉林省企业养老保险金当期净结余 –52 亿元；累计结余 331 亿元，可支付月数仅为 5.9 个月，远低于全国 17 个月的平均水平，位列全国倒数第三位，仅高于黑龙江和青海省。

二是对老年人的医疗卫生保障需要不断加大投入。据《2017 年中国民政统计年鉴》统计，2016 年，吉林省共有 662 所医院，而其中护理医院仅有 3 所，远不能满足老年人口医疗护理的需要；相比城市，

乡村医疗卫生保障水平更为落后，老年人一旦突发急症，很难对其进行急救。

三是老年人口占城乡低保对象比例较高。2017 年，吉林省城市低保对象 59.96 万人，其中 60 岁以上的老年人 14.11 万人，占城市低保对象总数的 23.53%，保障标准达到月人均 484 元；农村低保对象 69.98 万人，其中 60 岁以上的老年人 49.59 万人，占农村低保对象总数的 70.86%，保障标准达到年人均 3734 元。此外，全省 14.17 万老年人享受到高龄生活津贴，各级财政共发放生活津贴 1.11 亿元。

为了确保老年人的生活质量，各级政府还要不断增加财政投入，为老年人提供和增加各种社会公共服务，并保证其服务质量，尤其是医疗保险、社会救济、社会福利等方面，政府财政预算仍需要不断提高投入。

2.3.2 相对滞后的养老服务业面临挑战

一是吉林省养老模式单一。据调研，当前吉林省居家养老占比应在 95% 以上，且吉林省居家养老负担要重于其他省份。吉林省老年人绝大部分是计划生育家庭的老年人，“四二一”结构家庭养老难题越来越凸显，高抚养比加重了家庭负担。

二是养老服务业资金渠道来源较窄。就目前情况而言，能够筹集到国家财政拨款的数目非常有限；彩票基金资助金额远不能满足发展需要；社会捐助对社区居家养老工作的启动起到的作用也是微乎其微。

三是养老机构服务还不能满足日益增长的养老需求。2015 年全省各类养老机构达到 1928 个，床位总数 14.7 万张，全省每千名老人拥有养老床位 32 张，与民政部《民政事业发展第十三个五年规划》要求仍有一定的差距。

四是养老服务人员数量严重不足。按照国家要求，社区护工与老人比例基本在 1∶6 或 1∶7，但吉林省普遍维持在 1∶20 以上。从养老服务业的人员构成来看，整体并未具备养老服务护理员的执业资格专业资质，基本不具备专业管理、护理知识，不能承担医疗救助、文体活动和高级护理等工作。

2.4　人口问题不利于城乡协调发展

2.4.1　长春"一城独大"的情况正在加剧

长春市对周边人口的虹吸作用明显。2011 ~ 2017 年长春市的人口总量由 761.77 万人增加到 763.5 万人，长春市人口总量占全省人口总量的比重由 27.7% 上升到 28.1%。从经济总量来看，2017 年，长春市地方生产总值为 6530 亿元，占全省地方生产总值的 42.7%。2018 年上半年，吉林省经济出现明显的放缓态势，其他所有地级市地方生产总值全面负增长，而且负增长率均超过 20%，而长春市地方生产总值名义增速达到 12%，长春"一城独大"现象的加剧不利于吉林省内区域协调发展。

2.4.2　小城镇发展质量提升困难

有关研究认为，小城镇镇区人口在 5 万人左右才能正常发挥集聚的功能，而吉林省存在众多人口不足的小城镇，人口规模过小造成小城镇的功能不完善，吸引和带动能力不强，难以吸引农村剩余劳动力和乡镇企业向小城镇转移，从而导致小城镇基础设施建设成本过高，小城镇基础设施不健全，不能满足小城镇居民生产和生活的需要，制约了小城镇的建设和经济的进一步发展。

2.4.3 农村空心化问题凸显

人口流失加速流出地人口老龄化，农村劳动力短缺问题不是绝对数量的不足，而是适应农业现代化的新型农民的短缺。目前，农村的青壮年劳动力超过 2/3 已经转移到城镇，农村劳动力以老年人为主，农村劳动力缺乏将严重影响农业现代化进程的不断推进。

3 从人口角度，对推动吉林省高质量发展的对策建议

3.1 全面建立鼓励生育的政策体系

3.1.1 率先试点全面放开的生育政策

“全面二孩”政策对吉林省人口结构矛盾有一定的缓解作用，但从执行的情况来看，“全面二孩”政策并不能从根本上改变吉林省人口问题的最终发展态势，如人口负增长情况、人口老龄化程度加重等。国家应进一步考虑率先在东北地区实施全面放开的生育政策，促进吉林省人口长期均衡发展。

3.1.2 探索建立生育全过程的服务体系

首先，建立产前的基本生育免费服务制度。围绕孕前、孕期、分娩、产后全生育周期，整合孕前优生、母婴保健、计划免疫、出生缺陷筛查和计划生育服务、取环（复通）等再生育服务、提高住院分娩环节补贴标准，为孕产妇和婴幼儿提供安全、公平、可及、实惠的免费基本生育和再生育服务，加快推进各级妇幼保健机构标准化建设，形成具有中国特色的妇女保健体系，为群众提供一站式妇幼健康计划生育全程配套政策措施和服务新体验，基本解决“生得出、生得起、生得好”的问题。

其次，逐步完善托育、照料等服务体系。一是政府引导。加大在

托儿所、公办幼儿园的建设投入，鼓励依托社会兴办公立托育机构，提高托儿所、幼儿园的供给数量和质量，改善供给结构。二是动员社会资源参与。鼓励企事业单位民间资本等社会力量参与提供婴幼儿托育服务。政府通过对企事业单位进行税收减免或补贴的方式，鼓励用人单位将婴幼儿抚养费纳入员工福利计划。三是继续规范家庭服务市场。加强对婴幼儿照料从业人员的教育培训，支持家庭互助组织社区保姆系统的发展。四是加强母婴配套基础设施建设，在公共场所和女职工较多的企事业单位设立哺乳母婴休息室。五是建立托育服务标准规范和母婴产品监测制度。

最后，探索降低家庭养育成本的各项配套政策。一是积极研究推动税收制度的改革，通过改革和完善收入分配制度和个人所得税制度，为符合政策生育两孩的家庭提供税收减免，减轻育儿经济压力，降低育儿成本。二是合理规划和配套教育资源政策措施，加大对学前教育投入，促进义务教育阶段的教育资源均等化。加快户籍制度改革，减轻家庭子女特别是流动人口家庭子女的教育成本。三是做好住房、税收优惠、补贴等家庭福利政策储备研究。

3.1.3 完善女性就业权和生育权兼顾的保障制度

一是建立和完善女性育儿期的弹性工作制。允许女性育儿期间享有弹性工作的权利。为方便女性生育和照顾孩子，允许女性在家完成相关工作任务。生有一个孩子可以实行 3 年弹性工作制度，两个孩子可以享受 6 年的弹性工作时间，弹性工作期间工资照发，不影响晋升。

二是建立和完善国家育儿保障金制度。国家、省、市县要分别成立育儿支持专项资金，形成财政育儿保障制度体系。主要保障女性就业权，包括女性带薪产假期间养老保险支付和产后 2 年内的养老保险金制度等。

3.2 健全老年人口社会保障体系

3.2.1 完善各项养老保障制度

一是完善养老保险制度。根据经济社会发展状况，逐步提高老年人社会保障水平，保障老年人的基本生活。二是完善医疗保险制度。鼓励减免老年人普通门诊挂号费和贫困老年人诊疗费，基层医疗卫生机构应当为辖区内常住老年人每年至少提供一次免费身体检查和健康指导，开展健康管理服务。三是推行长期护理保险制度。鼓励商业保险公司开展针对老年人的长期护理保险、人身健康保险和意外伤害保险等相关业务。四是完善社会救助制度。鼓励公民、法人、慈善机构和其他社会组织捐赠、资助老龄事业，为老龄事业发展提供人力、物力、资金和技术支持。

3.2.2 支持老年人参与社会发展

一是充分发挥老年人技术业务专长。引导老年人树立终身发展理念，充分发挥老年人的智力优势、经验优势、技能优势，为老年人参与社会发展创造条件。支持老年人参与科技开发和应用、开展咨询服务、从事经营和生产活动。各级政府和有关部门对参与社会发展做出突出贡献的老年人，按照国家有关规定给予表彰或者奖励。二是开发老年劳动力资源，拓宽再就业渠道。支持老年人积极参与基层民主监督、社会治安、公益慈善、移风易俗、民事调解、文教卫生、全民健身等工作。各类人才市场、人才中介机构要把老年人力资源纳入服务范围，搭建老年人才与社会需求对接的服务平台。

3.3 营造人尽其才的社会环境

3.3.1 加强和完善高端人才平台建设

一是建立以学科为单位的具有国际水准的研究教育基地或国际研

究院。大力扶持吉林大学、东北师大、中科院长春光机所等高校和科研院所，在数学、化学、光学、机械工程、材料科学与工程、控制科学与工程、地质资源与地质工程等国家重点学科，着力打造高端人才集聚、高水平项目研发、高协同技术攻关的具有国际水准的大平台，推动和促进人才平台与政府、企业的资源交流和整合。二是重点研究制定“事业＋待遇”双吸引的人才政策，力图用政策激励人才、用事业吸引人才、用感情留住人才。重点完善对省级领军人才和基础实用人才的待遇激励政策。三是建设政校企结合的科技孵化器。探索政府参与、高校和科研院所携手科技企业，共同建设的科技孵化器。以产业升级需求为导向，联合民间资本，挖掘高校人才资源，签订政产学研战略合作协议，进一步完善“大学生创业园—孵化器—加速器—产业园”递进式的创新模式。

3.3.2　强化激励高校毕业生本地就业创业

一是疏通在校生与本地企业的实习应用通道。加强校企联合培养，将学生在校期间在指定本地企业的实践经历计入学分，进一步加大对省内高校毕业生省内就业创业的激励力度，对吉林省支柱优势产业相关专业在校生培养和创业资金投入。二是发展“双元制”的职业教育模式。设置以岗位培训为重点的职业教育。深入了解企业的岗位需求，有针对性地设置培训课程，以培养一批实用性且具有创新能力的职业技术人才。三是建立创业创新综合服务体系。引进多种形式的中介服务机构，形成一条龙式的便捷服务体系，形成综合创业创新服务体系。

3.3.3　拓展农村劳动力的创业就业渠道

一是建立多层次的农村劳动力教育体系。加强对农村高校毕业生的创业就业培训和补贴，开展对农民工职业技能教育，提高农村劳动力的受教育水平和创业成功率。二是对全省劳动力供求情况进行调查和分析，根据市场需求变化趋势，及时调整培训专业、工种，并及时向培训机构发布企业用工信息，开展“定点、定向、订单”式培训。三是大力开展创业型街道（乡镇）、社区（村）和园区创建工作，实施创业政策、创业培训、创业服务“进乡村”行动。

3.4 及时调整产业发展的策略

3.4.1 加快发展集约型经济

以建设数字吉林为核心，一是利用数字新技术新应用加快对汽车、石化、农产品加工等传统产业全方位、全角度、全链条的改造，做到“有中生新”。二是要坚持数字产业化，依靠信息技术创新驱动，不断催生智能制造、智慧旅游、基因测序等新业态，做到“无中生有”。三是实现与服务业深度融合，加快信息技术在服务领域的广泛应用，发展数字化服务、数字化贸易、数字化消费，培育基于现代信息技术的设计、咨询、金融、交通、电子商务、现代物流等现代服务业。

3.4.2 大力推进养老服务业发展

一是健全发展养老服务业政策体系。政府制定奖励、扶持办法，采取公建民营、民办公助、委托管理等多种方式，引导、支持社会力量兴办或者运营养老机构和养老服务设施。二是构建多层次养老服务供给体系。各级人民政府支持建立以社会力量为主体、社区为依托的居家养老服务网络，引导社会组织和家政、物业等企业，经营适应老年人需要的用品，兴办或者运营老年供餐、社区日间照料、特色护理、家政服务、文化娱乐、休闲健身等形式多样的养老服务项目，为居家生活的老年人提供便捷、优惠的养老服务。对公益性养老机构建设免征有关行政事业性收费，对经营性养老机构建设减半征收有关行政事业性收费，对养老机构提供养老服务应当按照标准下限征收行政事业性收费。

3.5　着力推动城乡公共服务均等化发展

3.5.1　进一步完善城市主体功能

作为“多规合一”9 个试点省份之一，吉林省应以主体功能区规划为基础，进一步统筹城市各类空间性规划，协调人口规模与生态红线、环境容量、资源消耗上限、城市发展边界、空间结构、功能和产业分区、基础设施布局等适度发展，探索建立与“多规合一”相适应的行政区划体制，在土地、财政、生态补偿机制等政策方面进行研究创新。

3.5.2　推动城乡基础设施一体化

大力推进新型城镇化战略，加快推进吉林省交通基础设施建设，特别是高速公路建设；进一步完善城市主体功能区基础设施，提高城市绿化覆盖面积，改善人居环境，提高城市品位，加快提升城市综合承载能力；加强城乡接合部教育、医疗基础设施建设，探索财政投入、项目整合、招商引资、社会帮扶、农民自筹的多元化投入机制，着力解决美丽乡村基础设施建设资金缺口。

3.5.3　大力推动城乡公共服务均等化

按照“属地化管理、市民化服务”的原则，鼓励城市地区将流动人口纳入居住地教育、就业、医疗、社会保障、住房保障等体系，切实保障流动人口与本地人口享有均等化的基本公共服务和同等的权益。

案例五

广西经济高质量发展对策研究

1 广西经济高质量发展何所指

习近平总书记明确指出，高质量发展就是能够很好满足人民日益增长的美好生活需要的发展，是体现新发展理念的发展，是创新成为第一动力、协调成为内生特点、绿色成为普遍形态、开放成为必由之路、共享成为根本目的的发展。[①] 这是经济高质量发展的科学内涵，体现了目的与手段的高度有机统一，全国各地推进高质量发展都要以此为根本遵循。推动经济高质量发展，在宏观上体现为供求关系的协调，在中观上体现为结构合理，在微观上体现为技术水平和产品质量，在全国各地它的内涵和根本性要求具有一致性，但在不同的地区、不同的发展阶段却有着不同的表现形式。在遵循根本要求的基础上，广西还应该突出强调和把握好五个方面。

① http://www.xinhuanet.com/politics/2017-12/20/c_1122142659.htm.

1.1　保持经济持续平稳健康较快增长，是广西经济高质量发展的基础

“质量第一、效益优先”是经济高质量发展的核心要义，但并非不要速度、放弃增长，而要在保证质量效益的前提下，能快就不要慢。中央经济工作会议提出，稳中求进是治国理政的重要原则，“稳”是底线，“进”才是真正的目标，这既是全面建成小康社会的需要，也是合理引导社会预期、提振发展信心、避免经济失速“硬着陆”的需要。对于广西而言，“进”的需求尤为迫切，“进”是各级领导干部必须坚定担负起的历史重任。从 GDP 总量来看，2017 年广西 GDP 才刚刚突破 2 万亿元，与广东、江苏和山东发达地区省份的差距由 1978 年的 110 亿元、173 亿元、149 亿元拉大到 6.96 万亿元、6.56 万亿元和 5.23 万亿元，而且这些省基数大，近些年增速也比广西高，领跑拉开的距离越来越大。曾经与广西实力相当、同样条件、同时起步的省，已经从侧面超车，如 1978 年福建 GDP 比广西还少 10 亿元，到 2017 年比广西多 1.2 万亿元，曾经总量与广西相当的内蒙古、陕西、江西等省区也跑到广西前头去了。曾经落后广西的省份正在猛烈加速，追赶步伐已经越来越近，重庆、天津等市与广西的差距越来越小。从人均 GDP 来看，广西刚刚达到中等收入的门槛，只有全国平均水平的 70.2%、广东的 52%、江苏的 39.8%、山东的 55.9% 和福建的 51.2%，差距非常大。从区内各区域发展来看，还没有一个市 GDP 超过 5000 亿元，不到千亿元的市还有 5 个，财政收入不到百亿元的市也有 6 个，广西各市在全国城市发展版图中仍是相当落后的，连南宁市、柳州市、桂林市等都是属于国内三线以下城市，发展仍然相当不充分。从 GDP 跨过 2 万亿元的经验规律来看，会有一个相当大的发展惯性，产生的投资和消费需求比较大，而广西又是一个人口大

省，交通条件较好，沿海沿边沿江，处在中国对外开放的前沿，习近平总书记和党中央对广西的发展战略定位和期望很高，赋予了“战略支点、国际通道和重要门户”三大定位，广西各族人民和全国人民都希望广西能够加快发展起来，成为稳固边疆的基石。因此，后发展欠发达、正处在工业化中期的广西，需要保持高于全国水平的增速，高质量发展才有所依托。

1.2 振兴实体产业，是广西经济高质量发展的核心着力点

加快建设实体经济、科技创新、现代金融、人力资源协同发展的产业体系，是建设现代化经济体系、实现高质量发展的关键所在。广西发展不充分、质量不够好，主要是因为产业发展不充分、产业层次过于低端，要闯过“转变发展方式、优化经济结构、转换增长动力”这三个关口，离开实体经济无从谈起。农业方面，广西是农业大省，多种农产品产量位居全国前列，是全国重要农产品生产基地，是有条件可以实现更快发展的。但目前农产品深加工率偏低、农业增加值增速偏慢，与国内其他一些省份农业增加值增速达到 5%、6% 相比，广西农业发展的动力还没有完全挖掘出来，提升空间仍然很大。工业方面，目前发展仍然过分依赖糖、铝、冶金、有色、石化这些传统产业、资源型产业，受到资源和环境的约束逐渐增大，国内外市场需求空间趋于饱和，动力逐渐衰减；而新一代信息技术、新能源、新材料、生物制药、数字经济等有市场、有前景的新兴产业成长慢、体量小，产生新的增量抵消不了传统产业的减量，经济增长动力接续出现断档。服务业方面，第三产业比重低于全国 10 个百分点左右，服务业对经济增长的贡献率也低于全国 12.4 个百分点，生产性服务业发展滞后，生活性服务业低端，服务业整体发展没有形成系统性，对保持

经济稳定增长的作用还没有明显发挥。综上所述，现有产业的发展方式、结构和发展动力都存在较大问题，抓不好实体产业振兴，就不可能实现经济高质量的发展。

1.3　推动质量变革、效率变革、动力变革，是广西经济高质量发展的根本途径

转向高质量发展，质量变革是主体。广西有众多的农产品产量居全国前列，但总体上质量和品牌都还达不到一流，平常年份都卖不上好价钱，碰到丰年更有“谷贱伤农”的隐患。糖、汽车、机械、有色金属等支柱工业产品，要么是中低端的消费品，要么是中间产品不直接面向消费市场，要么是质量上不能满足需求，总体竞争力偏弱。需要贯彻落实好国家质量强国战略，抓好质量监管，推进特色产品的品牌创建工作，争创一些在全国的亮点、树一些在全国有影响的品牌，推动产品和服务升级。

效率变革是主线。目前广西实现资源要素在企业间、行业内的自由流动，生产要素从低效率企业向高效率企业、从低端行业领域向高端行业领域流动方面仍存在不少困难，突出表现在投资回报率持续降低，实体经济企业融资难融资贵。需要更注重提高人力、资本、土地等要素转化率，在扩大要素有效配置的前提下改善投入的方向和方式，提高劳动生产率、资本回报率和土地综合利用率。

动力变革是基础。广西经济增长依赖于传统产业、传统模式的旧动力第一增长曲线早已出现拐点，快速增长的空间已经很小；而基于新技术、新产品、新业态、新模式的新动力第二增长曲线还没有形成突破点，增长的速度虽然比较快，但总体规模偏小，对经济增长的贡献还相当有限，新旧动力切换不连续，迫切需要痛下决心依靠创新驱

动培育增长新动能。总的来说，质量、效率和动力三个方面的变革不取得更大进展，广西付出再大的努力也实现不了高质量的发展。

1.4 实现人与自然和谐共生，是广西经济高质量发展的特色优势

绿色发展是高质量发展的重大原则，习近平总书记在中央生态环境保护大会上强调绿色发展是构建高质量现代化经济体系的必然要求。广西自然风光优美、自然资源丰富，生态资源是高质量发展的先天优势，但这几年来，广西环境风险隐患增多，环境破坏的事件时有发生，一方面过去污染造成的土壤、水资源等环境损害依然存在，另一方面新增污染排放产生的环境隐患也不少，优良生态环境已经受到威胁。2017 年，全区万元 GDP 能耗为 0.79 吨标准煤，比全国平均水平（0.54 吨标准煤）高 46%，特别是电解铝、火力发电单位能耗不降反升，国有建设用地供应总量也增长 28.5%。14 个设区市中，2017 年城市空气质量未达标的市占 57.1%，近岸海域 66 个海水水质监测点中，70% 是三类、四类和劣四类海水。处理好发展与环境的关系，在高质量发展的大背景下显得尤为突出和重要。破坏环境的粗放发展方式我们当然必须摒弃，但是守着绿水青山过穷日子也算不上高质量发展。关键是要牢固树立绿色发展理念，引进先进的生产和治污技术，一条扁担两头挑，既解决环境污染问题，又促进产业发展，实现绿水青山就是金山银山，走出一条工业绿色发展新路子。

1.5 推动开放发展，是广西高质量发展的必由之路

开放是发展的大势。习近平总书记强调，过去 40 年中国经济发展是在开放条件下取得的，未来中国经济实现高质量发展也必须在更

加开放的条件下进行。[①] 中国开放的大门不会关闭，只会越开越大。改革开放初期，广西北海、防城港被列入全国首批开放港口城市，但因为当时中越边境有战事，外商来广西投资的意愿并不高，加上广西与周边省的交通条件较差，开放发展水平较低。直到 20 世纪 90 年代国家支持广西建设西南出海大通道以后，广西的开放发展才真正开始。之后，国家继续支持广西建设北部湾经济区，先后批复了保税港、综合保税区、出口加工区、中马钦州产业园区以及东兴和凭祥开发开放试验区、边境经济合作区等平台，特别是党的十八大以后，习近平总书记对广西的开放发展寄予了厚望，赋予广西“三大定位”新使命，广西的开放发展格局得到全面提升，一举跃升为中国对东盟开放、对“一带一路”开放的前沿。但也要看到广西仍是我国沿海省份开放程度最低的，一方面主要开放经济指标在全国排名靠后，2017 年进出口总额 3866 亿元，实际直接利用外资 8.22 亿美元，对外承包工程新签合同额 9.37 亿美元；另一方面开放型经济层次较低，国际化、法治化的环境总体不够优，对外开放的政策优势不凸显，吸引国际国内高端人才、技术、资金等高端要素的企业、平台少。必须要抓住新时代国家推动全面对外开放的机遇，全面完善对内对外开放政策措施，推动形成更高水平的开放型经济。

2 广西经济高质量发展何所困

新时代下，广西经济发展质量的问题和困难是多重的、多维度的。如经济总量不大也不优，供给能力总体处在供应链、价值链中低

---

① http://theory.people.com.cn/n1/2019/0218/c40531-30759459.html.

端，关键核心技术和价值品牌拥有量少，生态基础设施能力不强、环境容量约束收紧，城镇化水平低，发展不平衡、分配不公平、社会治理不正义等现象还存在，等等。归拢起来，制约和困扰广西经济高质量发展的主要有以下五大因素。

2.1 最缺的是“才”，即各层次人才数量不足、质量不高、结构不优

这些年来，广西与全国一样劳动力成本加快上升，但广西与广东、江苏、上海等发达省、市有很大不同，这些省、市是在人口红利的上升期就积累了大量人力资本，人才要素累优效应明显，从而获得源源不断的发展动力；而广西正需要大量人力资本积累时却恰恰遇上人口红利下降期，人才数量和质量都严重不足。

2.1.1 高层次人才总量不足

从 2013 ~ 2017 年六类高层次人才的新增数量来看，全国两院院士 233 人、长江学者特聘教授 761 人、国家杰青获得者 992 人、国家青年千人计划 2388 人、国家优青 1998 人（见表 1）。而广西长江学者特聘教授 4 人，国家杰青和国家青年千人计划各 1 人，国家优秀青年 2 人，分别仅占全国总数的 0.53%、0.1%、0.04% 和 0.1%，两院院士 0 人，高层次人才新增总量排在全国倒数第五位。与其他省份相比差距明显。北京新增高层次人才遥遥领先，达到 1858 人，占全国比重达到近 29%，是广西的 232.25 倍；上海新增高层次人才数量居全国第二，占全国比重达到 14%，是广西的 113.63 倍。与广东、湖南、云南、贵州等周边省份相比，这些省份新增高层次人才分别比广西多 411 人、101 人、26 人、4 人。从高层次人才存量来看，全国中科院院士 794 人，其中按照工作地分布，北京市 410 人，上海市 106 人，

江苏省 45 人，湖北省 25 人，陕西省 23 人，广东省 20 人，辽宁省 19 人，广西 1 人；全国中科院院士 868 人，工作地在广西的 0 人。

表1　2013～2017年全国31省、区、市六类高层次人才新增数量排名

序号	省、区、市	中科院院士	工程院院士	长江特聘	国家杰青	国家青年千人	国家优青	总计
	全国	112	121	761	992	2388	1998	6372
1	北京	60	56	222	355	546	619	1858
2	上海	12	9	93	143	395	257	909
3	江苏	6	6	69	79	228	194	582
4	广东	1	6	30	48	221	113	419
5	湖北	6	4	56	56	184	107	413
6	浙江	4	3	26	40	159	109	341
7	安徽	5	4	5	42	112	91	259
8	陕西	3	2	54	30	83	71	243
9	四川	2	1	38	23	109	51	224
10	天津	0	0	25	28	67	61	181
11	辽宁	2	6	22	31	52	58	171
12	山东	2	4	11	24	40	46	127
13	福建	2	0	10	16	64	31	123
14	湖南	2	8	12	16	32	39	109
15	黑龙江	1	1	24	13	19	35	93
16	吉林	2	3	13	10	15	29	72
17	重庆	0	0	12	13	22	11	58
18	甘肃	2	1	7	6	10	29	55
19	云南	0	0	2	6	12	14	34
20	山西	0	1	2	2	1	11	17
21	贵州	0	1	2	4	5	2	14
22	河南	0	2	3	0	4	4	13
23	江西	0	0	2	4	3	4	13
24	河北	0	1	2	1	2	5	11
25	新疆	0	1	6	1	0	2	10
26	广西	0	0	4	1	1	2	8
27	西藏	0	1	4	0	0	0	5
28	海南	0	0	1	0	2	1	4

续表

序号	省、区、市	中科院院士	工程院院士	长江特聘	国家杰青	国家青年千人	国家优青	总计
29	内蒙古	0	0	1	0	0	2	3
30	青海	0	0	3	0	0	0	3
31	宁夏	0	0	0	0	0	0	0

数据来源：中国科学院、中国工程院以及国家各大部委、各省网站。

2.1.2 人才发展的机构载体不多

高素质的综合性研究类大学少，广西没有高校入选“985”工程，仅广西大学入选“211”工程；国家 42 所一流大学建设高校中，广西空白；95 所一流学科建设高校中，仅广西大学 1 所入选（见表 2）。高层次科研机构少，仅桂林有 5 家原国务院部门属科研院所；各级政府部门属 128 家科研机构普遍规模小、研发基础条件较差，国家级重点实验室仅有 3 家（见表 3）。大学和科研机构少导致基础研究和自主创新能力仍较弱，缺乏在区域创新活动有影响力的、有较高学术地位的学术带头人，难以形成具有国际竞争力的科研成果，难以满足经济高质量发展对科技创新的需求。

表2　2018年全国普通高校（“985”“211”）数量分布情况

序号	省、区、市	普通高等学校（所）	其中“985”高校（所）	其中“211”高校（所）
1	北京	92	8	23
2	上海	64	4	10
3	湖南	124	3	4
4	陕西	93	3	7
5	江苏	167	2	11
6	广东	151	2	5
7	山东	145	2	3
8	湖北	129	2	7
9	辽宁	115	2	4
10	四川	109	2	5
11	天津	57	2	3

续表

序号	省、区、市	普通高等学校（所）	其中“985”高校（所）	其中“211”高校（所）
12	安徽	119	1	3
13	浙江	107	1	1
14	福建	89	1	2
15	黑龙江	81	1	4
16	重庆	65	1	2
17	吉林	62	1	3
18	甘肃	49	1	1
19	河南	134	0	1
20	河北	121	0	1
21	江西	100	0	1
22	山西	80	0	1
23	广西	74	0	1
24	云南	77	0	1
25	贵州	70	0	1
26	内蒙古	53	0	1
27	新疆	47	0	2
28	海南	19	0	1
29	宁夏	19	0	1
30	青海	12	0	1
31	西藏	7	0	1

数据来源：根据教育部2018年5月24日公布数据整理，不含独立学院。

表3　　2017年全国与广西主要国家级创新平台对比

指标	全国	广西	占全国比重（%）
国家重点实验室（家）	503	3	0.6
国家工程研究中心（家）	131	9	6.9
国家工程实验室（家）	217	3	1.4
国家企业技术中心（家）	1276	—	—

数据来源：2017年中国统计公报、自治区科技厅网站整理。

2.1.3　高等教育学科基础薄弱

根据2017年12月全国第四轮学科评估结果公布的信息（见表4），广西没有1所学校或一级学科专业排在“A+、A、A−、B+”的前四档水平，仅有广西大学的化学工程与技术专业、桂林理工大学的环境科学与工程专业排在第五档“B”。由此可见，广西高校学科建设能力与发达地区存在较大差距，是本地高层次人才供给不足的根本原因。

表4　　全国第四轮学科评估广西主要高校排位情况（工学）

一级学科		高校代码及名称	评估结果	排名区间
代码	专业（参评高校数量）			
0802	机械工程（189所）	10595 桂林电子科技大学	B−	59–75
		10593 广西大学	C	95–115
0804	仪器科学与技术（73所）	10595 桂林电子科技大学	B−	22–29
0805	材料科学与工程（172所）	10595 桂林电子科技大学	C	87–104
		10596 桂林理工大学	C	87–104
		10593 广西大学	C−	105–125
0808	电气工程（84所）	10593 广西大学	C+	34–43
0809	电子科学与技术（106所）	10595 桂林电子科技大学	C	54–63
0810	信息与通信工程（137所）	10595 桂林电子科技大学	B−	43–55
0812	计算机科学与技术（238所）	10593 广西大学	B−	72–95
		10595 桂林电子科技大学	B−	72–95
		10602 广西师范大学	C+	96–121
		10596 桂林理工大学	C−	143–167
0814	土木工程（134所）	10593 广西大学	B−	41–53
		10596 桂林理工大学	C	68–81
0816	测绘科学与技术（34所）	10596 桂林理工大学	C−	21–22
0817	化学工程与技术（144所）	10593 广西大学	B	30–44
0822	轻工技术与工程（24所）	10593 广西大学	C+	10–12
0830	环境科学与工程（155所）	10596 桂林理工大学	B	32–46
		10593 广西大学	C	78–93
		10602 广西师范大学	C−	94–110
0835	软件工程（165所）	10602 广西师范大学	B−	50–67
		10593 广西大学	C+	68–82
		10595 桂林电子科技大学	C+	68–82
		10596 桂林理工大学	C−	102–117

注：前2%（或前2名）为A+，2%～5%为A（不含2%，下同），5%～10%为A−，10%～20%为B+，20%～30%为B，30%～40%为B−，40%～50%为C+，50%～60%为C，60%～70%为C−。

2.1.4　专业技术人才队伍少

全区工业企业研发人员仅有 2.9 万人，平均每万人口中拥有专业技术人员数量处于全国倒数后几位。从图 1 可见，2016 年广西 R&D 人员全时当量 3.99 万人 / 年，仅为全国平均水平的 35%，不到广东的 1%。专业技术人才分布不合理，结构性矛盾突出。从地域分布来看，各类专业技术人员 40% 以上分布在南宁、柳州、桂林、梧州 4 个城市，百色、河池、来宾等其他市拥有的专业技术人员远远低于全区平均水平。从专业机构来看，教育、卫生、文化专业技术人员相对多一些，而生物技术、城市规划、环保工程、现代医药等专业技术人才短缺。

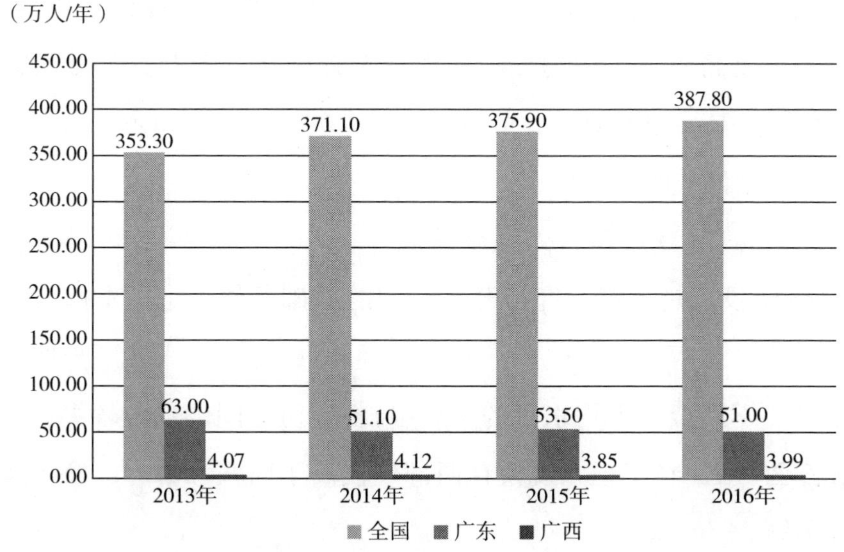

图1　2013～2016年全国、广东、广西R&D人员全时当量情况

数据来源：中国统计年鉴。

2.1.5　人才招引政策优势不明显

2017 年以来南京、西安、武汉、长沙等城市轰轰烈烈开展“抢人大战”，各市围绕人才争夺进行激烈竞争，纷纷在奖励机制、配套机制等方面提供优惠，针对不同人才类型，出台有相当力度的人才引进政策。面对国内主要城市开展激烈的人才争夺，广西的大部分城市保持着“冷观望”，尽管也出台了一系列人才政策，但与上述这些大城市相比，无论是政策力度、广度，还是政策创新性，都没有形成较强的竞争力。此外，广西在资源引进过程中，仍是“重物质投入、轻人才投入”“重项目引进、轻人才引进”“重引进、轻使用”的见物不见人的惯性思维，大部分引进的如清华、北大等著名高校的博士、硕士都集中在党政部门，鲜有到产业发展、企业发展一线去的，高层次人才岗位匹配性不高、人才引进的综合效益低。

2.2 最弱的是“创”，即创新型、技术进步型产业体量小

创新是高质量发展的根本动力。没有创新就没有真正意义的发展，就没有高质量高效益、可持续有活力的发展。创新是广西经济高质量发展中最缺的动力。

2.2.1 R&D 经费投入强度偏低

R&D 投入是开展研究与开发活动的基础条件，是用来衡量一个国家或地区创新发展的重要指标。广西 R&D 经费投入强度长期处于低水平，不到全国平均水平的 1/3，与各省份之间的差距较大。2016 年，广西 R&D 经费投入规模在西部仅仅高于西藏和青海，投入强度排全国第 26 位。

2013 ~ 2016 年，广西 R&D 投入强度由 0.75% 降为 0.65%，这与全国大多数省份的上升趋势背道而驰。与东部发达地区省份相比，广东、江苏等投入强度是广西的 3 ~ 4 倍，而且投入强度都是逐年上升的，如广东由 2.32% 提高到 2.52%，江苏由 2.51% 提高到 2.62%。与中部地区的省份相比，这些省份的投入强度虽然低于全国水平，但明显高于广西，总体上也呈上升趋势，如湖南由 1.33% 增长至 1.49%。

表5　　部分省R&D经费支出及投入强度情况

年份	2013 年		2014 年		2015 年		2016 年		2017 年	
	R&D 经费（亿元）	R&D 投入强度（%）	R&D 经费（亿元）	R&D 投入强度（%）	R&D 经费（亿元）	R&D 投入强度（%）	R&D 经费（亿元）	R&D 投入强度（%）	R&D 经费（亿元）	R&D 投入强度（%）
全国	11846.6	2.08	13015.6	2.05	14169.9	2.01	15676.7	2.11	17500.0	2.12
广东	1443.5	2.32	1605.4	2.37	1798.2	2.47	2035.1	2.52	2343.6	2.61
江苏	1487.4	2.51	1652.8	2.54	1801.2	2.57	2026.9	2.62	2319.3	2.70
浙江	817.3	2.18	907.9	2.26	1011.2	2.36	1130.6	2.39	1260.0	2.43
山东	1175.8	2.15	1304.1	2.19	1427.2	2.27	1566.1	2.3	——	——
福建	314.1	1.44	355	1.48	392.9	1.51	454.3	1.58	521.0	1.61
湖北	446.2	1.81	510	1.87	561.7	1.9	600	1.84	——	——
湖南	327	1.33	367.9	1.36	412.7	1.43	468.8	1.49	568.53	1.63
河南	355.3	1.11	400	1.14	435	1.18	494.2	1.22	582.1	1.29
四川	400	1.52	449.3	1.57	502.9	1.67	561.4	1.7	——	——
重庆	176.5	1.39	201.9	1.42	247	1.57	302.2	1.7	350.0	1.79
云南	79.8	0.68	85.9	0.67	109.4	0.8	132.8	0.9	——	——
贵州	47.2	0.59	55.5	0.6	62.3	0.59	73.4	0.62	——	——
广西	107.7	0.75	111.9	0.71	105.9	0.63	117.7	0.65	——	约 0.7
新疆	45.5	0.54	49.2	0.53	52	0.56	56.6	0.59	——	——
宁夏	20.9	0.81	23.9	0.87	25.5	0.88	29.9	0.94	38.94	1.13
西藏	2.3	0.29	2.4	0.26	3.1	0.3	2.2	0.19	——	——
内蒙古	117.2	0.7	122.1	0.69	136.1	0.76	147.5	0.81	——	——

数据来源：《中国统计年鉴》（2013～2017），2017年部分省统计公报。

与西部地区的贵州、重庆等省市相比，广西研发投入强度也处于落后地位，如重庆由 1.33% 增长至 1.7%，2016 年贵州的 R&D 投入强度比 2013 年提高 0.03 个百分点（见表 5、图 2）。

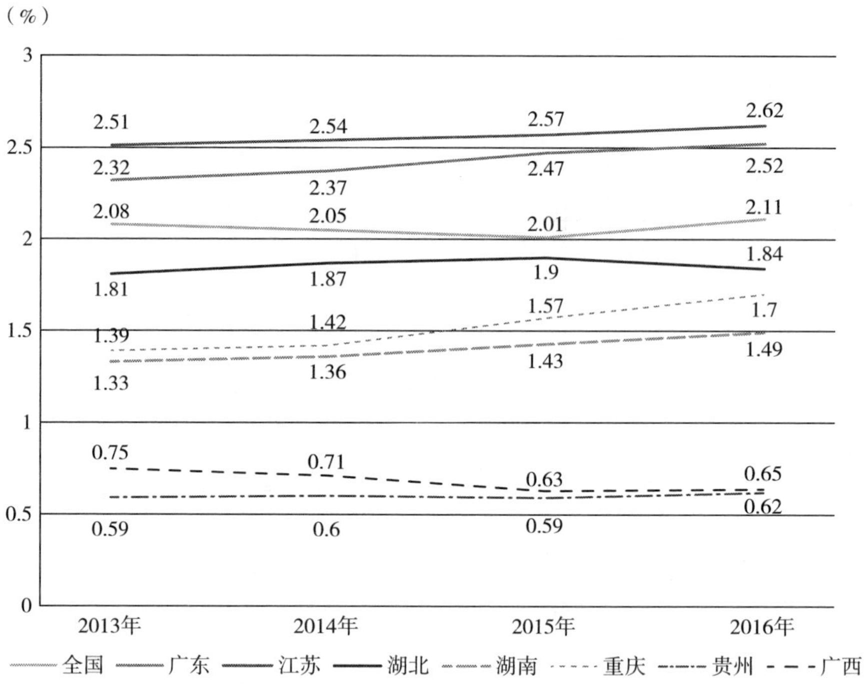

图2　2013～2016年全国部分省区R&D 经费投入强度对比情况

数据来源：《中国统计年鉴》（2013～2017）。

2.2.2　企业技术创新主体地位尚未确立

企业是技术创新的主体，是开展 R&D 活动的主角，企业研发投入强度是衡量竞争力的重要指标，企业研发投入的差距就是创新能力和市场竞争力的差距。从总量来看，广西规模以上工业企业 R&D 经费投入强度较低，2016 年全区规模以上工业企业研发投入强度 0.37%，仅为全国平均水平的 39.4%，在 5 个自治区中排在倒数第 2 位，仅高于西藏的 0.23%（见表 6）；2017 年广西全部大中型工业企业研发投入不足 200 亿元，而华为一家企业就投入了 811 亿元。

在区内，广西所有企业的研发投入中，上汽通用五菱、柳钢、玉柴、柳工等几个大企业就占了 80% 以上，其他企业的研发能力非常薄弱。

表6　2016年部分省区市规模以上工业企业R&D经费投入情况对比

省、区、市	规模以上工业企业 R&D 经费投入（亿元）	投入强度（%）
全国	10944.70	0.94
广东	1676.27	1.30
江苏	1657.54	1.06
浙江	935.79	1.43
山东	1415.00	0.94
福建	388.26	0.91
湖北	445.96	0.97
湖南	392.96	1.00
河南	409.70	0.51
四川	257.26	0.62
重庆	237.49	1.01
云南	74.18	0.73
贵州	55.69	0.50
广西	82.72	0.37
新疆	39.09	0.47
宁夏	23.96	0.66
西藏	0.40	0.23
内蒙古	127.99	0.64

数据来源：国家统计局。

从增量来看，广西规模以上工业企业 R&D 增速总体上低于全国平均水平，尤其是在 2015 年出现断崖式下跌，增长速度为 -9.38%，也明显低于广东、湖南、云南、贵州等周边兄弟省份普遍保持 10%

以上的增长速度，如 2015 年、2016 年云南、贵州投入增速都在 20% 左右，广东保持在 10% 以上（见图 3）。

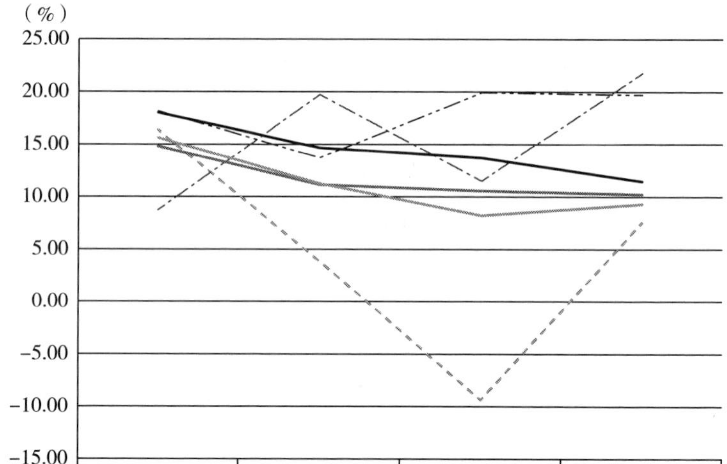

	2013	2014	2015	2016
全国（%）	15.63	11.25	8.21	9.30
广东（%）	14.81	11.14	10.56	10.24
湖南（%）	18.03	14.66	13.71	11.47
云南（%）	18.17	13.71	19.94	19.73
贵州（%）	8.72	19.73	11.50	21.77
广西（%）	16.35	3.89	−9.38	7.55

图3　部分省规模以上工业企业R&D经费投入增速情况

数据来源：国家统计局网站。

2.2.3　科技创新能力低

科技创新能力是当今社会活力的标志，是一个国家或地区实力最为关键的体现，具有较强的科技创新能力，就能在产业分工链条中处于较高位置。广西国家级企业技术中心只有 9 家，仅占全国的 0.75%，国家重点实验室、国家工程（技术）研究中心分别仅占全国的 0.6% 和 0.9%，仅有 5% 左右的企业设有研发机构。科技创新研发平台少导致科技产出也少，广西综合科技创新水平指数排全国第 25

位，科技活动产出指数排全国第 30 位，专利申请总量和授权量未达到全国平均水平，每万人口发明专利拥有量只有全国水平的 1/3，而 2017 年广东省专利申请总量和授权量分别是广西的 11.01 倍、21.74 倍（见表 7）。

表7　2013～2017年部分省区市专利申请与授权量对比情况　单位：万件

地区	2013 年		2014 年		2015 年		2016 年		2017 年	
	专利申请总量	授权量	专利申请总量	授权量	专利申请总量	授权量	专利申请总量	授权量	专利申请总量	授权量
全国	237.70	131.30	236.10	130.30	279.90	171.80	346.50	175.40	369.80	183.60
广东	26.43	17.04	27.84	18.00	35.59	24.12	50.57	25.90	62.78	33.26
江苏	50.45	23.96	42.19	20.00	42.83	25.03	51.24	23.10	51.40	22.70
福建	5.37	3.75	5.81	3.79	8.31	6.16	13.04	6.71	12.81	6.83
湖南	4.13	2.44	4.42	2.66	5.45	3.41	6.78	3.41	77.93	3.79
河南	5.59	2.95	6.24	3.34	7.44	4.78	9.47	4.91	11.92	5.54
四川	8.25	4.62	9.12	4.71	11.07	6.50	14.25	6.24	16.75	6.40
重庆	4.90	2.48	5.53	2.43	8.28	3.89	5.95	4.27	6.50	3.50
云南	1.15	0.68	1.33	0.81	1.76	1.17	2.37	1.20	——	——
贵州	1.74	0.79	2.25	1.01	1.83	1.41	2.53	1.04	——	——
广西	2.33	0.79	3.23	0.97	4.37	1.36	5.92	1.49	5.70	1.53

数据来源：国家统计局网站。

2.3　最顽的是“制”，即制度环境仍与高质量发展要求不相适应

推动经济高质量发展需要有高质量的制度环境。从全国来看，广东、浙江、江苏等省份通过不断优化营商环境来营造有利于促进经济高质量发展的体制和政策环境。从广西来看，发展的体制机制障碍还不少，主要表现在：

2.3.1　审批制度改革还没有完全到位

审批制度是政府管理经济事务的一项基本手段，是反映制度设计

质量高低、优劣的第一窗口。2017 年，国务院第四次大督查中对“开办企业”“投资项目报建审批”和“不动产交易登记”三项营商环境重要指标开展调查，结果显示投资项目报建审批耗时最漫长、企业意见最大，其中南宁平均办理要 16 个环节、161 份材料、101.5 天，柳州国家粮食储备库 3 万吨仓库项目从项目备案到领取施工许可证历时 2 年 4 个月。2017 年年初，国务院审改办关于全国主要城市办理施工许可所花时间专项调查显示，南宁市施工许可用时为全国 34 个城市中最长的，多达 1015 天，而全国平均用时 570 天，用时最短的城市仅 292 天。此外，政务服务基础设施不完善，服务大厅事项不集中，高质量审批的中介服务缺乏，信息孤岛等问题突出，如南宁市行政审批局就涉及各级业务系统 43 个，互不兼容、互不联通，数据共享交换难、政务服务业务协同难。这些都在不同程度上反映广西审批制度的流程不优、效率还不高，广西经济高质量发展要率先突破审批制度的设计和改革。

2.3.2 要素配置制度改革不到位

比如土地管理制度设计不合理、供需双方信息不对称。自治区国土管理部门认为全区土地指标保障各市县项目建设没有太大问题，但各市县都在反映项目用地指标缺口较大，许多产业园区用地指标也很紧张，普遍存在项目等用地的现象，甚至出现因无法落实用地导致项目搁浅的情况。这里面主要原因是国土部门土地管理制度创新少，传统的土地资源配置模式已经难以满足快速增长的项目建设需求。再比如，水电气用能价格定价机制不灵活、自然行业垄断性质仍不能破除。目前广西工业用电平均已经降到 0.54 ~ 0.61 元 / 千瓦时，但与四川 0.4 ~ 0.48 元 / 千瓦时、贵州 0.48 ~ 0.54 元 / 千瓦时相比，高 0.1 ~ 0.2 元 / 千瓦时；工业用气 3.6 ~ 3.7 元 / 立方米，比全国大部分地区高 1 ~ 2 元；工业用水平均 3 元 / 立方米以上。不管是传统产业企业还是新兴产业企业都反映用能是沉重的成本负担，挤占了企业的利润和创新投入空间。再比如，金融配置错位，银行机构资金主要流向大企业和国有平台，而有大量需求的高效率中小企业却难以获得资金支持。中小企业普遍反映，银行对中小企业设置更高门槛且贷款期限短，贷款利率上浮，担保费、评估费、保险、律师、公证费等各种费用加起来，实际资金成本仍在 13% ~ 15% 左右，而部分大企业则轻易拿到低息银行贷款，什么都不用干转手贷款出去就可以获利，部分国有企业主要盈利来自金融板块，这也侧面验证了金融的错位。要素配置制度的扭曲制约了市场发挥决定性作用，也影响了全要素生产率的提升。

2.4　最软的是“策”，即促进高质量发展的政策支撑不力

当前政策制定设计滞后于经济社会发展需要，有些政策过于宏观落实不了，有些政策没有创新性形成不了竞争优势，有些政策已经过时但没有及时废除，等等，主要表现为以下方面。

2.4.1　政策含金量不高，创新度不够，缺乏感召力、吸引力

这些年来，广西出台的系列政策设计都是跟跑型、借鉴型，等人家出台了再慢慢拿来研究，有些外省的创新性政策，到广西就缩水变形，别人能做，广西就不能做。有些政策设计过分追求完美，但一出台，一部分条款已经落后于国家和外省，如对降低一般工商业电价，广西从 2013 年一直在研究争论降多少，直到 2018 年 3 月国务院政府工作报告提出下降 10% 后才确定。有些政策设计根本形成不了优势，如人才政策，广西出台了《广西壮族自治区高层次人才认定办法（试行）》等系列文件，但只是对人才认定的条件、程序、结果运用和管理等作出了明确的规定，而对于如何吸引、奖励人才，支持的力度有多大等方面没有找到真金白银的实施细则；南宁市对引进到六大重点产

业企业、市属重大项目企业工作，取得正高职称或省级以上科技进步二等奖（含）以上且排名前 5 名的专业技术人才，仅给予 25 万元安家补贴，还要按年度分期平均拨付。与国内其他城市相比，对这样支持力度不算大、门槛多的政策，大部分高层次人才兴趣不高（见图 4）。

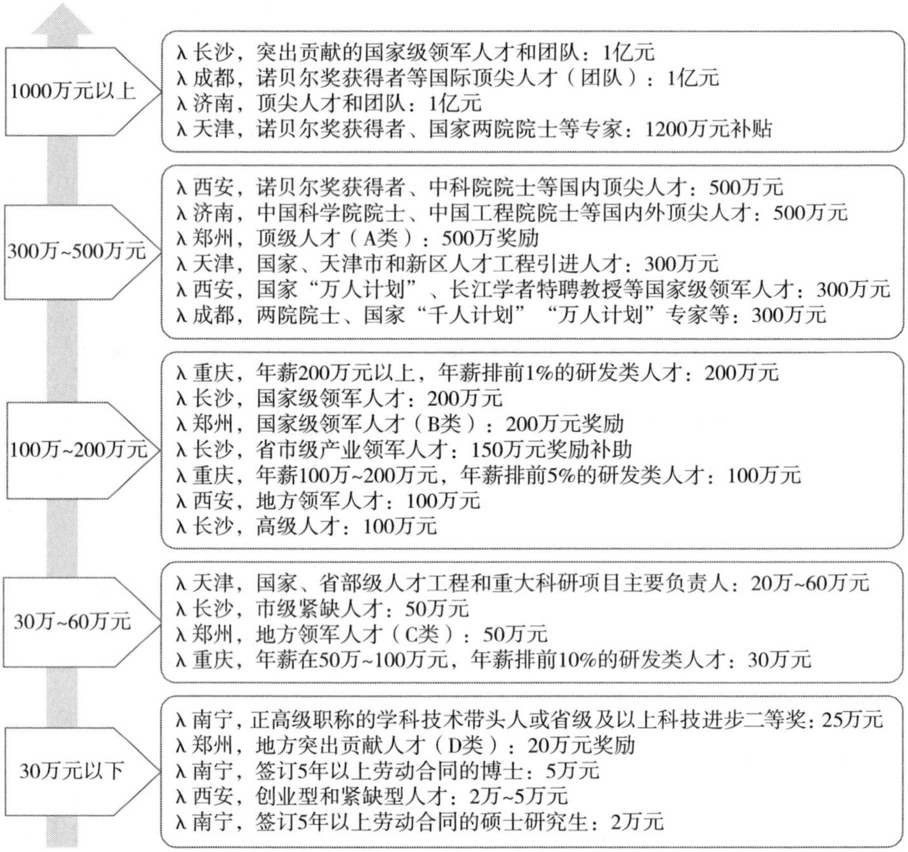

图4　国内部分城市引进人才的政策

数据来源：根据各省公布的有关文件整理。

2.4.2　政策设计者囿于部门利益、怕担责任、改革刀口不向内

新政策酝酿出台前，一些部门过于强调部门利益，首先考虑定了政策做不到怎么办，或者出台后对部门权力、预算收入、工作量等的影响。这些部门设计政策时，不能站在全区发展大局高度、政策公

平正义角度，导致制定的政策形同虚设，好看不好用。如2009年提出的北部湾经济区国际标准集装箱运输车辆，提柜48小时内车辆通行费减半收取，但企业实际上在这个时限内很少能完成运输，根本享受不到该政策。又如2015年出台的《关于千方百计做好稳增长工作的意见》提出，“降低水利基金执收标准，按销售额的不同档次以0.01%～0.05%的费率缴交”，但因文件未明确销售额的档次划分及对应费率，征收部门亦未制定相关细则，没有真正执行。又如2016年出台的《关于促进加工贸易产业创新发展的实施意见》提出，“对基本养老保险业缴费比例为14%的重点产业园区内的加工贸易企业，暂停征收水利建设基金”，但因未明确企业办理免征手续的申请材料和流程，目前亦未实际执行该项免征政策。

2.5 最怕的是“怠”，即以求稳妥、护环境、守纪律为借口不思进取

作风正则事业兴，好的作风能形成巨大创造力、凝聚力，而干部的不作为、慢作为、不敢为、不能为等作风问题则是阻碍经济高质量发展的顽疾。

2.5.1 部分干部思想仍保守老旧

如工作中，一些体制机制顽疾不敢触碰、不敢突破，改革不敢先试，局限于中央规定可以做的才做，要等到其他省份出台措施并进行经验推广了才做。再比如，有的地方干部凡事按现有“死”规定办、不能变不能通，习惯于用会议落实会议、用文件落实文件、用表态代替行动。

2.5.2 部分干部工作执行力不强

有的地方干部缺乏主动作为的意识，按惯例办，办事效率低，对

于一些有规定时限的事项，按最长时限办；没有规定时限的事项，能拖就拖，“一个科长难倒一个企业”等现象还时有发生。有些干部讲一套做一套，“上有政策下有对策”的现象还不少，如中央环保督查“回头看”反馈，有些地方对环保违法行为纸面整改、口头整改、开会整改，但没有实际行动。再如年初自治区下达的专项易地扶贫搬迁计划，部分县域到年中还没有制定实施方案，甚至连选址在哪里都没有明确。

2.5.3 部分干部责任担当不够

有些干部在工作中遇到问题找借口，遇见矛盾绕道走，面对问题踢皮球。有些干部怕冒风险、怕担责任、怕丢“乌纱帽”，有风险的不敢干、有难度的不愿干、没先例的不肯干。比如在处理发展与生态的问题上，部分地方没有辩证看待二者关系，片面认为保护就是不发展了，要质量就不能要速度了，几年下来都没有上马开工一个像样的产业项目，导致财政吃紧，保运转都很困难。

3 广西经济高质量发展何所为

推动经济高质量发展是一个系统工程，长期战略与短期战役相统一，在当前和今后一段时期内，建议自治区要突出重点、抓住关键，以改革为引领，从七个方面争取率先突破。

3.1 以科技体制改革引领创新驱动发展

牢牢抓住创新这个“牛鼻子”，突破体制机制制约，集中资金、集中政策、集中领域，推动创新企业、创新平台、创新机构、创新人才、创新成果实现“五倍增”，加快推进重大新兴产业基地、重大新兴产业工程、重大新兴产业专项“三重大”建设，挖掘内生动力。

3.1.1　突破制约创新发展的机制

突出分类指导、分类施策，重点突破财政投入、金融支撑、创新激励等方面的制约，引导更多社会资本和力量投入创新。财政投入方面，优化财政资金投入方式，支持创新发展的资金要坚持“二八原则”，建议自治区出台支持“三重五倍增”若干政策，80%资金集中支持“三重大”和“五倍增”的项目，并逐渐改变资金直接划拨到企业、到项目的方式，主要采取以财政资金注入自治区投资平台公司或基金的方式，进行股权投资或跟进投资，撬动更多社会资本支持创新；20%资金灵活使用财政补偿、补贴和奖励等方式，对投资科技企业的风险投资进行投资奖励、早期风险补偿，对小微科技型企业主要采取发放“科技创新券”等进行补贴。科技金融支撑方面，建立以信贷和市场化（天使）风险投资等为支撑的科技金融体系。发展天使投资、风险投资，建议在自治区产业引导母基金中设立天使投资子基金、知识产权运营子基金，并引入国内外有实力的风险投资机构，降低支持门槛，加大力度支持初创期、成长期的科技创新企业以及科技企业知识产权孵化和科技成果转化等。发展科技信贷及保险业务，推动银行机构开展集合债券、股权质押、知识产权质押等信贷，鼓励地方金融机构带头成立科技专营事业部，加强与风险投资基金合作，为科创企业提供股权、债权投资。创新激励方面，加快推进科研事业单位改革，破除企业与高校、科研院所等事业单位的编制和职称壁垒，推动创新人才双向流动，加快在广西大学等高校、广西科学院等科研院所推行岗位聘用、人才评价和薪酬等改革，落实股权、期权、分红等激励措施，建立能充分激发人才创新积极性、创造性的激励政策体系。

3.1.2 推动创新企业实现倍增

实施“瞪羚企业”“高新企业”倍增计划，引进和培育行业龙头企业，培育更多具有自主知识产权和核心竞争力的创新型企业，突破创新型企业少这个瓶颈约束，力争到2020年创新型企业总量实现倍增。自治区创新专项资金、产业发展资金和股权投资向创新型企业、行业龙头企业集中，培育创新领军企业和中坚力量。此外，支持糖、铝、机械、冶金、有色金属、汽车等优势产业的国有企业切实担负起“做创新驱动发展的排头兵”的责任，加大科技创新投入，建议将国有企业科技创新投入和科技成果转化情况列为考核指标。

3.1.3 推动创新平台实现倍增

紧紧围绕产业链部署创新链，进一步聚焦围绕全区重点产业和领域需求，实施创新平台倍增计划，在新一代信息技术、高端装备制造、汽车、机械、冶金等重点发展的产业领域，规划建设一批科技创新基地、军民融合示范基地、企业技术中心、制造业创新中心、国家地方联合工程实验室、省部级以上重点工程实验室以及行业检测认证中心等重大创新平台，力争到2020年创新平台总量实现倍增，确保每个千亿元产业有2~3个创新平台。对具备实力申报国家级创新平台的地区或企业，建议自治区借鉴外省的先进做法，在政策、土地、资金等方面拿出真金白银支持，如安徽省为了支持合肥申请建立量子国家实验室，在合肥最好的地段拿10平方公里、给10亿元的配套资金，力度非常大。

3.1.4 推动创新机构实现倍增

创新机构是专业化的创新主体，可以为企业提供创新智力和技术支持，弥补单个企业创新成本高、技术力量薄弱的不足，也是培育科技企业和科技人才的孵化器。如美国斯坦福大学，太阳（Sun）、思科（Cisco）、惠普（Hp）、雅虎（Yahoo!）、网景（Netscape）等知名企业都是由它的学生和教授一手创立起来的。建议实施创新机构倍增计划，支持广西大学、广西师大、桂林电子、桂林理工等本地高校和科研院所，建立50家以上与产业发展密切相关的研发机构、重点实验室。大力借用外脑，采取区院、区校、区企战略合作的方式，引入国内外一流的大学、科研院所，以股权合作或奖补的方式，建立100家以上研发机构（包含技术创新研究院、博士后流动站），搭建区内外之间、政企之间的人才、技术、产品、管理、资本和市场的交流平台，形成具有国际竞争力的工业创新联盟。

3.1.5　推动创新人才实现倍增

突出重视人才强桂战略，尤其要重视企业家队伍建设和企业家精神培养，加快跟上外省区市培养和引进人才的步伐，在创新创业、住房户籍、就医就学等方面出台政策措施，打造优良的创新人才发展环境，实施“八桂人才计划”“百千万人才计划”，大力培养和引进一流创新团队、创新领军人才、创新型人才。

3.1.6　推动创新成果实现倍增

强化以创新成果为导向的政策激励，从自治区产业引导基金中增加支持知识产权孵化和转化的资金安排，深入实施发明专利、科技成果转化和产业化倍增计划，支持14个市全部创建知识产权示范试点城市，推动自治区级以上高新区都建设2个以上知识产权转化基地、1个以上科技企业孵化器，力争到2020年全区拥有100家自治区级以上双创孵化器。

3.2　以人才培养和流动机制改革引领人力资本积累

人才是高质量发展第一资源，教育是扩大人力资本的核心手段。

广西应重点把握好义务教育、职业教育和高等教育三个环节，深化教育体制改革，继续抓好广西教育提升行动计划，推动人力资源扩量提质。

3.2.1 推动城乡义务教育资源和机会均等

加快解决义务教育“乡村弱”、城市不同区域教育资源不平衡不均等问题。一是深入实施新一轮义务教育均衡工程，进一步调整优化义务教育学校布局，保留并办好必要的教学点，并在生均经费、教师配备等方面予以倾斜。二是全面推行义务教育学区制管理改革，统一实行资源配置、师资调配、教学管理、教学研究、学校招生、质量评价等。三是确保入城务工人员等群体子弟随迁就近入学的权利。四是紧抓教师队伍这个核心，实施乡镇以下教师队伍招聘改革，原则上缺编的 70% 要通过特岗计划、定向培养和公开考试来补充，30% 通过交流轮岗，切实解决好农村教师数量不足、素质不高、结构不合理等问题。

3.2.2 提升高中阶段和高等教育的质与量

一是扩大高中招生数量，建议从 2019 年起全面实施 12 年义务教育，确保到 2020 年高中毛入学率达到 90%，到 2025 年稳定在 95% 左右。二是全面扩大高等教育招生规模，支持玉林、贵港、防城港等大学教育资源薄弱的市，通过自主办学、合作办学等方式建设高校，支持有条件的地方谋划建设地方性综合大学，加强面向新技术新产业新业态新模式的新工科专业建设。三是全面放开和鼓励民办学校，积极引入国内外知名教育集团建设一批义务教育、高等教育学校，目前国内还没有什么地方在民办学校方面取得引领性突破，可以作为一个机遇空间。四是加强与国际知名大学、国内 985 大学联合办学，谋划建设若干所国际学院、著名大学研究生院或分校区等。五是加快发展现代职业教育，支持自治区重点高职校、中职校建设职业教育创新发展试验区，培养高素质技能人才。

3.2.3　提升人力存量素质技能

入城务工人员、农民工、工厂企业一线员工等是广西存量占比较大的人力资源，是推动经济高质量发展的重要力量。一方面，这些人员素质的高低直接影响到他们能否在城市落地生根；另一方面，这部分人员从事的工种已经由早期简单的体力活转变为有一定技术含量的工作，只有接受专门的培训，掌握专业技能，才能确保就业质量和持久性，要把这部分人员的整体素质提升，使其有更多机会成为有稳定就业、稳定收入、具有一定创造力的群体。建议自治区层面，一是深入实施务工人员技能提升计划，将所有入城务工人员、农民工、工厂企业一线员工都纳入培训范围，对参加培训的人员进行补助奖励并推荐就业。二是推动实施技工强桂计划，借鉴安徽省的经验做法，对在工厂企业一线从事技能岗位的工人，发放技工技能培训券，开展非学历教育和职业技能培训，引导他们从一般技术工人向蓝领工人和专业技工转变。三是开展八桂工匠评选活动，对入选的技工进行技术晋级和荣誉奖励，在全区营造良好的氛围，打造一支高素质的工匠队伍。

3.2.4　全面破除二元户籍藩篱

户籍不仅制约了人员流动，还消减社会成员公平享受教育、就业、住房、公共福利等公共资源的权利，大量居住在城里的人不是市民。现在各大城市都在通过放开户籍限制，吸引人才和资源，广西这方面要赶上步伐，全面实行居住证制度，提出一些创新性政策措施，促进在城农村人口有序实现市民化。一要全面放开县域户口落户限制，对在县域政府驻地有合法居住地或稳定租赁居住场所的人员及其配偶、子女，都可以申请落户。二要全面放开城区落户限制，支持各市对有合法稳定住所

（含租赁）人员、有合法稳定就业人员、引进人才、投资人员、有突出贡献人员、亲属投靠人员、大中专毕业生等实施零门槛落户。

3.3 以深化供给侧结构性改革引领实体经济做优做强

坚持做大总量与做优质量并举，坚持稳住存量产业与催生新产业并举，以推动工业高质量发展为关键，促进一二三产业融合发展，增强经济运行的稳定性和质量优势。

3.3.1 拓展传统产业转型升级新空间

十八大以来，广西持续化解退出产能，以生态保护倒逼“小散乱”产能退出，存量产业的“腐肉”已经基本割掉，也腾出了不少市场需求、能耗排放、土地指标等空间，现在工作重点应从总量性去产能转向结构性优产能，进一步明确传统产业二次创业的路径方向，强龙头、补链条、聚集群。资源上整合，建议自治区聚焦几个大产业，每个产业聚焦几个龙头，在财政、税收、金融服务、债权债务、职工安置、土地、矿产资源配置等方面促进企业兼并重组的政策措施，把资源要素配置到更有效率的市场主体中。产业链上延伸，以聚集群为目标，以产业园区为依托，瞄准重点发展产业领域空缺的环节，招来产业上下游和协作关联企业，集聚创新资源和生产性服务业，推动产业园区向生产、服务、消费等全生态产业新城转型。建议自治区开展建设全生态产业新城试点工作，在重大产业项目布局、土地资金资源要素配置等方面出台支持政策。价值上提升，在质量上下功夫，保证并提升产品质量，通过推广一些先进质量管理方法，引导企业提升质量水平，如推广应用上汽通用五菱质量管理案例等。

3.3.2 培育新兴产业壮大发展新动能

现在自治区对培育发展那些新兴产业的方向和目标已经比较明

确，规划和政策体系已初步建立，但总体上新兴产业发展还没有完全破题，主要是重大产业平台没有建立起来，重大产业项目不多，特别是严重缺乏引领新兴产业发展趋势、占领市场的国内外知名企业的主动参与，企业对广西推动新兴产业发展的决心和政策支持的信心还不足。因此，除了在规划政策、媒体舆论上宣传造势，更要拿出真金白金，搭建平台，项目为王，引入企业。建议自治区启动“三重大”建设，在资金、土地、项目等方面出台政策，支持有意愿、有基础的市申报建设 20 个重大新兴产业基地、20 个重大新兴产业工程、20 个重大新兴产业专项（“三重大”）。实施新兴产业三年招商行动计划招引一批大项目大企业，根据自治区已经确定的 7 类重点发展新兴产业，盯住一批 500 强企业和国内外知名企业，引进龙头项目及关键配套项目。自治区领导、各市委书记市长在新兴产业招商引资中有较强的影响力、公信力，应主动做好重大新兴产业项目招商引资的召集人、协调人和责任人，每位领导要抓出 1 个以上百亿元项目。特别要注意，现在新兴产业投资，不管是大企业还是小企业，资金不再是以企业自有资金为主，而是以风险投资、股权投资等直接融资为主，自治区产业引导基金应对每一个引进的重大新兴产业项目配套好投资计划方案。

3.3.3　以深加工为牵引带动现代农业发展

经过这些年大力推动农业农村改革，狠抓现代农业特色核心示范区建设等举措，现在广西农业种养已经有了较大规模，农业量的问题已经基本解决，政策着力点应放在重点解决绿色种养、价值链延伸等方面，特别是推动农产品深加工发展、提高农产品加工转化率、实现农产品增值。建议重点支持建设一批国家和自治区级农产品加工园区，支持农业核心示范区延伸加工功能，建设“种养 + 加工 + 销售 + 物流 + 品牌”全生态农业产业链。此外要注意，现在农业种养的盲目性比较大、各种市场主体和资金一窝蜂地涌入某个行业的现象比较常见，很多企业和农民对现在种养规模、市场需求什么等情况不清楚，“猪周期”“菜贱伤农”等事件时有发生，政府对市场有效引导和管理不足，工作上缺位、盲区多，需要建立自治区统一的农业大数据平台，通过大数据强化农业生产运行监测指导，让行业监管部门、市场主体、农民和消费者对种什么、卖什么、市场行情是什么、价格品质是什么，做到心中一盘棋。

3.3.4 推动服务业扩量提质发展

在建设现代化经济体系中，服务业作为重要支撑的角色越来越重，它将是容纳就业、创造税收、贡献发展动能的主要来源，也是保障和改善民生的重要手段。要对标高质量发展要求，在扩量提质上着力。一是培育和引入更多生产性服务业主体，特别是聚焦大数据信息服务、金融服务、科技服务、人力资源服务、商务服务、研发设计、货物运输仓储等领域，建设一批服务业聚焦区和特色小镇。二是推动生活性服务业升级，适应居民消费升级的需要，大力培育发展健康养生、娱乐休闲、文化教育和文化旅游等服务业。三是实施品牌塑造工程，出台支持政策，引导企业开展服务认证、商标、专利注册和保护工作，健全品牌管理体系，夯实品牌保护基础，打造100家生产性服务业和100家生活性服务业品牌示范企业。四是优化服务业环境，借鉴上海自贸区等地扩大服务业开放的政策，进一步放开准入门槛，引入更多社会主体。五是着力创新监管，分类引导，建立农产品大数据溯源监管平台，鼓励企业运用大数据、人工智能等新技术丰富和细化消费品类，促进无人超市、配送机器人等新业态和新模式有序发展。六是进一步丰富商品街、步行街、购物超市、小区超市、文旅综合体等多种形态购物环境，推动线上线下融合发展。

3.3.5 促进房地产市场平稳健康发展

对于后发展追赶地区，房价过快上升，会抑制消费、抑制人才流入、阻碍社会阶层流动。比如南宁市区商品房均价已经达到1万元每平方米，如果购买100平方米的房子，首付三成、贷款30年，每年还贷将高达5万元，而2017年南宁市城镇居民可支配收入才3.3万元，房价超出大多数中等收入阶层的购买能力。房价过度超过居民收入水平，一方面会导致居民部门负债增多、杠杆率快速升高，另一方面会对城市大量中低收入者产生极大挤出效应，如入城务工者、清洁工、大中专毕业生等。必须推动房地产回归“房子是用来住的、不是用来炒的”的定位，回归实体经济的自然属性。一是防止部分大房企炒房，部分房企故意追逐地块，无限度提高起拍价，抬高房子楼面价，如某知名房企频频在四线城市和县域举牌买地，短时间内将当地房价抬高30%～50%，对这类企业，地方政府和行业监管部门不能睁只眼闭只眼，要进行约谈和处罚，要严格执行房价上涨水平不能过高超过当地物价和居民收入涨幅。二是解决公交、环卫、外来务工人员、新就业无房职工等人的住房问题，要加大建设公共租赁房、共有产权房的力度，大力发展机构化公共租赁企业，同时出台保障性住房政策性金融支持措施。

3.3.6 加快构建生态经济发展新优势

妥善应对污染物排放高峰期的挑战。一是算好减法，继续推动产业园区实行生态化改造、企业推行清洁化生产，全面推广生态化种养模式和循环利用技术，节能降耗减排，腾出空间。二是算好除法，大力推动绿色发展，深入实施生态经济十大工程项目建设，打造绿色生态全产业链，在不显著增加能耗量、排放量（分子）的情况下，大幅度做大绿色GDP总量（分母），把能耗和排放指标（比率）降下来。三是算好乘法，始终绷紧生态保护这根弦不放松，加快推进各市编制生态保护红线、环境质量底线、资源利用上线和负面清单“三线一单”，画好环保“框子”，强化对区域污染排放管控和环境风险防控，始终保持环境执法高压态势，加大对环境违法违规行为的惩戒力度，通过生态环境保护硬约束引导加快转方式、调结构，坚决打好打胜污染防治攻坚战。

3.4 以推动更高水平的开放缩小与先进地区发展差距

发展的差距的本质是全要素生产率的差距。从全国来看，改革开放 40 年来，全要素生产率有两次显著提升的阶段，一次是 1978 年至 20 世纪末，主要特征为劳动力、土地等要素资源利用能力提升；另外一次是加入 WTO 至今，主要特征为资本规模效应的提升，这两次提升的根本动力都是源自扩大开放。如今，我国正在催动新一轮更高水平的对外开放，以技术进步为主要特征的第三次全要素生产率提升正在酝酿。对广西而言，要抓住机遇，搭上全国开放快车，对接先进生产力地区，并进一步缩小发展差距。

3.4.1 奋力写好南向北联东融西合开放大文章

自治区新一届党委主要领导到位后，审时度势，站在更高的高度，用更宽的视野，谋划提出在南向、北联、东融、西合上下更大功夫推动全区对外开放，这更加体现了习近平总书记对广西工作的重要指示精神。全区上下要形成共识，合力推进，取得更大成效。在南向和北联上，要重点畅通链接“一带”与“一路”的中新互联互通南向通道，加快推进北部湾港口集装箱办理站、货场、联检设施等项目建设，要与通道连线省市建立通关一体化，并深化经贸合作。推动各地共享综合保税区（港）政策、共建出口加工贸易基地、共建港口码头和共同运营铁海联运班列和航线，促进形成通道沿线要素资源充分流动、运转高效顺畅的跨省市场体系。在东融和西合上，要坚定挑起“战略支点”的重担，发挥广西联系中国与东盟、西南中南和华南区域合作桥梁纽带作用。当务之急是突破与广东、贵州、云南、湖南跨区域基础设施互联互通，把各种交通运输方式统筹协调起来，降低运输成本、提高综合运输效益。要推动粤桂更高质量的合作和一体化发展，将签订合作协议、主官定期会晤的机制升级，双方共同抽调人员组建粤桂区域合作办公室常驻广州办公，共同制订合作行动计划，在交通互联互通、能源互济互保、产业协同创新、流域生态环境保护、市场互相开放等重点领域，共同制订行动计划，谋划推进具体项目，推动两广合作迈向更深更远。

3.4.2　奋力将北部湾经济区打造成开放发展龙头区域

经过十多年的发展，北部湾经济区的龙头作用初步显现，但实力总量还不足以牵引带动全区发展。建设好北部湾港口，打造好向海经济，是习近平总书记对北部湾经济区建设提出的殷切希望，也是习近平总书记对广西区域发展提出的战略要求。要坚持以北部湾经济区率先开放发展的战略定力，凝聚全区共识，把人力资本、创新要素、产业布局、政策举措等发展资源向这个区域集中，推动北部湾经济规划建设、开放型经济、发展动能、产业发展、基础设施、同城化提档升级。加快人力资本积累。全面放开户籍限制，在住房、入学、就业方面出台鼓励政策，大力吸引区内外其他区域人口迁入，支持革命老区等区域通过易地扶贫、安排就业等方式把部分人口转移到沿海地区，支持钦州、北海、防城港通过设立高等院校、工程研究院、创新基地等方式吸引高端人才要素。布局大产业项目。抓住东部沿海地区石化、冶金、粮油、电子、机械等临海工业新一轮腾笼换鸟的机遇，大力承接产业转移，尤其是要支持国内出口企业转移到北部湾经济区建立出口加工基地。自治区层面支持北部湾各市布局建设一批重大新兴产业基地、重大新兴产业工程和重大新兴产业专项（“三重大”）项目。强化交通互联，率先开建北部湾经济区连接珠三角、区内各市通往北部湾经济区的高速路，加密钦北防三市之间、三市链接南宁、柳州、玉林等城市的高速路，确保北部湾各市区、县域都有两条高速到达，打通钦州与防城港之间跨海高速通道（龙门大桥），将钦州港港区与防城港港区海陆快速连接起来。推动更高质量一体化。过去由自治区北部湾经济区管理办公室统一协调各市一体化工作，大部分浅、表层面的一体化工作已经推进完毕，但随着发展，各市的利益矛盾更加凸显、意见分歧较大，一些关键合作项目难以推进。必须赋予北部湾经济区一体化更新的内涵和更深的寓意，更加聚焦创新、科技、人才、产业等方面的一体化。建议自治区借鉴上海、浙江、江苏三省市推进长三角高质量一体化的做法，成立由各市抽调人员组成的北部湾一体化合作办公室，办公地点设在南宁，共同讨论谋划合作意向，提出各自的需求，编制专项规划、启动专项行动、制定实施方案、推动落实重大项目等。这个做法成熟后，也可以应用到珠江—西江经济带、粤桂、滇桂黔区域合作等。

3.4.3 强化招商引资

推动高质量发展最终要体现在一个个具体项目上。要继续深化招商引资三年攻坚，支持各地依法依规出台投资引导基金、产业发展基金、投资奖励、金融服务、招才引智等招商引资优惠政策，形成自治区 + 各市 + 各县 + 园区招商引资政策体系，瞄准世界 500 强企业及行业领军企业，引入一大批好项目。

3.5　以确立竞争政策的基础性地位引领营造有效的市场竞争环境

健全行政机关决策的科学性和合法性，消除影响公平竞争、妨碍创新的各种制度束缚，进一步降低市场主体制度性交易成本，发挥市场对资源配置的决定性作用，使资源配置的效益最大化和效率最优化，激发大众创业、万众创新的积极性，为推动经济高质量发展注入新的活力。

3.5.1　建立有利于公平竞争的政策体系

贯彻落实《国务院关于在市场体系建设中建立公平竞争审查制度的意见》，结合当前广西正在推进的“优化营商环境进行时”活动，在产业发展、招商引资、招标投标、政府采购、经营行为规范、资质标准等领域，清理一批有损市场主体公平竞争的政府规章、规范性文件和其他政策措施。进一步破除自然垄断行业的准入限制，各类政策制定要建立在公平竞争的基础上，不能设置隐形的准入门槛、不能出于地方保护主义对外地企业、产品和服务的进入设置政策性障碍，特别要在水电火电站、区域电网、自来水厂及管网、供气站及管网等各环节引入非国有战略投资者，增加供应主体；加大金融、教育、文化、医疗等服务业领域的开放力度，全面推开市场准入负面清单制度，清单以外的让各类市场主体自主进入、公平竞争。

3.5.2　深化国有企业混合所有制改革

通过进一步放开国有企业控制的重点领域促进市场公平竞争、提高资源要素配置效率。推动广投、北投、建工集团等大型国有集团企业聚焦主业，对适合推进混合所有制改革的企业，在竞争性子企业和二、三级企业中，以增量为主，通过引入战略投资者或财务投资者、改制重组上市、股权置换、与非公有资本交叉持股等途径，发展混合所有制经济；对部分不是主业的二、三级企业，要推动兼并重组，并引入社会资本，组建大型混合所有制企业集团，在这方面，要进一步将广投、铁投、北投、交投、北港和新发展等企业集团业务板块进行整合。进一步完善公有资本入股投资非公有企业的审查机制，优化投资审查流程，设定合理投资失败允许率（可参照安徽省、成都市国有投资基金的做法，将投资失败允许率设定在 30%~50%），充分发挥国有资本投资、运营公司的资本运作平台作用，通过市场化方式，在高新技术、战略性新兴产业等重点领域，对发展潜力大、成长性强、风险可控的非国有企业项目进行股权投资，特别是要注意投资一些创业团队、技术团队的有潜力的科创项目，把“小蚂蚁”企业培育成“独角兽”企业，这样既可以加强国有资本的效益最大化，也可以为广西的创新发展增添新的手段。

3.5.3 保护和激活民营经济

确立竞争政策的基础性地位，关键还要建立适宜民营经济发展的政策环境。广西民营经济总量和企业数量分别仅为广东的 25%、20% 左右，仅 1 家企业入围全国民营企业 500 强（防城港盛隆冶金），而广东有 60 家。这一组数据既反映了广西民营经济与广东的差距，也反映了广西在促进民营经济公平竞争政策措施上的差距。长期以来，广西招商引资偏好上重大嫌小、重国有轻民企，对草根创业、大众创业重视不够，对民营企业尤其是民营科技企业政策引导性差，土地、资金等资源要素配置偏向于国有企业和大型企业，民营经济发展的政策土壤不够肥沃、公平竞争的机会不足。要进一步确定民营经济的市场主体地位，给民营经济营造公平的竞争环境。一是一视同仁、公平对待民营企业，尤其是在去产能、整治生态环境过程中，充分合理考虑民营企业的合法权益和合理诉求，对因政府规划和政策调整而使民营企业受到损失的，要进行合理补偿。二是扩宽民营经济发展的空间，自治区各个工业园区、开发区、高新区都要预留一定产业用地、产业发展资金给民营企业项目，尤其是为民营创业者提供低费用的标准厂房、办公用房和必要的生产设备支持。三是自治区引导各市建立一批民营经济示范园区、示范基地，并给予一定资金、土地和政策支持，通过政策创新和宣传引导，形成示范带动效应，吸引更多的民营企业发展。四是大力发展市场化融资手段，自治区产业引导基金、担保资金和产业发展资金加大力度支持民营企业项目发展。

3.5.4　实施最严格的产权保护

产权制度是发挥市场决定资源配置作用的基础性制度，是保护契约精神的关键制度，也是政府治理能力和治理体系现代化的重要体现。建议出台自治区关于保护现代产权的实施意见，进一步细化国家相关法律和政策措施，使企业法人财产权依法得到保护，尤其是在行政推动生态环保治理、化解落后产能、企业改制的过程中，企业合法权益应该得到公正对待。

3.6　以重塑干部激励机制引领制度环境建设

持续推进优化营商环境活动全面提升竞争新优势，建立适合经济高质量发展的评价指标体系，重塑市县发展考核指挥棒，突出建立要素配置等基础性制度。

3.6.1　重塑干部激励机制

高质量发展离不开一个高效的行政管理体系作为支撑。在高速增长阶段，主要以 GDP 为核心指标的增长型综合考核制度，这套制度对地方经济增长起到了很大的作用。但转向高质量发展阶段，改革与发展的目标和任务是多层次、多维度的，原有的考核制度已经不能完全解决干部乱作为、不作为和不善为等问题。要按照设计更加科学、更加系统、更加有针对性的新制度，为领导干部贯彻新发展理念提供动力机制，同时提升治理能力和治理体系现代化水平。建议自治区一方面要突出以贯彻落实习近平总书记对广西工作重要指示精神为主要导向的政绩考核，加快形成高质量评价指标体系、统计体系、标准体系和评价体系。另一方面要贯彻党中央《关于进一步激励广大干部新时代新担当新作为的意见》，加快配套出台细化实施意见，建立容错纠错机制，列出可以容错和纠错的情形清单，推动一些重点改革走在全国前列。

3.6.2 建立高效的资源要素配置制度

高质量发展需要高质量、高效率的资源配置。根据广西的实际情况，建议自治区：一是建立健全水电气等能源要素市场定价机制。加快推进市场化改革，放开市场准入，引入社会资本，在水电气供给源、输送渠道和销售端建立以 5 ~ 10 家大型企业、若干中小企业为补充的市场主体，进一步破除行业自然垄断。建立公众对能源定价和服务的知情权、话语权。二是建立多层次的人才政策体系。出台自治区招才引智 1 个决定 + 高层次人才激励、技工强桂等若干个政策，支持各市、各园区根据实际情况出台配套政策和特色政策。三是加快土地管理制度创新。根据广西山多地少、占补平衡难度大、总体建设强度低等情况，向中央请求支持若干条符合广西发展需要的土地管理政策，突破土地指标、林地指标、用地指标和规划限制等瓶颈，在这方面，建议加快总结推广农地入市、多规合一等经验做法，同时在产业园区全面推开区域评估。四是加快建立适合广西经济高质量发展的融资体系。自治区产业引导基金要丰富建立支持科技创新、新兴产业发展、二次创业等方面子基金，进一步修改完善基金管理办法，打造重点支持十大产业领域的千亿规模基金。要争取加快建立民营银行法人机构，并推动自治区所属银行针对性提出支持本地产业发展的创新性措施，如开展产业投贷联动，结合中国—东盟博览会、信息港、数字经济等，开设网上跨境资金快捷汇兑创新业务。

3.6.3　健全风险管理机制

这方面主要警惕和防范三大领域的风险。一是金融“脱实向虚”异常明显，大量民间资金、银行资金和国有企业资金流入金融业和房地产市场，资金逐利性凸显。二是民间借贷活跃，一些社会投资公司和个人，许诺高息借贷，大量吸收公众投资，甚至部分企业家和公职人员也参与其中，已经出现多起“传销式”金融、庞氏骗局金融等卷款逃逸案件，点状金融风险暴露。三是部分市县政府性债务增多，而还债能力较弱。针对这些问题，要继续通过政策引导，加强对银行业机构信贷偏好监管，督促落实国家有关金融支持实体经济的政策措施，特别是加强对自治区所属银行业机构的管理。强化各级金融监管机构力量，民间借贷活跃的地方，要开展联合执法活动，打击和曝光一批违法分子，特别是对参与民间借贷、放贷的公职人员，要严厉问责，形成高压警示态势。加强政府性债务管理，建立定期风险评估、预警制度，实现风险总体可控。

3.7　迫切需要国家支持的几个方面

为更好贯彻落实习近平总书记赋予广西“国际大通道、西南中南战略支点、‘一带一路’有机衔接的重要门户”三大定位新使命，强化广西作为我国对东盟 10 国开放的前沿窗口作用，进一步促进祖国边疆稳固、繁荣发展，建议中央和国务院加大力度支持广西如下事项。

3.7.1 支持广西建设一批高水平开发开放平台

批准广西建设自由贸易试验区和百色沿边开发开放试验区。将北部湾港列为国家航运综合试验区。支持广西与新加坡开展国际贸易“单一窗口”合作和“两国一检”试点。

3.7.2 优先在广西布局一批重大项目建设

推动部分央企在广西设立面向东南亚市场的区域总部、交易中心、数据中心和服务中心等，推动部分央企在北部湾经济区布局石化、冶金、机械、电子、海洋生物制药等产业项目。支持涉及海洋经济、临海产业的国家科研院所在北部湾经济区设立研究分院、科技成果转化中心。

3.7.3 支持广西人才队伍建设

支持国内985院校在广西建立分校区和研究生院。支持国内院校加大与广西高校的合作交流，共同设立学科。支持广西建设更多高水平学科。支持中科院、工程院等科研院所在广西建立研究分院或研究基地。支持广西建设少数民族高层次人才培养基地。

3.7.4 中央财政加大对广西脱贫攻坚的支持力度

将贫困地区的易地扶贫搬迁、保障房建设、产业扶贫，中小学以及幼儿园校舍、医疗卫生机构、文化体育和乡村四好公路等公共设施建设统一纳入中央财政支持范围，进一步增加转移支付。

3.7.5 支持边境地区开发开放

支持广西将防城港东兴市至百色靖西的沿边公路全面升级为高等级公路，全面加密南宁等中心城市通往沿边口岸的高速公路、高速铁路路网，升级改造沿边口岸基础设施。进一步支持沿边金融改革、扩大服务业开放力度，支持将越南跨境劳务人员停留时间延长至6个月到1年。

案例六

内蒙古资源型经济高质量转型发展研究

内蒙古是典型的资源拉动型经济（主要集中在煤炭、冶金等矿产资源），作为我国重要的资源和能源基地，为国家的能源安全、经济发展做出了巨大贡献。但是内蒙古“一煤独大”的典型资源型经济内在缺陷已经显现，资源型经济发展的深层次矛盾和问题日益突出。十八大以来，习近平总书记两次到内蒙古考察，两次到全国“两会”内蒙古代表团指导工作，要求内蒙古生态优先、绿色发展，加快转变发展方式，调整产业结构，改变简单的挖煤卖煤、挖土（稀土）卖土粗放型资源开发模式，推动经济高质量发展。为此，内蒙古开展资源型经济高质量转型发展研究非常重要和迫切。

1 背景意义

1.1 背景和依据

新时期，内蒙古处于追赶与提质“双压力”，速度规模与速度质量“双跨越”的关键时期。本研究围绕党的十九大精神和习近平总书记多次针对内蒙古产业转型提出的重要指示和要求，结合内蒙古经济发展具体实际，从资源、生态、效益三个方面总结并提出研究背景和依据。

1.1.1 资源型地区需要高质量转型发展

内蒙古是典型的资源型地区，经济发展严重依赖对自然资源的大规模开采和消耗，粗放发展特征明显。在高质量发展的背景下，内蒙古这种拼资源、拼环境、拼投资传统的发展模式已经难以适应新时代的发展要求。近年来，内蒙古经济下行压力加大，持续增长乏力，经济发展面临巨大的挑战，使得高质量转型的紧迫性和必要性日益凸显，任务更加艰巨。推动能矿资源型经济高质量转型成为内蒙古适应新时代发展要求的必然选择。习近平总书记考察内蒙古和到内蒙古代表团发表重要讲话时，对内蒙古提出“五个结合”“三个扎实”和“生态文明”的要求，这是习总书记针对内蒙古区情实际，立足当前、放眼长远，为内蒙古经济高质量转型发展开出的良方。内蒙古必须要保持加强生态文明建设的战略定力，以“五大基地”建设为重点调整优化产业结构，以资源转化增值为重点节约集约高效利用资源，以加强科技成果转化和推广应用为重点优化创新环境，以促进绿色循环低碳发展和污染防治为重点推动资源型产业绿色发展，以经济体制改革为重点全面深化改革开放，以扩大有效需求为重点稳定经济增长，积极培育新的经济增长点，提高经济发展质量和水平。

习近平总书记对内蒙古发展提出的要求

提出时间	总体要求	具体内容
2014 年 12 月	五个结合	推动转方式同调整优化产业结构相结合、同延长资源型产业链相结合、同创新驱动相结合、同节能减排相结合，同全面深化改革开放相结合
2018 年 3 月 5 日	三个扎实	扎实推进经济高质量发展、扎实推进脱贫攻坚、扎实推进民族团结和边疆稳固
2019 年 3 月 5 日	生态文明	保持加强生态文明建设的战略定力，探索以生态优先、绿色发展为导向的高质量发展新路子，加大生态系统保护力度，打好污染防治攻坚战，守护好祖国北疆这道亮丽风景线

1.1.2　新生态理念需要高质量转型发展

进入新时代，国家提出的“五大发展理念”和“生态文明思想”既是内蒙古产业发展的指导遵循，更是经济高质量转型的发展路径。内蒙古资源型经济高质量转型更需要“五大发展理念”和“生态文明思想”的指导和引领。习近平总书记在2019年全国两会参加内蒙古代表团审议时突出强调：内蒙古要走以生态优先、绿色发展为导向的高质量发展新路子。也就是说，内蒙古今后要更加强化资源型经济绿色化、高质量转型，加快改变矿产资源的开发利用方式，要由过去粗放式破坏式开发向集约节约保护性开发转变，利用方式也从“挖煤卖煤，挖土卖土”向精深加工、转化增值等高质量发展方向转变。要以绿色作为底色和方向，护航产业发展，促进形成绿色、环保、低碳和循环的生产方式，加快构建内蒙古新型绿色产业体系，推动经济高质量发展，从根本上实现保护生态环境和发展经济的有机统一、相辅相成。

1.1.3　坚持效益优先需要高质量转型发展

党的十八大以来，以习近平同志为核心的党中央把质量摆到突出位置，强调要以提高发展质量和效益为中心，把推动发展的立足点转到质量和效益上来，把提高产品和服务质量作为提升供给体系的中心任务。质量第一、效益优先是高质量发展的重要内容，从经济角度来看，高效益投资回报体现在宏观和微观两方面，宏观上体现在人民对美好生活需求的满足程度，经济效益越高，满足程度也越高，就意味着质量也越高，微观层面的效益则体现在各类要素资源的产出效率上，高质量发展就是指要素资源利用的高效率，即较高的资本效率、劳动效率、土地效率、资源效率、环境效率等，使全要素生产率处于较高水平。过去几十年，依托先天的资源优势，内蒙古经济取得了快速发展，也创造了连续8年经济增速领跑全国的奇迹，但同时也形成了较为严重的简单粗放开发利用矿产资源路径依赖和发展方式，精深加工和资源循环利用远远不够，使内蒙古投资效益、资源产出效益、环境效益等均处于较低水平，这也是内蒙古出现经济后续发展乏力，下行压力持续增大，资源型经济发展面临的产业结构失衡，传统发展优势削弱，替代产业发展不足，环境约束日益趋紧等诸多难题的重要原因，所以内蒙古资源型经济必须推进效益优先，加快高质量转型发展，不断缓解传统粗放式资源型经济带来的发展瓶颈。

1.2 特征和意义

内蒙古是典型的矿产资源型地区。新时期，面对内蒙古资源型经济带来的诸多困难和问题，需要在加快推进产业转型升级的过程中，认识和总结资源型经济的主要问题特征，以及推动经济高质量转型的重大意义。

1.2.1 缓解经济结构性矛盾的必然选择

习近平总书记强调，我国经济结构性问题突出。作为我国资源型大区，近年来，尽管内蒙古加大经济结构调整力度，促进产业转型升级，取得了一定成效，但受资源依赖、路径依赖和惯性思维等影响，经济增长的结构性矛盾依然突出，主要表现在：产业重型化趋势进一步凸显，能源、化工（以煤化工为主）、冶金建材等资源型产业占工业比重已高达 85% 以上，而内蒙古传统优势特色产业农畜产品加工业占工业增加值比重却由 2012 年的 16% 下降至 2018 年的 9% 左右；在产业重型化背景下，企业生产效益增长结构也不断分化，如，2018 年上半年，全区规上工业利润中，采矿业和电力、热力、燃气、水生产占比高达 71%，其中煤炭开采和洗选业占比高达 45%，而作为工业化主导力量的制造业利润总额占比不足 1/3；产业结构的单一化，使得财政税收单一化，2018 年上半年，全区煤炭税收占工业税收总量超过 53%，占工业税收增收额的 61% 以上；单一的税收结构使得增收基础不稳固、缺乏可持续性；截至 2018 年 6 月末，全区地方财政自给率为 34.8%，较 2017 年同期下降 5.2 个百分点。为此，加快全区资源型经济高质量转型，大力发展非资源型产业和战略性新兴产业，推动产业结构朝着更加高级化、现代化的方向发展，加快构建多元发展、多级支撑的现代产业新格局，已是必然趋势和迫切需要。

1.2.2　推动新旧动能转换的有效途径

推动经济高质量发展，要把重点放在推动产业结构转型升级上，产业是经济发展的基础，没有高质量的产业作支撑，新旧动能转换就是空转、空换。近年来，内蒙古结合自身产业发展重点，在推动产业新旧动能转换方面的探索取得了初步成效，但新旧动能的转换仍然缓慢，存在新产业、新动能发展规模难以弥补传统产业下滑导致的动能衰退缺口，呈现出旧动能发展不可持续，新动能发展严重不足的局面。近年来，尽管全区加快了“四新”产业培育力度，但对于有效带动经济转型发展能力仍较弱。如，2017 年全区高新技术产业和战略性新兴产业增加值分别仅占规上工业的 2.5% 和 3.2%，远低于全国平均水平，并且全区重点培育的战略性新兴产业大多处于产业链上游，产品附加值低，构建集约集聚发展的产业生态难度较大，短期内难以对全区工业增长形成有效支撑。通过加快推进资源型经济高质量转型，优化升级传统产业、培育壮大新兴产业、化解淘汰落后产能，为新旧动能转换释放潜力、提供支撑、拓展空间，可以有效激活旧动能、增加和释放新动能，推动经济发展焕发新活力、迈上新台阶。

1.2.3　增强企业创新动力的关键环节

创新是第一动力，科技创新是建设现代化产业体系的战略支撑，要加强对中小企业创新支持，培育更多具有自主知识产权和核心竞争力的创新型企业是资源型经济高质量转型的关键。内蒙古企业发展方式粗放，竞争力不强的根本原因就是创新能力不强、动力不足。2017年R&D经费支出占地区生产总值的比重仅为0.76%（全国2.12%），低于全国平均水平1.36个百分点，全区仍有88%的工业企业尚未开展R&D活动，且企业技术创新投入较低，规上工业企业技术创新投入占营业收入比重不足1%，农业科技贡献率、全社会R&D投入强度也长期远低于全国平均水平。受创新环境、要素制约，一些新兴领域的企业仅将生产环节放在内蒙古，绝大部分企业科技活动只停留在解决现有生产和管理问题上，基本上没有前瞻性、开拓性的研发活动。如全区电力工业因技术落后，火电供电标准煤耗比全国平均水平高出了24克标煤/千瓦时，比天津市高出44克标煤/千瓦时。按照2017年3735.9亿千瓦时的火电发电量计算，意味着全区火电企业仅2017年就因技术落后多消耗了近900万吨标煤，多排放了2200多万吨二氧化碳、7万多吨二氧化硫和6万多吨氮氧化物。为此，加快内蒙古资源型经济高质量转型，有利于引导和激发企业创新内生动力，增添企业创新活力，提高企业创新能力。通过提升企业自主创新能力，强化企业在创新中的主体地位，实现企业发展方式的转变，提高核心竞争力，用企业创新促进产业结构优化升级，进而带动实现经济高质量发展。

1.2.4 壮大做优经济规模的客观需要

内蒙古经济体量总体偏小。2017年，全区地区生产总值、社会消费品零售总额仅占全国的1.9%，公共财政一般预算收入仅占全国的不足1%，城乡居民可支配收入长期低于全国平均水平。全区各支柱产业的大型龙头企业基本以央企为主导，对全区地方经济及产业转型升级的带动作用十分有限。地方龙头企业培育严重不足，目前形成的地方国有企业与国内同行业相比规模实力差距很大，市场竞争力弱。尽管矿业是全区的绝对支柱产业，但却处于有支柱产业、没有支柱企业的尴尬境地，目前还没有形成一家像紫金矿业、西部矿业、云南铜业、山东黄金这样的大型地方国有企业，内蒙古矿业集团、包钢等与国内同行业相比，规模实力差距很大。同时，民营企业仍面临诸多生产经营难题，发展严重不足。按照区域经济“体量决定地位”的基本原理，内蒙古急需通过资源型经济高质量转型，引导和推动企业兼并重组、整合资源要素、促进优势互补、加快技术改造升级等，有效提升资源配置效率，激发传统产业发展优势，做大做强做优地方龙头企业，壮大经济规模，提升产业竞争能力。

1.2.5　将绿水青山变成金山银山的根本举措

习总书记“两山论”的提出，改变了环境与经济不可得兼的传统理念。只有深刻理解“两山论”的深刻内涵和辩证关系，才能有效推动内蒙古资源型经济高质量转型，实现绿水青山就是金山银山。长期以来，资源型经济的高速增长主要是建立在资源要素的大量投入、粗放使用的基础之上。内蒙古水资源匮乏、生态脆弱，矿产资源的大量开发导致资源环境问题凸显，可持续发展压力较大，北疆生态安全屏障难以持续。特别是，由于过度依赖资源型经济，内蒙古开阔的空间土地、洁净的自然环境、广袤的森林草原、丰富的生物多样性等绿色资源开发利用严重不足。迫切需要全面贯彻落实绿色发展理念，推动资源型经济高质量转型，通过培育发展绿色农畜产品生产加工、开发绿色生物健康产业、发展全域旅游业和开发利用绿色能源等，将全区丰富的绿色资源开发成潜力巨大的绿色产业；通过用绿色技术改造提升资源型产业的生产工艺、用绿色能源降低资源型产业的碳排放水平、用循环经济模式提升全社会资源综合利用水平等，将传统资源型产业转型成绿色产业；通过大力发展节能环保产业、绿色金融业和林草沙产业等，将全区的绿色需求变成绿色现代服务业，更好地平衡处理好经济发展与生态环境保护的关系，真正实现绿水青山就是金山银山，推动内蒙古美丽与发展双赢。

2 未来发展趋势和制约因素

内蒙古作为祖国北疆重要的生态安全屏障，贯彻和落实新发展理念，走生态优先、绿色发展之路是当前和今后一段时期实现经济高质量发展的大逻辑。进一步夯实绿色发展的产业体系，推动以能源、冶金为主的资源型经济高质量转型成为内蒙古经济发展的大趋势。特别是，习近平总书记针对内蒙古资源型经济绿色转型，推动高质量发展多次发表重要讲话，为内蒙古探索高质量发展新路子指明了方向。近年来，尽管内蒙古围绕资源型经济高质量转型做了大量工作，取得了一定成效并出现了向好势头，但在实现生态优先、绿色发展为导向高质量转型的道路上，仍有诸多急需破解的发展瓶颈和制约因素。

2.1 经济增长的路径依赖凸显

内蒙古的经济表现为典型的资源型经济，对资源的依赖性极大，这种经济具有自我强化机制，一旦形成，就会存在路径依赖，突出表现为前期矿业暴利的锁定效应和挤出效应仍有影响，所产生的一系列负面效应仍在持续。一是部分地区对过去的资源开发模式至今难以割舍，无论思想观念还是发展思路都存在较强依赖性；二是当初矿业暴利推高了用地成本、商业租金成本、融资成本和劳动力价格，恶化了产业生态，导致区域经济运行成本总体偏高、竞争力下降；三是矿产资源采掘业既简单又暴利，使得企业缺乏开展科技创新活动的动力，更不愿意投资微利行业和一些风险较大、周期较长的新兴产业，对加工制造业、劳动密集型产业、科技创新产业形成了明显的抑制和挤出效应。这使得资源型经济要实现向多元化转型会面临重重困难。

2.2　财政就业压力大

资源型经济高质量转型既是一个长期过程，也是一个痛苦过程。在目前经济增速持续放缓背景下，内蒙古各盟市、各旗县财政收入增长缓慢，可用财力有限，而全力打好“三大攻坚战”及实现民生、公共服务、城建及基础设施等刚性支出持续增长，财政收支矛盾日益突出。同时，经济放缓使就业问题趋于显性化。在既要调结构、促转型，又要稳增长、保就业的多重压力下，部分地区在短期保持增长与长期高质量转型升级的抉择中更倾向于短期经济增长，在招商引资过程中，更倾向于传统、简单的矿产资源开发等能够尽快带来 GDP 和税收增长的项目，从而延缓了资源型经济高质量转型升级的进程。

2.3　科技创新能力不强

实现资源型经济高质量转型，必须激活科技创新这个第一动力，使科技创新在推动全区经济增长中发挥关键性、基础性作用。习总书记在参加内蒙古代表团审议时强调，推动经济高质量发展，要利用新的动能，走创新驱动发展之路。内蒙古科技创新体系不完善、综合创新能力低，是长期制约经济高质量转型的突出短板，主要科技创新指标在全国的位次都比较靠后。2017 年内蒙古发明专利授权数量为 848 件，仅占全国总量的 0.2%，居全国第 28 位，与发达省份差距悬殊；R&D 经费支出 132.3 亿元，R&D 经费投入强度 0.82，居全国第 25 位；企业技术创新能力仅列全国第 29 位；高新技术产业化水平仅为 14.17%，列全国第 28 位。高水平创新平台和载体严重缺乏，2018 年，全国 346 个国家级工程技术研究中心、工程研究中心和工程实验室，内蒙古只有 2 家（占 0.58%），且没有一家是矿产资源型企业；1369 个国家企业技术中心，内蒙古只有 15 家（占 1%），且矿产资源型企业仅有包钢、包钢稀土和远兴能源 3 家。特别是，内蒙古的能矿资源型企业主要以央企为主，央企的产品研发、科技创新等活动基本都在总部进行，所得税也在总部核算，内蒙古只是资源产地和生产车间，不仅经济利益大量外流，科技创新也难有提升，对全区资源型经济高质量转型带动作用十分有限。

2.4 资源环境约束强

内蒙古既是矿产资源富集区，也是生态环境脆弱地。对于煤炭、冶金等矿产资源型经济的环境承载力和环境容量有限，如，内蒙古荒漠化面积占国土面积的 51.5%，煤炭、冶金等资源型经济集中的内蒙古西部地区（蒙西），荒漠化土地占蒙西国土面积的 74%。资源型经济已造成了大气、水和土壤等较为严重的污染问题，协调产业发展与生态治理、环境保护的压力较大，尤其是在国家环保政策趋紧的形势下，内蒙古资源环境问题进一步凸显，对现有资源型产业和新上项目制约更大。如，根据国家实施的单位 GDP 能耗和能源消费总量增量“双控”管理，内蒙古矿产资源富集的鄂尔多斯市“十三五”期间，能源消费总量增量只有 600 万吨标煤，而现已拿到路条的 5 个煤制气和 1 个煤制油项目增量就达 2748 万吨标煤，新上项目面临较大制约。加上鄂尔多斯脱硫、脱硝等减排工程均已完成，工程性减排空间非常有限，今后仅靠自身减量远远无法满足新上项目的指标增量，减排压力巨大。

2.5　相关政策落地难

尽管近几年国家和自治区围绕资源型经济转型升级出台了许多支持性政策，但一些地区和部门存在着以会议落实会议、以文件落实文件现象，很多政策文件上下一样粗，缺乏针对性和可操作性，政策之间相互掣肘的现象也时有发生。以科技创新为例，科技创新本应成为资源型产业高质量转型的基础性、保障性政策，应尽快落地生根，但因很多关键的科技创新政策在执行中缺乏实施细则，导致政策无法落地实施，科研人员仍处于激励不足、规则掣肘状态。尤其是在争取和运用国家政策方面，成效不明显，对政策理解不深不透，更不善于充分利用，往往是争戴各种产业转型示范区的帽子，实际操作中却既不知示范什么，也不知如何示范。

2.6　营商环境不优

尽管全国各地区普遍存在发展环境问题，但相比而言，内蒙古表现尤为突出，既有其他地区发展环境的共性问题，也有内蒙古自身的个性问题。从全国对比来看，内蒙古投资环境排名处于全国各省区市“最后梯队”，营商环境短板亟待补齐。在 2017 年 21 世纪经济发展研究院对全国各省区市投资环境的排名中，内蒙古排第 22 位，其中投资软环境排倒数第 3，仅比黑龙江和吉林两省略高。2018 年全国省级政府网上政务服务能力调查评估报告显示，内蒙古排名居全国第 29 位，仅高于青海、新疆、西藏三个省区。另外内蒙古民营经济发展滞后，导致经济缺乏活力。从内蒙古进入全国民营企业 500 强的企业数量来看，近几年是连续下降的，从2015年的12家降到2016年的8家，到2017年仅剩5家，由此反映出内蒙古的营商环境和企业生存环境不容乐观，民营经济已成为内蒙古经济增长的短板。从内蒙古自身来看，内蒙古作为边疆少数民族地区，对外开放相对较晚，市场经济发展严重不足，习惯于计划经济的传统思维定式和发展方式，习惯于吃资源饭、政策饭，市场意识、服务意识、开拓意识欠缺，干事创业的激情不足，投资环境的社会期望值不高，很多市场主体，特别是民营资本投资意愿不强。

3 对策建议

为保障内蒙古资源型经济高质量转型有效推进，解决一些重点问题和制约因素，探索以生态优先、绿色发展为导向的高质量发展新路子，提出如下对策建议。

3.1 落实新发展理念，转变发展观念

习近平总书记在参加十三届全国人大二次会议内蒙古代表团审议强调要把内蒙古建成我国北方重要生态安全屏障，把祖国北疆这道风景线建设得更加亮丽。内蒙古作为资源型经济为主导的地区，不论从国内发展要求来看，还是从国际发展态势来看，推动资源型经济高质量转型发展已是大势所趋，落实新发展理念，转变发展观念，对内蒙古尤为迫切和重要。

从现实需求来看，随着我国经济进入新常态和发展方式的转变，特别是世界经济长期缓慢徘徊，对能源原材料饥渴式需求逐步减弱，内蒙古资源型经济减速势在必然。2010年以来，内蒙古经济增速和

GDP 全国排名，连续大幅下滑，经济增长或将面临着“失速”风险，如果不能够尽快找到新的增长动能，可能会引发财政收支及就业矛盾、区域分工地位弱化等系列风险。在新产业、新业态体量小、带动弱的前提下，加快推动资源型经济高质量转型是破解增长乏力和防范化解风险的重要举措。

从宏观形势来看，未来我国基础设施大拆大建、国际贸易大进大出的传统增长动力已经难以为继，对传统能源重化工产品的需求也会呈缓慢增长甚至下降趋势，期望传统能源重化工产业重现辉煌的可能性已经不大。特别是，随着习近平总书记“两山”理论和绿色发展理念深入党心民心，对矿产资源型产业的环境政策趋严趋紧；尤其内蒙古作为国家重要的生态功能区，再期望发展高消耗、高排放、高污染为特征的能源、冶金、化工等传统产业已经不现实了。

从思想观念来看，实践一再证明，思想观念是行动的先导和动力。做好任何事情，都必须从提高思想认识、转变思想观念入手，也就是说，解决好认识和观念问题，就是解决好方向和动力问题，就是在解决发展的最根本性问题。党的十九大报告提出了推动经济高质量发展的战略部署，习近平总书记有针对性地对内蒙古作出重要指示、提出要求，这就意味着，全区既要以生态优先、绿色发展为导向，加快转变发展方式，推动产业转型升级，实现高质量发展，更要解放思想，提高认识，转变观念，加快摆脱传统资源型经济的路径依赖和惯性思维束缚。因此，抓思想认识应成为内蒙古各级党委政府落实总书记讲话精神、推动资源型经济高质量转型的“第一道工序”和重要发展任务。

3.2　立足转变发展方式，强化创新驱动

21 世纪以来，依靠煤炭等资源型产业的发展，内蒙古取得了举世

瞩目的发展成就，但经济发展进入新常态以来，这种“挖煤卖煤、挖土卖土”的粗放式资源发展方式已经难以为继，必须转变经济发展方式，改变过去粗放式资源要素投入模式。因此，资源型经济高质量转型必须与创新驱动相结合，尤其要注重强化科技创新体系的建设和提升。为此，内蒙古在推动资源型经济高质量转型过程中，要以科技创新为重点，加快创新体系建设和关键技术攻关。

3.2.1 打造资源型产业高质量转型的创新平台

要支持创新平台建设，支持新建一批国家级（包括国家与地方联合共建）和自治区级工程（技术）研究中心、工程实验室、企业技术中心、重点实验室、院士工作站；支持建设一批“互联网＋产业转型”综合管理和服务平台；支持资源型经济领域组建产业与技术创新联盟。

3.2.2 完善科技创新管理制度

要重视构建科技创新引领机制，在推动资源型经济转型过程中，须让内蒙古相关大学、科研院所积极参与进来，提升科研创新及成果转化能力，形成随时能够用得上、靠得住的自主研发体系；要加快构建更加符合科研实际和合理需要的科研资金投入、科研项目和人员管理机制，促进科技资源优化配置、科研管理化繁为简，科研经费自主高效，抓住科研制度改革契机，率先出台科研经费“包干制”，充分发挥政府科技类基金、重大科技专项的引领扶持作用；加强知识产权保护；构建更加科学可行的人才培养、引进、聚集机制和政策，要坚持“不求所有、但求所用，不求常在、但求常来”的原则，加大柔性引进人才力度，通过科研委托、项目合作、顾问指导等方式，开展人才和技术合作，集聚国内外优秀人才为内蒙古资源型经济高质量转型贡献智慧和力量；要加大企业家队伍包括民营企业家队伍的培养建设和保护力度；创造更宽松、更优良的人才环境，鼓励各地区在人才引进培养方面出台更加优惠宽松的政策。

3.2.3　注重激发资源型企业创新活力

加强资源型相关企业创新合作，建立以政府为主导的校企合作创新模式，推动建立高校研发设备和场地的共享机制，进一步深化“产、学、研”合作机制，加强与专业研发机构或实验室合作力度，提高研发成果转化率，支持符合条件的企业建设自治区级工程技术研究中心、企业技术中心等研发平台，开展行业关键共性技术攻关，提升企业的自主创新能力。拓宽企业创新筹资渠道，整合资金，加强企业间研发合作力度，共同推动创新项目开发，强化企业税收筹划工作效率，加强政策扶持力度，对企业创新活动提供低息信贷，设立资源型经济高质量转型专项创新基金，为企业提供多方位融资渠道。改善企业创新环境，加强自主创新资源环境服务建设，为各类企业开展科技创新活动提供平等竞争的条件，加快建立社会化和网络化的创新体系，完善自主创新的政策法律环境，实施有利于技术创新的财税、金融及知识产权保护政策，推进自主创新的区域文化建设，善待企业家和创业者，弘扬敢于创新、勇于竞争和宽容失败的创新文化，努力营造吸引创新人才、吸纳新事物新思想、宽容和谐的创新环境。

3.3　做好能源经济大文章，打造世界级能源基地

习近平总书记在出席 2018 年全国两会内蒙古代表团审议政府工作报告时强调：内蒙古要把现代能源经济这篇文章做好。栗战书委员长也指出，把内蒙古打造成为世界级多种能源综合利用基地。内蒙古是国家重要的能源和战略资源基地，能源资源具有明显的比较优势，做强做优现代能源经济，是加快能源资源型经济高质量转型的重要举措。

3.3.1 适时扩大规模、壮大体量

内蒙古要立足优势，面向世界，服务中国，要适时适度地继续扩大能源基地规模，形成与世界级能源基地相匹配的产业体量，增加市场供给，提高市场占有率，提升产业竞争力。在做大规模的基础上，将能源经济做强，引导大型煤炭供需企业设立动力煤期货交割库，壮大煤炭电子交易市场，提升产业影响力，在全国乃至世界同业竞争中，争得话语权和定价权。

3.3.2 多种能源综合利用

要围绕推进能源结构多元化，坚持煤、电、油、气、风、光并举，提高能源综合利用效率和供应保障能力，构建安全、绿色、集约、高效的清洁能源供应体系，打造国家现代能源经济示范区。要围绕综合高效利用，建设能源资源密集型产业集聚体系，充分发挥能源作为基础产业的公益性和支撑性作用，通过技术创新和体制机制创新，继续保持相对较低的电价水平，在资源富集地区建设一批附加值高、科技含量高、环保水平高、产业链长、就业带动能力强的能源密集型产业，由“单体式”能源项目布局向多联产循环经济转变。

3.3.3 衍生能源产业体系

围绕能源与上下游产业协同发展，构建现代能源相关产业体系，以能源产业为起爆点，努力做好产业链条的纵向延伸和横向拓展，促进能矿装备制造及建筑安装产业尽快突破，促进节能环保产业尽快破题，发展壮大能源科技、能源金融、能源物流等生产性服务业等。围绕能源技术革命，建设现代能源科技创新体系，瞄准能源产业技术链和价值链的高端，构建现代能源产业创新链，努力在关键领域实现重大技术突破，培育一批能源创新型企业，实施一批重大科技专项，建设一批创新示范工程。

3.3.4　促进能源对外开放合作

围绕开放共赢，建设现代能源合作体系，发挥比较优势，积极融入国家“一带一路”战略，大力促进设施联通、贸易畅通，积极参与全球能源互联网建设；进一步深化与蒙古、俄罗斯能源产能合作，使能源成为中蒙俄经济走廊建设的重要产业支撑，助力内蒙古建设祖国向北开放的重要窗口；积极引进国外能源化工产业先进经验技术，提升全区能源产业科技水平；加强与国内其他省区市能源合作，实现与周边地区联动发展，增强产业竞争力，提高内蒙古能源在国内市场的占有率。

3.4　构建现代经济体系，推动资源型产业提档升级

党的十九大报告指出：必须坚持质量第一、效益优先，以供给侧结构性改革为主线，推动经济发展质量变革、效率变革、动力变革，提高全要素生产率，着力加快建设实体经济、科技创新、现代金融、人力资源协同发展的产业体系。对于内蒙古来说，必须紧密结合新时期国家发展新战略，立足内蒙古比较优势及产业基础，构建质量第一、效益优先的现代产业体系，坚持走生态优先、绿色发展为导向的高质量发展新路子，更加重视和推动能源、冶金、化工等体量大、带动强、有特色的传统主导产业现代化转型，推动资源型产业提档升级。

3.4.1　推动资源型产业优化重组

以央企为主导的开发模式是造成内蒙古资源开发收益外流、地区生产总值“含金量”偏低的主要原因之一，推动资源型经济高质量转型急需通过加大产业重组力度，倾力打造几个实力雄厚、业态高端、体制机制创新的本土航母企业。要遵循市场经济规则，发挥市场机制

的基础性和决定性作用，规范行政行为，充分尊重企业意愿，积极引导和推动企业兼并重组、做大做强实体经济，实现企业优势互补，壮大规模，集中集聚集约发展，在充分释放优质产能，增加有效供给的基础上，不断增强产业话语权、产品定价权和市场主导权。加快现有能源、冶金等同行业企业和上下游企业之间的战略重组和集中扶持，进一步提升产业集中度，着力培育几家具有全国性行业引领能力的能源航母企业，适时适度地继续扩大能源基地规模，提高规模经济效益。如煤电、煤电冶、煤电化等企业通过重组，可有效降低单位资源消耗，进一步放大低成本优势，构建形成煤电用一体化产业链竞争新优势。

3.4.2 推动资源型经济绿色转型

内蒙古正在探索以生态优先、绿色发展为导向的高质量发展新路子。加快资源型经济高质量绿色转型是“新路子”的重要内容。内蒙古要强化创新驱动与绿色科技引进和应用力度，要用绿色技术改造提升资源型产业的生产工艺，推动资源型产业绿色转型。要用绿色能源降低资源型产业的碳排放水平，在强化能源外送通道建设的同时，积极争取风电、光电等可再生能源打捆外送，提高外送电总量中绿色能源的比重；要积极构建发电—用电产业链，将大型煤化工基地、冶炼基地建设与清洁能源发展统筹结合，积极推进电力体制改革，进一步推广煤电用集约集聚高效发展模式，加快建设微电网，提高绿色能源就近就地消纳比重，使全区绿色清洁能源资源得到转化，主导产业的产业链条得以延长。要用循环经济模式提升全社会资源综合利用水平，积极推进化工、冶金等资源型产业绿色转型，大力发展循环型工业，根据不同资源型产业发展特点，在有较好基础的工业园区，推进企业间、行业间、产业间的共生耦合，构建循环链接的产业体系，鼓励产业集聚、集群、集约发展；大力推行清洁生产，实施园区循环化改造，实现能源梯级利用、水资源循环利用、原材料节约利用、废物交换使用，扭转大量生产、大量消费、大量废弃的传统发展模式。

3.4.3 优化资源型产业园区布局

产业越向后端加工制造业延伸就越需要集群发展，借助国家和自治区重新审核认定工业园区的机会，按照统筹规划、合理分工、强化基础、错位发展的总体要求，加快推进内蒙古资源型产业园区的功能整合和优化布局，撤并一批小而散、环保不达标的资源型产业工业园区，把十个指头握成一个拳头，集聚力量发展一批产值过千亿的大型资源型产业集中区。各个盟市可选择一两个条件比较成熟、开发潜力较大的开发区、工业园区进行集中打造，建立科学的利益机制引导要素集中投入，按照产城融合的思路发展资源型产业集聚区，使开发区、工业园区真正成为承接产业转移的重要平台、产业集中集聚发展的主要载体。要引导园区跨区域重组，积极探索跨区域合作共建园区的利益分享机制，创新旗县区 GDP 核算和税收分成制度，进一步打破市场分割和地区封锁，理顺地区间利益分配关系，引导发展基础好、规模大、区域带动能力强的国家级和自治区级园区整合周边园区，或以“飞地园区”形式进行跨区域整合。

3.5 提高资源配置效率，优化发展环境

推动内蒙古资源型经济高质量转型，需要进一步提高资源配置效率，“使市场在资源配置中起决定性作用”，处理好政府和市场的关系，着力构建市场机制有效、微观主体有活力、宏观调控有度的经济体制，要更加注重优化发展环境，创新招商引资方式，为企业松绑减

负，激发企业家创新创业的动力和热情。

3.5.1 加快深入推进“放管服”改革

内蒙古要全面深入推进“放管服”改革，最大限度减少行政审批，大幅提升审批效率，压缩资源型经济高质量转型升级相关项目落地周期，并强化执纪问责，降低制度性交易成本，用政府权力的减法换取企业活力的加法。借鉴“最多跑一次”改革、“审批执法一站式”等做法，统筹推进“证照分离”改革，有效解决“准入不准营”问题，厘清政府和市场边界，通过打造“有为政府”，建设“有效市场”，要以“最多跑一次”改革思维撬动经济体制、服务体制、民主法治等各方面改革，释放出服务企业、服务市场的良好环境。

3.5.2 全面清理整顿清费降税工作

切实降低资源型经济转型发展的要素成本，按照自治区已出台的《内蒙古自治区优化营商环境工作实施方案》，各盟市尽快出台实施细则，率先打破优化营商环境政策的“最后一公里”，并在资源型经济高质量转型发展方面，应统筹制定更加优惠的清费降税政策，切实解决企业在艰难转型发展阶段，承受过多的负担。完善产业政策体系，通过财政、税收、金融、土地等制度创新和政策优惠，加大对资源型经济高质量转型升级和对新业态、新模式在名称核准、经营范围登记、经营场所限制等方面制度供给，打造资源型经济加快高质量转型发展的政策高地。

3.5.3 创新招商引资方式

招商服务也是营商环境，要遵循同等国民待遇、准入前国民待遇、尊重知识产权等原则，要搞好系统设计、互惠互利、资源互补、方式创新。积极探索以资源型经济高质量转型的产业链招商，以资源、要素、资金等资本注入式招商，以资产入股、股权转让等形式的收购兼并式招商，以产业引导基金招商，以上市公司等政府许可性牌照资源补缺式招商等模式，在不断解决企业投资难点问题中，优化资源配置，集聚配套服务，吸引更多国内外企业参与内蒙古资源型经济高质量转型发展。

案例七

东北地区转型发展面临的制约因素和破解思路

党的十九大报告指出，我国经济已转向高质量发展阶段，东北地区是我国区域发展不平衡不充分的典型代表和突出地区。研究解决制约东北地区转型发展的问题和矛盾，既是新时期落实区域协调发展战略的一项重要工作，也对推动其他老工业基地加快转型发展具有示范和带动作用。

目前各方面对于东北地区转型发展问题已有不少研究、共识，但要切实推动东北地区更高质量发展，仍有问题需要继续深化研究。一是无论从经济增速变化路径还是从经济结构矛盾特征来看，三省之间存在明显差异，制定有效区域政策既要把握三省的共性问题，也应考虑差异性问题，才能提高区域政策的精准度。二是从更长期来看，一个区域的经济结构、体制机制、营商环境等方面如果存在问题，背后往往有着更深层次的制约因素，破解这些深层次制约因素，区域调整经济结构、完善体制机制、优化营商环境就会具备更加有利的条件。本专题报告将重点从这两个方面进行研究探讨。

1　对东北三省经济增长困境的基本认识

1.1　东北三省经济增长困境在不同时间、不同区域有所区别

分析东北三省经济增长困境，首先应对问题产生的时间窗口和严重程度有所认识。从改革开放至今 40 年的长周期来看，东北三省地区生产总值占我国国内生产总值的比重从 1978 年的 13.2% 下降到 2017 年的 6.7%，总计下降 6.5 个百分点，相对衰落态势明显。

分阶段来看，这种变化集中发生在两段时期。第一段时期是改革开放至 20 世纪 90 年代中期，1979 ~ 1995 年东北三省 GDP 占全国 GDP 比重年均下降 0.21 个百分点，总计下降了 3.6 个百分点。20 世纪 90 年代中期至"十二五"中期，即 1996 ~ 2012 年，东北三省 GDP 占全国 GDP 比重总计下降了 0.3 个百分点，经济发展总体平稳，其中 2007 ~ 2012 年东北三省占全国经济比重还出现了一波上升走势。东北地区发展困难较为明显的第二段时期是 2013 ~ 2017 年，5 年时间里东北三省 GDP 占全国 GDP 比重下降了 2.6 个百分点，年均下降 0.53 个百分点（见图 1）。

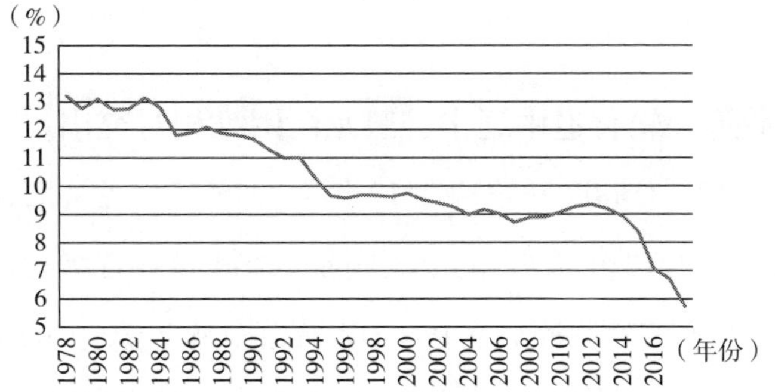

图1　改革开放以来东北三省地区生产总值合计占国内生产总值比重变化

分区域来看，东北三省经济发展困境出现的时间阶段有明显不同。1978 ~ 2017 年，辽宁省 GDP 占全国 GDP 比重总计降低了 3.34 个

百分点，但其中有 86.6% 的下降集中发生在 1994 ~ 1996 年（37.1%）、2013 ~ 2017 年（50.1%）两段时期；吉林省是三省当中经济发展相对最为稳定的，1978 ~ 2017 年吉林省 GDP 占全国 GDP 比重总计只降低了 0.38 个百分点；黑龙江省是东北三省中经济相对全国衰落持续周期最长的省份，1978 ~ 2017 年黑龙江省 GDP 占全国 GDP 比重总计降低了 2.79 个百分点，即便是在 1996 ~ 2011 年东北经济发展整体平稳的时期，黑龙江省 GDP 占全国比重也都下降了 0.68 个百分点。因此，从经济出现相对衰退的时间表征特点来看，辽宁省表现为“急性病”、黑龙江省表现为“慢性病”、吉林省没有“大毛病”（见图 2）。

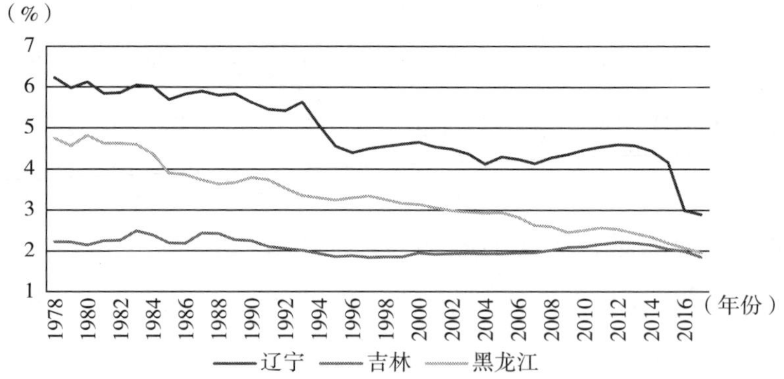

图2　改革开放以来东北三省地区生产总值各自占国内生产总值比重变化

1.2　最近一轮衰退中辽宁、黑龙江困难相对突出

进一步聚焦于最近一轮即 2012 年至今的东北经济衰退。从全国来看，2011 ~ 2012 年恰好也是我国国民经济和各省级行政区同时进入增长下行通道的转折点，全国 GDP 增长率从 2010 年的 10.6% 下降到 2015 年的 6.9%，同时，内陆各省级行政区在 2010 年之后也都无一例外出现了经济增长持续下行的情况。因此，最近一轮东北三省的经济增长减速是宏观经济周期性冲击、区域经济发展阶段变化、区域

自身结构性矛盾等方面因素共同作用的结果，要识别东北三省区域结构性矛盾的严重程度，应当从三省 GDP 增速变化中剔除周期性冲击和发展阶段变化的影响。

通过计算，2012 ~ 2017 年，辽宁、吉林、黑龙江三省 GDP 年均增长率偏离阶段增长中枢的幅度分别为 –3.4%、–0.7%、–1.7%，排在全国同期第 31、第 23、第 29 位。辽宁、黑龙江两省的经济增长减速问题相对突出（见图 3）。

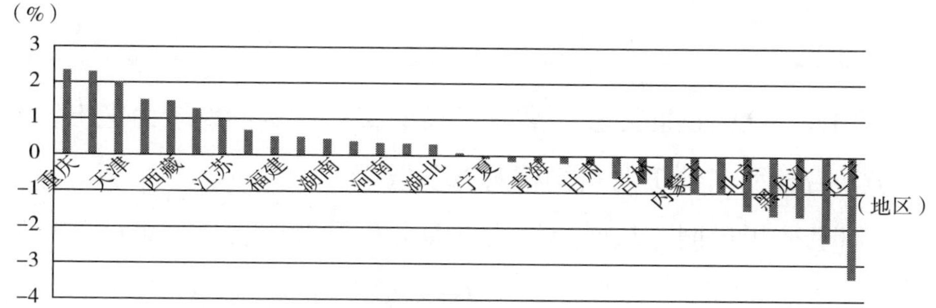

图3　2012 ~ 2017年各区域GDP年均增速偏离增长合理中枢幅度

2　东北三省结构问题和质量效益问题并存

2.1　东北三省产业结构问题分析

2.1.1　第二产业是三省衰退最为突出的产业部门

分三次产业来看，2013 ~ 2017 年，辽宁、吉林、黑龙江三省的一产增加值年均增速分别为 1.9%、4.1%、5.3%，比 2008 ~ 2012 年分别降低了 3.5、1.2、1.1 个百分点；2013 ~ 2017 年，三省二产增加值年均增速分别为 1.7%、6.1%、3.2%，比 2008 ~ 2012 年分别降低了 12.8、11.1、9.4 个百分点；2013 ~ 2017 年，三省三产增加值年均增速分别为 6.2%、8.1%、9.4%，比 2008 ~ 2012 年分别降低了 5.3、

4.1、2.4 个百分点。无论从增速的绝对水平还是增速的下降幅度来看，东北三省最近一轮衰退中，第二产业面临的困难最为突出（见表 1）。

表1　　东北三省三次产业增加值增速变化：2008 ~ 2017年

指标	时期	辽宁	吉林	黑龙江
一产年均增速（%）	2008 ~ 2012 年	5.4	5.3	6.4
	2013 ~ 2017 年	1.9	4.1	5.3
二产年均增速（%）	2008 ~ 2012 年	14.5	17.2	12.6
	2013 ~ 2017 年	1.7	6.1	3.2
三产年均增速（%）	2008 ~ 2012 年	11.5	12.2	11.8
	2013 ~ 2017 年	6.2	8.1	9.4

2.1.2　全国横向比较，黑龙江省的工业结构问题较为突出，但辽宁、吉林两省的工业结构相对并不低端

以上分析说明，从产业结构方面分析东北三省近年来的经济困境，重点是分析三省工业面临的增长困境。不少分析认为，造成东北三省工业经济增长下滑的主要原因在于其工业结构偏重，这一认识存在一定片面性。从工业内部结构来看，黑龙江省的资源型行业比重较高，但辽宁省工业比重最高的是装备制造业，吉林省工业比重较高的是装备制造、食品烟酒、医药等，装备制造业、食品烟酒、医药等都是近年来全国发展相对较好的工业行业，因此，仅从行业层次来看，辽宁、吉林两省的工业结构并不低端（见表 2）。

表2　　东北三省工业归并行业结构和全国归并行业增长

工业行业（归并）	2010 年归并行业占工业总产值比重（%）				工业归并行业“十二五”全国年均增长率（%）	
	辽宁	吉林	黑龙江	全国	产值增长	利润增长
采矿业	7.1	7.2	25.7	6.4	1.3	−21.2
食品烟酒	10.7	17.6	21.5	8.8	13.4	10.3
纺织轻工	5.5	5.9	3.9	10.6	11.6	9.6
石油加工	9.3	1.0	12.6	4.2	3.2	−9.7

续表

工业行业（归并）	2010 年归并行业占工业总产值比重（%）				工业归并行业"十二五"全国年均增长率（%）	
	辽宁	吉林	黑龙江	全国	产值增长	利润增长
化工	6.6	9.2	4.0	10.4	10.9	5.4
医药	1.3	5.2	2.4	1.7	17.0	15.3
金属冶炼	13.4	5.1	3.2	11.4	6.1	-11.5
装备制造	29.4	35.2	11.9	31.0	9.6	7.1
电热气水	3.8	4.6	9.4	6.3	8.1	20.0

2.2　东北三省工业质量效益问题分析

2.2.1　从工业部门整体来看，辽宁、黑龙江省的效益问题较为突出

"十二五"时期，东北三省工业企业效益都有所下降（见表 3）。其中，吉林省工业企业主营业务收入利润率从 2010 年的 6.7% 下降到 2015 年的 5.4%，与全国工业效益降幅基本一致。辽宁、黑龙江两省的工业企业主营业务收入利润率同期分别下降了 3.4、8.6 个百分点，降幅显著超过全国平均水平。横向比较，辽宁省的工业企业效益长期处于全国最下游水平，在东北三省当中最低。吉林省工业效益多数时期处于全国中游水平。黑龙江省工业效益在 2014 年之前相对较好，但受资源型行业近两年的景气变化影响，在 2015 年后有所下滑。

表3　　东北三省工业企业效益和排名近年变化情况

地区	工业企业主营业务收入利润率（%）			
	2007	2010	2014	2015
全国	6.8	7.6	6.2	6.0
辽宁	4.7	6.6	4.32	3.2
吉林	7.7	6.7	6.2	5.4
黑龙江	19.6	12.6	7.5	4.0

续表

地区	工业企业主营业务收入利润率全国排名			
	2007	2010	2014	2015
辽宁	30	26	28	27
吉林	10	25	16	19
黑龙江	2	4	6	26

2.2.2 从重点行业来看，辽宁省的工业企业效益低的问题相对突出

对于区域重点行业，辽宁省工业企业效益低的问题也较为突出，而吉林、黑龙江省则相对较好。例如，通用设备制造业是辽宁省传统的主导型工业行业，该行业全国主要生产地有辽宁、上海、江苏、浙江、山东、广东等。横向比较，辽宁省通用设备制造业的企业效益在这些主产省市当中处于最低水平，也明显低于全国均值（见图 4）。

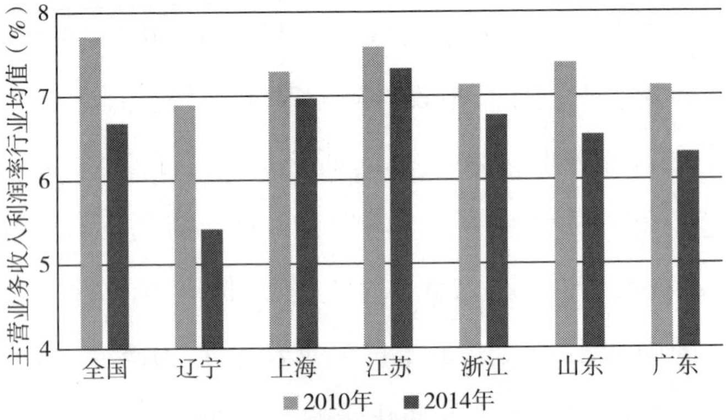

图4 通用设备制造业重点产区企业效益对比

3 制约东北三省转型发展的因素分析

3.1 东北三省工业企业成本费用结构分析

从企业成本费用结构入手展开分析有助于进一步认识企业效益不高的原因。以 2010 年为例，辽宁省工业企业的主营业务成本占收入比

重平均达到84.8%，管理费用、营业费用、财务费用三大类费用占收入平均比重分别为4.3%、2.0%、0.9%。与全国其他省区市横向比较，辽宁省的成本占收入比重偏高。与辽宁省不同，吉林、黑龙江两省的成本占收入比重相对不高，但管理费用和营业费用相对较高（见表4）。

表4　　东北三省工业企业成本费用占收入比重分析（2010年）

地区	成本费用占收入比重（%）			
	成本	管理费用	营业费用	财务费用
辽宁	84.8	4.3	2.0	0.9
吉林	82.6	5.2	3.0	0.8
黑龙江	74.9	5.0	2.2	0.8
地区	成本费用占收入比重全国区域排名			
	成本	管理费用	营业费用	财务费用
辽宁	23	12	4	10
吉林	14	20	22	8
黑龙江	3	19	9	6

工业企业主营业务成本主要包括原材料、人工成本（工资）、固定资产折旧等，成本占收入比重可能是由不同原因造成的。由于近年来工业企业层面数据难以获得，直接进一步考察企业成本构成较为困难，但是通过宏观数据可以推断，辽宁省工业企业成本高主要是原材料比重较高。在给定行业特征的前提下，企业原材料比重过高，反映的主要是企业缺乏核心技术和竞争力，在行业中处于低附加值环节，从而导致生产经营的增加值率不高。吉林、黑龙江两省的费用占比较高，则在一定程度上反映了企业经营效率和市场营商环境可能存在问题。

3.2　东北三省在企业经营体制和营商环境方面存在一定程度问题

在体制方面，自20世纪90年代后期开始，随着国有企业改革的推进，东北三省的国有经济比重有所下降。从增加值占比来看，辽宁、吉林、黑龙江三省国有控股工业企业产值占规模以上工业企业产值比重从2000年的67.3%、82.4%、84.9%一直不断降低到2015年的30.5%、31.4%、40.6%。尽管如此，横向比较，2015年辽宁、吉林、黑龙江三省工业部门中，国有控股企业产值比重在全国省级区域中仍分别排在第14位、第13位、第9位。

在营商环境方面，国民经济研究所进行的“中国市场化指数”研究结合政府与市场关系、非国有经济发展、产品市场发育程度、要素市场发育程度、市场中介组织发育和法制环境等五个方面的18项基础指数构建了全国各区域的市场化指数。这项研究显示，东北振兴战略实施以来，东北三省的市场化指数水平有所提高，但2014年，东北三省的市场化指数在全国省级区域分别排在第12位、第18位、第20位（王小鲁等，2016）。

3.3 过度城镇化造成的政策负担严重制约长期发展能力建设

3.3.1 作为计划经济时期全国重点发展的工业基地，东北地区的人口城镇化起步早、程度高，改革开放之后，东北三省的城镇化率长期大幅高于相近发展水平的省区

新中国成立后，拥有较好工业发展基础的东北三省成为我国计划经济时期重点发展的工业化、城镇化先行区。以辽宁省为例，1981年，辽宁省工业增加值占全国工业增加值的8.3%，人均地区生产总值排在全国第4位，城镇化率达到41.5%，仅列于北京、上海两个直辖市之后排在全国第3位。

改革开放之后，我国区域经济地理区位结构发生重大变化，东部沿海地区成为产业和人口集聚的中心，工业化、城镇化步伐加快，支撑东北地区工业化的区位因素也不复存在。但是由于城镇化在很大程

度上具有不可逆转特征，因此，东北地区城镇化与工业化相互脱离的问题逐步显现。

其中，辽宁省过度城镇化问题尤为突出。从区域经济发展水平来看，20 世纪 90 年代以来，江苏、山东是与辽宁省较为接近的两个省。与江苏、山东两省进行对比，可以更清楚地看出辽宁省城镇化率超前的情况。1991 年，辽宁省（户籍人口）城镇化率就已经达到 51.7%，而江苏在 2005 年、山东在 2011 年（常住人口）城镇化率才首次超过 50%，而辽宁省在 2005 年时城镇化率已经达到了 58.7%。整体来看，在 2008 年之前，辽宁省城镇化率相对东部沿海地区普遍超前 10 年以上。

3.3.2　超前于经济发展水平的城镇化率对城镇就业、城镇居民收入、民生、财政等造成巨大压力

当地方经济发展与城镇人口密度不能匹配时，城镇化率过高就会对地方经济社会发展产生巨大压力。比较突出的，一是就业问题，特别是在 20 世纪 90 年代中期国企改革启动之后，东北地区的隐性失业开始显现，城镇居民就业压力很大。二是城镇居民实际收入水平不高。尤其是辽宁省，以城镇居民人均收入与人均 GDP 之比作为衡量指标，辽宁省的城镇居民收入相对经济发展水平长期低于全国平均值，在东北三省当中也是最低的。三是城镇居民消费能力和生活水平长期较差。比如较为突出的城镇居民住房问题，辽宁省城镇居民人均居住面积长期低于经济发展水平相近、城镇化率相对落后的江苏、山东两省。四是地方政府社会保障压力较大，公共服务职能不能有效履行。以 2007 年为例，辽宁、吉林、黑龙江三省地方财政支出中用于社会保障和就业支出的比例分别为 22.8%、17.5%、18.3%，全国这一指标的平均水平为 13.3%，与辽宁经济发展水平相近的江苏、山东两

省社会保障和就业支出占财政支出比重仅分别为8.3%、11.1%。在社会保障方面的巨大支出压力，导致东北三省在教育、医疗卫生等其他公共服务领域的投入捉襟见肘。

3.3.3 社会民生领域历史欠账进一步制约工业发展后劲

计划经济时期工业先行导致的超前城镇化对辽宁经济社会发展构成了极大制约，要摆脱这一困境十分不易。2004年振兴东北战略提出之后，借助这一发展契机，辽宁省启动了一系列推动经济社会转型发展的举措。在城镇建设方面，一项重点工作就是棚户区改造。由于城镇建设历史欠账较大，保障房建设要解决资金问题必须引入市场化机制，配套进行商业开发，从而导致房地产投资在一段时期内快速增长。2004年之后，辽宁省房地产固定资产投资占GDP比重开始不断上升，到了2013年该指标最高时达到25.4%。2004～2013年，辽宁省房地产投资占GDP比重一直高于全国平均水平，在2009年之后这一差距更是高达5个百分点左右。

房地产投资依赖型的增长模式对工业经济产生了十分不利的影响。一是房地产投资上升对制造业投资形成直接挤出。2011～2013年，辽宁省房地产投资占固定资产投资比重显著上升，对制造业投资形成显著的挤出效应。二是房地产投资影响内外需求比例，导致区域经济内向化。房地产属于典型的不可贸易品，房地产投资比重上升，会对本地的相关制造业产品形成大量需求，使制造业内向化。制造业企业如果不能有效参与全球分工和全球竞争，企业技术水平和经营管理能力提升都会受到影响。2007年以来，辽宁省是我国沿海省份当中出口产值比重相对于阶段中枢下降幅度最大的。2013年，辽宁省通用设备制造业出口产值比重已经下降到5%，不及广东省的1/7。三是房地产过度投资导致工业行业集中度降低，规模分散化。房地产过度投资，会在短期内为小型企业创造需求，但在长期会延缓行业演化和集中度提升，对区域行业整体竞争力的提升不利。2006 年以来，辽宁省黑色金属冶炼及压延加工业、通用设备制造业、专用设备制造业三个行业的大型工业企业产值占比明显下降，小型工业企业产值占比明显上升。而同期，全国黑色金属冶炼及压延加工业、通用设备制造业、专用设备制造业的大型工业企业产值占比在不断提高，小型工业企业产值占比未有显著变化，行业集中度在不断提高。四是房地产投资过度影响工业企业创新激励。通过改变工业企业需求结构，造成工业企业规模分散化，房地产过度投资还会导致企业的创新激励不足。辽宁省工业企业竞争力不强很大程度上就是由于研发投入不足导致的。2004 年，辽宁省工业企业研发强度为 9.0‰，到 2013 年下降到 6.4‰。同期，全国工业企业研发强度提高了 2.6‰，绝大多数省份也都有不同程度的提升。

在以上这些因素影响下，房地产投资依赖型的增长模式在长期难以持续。辽宁省固定资产投资在“十二五”后期出现剧烈下滑：2013 ~ 2015 年辽宁省固定资产投资下降了 28.6%，投资增长贡献率从 65.5% 下降到 –524.4%。投资下滑当中有 43.3% 的降幅要归结于房地产投资的大幅下降。

4　加快东北地区振兴发展的政策思路

4.1　在区域发展战略和相关政策实施过程中把提升区域发展质量和效益放在更重要位置

上文分析表明，相比于产业结构问题，东北三省企业效益和竞争力不高的问题更为突出。未来要按照区域高质量发展的要求，在优化经济结构的同时，着力提升企业竞争力。对于矿产资源开采、石油化工、金属冶炼等传统产业，要继续深化供给侧结构性改革，加快淘汰落后低效过剩产能。对于装备制造、汽车、医药、食品等重点产业，要加大功能性产业政策力度，采取措施鼓励企业加大创新研发投入力度，提升管理运营水平，打造优质产品品牌，生产经营向附加值更高的产业链环节攀升。

4.2 提升政府效能，在体制机制改革和营商环境优化方面发挥更大作用

把政府能力建设作为提升区域发展能力的重要抓手，着力提高各级政府依法行政、高效行政的能力。按照党中央、国务院部署切实推进“放管服”改革，加快完善负面清单管理制度，进一步打破区域市场准入壁垒，完善市场监督管理机制，营造有序竞争的市场环境，加强和完善对各类投资主体的资产安全、人身安全的制度保障。贯彻落实现有各项税制改革以及减税降费政策，确保企业对各项优惠应享尽享，充分释放税制改革和税收优惠政策对实体经济的促进作用，为优化区域营商环境营造良好的社会氛围。

4.3 坚持“两个毫不动摇”，推动国有企业和民营企业共同发展、更好发展

国有经济与民营经济不是对立的，而是分工互补、共生共赢的关系。要按照两类所有制企业不同治理要求和在国民经济体系中的不同定位分类施策，使两类企业共同壮大。要按照十九大报告的部署加快国有经济布局优化、结构调整和战略性重组，促进国有资产保值增值，推动国有资本做强做优做大；深化国有企业改革，发展混合所有

制经济，培育具有全球竞争力的世界一流企业。另外，要大力支持民营企业发展，坚决落实各类支持民营企业发展的相关政策，切实减轻民营企业税费等成本负担，支持民营企业通过多种形式参与国有企业改制重组，鼓励民营企业加大创新投入力度，不断提升企业竞争力和经营管理水平。

4.4　剥离政策性负担，为区域长期发展能力建设提供更加坚实的保障

调整经济结构、完善体制机制、优化营商环境，从根本上都需要一定的地方财力予以保障。而老工业基地长期受制于政策性负担，相比其他地区面临更大的财政制约。破解这一矛盾，要加快推进中央与地方、省市县之间的财政事权和支出责任划分改革，在教育、医疗卫生、环境保护、交通运输等基本公共服务领域尽快取得实质性突破。在推动结构调整的过程中，针对转型发展面临较大困难的资源枯竭、产业衰退地区，各级政府要协同建立保就业、保民生、保社保的兜底援助基金，中央和省级政府在专项奖补资金安排等方面要给予重点支持，要有效保障民生支出底线，严控企业改革可能引发的风险向社会领域扩散传递。

背景报告篇

报告一

高质量发展的理论基础与衡量标准

1　高质量发展的理论基础

1.1　高质量发展的内涵界定

高质量发展就是经济的总量与规模增长到一定阶段后，经济结构优化、新旧动能转换、经济社会协同发展、人民生活水平显著提高的结果。高质量发展是中国经济的升级版，意味着中国经济社会发展开始由数量追赶转向质量追赶。

从宏观上来看，经济资源的配置及其相互作用的结果会影响到经济发展质量的各个方面：经济的持续稳定增长，经济结构的优化，对人类社会发展带来的影响等。经济发展质量提高了，不仅仅意味着资源创造的物质财富增多，还表现为经济结构和产业的优化升级，以及在技术水平不变的条件下，等量的资源可以使用更长的年限，可以保证人类有足够的时间寻找到替代资源、新的经营方式和先进的技术，并且可以有足够的资金支持科学技术的发明创造、提高教育水平、发展医疗卫生事业，提高人民的生活质量，改善被恶化的生态环境，转变落后的价值观念乃至文化习俗。因此，经济发展质量的内涵不仅包括数量的增加，而且包括质量的改善，是数量和质量的有机统一。具体内涵包括以下几方面。

1.1.1　发展目标

高质量发展体现的是现代化的目标。现代化的目标即要求我们做好信息化、工业化及城镇化。在信息产生价值的时代，信息产业将会成为未来发展的核心与潮流，两化融合也将为经济发展创造出新的增长点，这也是高质量增长所追求的目标。同时伴随美国再工业化浪潮和德国工业 4.0 计划，工业化再次引起人们的重视。在这一背景下，为了高质量发展的实现，我国也推出了相应的强国战略。

1.1.2　基本内容

高质量发展强调的是经济效益、社会效益和生态效益的结合，体现的是人与经济社会相协调的一种包容性的增长。人的全面发展、资源环境的可持续甚至机会的分配都被考量在高质量发展中。其中经济效益主要指在高质量发展中要稳中求进，不能放弃经济增长的效率和质量；社会效益包括社会保障、人口素质、生活质量和社会环境等方面，更为关注社会的安定协调与健康发展；生态效益则强调了在经济发展中的可持续发展和生态保护问题。

1.1.3　价值判断

高质量的发展是高速增长提高到一定水平后更高层次的目标，它是在数量的基础上对质量的进一步追求，它抛弃了过去一味追求速度的价值判断，而力求经济发展的持续健康。在经济的高质量发展阶段，生态文明成为“千年大计”，可持续发展成为经济建设的目标与追求。衡量经济发展状况不再仅看总量与规模，而是追求多个方面的协调共生。高质量发展下的价值判断与价值取向是从整体出发，统筹经济社会与生态环境的需求，具有全局观。

1.1.4 基本要求

高质量发展阶段还要求我们进一步深化改革开放，紧跟全球趋势，让更多的企业加入全球的经济浪潮中去，从而提升自己的竞争力。此外，我国当前经济中的主要矛盾已经不是总量矛盾，而是结构性矛盾，从主要矛盾的变化出发，高质量发展要求我们坚持结构性改革，从供给端入手加大与高质量发展相适应的制度供给，并通过投资结构改革、要素结构改革和消费结构改革来推动经济运行方式的调整升级。

1.2 高质量发展的特征

目前我国经济正在向高质量发展阶段过渡和迈进，转向高质量发展是我们直面新时代和突破发展瓶颈的紧迫任务。高质量发展的特征主要体现在以下几个方面。

1.2.1 产业结构的合理化与高级化

从三次产业的关系来看，我国产业结构的演进方向是符合经济发展的一般规律的，其表现为第一产业比重一直在下降，第二产业比重先降后升，第三产业比重持续上升并超过第二产业。但我国产业结构的矛盾主要出现在第二、第三产业内部。高耗能高污染重化工业产能明显过剩，制造业大而不强，现代服务业发展不充分，这都是过去经济高速发展所遗留的问题。而经济高质量发展下，其产业结构应显现出合理化与高级化的特征。合理化和高级化是产业结构演变的一般规律，随着经济发展阶段的演进，产业形态上呈现出从低级向中级、高级不断攀升的特征。也就是随着经济发展向高质量阶段的演进，产业结构演变的一般趋势是从单一结构转向多元产业结构、转向产业结构的高级化和合理化。改革开放以来，我们实现了从计划经济时期单一的产业结构转向产业结构的多元化，通过多元化实现高速增长，但是没有实现合理化和高级化，造成了产业结构的低端锁定。从高速增长阶段转向高质量发展阶段，就必须实现产业结构的高级化和合理化。

1.2.2　创新成为推动经济发展的第一动力

我国过去的高速增长是通过要素投入、粗放型增长的路径，这种路径在促进增长的同时造成了严重的环境、资源、生态、社会问题，使经济增长缺乏可持续性，缺乏创新能力。同时创新能力的不足不仅制约了经济的发展，也会阻碍经济结构的转型升级。此外，创新能力的缺乏也制约了经济的竞争能力，虽然我国研发总支出已经居于世界第二位，但整体的科研创新能力仍有待提升，在高速增长阶段很多行业主要还是依靠低水平重复建设和价格战来争夺市场，缺乏竞争力显然与高质量发展的要求背道而驰，在这样的背景下，创新成为经济高质量发展的第一动力。在高质量发展阶段科技教育体制改革将得到深化，同时科技成果向生产力转化的能力显著提升，科技人员流动的体制机制障碍也会得以破除，最终在创新的推动下全要素生产率跃上新的台阶。创新将为经济发展创造出新的增长点，互联网创新也是高质量发展阶段创新的重点，信息技术的进步将会带来新的机遇。

1.2.3　供给体系有质量

十九大报告指出，今后要将提高供给体系的质量作为改革的聚焦点，同时优质的供给也是高质量发展的重要特征之一，它要求我们从供给侧发力，提升供给的水平。具体表现为：一是经济高质量发展阶段其供给体系能随需求的变化而不断地调整适应，并在一定程度上引领需求。通过供给体系和需求结构的不断配合适应，推动经济发展质量与效率提高。二是表现为产业上、中、下游之间协同性不断增强，以土地、资本、劳动力和创新为核心的要素流入流出更加自由、顺畅、高效，同时价值链也在不断攀升，经济发展的动力不断加强。三是要素质量及其配置效率不断得到提升。高质量发展将通过要素质量及其配置效率的提升来提高供给体系的质量。要素质量及其配置效率得到了提升，要素报酬率才会提高，高端要素的作用才能得到发挥，供给体制的质量和经济发展的质量才会提高。

1.2.4 人民对美好生活的需要将会得到不断满足

新时代背景下我国社会主要矛盾已经转化为人民日益增长的美好生活需要和不平衡不充分的发展之间的矛盾。在高质量发展的阶段，人民的闲暇偏好增加，对生活品质的需求在不断提高。新时代下人民群众期盼有更好的教育资源、更完善的基础设施建设、更高水平的医疗卫生与养老保障及更优美的居住环境，而这一切都需要我们放弃速度偏好，重视发展的质量，从而实现人民生活质量的长期提高。因此高质量的发展要更注重满足人民在多方面日益增长的高层次需要，更好推动人的全面发展、社会全面进步，人民对美好生活的需要将得到不断的满足。在这一阶段改善民生和富民产业将成为民生工作的重点，同时脱贫攻坚也是高质量发展阶段的艰巨任务。此外，人民生活质量的提高应当是全社会水平的共同提高，高质量发展需要我们努力克服民生健康的地区发展不平衡的问题，着力实施普惠性的民生工程，满足多样性的民生需求，在优质教育、医疗、养老和基建方面做好全国的协调发展与统筹规划。

1.3 高质量发展的目标要求

高质量发展的总体目标要求就是要打造新时代中国经济发展的升级版，围绕这一总体目标要求的具体目标要求如下。

1.3.1　经济发展目标的升级版

高质量发展在经济发展目标上的升级版就是要不断满足人民对美好生活的需要和不断增进人民的获得感。经济发展的终极目的是实现人的发展，从我国现实来看是提高人民生活质量，进一步满足新时代人民的物质生活、文化生活和美好生活的需要。高质量的经济发展要努力实现人民生活水平的高质量，使更多的人民分享经济发展的好处。如果只注重经济发展的速度，居民的消费水平较低，储蓄水平较高，城乡之间、区域之间、产业之间居民收入差距较大，收入分配不合理，这样的经济发展是不可持续性的、低质量的。因此，应该把居民是否能够分享经济发展成果，居民生活质量是否得到提升作为高质量发展的目标要求。

1.3.2　发展方式的升级版

高质量发展在发展方式上的升级版就是要从数量追赶转向质量追赶。改革开放后我国经济发展的初始条件是短缺，那一时期经济发展的主要任务就是通过数量追赶弥补短缺。经过改革开放近 40 年的数量追赶很多领域都出现了产能过剩。在高质量发展阶段，经济发展的初始条件是数量过剩，而质量不高，增强发展的质量优势成为新时代经济发展的关键。因此，高质量发展在发展方式上的升级版就是要从数量追赶转向质量追赶。一是形成质量追赶的新要求。劳动生产率、投资回报率、全要素生产率成为衡量高质量发展的新指标，因此，质量追赶要求产品质量、品质、品牌实现大幅度的提升，研发、设计、标准、人力资本在高质量发展中的地位需要提升，企业要从追求速度效益型转向追求质量效益型。二是构建质量追赶的产业体系。在高质量发展中形成智能化、数字化、网络化的制造体系，提升制造业在产业价值链中的地位，努力构建核心技术、战略产品和配套系统创新价值链，提高我国产业的国际竞争力和品牌影响力。

1.3.3 产业发展的升级版

高质量发展的产业升级版就是加快实现由要素密集型产业为主的产业体系转向以技术和知识密集型产业为主的产业体系，以产业结构的高级化和合理化为目标加快产业转型升级，促进我国产业向国际价值链的中高端迈进。产业价值链攀升高端的关键在创新，包括技术创新、制度创新和管理创新，核心是技术创新。要瞄准制约我国产业价值链攀升的核心关键技术，整合各类科技创新资源，创新研发投入体制机制，建设一批新型产业技术研发机构，集成实施对制造业价值链攀升具有重大影响的战略性创新项目，引导各类资本加大对高新技术产业和传统产业高端环节的投入，实现重点产业高端突破，加快传统产业的改造和战略性新兴产业成长，在产业结构高级化的基础上提高自主创新能力，培育我国产业价值链攀升的动力，推动产业逐渐向国际产业价值链高端迈进。

1.3.4 产品结构的升级版

高质量发展在产品结构上的升级版就是要由目前低技术含量、低附加值产品为主的产品体系转向高技术含量、高附加值的产品体系为主。以高技术、高附加值等为特征的生产性服务业把专业化的人力资本、知识资本和技术资本引进制造业，推动制造业价值链由低端的加工环节向高端的研发、设计环节攀升，从而成为制造业价值链攀升的重要动力源泉。在新时代的高质量发展中应积极调整产业政策，改变制造业的传统结构，突出生产性服务业的重要地位，要从资金、技术、人才配置政策等方面采取综合措施，加大对科学研究、技术服务、信息传输等生产性服务业的扶持力度，使生产性服务业的发展成为我国产业价值链攀升的原动力。

2　高质量发展的衡量标准

GNP 是一个国家或地区所有国民在一定时期内新生产的产品和服务价值的总和。GNP 指标能够衡量经济增长，但是不能衡量经济发展的程度。早在 20 世纪 70 年代末，美国经济学家威廉·诺德豪斯和詹姆斯·托宾已经认识到 GNP 核算的不足，提出用经济福利尺度（NEW）来代替 GNP 指标衡量经济发展。他们把闲暇和无报酬的就业赋予积极的价值考虑到衡量经济发展质量标准中，但是他们没有把环境的成本考虑进去。随后，美国经济学家赫尔曼·戴利和约翰·科布建立可持续的经济福利指数（ISEW）衡量经济发展质量，这个指数把经济活动成本从经济收益中扣除。萨缪尔森等也发展了 NEW 理论，经济学家柯利设计了新经济福利指数（NEWBI），此指数把实际人均收入也包括进去，共有 7 种指标，反映不平等、失业、通货膨胀和利息率的水平及其变化，从而得出综合的福利指数衡量经济发展质量。哈根、尼维阿罗斯基等人设计综合度量指标衡量经济发展质量，包括五个指标：基本必需品的消费量、收入和分配的均等程度、识字率、健康水平和就业状况，指标采取加权方法进行合成。联合国人文发展报告按照各国人文发展指数（HDI）衡量各个不同国家的经济发展质量高低。但是此指标的权重确定比较困难，主观性较强。为了克服这些缺点，而且能够更加全面地衡量经济发展质量，参照目前学术界关于经济发展质量内涵的界定，衡量经济发展质量的标准应包含经济发展的有效性、充分性、协调性、创新性、持续性、分享性和稳定性等方面。

2.1 经济发展的有效性

经济发展的有效性指的是经济增长的效率，即在经济增长过程中各种经济资源投入与产出的比例关系。每一单位经济资源投入获得的产出越多，说明其经济资源的生产效率就越高，经济增长就比较有效，经济发展质量就越高。“有效性是经济学中衡量经济增长质量的具体体现，也是经济能否持续增长的重要保障”。经济资源配置比例、配置方式和配置效率决定了经济发展质量。如果经济发展质量依赖于生产资源数量的增加，那么经济发展就是数量型方式，经济发展的效率就较低；如果经济发展依赖于经济资源配置效率，那么经济发展就是质量型方式，经济发展就有效，经济发展质量就较高。

2.2 经济结构的协调性

经济结构包括产业结构、城乡结构、区域结构和贸易结构等，这些结构之间需要相互协调，任何一个结构调整滞后，都会影响整个经济结构的优化，经济效益和经济发展质量就难以提高。经济结构的合理和协调程度可以作为评价经济发展质量高低的重要内容。如果经济内部各结构协调发展，经济就可以持续健康地发展。产业结构在国民经济体系中占主导地位，包括供给结构、需求结构、国际贸易结构和国际投资结构，产业之间存在着投入与产出的关系，可以体现产业之间相互依赖和相互影响的关系，因此，如果产业之间能够相互服务和相互促进，产业之间就是协调的。城乡协调发展要求优化城乡结构，提高城市化水平，通过工业化促进经济持续增长和经济质量的提高。在世界经济全球化的背景下，任何国家的经济发展总是与其他国家或地区之间的经济相互联系的，因此，经济发展的协调性可以用产业结构比、最终消费水平、城市化水平和对外开放水平来衡量。

2.3 经济发展的创新性

经济发展的创新性包含技术创新、制度创新、管理创新等。技术创新是经济增长和经济发展的原动力，企业是经济增长和经济发展的载体，企业的技术水平、技术创新能力，不仅直接决定企业竞争力，并且对整个产业和经济的发展有着重要的基础作用。企业应用新知识、新技术、新工艺，采用新的生产方式和经营管理模式，开发生产新的产品，提供新的服务，提高产品质量，增加产品附加值，提高生产效率，从而推动产业结构的不断升级、经济向高质量发展。19 世纪下半叶开始，以科学为基础的技术创新已经成为发达国家经济发展的主要动力。进入 21 世纪，知识经济的兴起使技术创新、制度创新、管理创新等推动经济发展的作用更加明显。从本质上讲，创新能力是推动经济结构优化升级、经济效益的提高、加快经济社会发展的重要源泉和手段，是衡量经济发展质量的重要标准。

2.4 经济发展的可持续性

经济发展的过程是经济资源与环境、制度等有机的整合过程，在资源、环境、制度等因素的承载基础之上，经济持续发展依赖于稀缺资源的利用程度，如果能把稀缺的资源充分利用，转化为生产力，资源不会出现缺口或者浪费，经济就会充分地发展。在注重经济发展速度的同时，需要重视经济发展给资源、环境带来的巨大压力和损害。经济要得到持续性发展，前提是必须有效地利用自然资源，避免过度开发，并对生态环境进行有效保护。粗放式经济发展必然付出巨大的资源和环境的代价，这会导致经济低质量的发展，人民生活质量下降。因此，经济发展质量的标准必须把资源利用和环境代价考虑进去。

2.5 国民经济运行的平稳性

经济发展的稳定性是指国民经济平稳运行的情况。国民经济平稳运行是经济健康发展的基础，是提高经济发展质量的重要保障。经济发展的稳定性是国民经济发展速度在一个适度范围内波动，不出现较大的波动，使资源优化配置并得以充分利用。如果经济发展出现过热现象，总需求过度高涨，经济发展速度过快，通常会导致通货膨胀；而如果经济发展速度过慢，总需求不足，企业对未来发展预期持有悲观态度，投资急剧下降，导致失业率增高。因此，国民经济运行越来越平稳，经济发展的稳定性就越好，资源就会越有效配置和利用，经济发展质量就越高。这一指标可以用经济增长波动、价格波动、就业波动等来衡量。

2.6 居民生活质量的提高

经济发展的目的是满足国民日益增加的物质和文化生活的需要，减少贫困，提高居民生活质量。高质量的经济发展应使更多的居民从中受益，如果只注重经济发展的速度，居民的消费水平较低，储蓄水平较高，城乡之间、区域之间、产业之间居民收入差距较大，收入分配不合理，这样的经济发展是不可持续的、低质量的。因此，应该把居民是否能够分享经济发展成果，居民生活质量是否得到提升作为衡量经济发展高低的标准之一。可以用居民收入增长率、恩格尔系数、基尼系数、泰尔指数等来衡量经济发展质量。

3 高质量发展的评判体系

2018 年中央经济工作会议提出，必须加快形成推动高质量发展的指标体系、政策体系、标准体系、统计体系、绩效评价体系、政绩考核体系，创建和完善制度环境，推动我国经济在实现高质量发展上不断取得新进展。但是到目前为止，高质量发展的评判体系并没有建立起来，高质量发展缺乏明确的导向，经济发展中依然存在着“唯GDP”的现象。因此，构建六大体系组成的高质量发展的评判体系是推进高质量发展的当务之急。

3.1　高质量发展的指标体系

推动高质量发展，首先要构建评价高质量发展的指标体系，只有这样才能更加科学地对经济发展水平进行多维度衡量，并找出我国当下经济高质量发展所存在的缺陷和面临的问题。同时，不同的人对高质量发展的内涵与外延的理解不同，从而导致了学界和实施工作部门缺少对高质量发展的一致性评估，这就需要我们建立一个统一的指标体系去评估测算经济发展的质量，并以此更好地发现问题、解决问题。高质量发展指标体系建立的前提是明确高质量发展的维度。复旦大学殷醒民教授主张五个维度：全要素生产率、科技创新能力、人力资源质量、金融体系效率、市场配置资源机制。同时也有人主张用五大发展理念作为指标体系建立的五大维度。我们主张用经济发展的有效性、协调性、创新性、持续性、稳定性和分享性六个维度来建立指标体系。在评价维度确立的基础上，再考虑具体的指标确定。过去指标体系主要体现速度指标体系、总量指标体系、财务指标体系方面，反映经济建设方面的指标偏多，反映社会发展、人与自然和谐发展的指标少，并且在衡量经济高速发展水平时多采用单一指标，只能反映出某一方面的数量特征，缺乏整体性与全局观。高质量发展则要求我们增加反映产业、行业、地区等各方面的结构协调性的指标、质量效益指标和新动能发展指标，多用质量效益指标去考核各类主体。特别是在加入质量指标时，要多从工业增加值率、企业杠杆率、有效投资率、产能利用率几个方面考核经济的发展状况，从而更好地反映价值链分工、经济发展结构、劳动者报酬及投入产出的比率。在评价时应更加重视民生事业发展和资源环境改善情况，并将就业、收入、消费、生态环境等指标的重要性不断提升。从长期与短期、宏观与微观、总量与结构、全局与局部、经济发展与社会发展等多个维度探讨高质量发展指标体系的构建。

3.2 高质量发展的政策体系

推动高质量发展要明确其政策体系，在宏观政策层面上要做到尊重市场，尊重规律，尊重趋势。当前我国市场还存在着低水平竞争、集中度不足的现象，部分中小企业发展质量还不高，同时部分行业存在着扭曲市场机制的垄断现象，这都需要通过政策体系的建立去规范和引导，从而实现高质量的发展。高质量发展的政策体系就是要把数量型政策与质量型政策相结合，长期政策与短期政策相结合，把正向引导与负面约束相结合，运用负面清单制度来引导高质量的发展。从完善宏观政策、产业政策、微观政策、改革政策、社会政策等多个方面健全更高质量发展的政策体系。在宏观政策中要把握好经济发展的基调与大方向，在发挥财政政策、金融政策等数量型政策作用的基础上，更加重视人力资本政策、技术创新政策等质量型政策的作用。在产业政策中落实对行业的指导与帮扶，积极引导战略性新兴产业的发展和传统产业的改造升级。在微观政策上加强对企业的激励，提升其竞争力，在社会政策上给予民生更多的关注。同时，政策体系的核心在于有效地协调竞争政策与产业政策，即以竞争政策为基础，通过建立和维护竞争秩序来保护市场机制的有效运行，从而通过产业政策来促进产业结构的高级化。此外，高质量发展的政策体系要求政府更多地把政策重点倾注在培育科技创新上，以此促进战略性新兴产业发展与传统产业升级转型相结合，达到传统制造业与互联网的深度融合，即两化融合，以信息化为支撑促进经济高质量发展。同时，高质量发展的政策体系还要求政府出台一系列政策文件去加强知识产权的保护和管理，抑制以降低质量为代价的恶性竞争。

3.3　高质量发展的标准体系

高质量发展应在宏观、中观和微观层面都有所表现，因此在这三个层面上都应建立合理的标准体系。首先，在宏观方面高质量发展要坚持效率标准。近年来虽然我国经济发展增速有所下降，但仍是世界上发展速度最快的经济体。而现今我们所需要做的是在稳定当前合理的经济增速的同时，加强经济发展新动能的培育，释放出经济发展的潜在增长率，为长期发展提供保障。其次，在中观方面高质量发展要坚持结构性标准。表现为结构合理的产业系统和梯度合理的地区差异，合理的产业结构是我们充分利用人力、物力、财力实现国民经济部门协调发展的前提，而尊重地区差异并发挥区域比较优势也是中观层面推动经济高质量发展的落脚点。在高质量发展的标准下要做到生产要素的跨区域有效流动，从而解决资源配置在区域间的不平衡、不协调等结构性矛盾问题。最后，在微观方面高质量发展要坚持市场标准。表现为产品和服务的质量系统化和品牌系统化，系统化的质量标准是对市场进行监控、纠正与改进活动的重要途径。当前我国制造业领域关键零部件和中间品的国产配套水平较低，存在过分依赖进口的问题，同时我国产品的品牌、品质、品种都与世界先进水平有一定差距。因此，通过推进产品与服务的质量系统化，有助于其考核与衡量，并促进其在对比中实现升级赶超。而品牌系统化要求我们抓好品牌建设的工作，培育出能够代表民族形象的大品牌，形成自己的比较优势，带动企业及产业发展。

3.4 高质量发展的统计体系

数据是做决策的基础，统计工作有助于我们对经济社会的发展现状进行科学搜集、整理和分析，从而全面科学地反映经济高质量发展的状态与新进展。进入中国特色社会主义新时代，中国经济从高速增长阶段转向高质量发展阶段，这就要求加强统计制度的改革与创新，加快对经济发展中的新动能、新经济的统计制度以及统计方法的建立，对经济发展中的不平衡、不充分实施动态监测。同时，继续利用大数据、互联网、云计算等新兴技术来提高统计生产力，变革统计生产流程，提高统计效率，提高数据质量。同时在统计对象方面，高速增长的统计多以企业为主，高质量发展应更多关注人的统计，比如就业、失业、居民消费行为等方面。因为高质量的发展应该是经济效益、社会效益和生态效益的统一，传统统计体系下仅以 GDP 论英雄，只关注经济效益的模式是不健全的。人民的幸福生活才是高质量发展所追求的终极目标，因而除去经济指标，生态环境、城市基建、医疗、教育与养老等问题也应当被纳入高质量发展的统计体系中。只有这样，高质量发展才能做到立体、多样和以人为本。此外，由于传统的统计信息难以突破部门的限制进行多部门互联共享，容易形成信息孤岛。高质量发展统计体系的建立要重点解决这一局限，实现统计体系的共建共享，有助于各部门对形势进行全面的了解并以此做出统一的科学判断。

3.5　高质量发展的绩效评价体系

绩效评价是指通过量化指标和评价标准，采取一定的评价方法，对高质量发展目标的完成度和为实现这一目标所进行的项目措施成果进行的一种科学的综合性评价。高质量发展下的绩效评价就是对其完成程度及投入与效益进行的结果分析，追求这一效益意味着我们要一定程度上淡化对经济增长速度和数量的追求，而更看重质量与效益的提升，更看重经济建设与社会建设、生态建设的协同发展。高质量发展绩效评价要从四个方面来考核：一是经济增长速度，这是高质量发展的基石，高质量发展下的经济增长速度需要靠效率提高来驱动，具体表现为资本产出效率、劳动生产率、全要素生产率等较高，这也是我们对经济增长速度进行科学评价的主要方向；二是经济结构，高质量发展阶段的知识技术密集型产业比重比高速增长阶段有显著提升，同时在这一阶段我国的产业与产品在国际分工中应处于较高分工地位等；三是创新成果质量，这是绩效评价的可信度与关键性所在。在科技创新水平的绩效评价上应重点关注代表高质量专利的三方专利所占比重，国际论文引用数等；四是经济可持续性，高质量的经济应当是健康可持续的，不能仅关注眼前的利益，即今天的使用不应减少未来的实际收入。从可持续性出发，我们应注重单位 GDP 能耗、污染物排放量、PM2.5 及城市优良空气比率等方面的绩效。

3.6　高质量发展的政绩考核体系

经济发展的高质量不能仅依靠市场的作用，还需依靠政策进行联动调节。而为了防止宏观调控所出现的寻租设租和政策失灵等问题，就需要建立一套合理的政绩考核体系来规范顶层设计。高质量发展的政绩考核指标要求我们弱化速度指标，坚持质量第一、效益优先，切实破除“唯 GDP 论”，完善干部考核评价体系，把质量提高、民生改善、社会进步、生态效益等指标和实绩作为重要考核内容。对于限制开发区域，不再一味地考核地区生产总值，减轻其总量压力，以防地方政府在经济建设时为追求经济总量而忽视了经济发展的可持续性。同时，政策的不稳定也是抑制经济高质量发展的成因之一。因此，在构建高质量发展的政绩考核体系时应引导地方政府和干部树立正确的政绩观，克服政策设计中的短视性，从长期出发进行经济社会发展规划，并建立政策决定的终身负责制，运用法律和政策制度进行监督使得政策决定更加慎重，从而更有效地实现经济调控措施的软着陆，进一步发挥政策的理论前瞻性和现实指导性。此外，要明晰高质量发展的政绩考核体系关键在于落实，因而需要各地区各部门把思想统一到高质量发展要求上来，改进考核方式，完善考核结果运用，为经济高质量发展提供有效机制和制度导向。总而言之，科学合理的政绩考核体系既要看发展又要看基础，既要看显绩又要看潜绩，特别要把民生改善、社会进步、生态效益等指标和实绩作为高质量发展考核的重要内容。

报告二

政府在重大技术创新领域中的作用研究[①]

党的十九大报告明确指出，创新是引领发展的第一动力，是建设现代化经济体系的战略支撑。重大技术创新是引领高质量发展的关键。当前，我国经济社会正处于创新驱动转型升级迈向高质量发展阶段，力图实现由数量增长型向质量效益型转变，迫切需要从创新出发，充分发挥政府在重大技术创新领域中的作用，加速推进发展方式转变、经济结构优化，为实现高质量发展提供强力支撑。

近年来，我国科技创新取得了天宫、蛟龙、天眼、悟空、墨子、大飞机等标志性成果。但是重大技术创新仍然缺乏前瞻性基础研究和前沿引领技术的有效支撑，对国家总体安全观提出的战略需求保障不足，对产业发展引领带动作用不强，迫切需要加强重大技术创新体系和能力建设，统筹国家重大技术创新管理，为建设世界科技强国，实现高质量发展和社会主义现代化强国目标提供有力保障。

---

① 感谢中国科学院科技战略咨询研究院张久春老师、杨国梁老师在本报告研究过程中给予帮助和支持。

1 重大技术创新的内涵外延与特征

创新是一个复杂的价值创造过程，包括科学价值、技术价值、文化价值、社会价值的创造，涉及科学发现、技术发明、方法创新及其商业化应用和社会推广活动（穆荣平，2011）。技术创新主要是指技术价值的创造。重大技术创新是指对经济、社会、环境发展作用与影响重大的技术价值创造。重大技术创新具有五大特征：一是战略性，重大技术创新事关国家长远和全局发展，以及国家安全；二是影响大，重大技术创新涉及经济社会环境发展方面的关键领域，决定发展质量；三是复杂性，重大技术创新的复杂性表现在技术、技术工程化和产品化等系统复杂性，涉及科学研究、技术开发与应用研究等多个创新环节，因而风险大，创新结果有高度的不确定性；四是投入大，重大技术创新的战略性决定其资源投入规模巨大；五是周期长，重大技术创新的复杂性和高度不确定性决定创新周期长。

重大技术创新的战略性、影响大、复杂性、投入大、周期长等五大特征决定了其特有的组织方式，需要动员政产学研各方力量，强化国家战略科技力量建设，加大对前瞻性基础研究、前沿引领性技术研究开发等高风险的创新活动的持续稳定支持，强化关键技术领域的布局和公共创新平台建设，支持行业龙头企业创新国际化发展。

2　主要国家重大技术创新的发展经验

2.1　重视国家重大科技创新发展战略的设计与部署

为应对国际金融危机，发展新技术，振兴实体经济，世界主要国家纷纷调整制造业创新发展战略布局，促进发达国家高端制造回流。例如，美国政府2009年开始重新定位制造业发展思路，将重振制造业、发展先进制造业提到新的战略高度，并颁布《重振美国制造业框架》《美国制造业振兴法案》《先进制造合作伙伴计划》《先进制造业国家战略计划》；2018年10月又发布《先进制造业美国领导力战略》报告，提出开发转化新的制造技术、教育培训和集聚制造业劳动力、扩展国内制造供应链的能力三大目标，设置一系列优先发展的行动计划来落实[①]。德国政府发布《工业4.0战略》(2014)、《高技术战略2025》(2018)，旨在推动德国的技术革命和研发创新，确保德国制造业的传统优势和竞争地位。《高技术战略2025》明确未来7年研究和创新政策的跨部门任务和重点领域，支持微电子、材料研究与生物技术、人工智能等领域的未来技术发展、培训和继续教育紧密衔接[②]；2018年德国联邦政府发布《人工智能战略》，旨在引领全球人工智能研发和应用[③]。英国政府为再次打造经济引擎，着眼于制造业未来发展，发布《英国工业2050战略》《新工业战略》《产业战略：建设适

---

① the White House，Strategy for American Leadership in Advanced Manufacturing[OL].https://www.whitehouse.gov/wp-content/uploads/2018/10/Advanced-Manufacturing-Strategic-Plan-2018.pdf[2018-11-10].

② 科技部，德国政府发布《高技术战略2025》[OL].国内外科技动态，http://www.most.gov.cn/gnwkjdt/201810/t20181018_142232.htm[2018-11-10].

③ Die Bundesregierung，StrategieK ü nstlicheIntelligenz der Bundesregierung[OL]. https://www.bmbf.de/files/Nationale_KI-Strategie.pdf[2018-12-10].

应未来的英国》白皮书等，最新的产业战略中确定人工智能、清洁增长、未来交通运输和老龄化等四大挑战的优先发展领域，加大科技投入，确保优先领域领先地位[①]。

2.2 重视科技创新法律法规保障体系的建设与完善

政府通过颁布和完善法律法规来促进技术创新。美国《国家科学技术政策、组织和优先领域法》从美国科技发展的目标、支撑政策和执行主体等方面作了相关规定；《技术创新法》《联邦技术转移法》《专利和商标修正案》促进联邦政府资助的技术研发成果商业化，加快科技成果转化为现实生产力。德国制定《专利法》《中小企业促进法》等法律制度，也结合不同技术领域，制定完善修订《卫星数据安全法》《基因技术法》《可再生能源法》等一些专门领域法律，以更有效地激励科技创新。日本政府制定《研究交流促进法》《科学技术基本法》《关于大学技术研究成果向民间转移促进法》《产业技术力强化法》等系列法律法规制度，进一步加强各环节技术创新活动以及关键共性技术联合开发。

2.3 重视大科学计划（工程）的组织与实施

大科学计划（工程）可以大幅加速有一定积累的科学技术研究和应用的发展，对人类文明发展和世界发展有着重大意义。曼哈顿计划、阿波罗计划、国际空间站计划、人类基因组计划等重大科学计划（工程）实施表明，大科学计划（工程）常常是产生世界重大原始创

---

① HM government，Industrial Strategy：building a Britain fit for the future[OL].https：//assets.publishing.service.gov.uk/government/uploads/system/uploads/attachment_data/file/664563/industrial-strategy-white-paper-web-ready-version.pdf[2018-11-30].

新成果的组织模式，集成创新程度高，研究人员规模大，跨学科领域范围广。大科学研究计划（工程）的组织实施中政治因素作用表现比较强，主要围绕国家长远发展和重大战略需求，由国家（政府机构代表）统筹设计组织实施，执行过程中组建国家级研究机构和实验室，投入大规模的科研人员、科研资金以及大科学装置设施，整合前期积累的相关领域科学知识、技术能力和工程实践研究，汇聚能力、集聚资源、共享合作，共同攻关完成涉及科学问题范围广、复杂性高的国家重大任务。

2.4　重视大型国家级研究机构的建设与评估

国家实验室（或大型国家级研究机构）是国家重大技术创新能力的重要载体。主要发达国家明确国家实验室（或大型国家级研究机构）使命导向，集聚研究资源和人才，解决国家重大科技战略问题。美国联邦政府主办或资助的国家实验室已达 700 多所，其中能源部所属 17 个国家实验室，集中基础科学、能源以及国防方面的高精尖领域研究。德国形成以大型国立研究机构为核心的科研机构体系，亥姆霍兹联合会、马普学会、弗劳恩霍夫学会、莱布尼茨联合会四家有国际影响力的国立研究机构定位清晰，研究分别集中于大科学战略性基础研究、基础研究、技术导向型应用研究、应用基础研究，各机构研究力量强大，工作人员规模达万人以上。

美国国家实验室研究经费至少有 70% 来自联邦政府，多数国家实验室属于国有民营，通过合同等方式委托大学、企业或非营利机构管理，政府部门负责制定实验室目标，并进行监督和评估。如加州大学管理的劳伦斯 · 伯克利实验室，芝加哥大学阿贡有限责任公司管理的阿贡实验室等。德国主要由国家和州两级政府共同资助，如马普学会 90% 的研究经费由政府拨款；亥姆霍兹联合会 2/3 的经费由政府拨款。此外，建立严格的国家实验室（或大型国家级研究机构）评估机制和动态的科研人员竞聘机制。如美国能源部设实验室评估委员会，负责对实验室的研究工作、研究方向、投入与产出效益等进行评估；美国国立卫生研究院采用评议淘汰体制，最终仅有极少数人成为固定科研人员。英国医学研究理事会对资助的研究中心开展 5 年一周期的评估，根据评估结果决定是否继续资助。德国马普学会采用任期年限制度，仅有少数优秀科研人员可续聘合同，极少数最优秀科研人员转为固定人员。

2.5 重视产学研协同创新驱动发展引领示范

产学研协同创新是解决制约产业发展的关键共性技术瓶颈的新型组织模式，充分发挥企业、大学、科研机构等创新主体进行联合攻关，促进区域创新发展。20 世纪七八十年代，美国为应对日本和西欧国家的激烈竞争，提高国际竞争力，政府推进组建大学与产业创新合作，最为典型的是产业 / 大学合作研究中心（I/UCRC）模式，以联邦科研资金为杠杆，引导大学与产业密切联合，组建产学研协同创新联盟，之后结合地区发展特点，形成“州 / 产业 / 大学合作研究中心”（S/IUCRC）模式，促进区域创新发展；2012 年又提出创建国家制造业创新网络（NNMI），通过支持建设制造业创新中心，结合区域不同领域创新优势，整合资源协同攻关，提升区域制造业创新能力，振兴制造业发展。

日本为引领半导体产业发展，优化产业结构，1976 年实施超大规模集成电路计划，通过联合通产省所属的电子综合技术研究所与富士通、日立、三菱、日本电气和东芝五家计算机大公司，设立共同研究所，旨在研发超大规模集成电路基础技术，该计划的成功对其他国家和组织的研发计划也产生了深远影响。韩国的半导体工业育成计划也是联合国家研究所和企业共同研究开发，韩国电子通讯研究所、三星电子、金星（LG）电子、现代电子和首尔大学等共同研发的动态随机存取存储器，为韩国半导体产业发展奠定了坚实基础。

3　政府支持重大技术创新存在的主要问题

3.1　重大科技项目总体布局和评估方式不太合理

我国重大科技创新布局主要包括国家科技重大专项和科技创新2030重大项目，重点围绕电子信息、先进制造、能源环境、农业、生物健康、太空海洋开发利用等领域，形成远近结合、梯次接续的体系布局。国家科技重大专项是着力解决制约经济社会发展和事关国家安全的重大科技问题，推动专项成果应用及产业化；科技创新2030重大项目从更长远的战略需求出发，进一步面向2030年再选择一批体现国家战略意图的重大科技项目。

总体上，一是重大科技创新领域部署的项目目标相对多元，类型比较复杂，部分战略性终端产品导向不突出，成果难以评估。例如，国家科技重大专项中部署的水体污染控制与治理以及科技创新2030中部署的大数据、健康保障、京津冀环境综合治理等重大项目，项目本质上属于一项涉及不同领域的综合性系统工作；国家科技重大专项中重大新药创制、转基因生物新品种培育以及科技创新2030中部署的重点新材料研发及应用、煤炭清洁高效利用等重大项目，项目本身并非集中于某一领域，其战略性终端产品目标不清晰，导致创新成果产出评价又比较难。二是重大科技创新主要按照项目部署，以项目经费形式支持，责任主要集中于项目负责人，对项目负责人承担重大项目期间的责任和要求相对不明确，包括项目负责人出现岗位调动情况时的限制与要求，基本没有体现科研机构的组织职能和作用，这与长期以来我国科研以项目资助方式为主形式有关，影响项目执行效果，不利于集中力量完成重大技术创新成果。

从项目评估和立项来看，重大科技创新项目研究在技术引领作用和经济社会应用价值导向方面薄弱。我国重大科技创新项目主要是“立项—实验室研究—产出论文和专利—新立项”闭环的科研模式，科技成果应用价值评价和导向非常弱，项目评估关注科技成果对经济社会发展的支撑和服务不够，多数科技成果被束之高阁。同时，重大科技项目立项时并未充分征询考虑产业界和企业界意见，实际上并没有形成以现实需求为导向的研发模式，造成其技术研发在立项阶段就可能与现实需求不一致，以致形成具有可转化价值的科技成果不够多。

3.2 资源配置模式阻碍重大引领性原创成果产生

从经费资助方式来看，科研资助整体上以竞争性项目经费为主，基础研究和应用基础研究类重大项目缺乏持续稳定经费支持，不利于产生重大引领性原创成果。自 1985 年我国改革拨款制度引入竞争机制，科研资助方式长期以来以竞争性项目经费为主，科研管理围绕项目转的特点比较突出，科研人员需要花费大量时间和精力申请各类科技项目，应付频繁的评审、考核、验收等工作；而且研究团队和研究人员各自为战，交叉联合攻关困难重重，难以持续开展重大前沿科学基础问题以及事关国家重大科技战略问题的研究。再者，竞争性项目资助一般要求科研人员短期内完成研究成果，科研活动的短期行为较多，往往阻碍了科研人员对基础性强、周期长、风险大、产出不确定领域科技创新问题研究的选择和投入，不利于产出重大技术创新成果。

3.3 行业龙头企业创新全球化发展能力总体薄弱

现阶段，中国以华为、海尔、美的、三一重工等为代表的行业龙头企业已经初步建立了全球研发和制造体系，奠定了一定的国际竞争力基础，进入全球价值链中高端。2018 年《财富》世界 500 强汽车与零部件行业上榜公司中，中国 7 家，仅次于日本（10 家）；2017 年欧盟产业研发记分牌统计显示，世界研发投入前 2500 强的企业中，中国上榜企业达到 376 家，仅次于美国（822 家）。可见，国际化发展是我国行业龙头企业主攻方向，开展国际业务、交流合作，在国外纷纷建立生产基地、创新机构、销售网络，走上国际舞台将成为主流趋势。

但是，中国公司跨国发展运营的经验不足，缺乏多语言和多文化背景的管理人才，不够了解海外当地的商业环境，政府对企业国际化发展的政策引导和适当的投资支持相对薄弱，比如在商业人才、法律服务、本土化管理、知识产权保护、参与国际标准制定等方面缺少来自政府部门、中介机构、行业组织的有力支持和引导，处于盲人摸象、粗放型单兵推进状态，未来需要强化相关服务体系建设。另外，伴随新一轮改革开放推进，外资进入中国力度加大，在更高层次、更广范围、更深程度上与国内行业龙头企业形成合作与竞争，势必影响我国产业安全和技术安全，因此，迫切需要进一步健全拥有国家核心技术在国内有影响力的企业发展的保护机制，加强这类重大技术创新企业的事前审查和事后预警，保障国家产业安全。

3.4 重大科技创新导向的产学研协同机制不健全

产学研合作经过几十年发展，已形成项目合作、人才交流、建立机构等多种合作形式，促进了科技与经济结合及科技成果转化，但企业开展产学研合作开发总体情况和力度不容乐观。2017 年全国企业创新调查数据显示，2016 年，产品创新工业企业中，与境内研究机构和高等院校合作开发的企业占 13.7%；产品创新或工艺创新工业企业中，有外部研发的企业占 10.0%，企业外部研发经费支出占创新费用支出总额 3.5%。目前，以重大科研项目为导向的局部式产学研合作创新动力不足，例如，出于申请国家重大科技项目要求，企业、科研院所和高校联合申请项目，实际上各方参与合作创新的主动性和积极性并不高。这种局部式合作创新并未建立常态化的研究机制，未形成组织机构和研究规模，缺乏人才和经费投入保障。①

以重大科技创新为导向的产业技术创新战略联盟试点作为产学研协同创新新型组织模式，为整合资源联合攻关、促进产业技术集成创新、提高产业技术创新能力发挥一定作用，但主要是创新主体集聚，联合攻关解决制约行业发展的“卡脖子”技术能力仍然薄弱。2017 年度产业技术创新战略联盟活跃度评价报告显示，活跃度高的联盟共 24 家，占参评联盟 23.76%，占试点联盟 16.44%，联盟开展建设联合研发平台、项目、合作与交流等协同创新活动仍然比较少。这说明，以企业为主体，高校和科研院所为依托形成合作联盟发挥了一定作用，但联盟并未有效促进知识、技术、信息、人才、资本流动和资源整合，仍未形成有效的创新合力。此外，国家启动制造业创新中心工程建设，目前已建立动力电池、增材制造、信息光电子、印刷及柔性显

① 数据来源：国家统计局社会科技和文化产业统计司编，2017年全国企业创新调查年鉴，中国统计出版社，2017年10月。

示、机器人、集成电路、智能传感器、数字化设计与制造、先进计算产业等 9 家国家级制造业创新中心，建设成效值得关注。

3.5　重大技术创新条件平台的建设亟待整合优化

经数十年发展我国已建成以国家研究中心、国家重点实验室、国家工程研究中心、国家技术创新中心为核心载体的科技创新基地，集成创新资源、汇聚创新人才，攻克科技难关、转化科技成果，大力提升了我国科学研究、技术开发与工程化等创新能力。但是，目前重大技术创新平台发展的组织创新滞后、资源整合能力有限，已不适应当前经济社会高质量发展的新要求。例如，国家重点实验室是开展跨学科跨领域的基础研究、应用基础研究的重要平台，现在前瞻性基础研究不足、研究领域偏窄、研究力量薄弱等问题突出。2016 年共有国家重点实验室 438 个（包括国家重点实验室 254 个、试点国家实验室 7 个、企业国家重点实验室 177 个），平均每个实验室研究人员 71 人。[①] 同年，共有原国家工程技术研究中心 360 个（包括分中心 13 个），平均每个中心 R&D 活动人员 140 人。[②]

强化国家战略科技力量主导的科技创新平台尚未组建。国家实验室是体现国家意志、实现国家使命、代表国家水平的战略科技力量，是保障国家安全的核心支撑，是大型综合性研究基地。之前一直处于筹备状态的试点国家实验室已进行优化整合，6 个试点国家实验室已被批准为国家研究中心，并纳入国家重点实验室序列管理。而国家实验室建设仍处于酝酿阶段，目前仅在科技部等部门发布的《国家科技

---

① 数据来源：科技部公布《2016国家重点实验室年度报告》和《2016企业国家重点实验室年度报告》。

② 数据来源：科技部公布《2016国家工程技术研究中心年度报告》。

创新基地优化整合方案》中指出，国家实验室总体功能定位和组建方式，要求成熟一个启动一个，但有关国家实验室建设发展还未发布正式文件，涉及相关重大创新领域、建设目标、运行管理、资源配置、政策支持、绩效评价等均尚未明确。

4 政府在重大技术创新领域中的定位

20 世纪 80 年代开始，国外学者研究提出国家创新体系时重点分析国家发展的制度影响因素。Freeman（1987）首次提出了国家创新体系的概念，并以此分析"二战"后日本经济快速复苏的原因，强调国家制度与政策对创新发展的促进作用。后续一些学者也强调国家创新发展过程中制度因素发挥的作用（Lundvall，1992；Nelson，1993；Edquist，1997）。近年来，经济学家 Mariana Mazzucato 的研究强调，政府在投资教育系统、研究基础设施、未知新领域以及主动创造新的市场方面发挥的作用，构建使命导向和市场创造的创新政策框架（Mazzucato，2013；2016）。事实上，美国的曼哈顿工程、中国的两弹一星计划都是"使命导向的重大技术创新"的成功典范。

政府激励重大技术创新的作用不只是纠正市场失灵、资助公共研究开发、鼓励私人部门投资研究开发等，还应该包括对事关国家发展全局和长远的重大技术创新的组织、协调和资助。本报告认为，政府应该遵循重大技术创新基本规律，明确自身在重大技术创新管理中的角色定位并建立有效的协调机制，制定使命驱动型和市场驱动型的重大技术创新政策，强调政府投入战略性导向，把政府作为"高风险投资者"，统筹考虑技术发展方向、产业发展方向、社会发展愿景和制度环境建设。

本报告主要考虑政府在重大技术创新活动中的前瞻性、引导性、示范性作用（如图 1 所示）。具体主要包括五个方面：一是支持前瞻性基础研究和物质技术基础建设，前瞻布局未来我国基础研究，引领技术发展方向；二是支持技术创新示范应用，激发全社会创新发展；三是监管评估重大技术创新进展，完善促进重大技术创新的制度环境与运行机制；四是扩大对外开放水平，促进创新竞争与合作，提高重大创新的国际化发展能力；五是推进全面创新改革，既要愿景驱动集中力量办大事，也要市场驱动企业多元创新谋发展，以确保重大技术创新活动高效、有序开展。

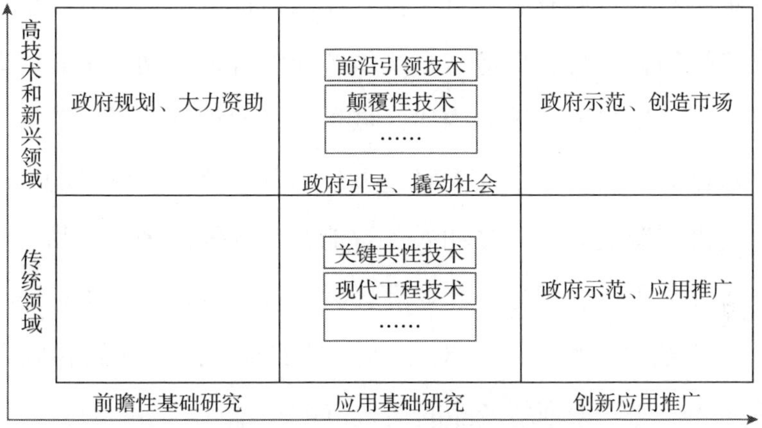

图1　政府在不同重大技术创新领域定位分析

5　政府促进重大技术创新的政策选择

5.1　强化前瞻性基础研究、前沿引领性技术研究导向

一是建立国家重大技术创新领域遴选科学机制。围绕先进制造业、战略性新兴产业、高技术产业创新发展，加强产业技术预见和创新发展路线图研究，制定遴选国家重大技术创新领域的标准与原则，

编制重大技术创新领域指南，指引前瞻性基础研究和前沿引领性技术创新发展方向。二是加强重大技术创新组织管理。启动重大技术创新发展计划，设立重大技术创新发展母基金，引导行业龙头企业投资，制定相应的组织管理机制，联合支持依托有条件的科研院所与大学协同创新，加快推进相关重大科技专项、重大项目、重大工程实施，提高国家综合竞争力和产业创新驱动转型升级的基础保障能力。

5.2 强化成果示范应用，带动重大技术创新发展

一是打造重大技术创新集群示范区。选择有条件的创新能力强的地区，围绕产业转型升级的重大技术需求，探索中央地方联合布局建设国家科技创新平台，打造一批区域产业综合创新创业中心，升级产业创新集群，支持地方政府构建区域重大技术创新集群示范区，引领重大技术创新发展。二是加大对重大技术创新产品政府采购力度。重点围绕先进制造业战略产品和人工智能、生物医药等新产品，将终端产品纳入社会医疗、教育、养老等公共服务消费领域给予补贴，加大政府消费示范带动整个社会对创新产品需求，同时起到风险分担作用，重塑和培育重大创新产品的消费市场。

5.3 强化监管评估牵引，建设良好创新政策环境

一是加强新兴产业制度环境与市场监管建设。加快新兴产业创新发展的政策法律法规环境与市场监管建设，引导数字经济、平台经济、生物经济、分享经济等领域有序发展，培育一批顺应产业技术革命大势的引领型企业和引领型新兴产业，推动经济高质量发展。二是建立重大科技创新任务（计划、工程、项目）系统性多层次第三方评估机制。以定性定量相结合综合评估为主线，依托独立的第三方机构

对重大任务进行系统评估，构建开发评估信息系统平台，系统性定量评估重大任务成本与效益，并结合咨询评审专家组的同行评议等建议，提出重大任务综合性发展评估建议与意见。

5.4　强化扩大开放创新，完善创新发展竞争优势

一是实施企业创新国际化发展计划，支持有条件的制造企业与教育培训融合走出去，建设一批境外企业创新与培训合作中心，探索“制造 + 服务”创新国际化发展新模式和新机制，全面提升企业国际化发展能力，实现从传统的“走出去”向新型的“走进去”和“走上去”转变。二是搭建企业国际化发展公共服务平台，帮助企业了解国外市场信息、法律法规，比如支持寻找国际商业伙伴、新技术来源、获取资助或贷款，在知识产权、国际化或欧盟法律和标准方面提供咨询服务等。三是推进落实“一带一路”科技创新行动计划，以国家科技创新基地优化整合为契机，加大对外开放力度，汇聚全球顶尖基础研究人才和团队，创新重大任务管理资助方式，激发创新人才活力，促进引领性原创成果的重大突破。

5.5　强化战略科技力量，集中攻关关键核心技术

一是构建以国家实验室为核心的技术创新体系。从保障国家安全和建设世界科技强国、世界制造强国需求出发，在重点领域布局建设使命导向的国家实验室为中心，以世界一流大学、科研院所和创新型行业龙头企业为支撑，以国家相关领域重点学科实验室、工程研究中心、制造业创新中心、产业创新条件平台为网络节点的引领型技术创新体系。二是探索中央地方联合建设国家重大创新平台。结合有全球影响力的科技创新中心和综合性国家科学中心的空间布局，以大飞

机、高铁、重大新药、网络安全、深海开发等国家重大任务和终端战略产品开发为导向，探索中央地方联合布局建设国家重大产业创新基础平台新机制和新模式，集聚创新资源，集中解决基础前沿和关键共性技术供给缺位问题，培育新兴产业发展增长极，引领中国产业创新驱动转型升级。

参考文献：

[1] 科技部，2016国家工程技术研究中心年度报告、2016国家重点实验室年度报告和2016企业国家重点实验室年度报告.

[2] 白春礼. 加速科技成果转化推动科技供给侧改革. 学习时报，2017-2-10.

[3] 穆荣平. 健全国家创新体系. 人民日报，2018（05）：7-8.

[4] 弗里曼著，张宇轩翻译，技术政策与经济绩效：日本国家创新系统的经验. 东南大学出版社，2008-3-1.

[5] Rongping Mu &Yonggang Fan，2011，Framework for building national innovation capacity in China，Journal of Chinese Economic and Business Studies，9：4，317-327.

[6] the White House，Strategy for American Leadership in Advanced Manufacturing，https：//www.whitehouse.gov/wp-content/uploads/2018/10/Advanced-Manufacturing-Strategic-Plan-2018.pdf.

[7] HM government，Industrial Strategy：building a Britain fit for the future，https：//assets.publishing.service.gov.uk/government/uploads/system/uploads/attachment_data/file/664563/industrial-strategy-white-paper-web-ready-version.pdf.

[8] Mazzucato，2013，“Debunking the Market Mechanism：Organizations，Innovation and Inequality-A Response to John kay”，Political Quarterly，Vol.84，No.4.

[9] Mazzucato，2016，“From Market Fixing to Market-creating：A New Framework for Innovation Policy”，Industry and Innovation，Vol.23，No.2.

[10] Freeman.C，1987，Technology Policy and Economic Performance：Lessons from Japan，Pinter Publishers. London.

[11] Lundvall.B，1992，National Systems of Innovation：Towards a Theory of Innovation and Interactive Learning，Pinter.London.

[12] Nelson.R.（Ed），1993，National Innovation Systems：A comparative Analysis，Oxford University Press.

[13] Edquist.C，1997，Systems of Innovation：Technologies Institutions and Organizations，Pinter. London.

报告三

产业政策与产业升级的关系研究

改革开放40年来，为发挥比较优势，加快工业化进程，我国政府利用产业政策促进产业技术进步、优化产业组织并推进产业发展与结构变迁。随着发展阶段与比较优势的变化，我国的产业政策也根据产业发展的需要发生了重大转变。本文首先梳理了美、德、日等国家在工业化进程中产业政策的有效性，总结了产业政策对产业升级的影响机理。其次，回顾了改革开放以来我国产业政策的阶段性特征及其产业升级的影响。再次，分析了高质量发展阶段我国产业升级重点、路径与目标。最后，提出高质量发展阶段的产业政策建议。

1　产业政策有效性的国际经验

有效的产业政策能够弥补市场失灵，降低社会协作成本。无论是成熟的工业化国家，还是新兴工业化国家，各国政府都依据本国发展阶段和比较优势，采取各种产业政策推动产业升级，加快工业化进程，但由于政策制定目标和具体措施选择的差异，各国产业政策的有效性也有显著差异。本文首先回顾了代表工业化国家的产业政策有效性，总结了产业政策对产业升级的影响机理。

1.1 美国产业政策的有效性

作为成熟工业化国家的代表，自 1789 年组建政府以来，美国政府一直采取相应的政策措施促进产业发展。1791 年颁布的《制造业报告》提出，要实施政府补贴、保护性关税、进出口配额等措施，促进钢铁、铜、煤炭以及谷物、棉花、火药等产品的发展。1860 年起，政府利用高关税保护政策促进了幼稚产业与战略性工业的发展，同时还通过转让联邦土地、扩大政府采购与基础设施建设，为产业发展提供市场条件。1950 年之后，政府通过资助基础研发，促进了高技术产业发展，逐渐形成以硅谷为代表的高技术创新产业园区。近年来，为提高美国企业的竞争力，确保美国的全球创新领导者地位，政府通过立法手段，为产业技术进步、产业组织优化以及经济环境改善提供支持，如 2010 年颁布的《小企业就业法案（2010）》、2012 年颁布的《先进制造业国家战略计划》以及 2013 年颁布的《全美制造业创新网络计划》。

美国的产业政策的宗旨是为了弥补市场失灵，为经济活动提供有力的支持。政府不仅通过研发支持与风险投资，弥补美国企业在研发领域的投资不足，支持中小企业发展，提高美国企业的竞争优势，还通过立法手段，修改、制定涉及企业并购重组活动的法律法规，维护公平有效的市场环境，间接促进产业发展。

1.2　德国产业政策的有效性

德国是欧洲最大的经济体，战后初期，德国政府一方面通过扩大财政投入，支持煤炭、钢铁、建筑等基础工矿业以及铁路等交通运输业等产业的发展，另一方面利用成本补贴和税收优惠政策，促进造船业、航空航天工业、汽车、机械制造、石化、电气电子等支柱产业的发展，实现了经济的快速复苏。20 世纪 80 年代以来，政府依托以企业、大学与高校外科研机构为主体的科研体系，通过实施科学技术研发计划，重点资助信息、微电子以及生物工程等新兴产业，有效地促进产业科技进步，加快产业结构升级。同时，政府还通过法令法规禁止大企业之间通过串谋形成垄断，并积极引导中小企业发展，使众多中小企业都可以获得贴息贷款和技术开发贷款，提高了市场组织效率，保障了市场机制的有效性。此外，为促进要素流动，推动区域协调发展，政府还对经济落后的地区进行投资补贴。近年来，为应对全球贸易环境的变化，保持本国的制造业优势，政府在 2006 年颁布了《国家高技术发展战略》以确保德国科研水平和经济竞争力在全球居于领先地位，并相继启动了《中小企业创新核心项目计划》与《中小型企业集中创新项目》《新高科技战略创新以及共同产业研究》等项目规划，为中小企业以及企业与科研机构间的合作创新项目提供资金支持与风险分担机制。2013 年颁布了影响德国创新与制造业发展的《工业 4.0》的国家战略。

德国的产业政策是社会市场经济体制的重要体现，维护市场机制、优化产业发展环境是产业政策的核心目标。因此，德国产业的发展方向直接由市场决定，政府只是针对某些市场失灵或低效的领域进行扶持，一方面通过实施小企业扶持政策、产业集聚政策以及“官产学研”结合政策，为企业创新与技术进步提供支持；另一方面利用创新区域平衡政策、人才引进培养政策、金融政策等保障性政策措施，为工业发展创造必要的环境。

1.3 日本产业政策的有效性

日本是世界上最早明确提出并实施产业政策的国家。为了迅速实现赶超，战后的日本将产业政策作为经济政策的核心。1945 年至 1960 年，政府利用经济民主化政策与产业扶持政策，采取“倾斜式生产方式”，快速恢复经济，解决供给不足和失业等问题，并为了优化市场组织，将大财阀分解为多个小公司，并在 1947 年通过了反垄断法案，成立了公平交易委员会。在高速增长的 1960 年至 1973 年间，政府依据“需求的收入弹性标准”和“劳动生产率增长率标准”确立主导产业，推动农业向服务业的转型升级。1973 年之后，日本逐步减少选择性产业政策，确立了“科技立国”战略，采用产业结构政策和产业组织政策支持民间企业的研究与开发，提高产业素质和结构效益，提高各产业在国际市场的竞争能力。如在政府主导下，富士通、日立、三菱电机等成立的“大型集成电路技术研究协会”为日本电子电器产业的发展有着积极的促进作用。90 年代以来，日本的经济增速与投资增速均大幅放缓，由于日本的科技政策侧重技术引进，研发经费投入不足，导致企业重应用轻基础研究的短期行为，竞争优势的下降也引起传统制造业开始向海外转移生产线，导致日本面临“产业空心化”的挑战。同时，过度的企业兼并重组导致的法人垄断体制，也制约了市场效率。近年来，为振兴日本制造业的发展，保持企业创新活力和产业发展的动力，保障本国产业的竞争优势，政府相继推行了《新机器人战略》《日本振兴战略》《提高产业竞争力法案》以及《促进制造业技术基本法》等一系列政策法案，但是政策执行效果有限，未能显著促进产业升级。

日本的产业政策的有效性可以分为两个阶段，一是 80 年代之前以产业结构政策为主的政策体系，选择性和特惠性的政策措施，使得战后的日本经济迅速复苏，但导致了要素价格扭曲和失衡的产业发展，忽视了完善社会资本，轻视了消费者的利益，造成了巨大的政策成本。二是 80 年代后期，政府逐渐发挥产业组织政策与产业技术政策对产业发展的间接影响，但由于法人垄断体制下的利益集团的限制，使得产业政策的实施效果有限，难以促进企业自主创新，加之前期特惠性产业政策的影响，限制了日本产业的新一轮升级。

1.4　产业政策对产业升级的影响机理

回顾代表工业化国家的产业政策有效性，可以看出，符合地区发展阶段与比较优势的产业政策能够积极促进产业升级。产业政策的有效性体现在两个方面（见图 1）。

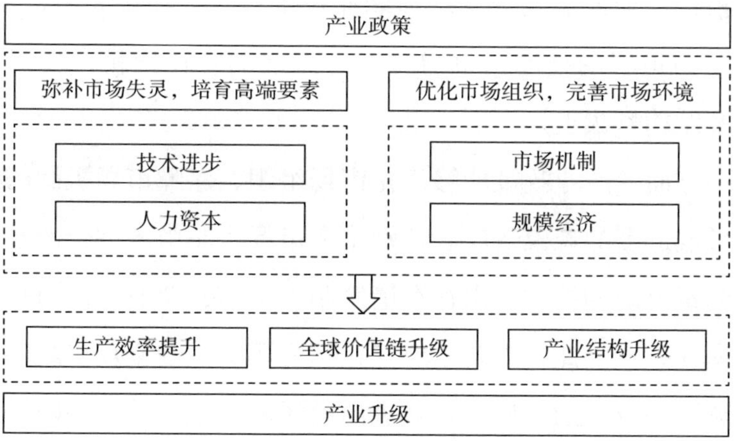

图1　产业政策对产业升级的影响机理

资料来源：作者整理。

一方面，产业政策能够弥补市场失灵，培育产业升级所需的高端要素。技术进步作为产业升级的原动力，也是市场机制难以有效发挥的重要环节。促进技术进步主要有两个途径，一是发挥后发优势的技术引进，政府不仅可以推行对外开放政策，实施关税优惠和财政补贴等措施，激励企业引进消化先进的技术设备，还能通过完善基础设施，优化营商环境，吸引外商直接投资，发挥进口贸易的技术溢出效应，提高本国产业效率。二是发挥竞争优势的自主创新。由于科技创新活动具有高投入、高风险以及高外部性的特征，市场机制在科技创新与技术溢出方面的作用有限。因此，需要政府扩大对基础创新领域的财政投入，并构建创新合作体系，促进创新主体间的协同创新，降低协同创新过程的交易费用和协调成本，提高知识溢出和创新成果转化效率。与此同时，人力资本作为创新活动的重要投入以及弥补传统要素人口红利的关键，需要政府通过扩大基础教育和义务教育的投入，全面提高劳动力的受教育年限，提升劳动力素质。并根据产业发展需求，增强职业技术教育，加快人力资本积累，化解劳动力重置的技能约束与劳动力流动的路径依赖，缓解劳动力错配以及结构性失业。

另一方面，产业政策能够优化市场组织，保障市场机制的有效发挥，并形成适度的规模效应。特别是在市场机制尚未健全的转轨经济体中，要素流动和技术溢出存在诸多制度障碍，企业进出市场也有一定的壁垒约束。因此，需要政府优化制度环境，健全反垄断的法律法规，化解要素流动的障碍，打破进出市场的壁垒，减少垄断导致的效率损失，保障市场机制在要素配置中的决定性作用。同时，政府还能够通过完善信息市场、优化基础设施建设，为企业自发的兼并重组提供市场条件，利用适度的规模经济，节约交易费用，提高企业的自主创新与产业间的技术扩散。

不容忽视的是，产业政策的实施成本也会制约产业升级。一是政策制定主体的信息不完全与能力有限会造成政策系统失效风险。二是特惠性措施所导致的价格扭曲与非均衡的产业发展会造成效率损失。三是既有利益集团会阻碍政策的调整，引起政策实施的时滞性，限制政策的有效性。四是若缺乏有效的监督问责机制，还会滋生设租、寻租等问题，引起政府失灵，限制产业升级。

2　我国产业政策的有效性

改革开放以来，我国积极采用产业政策促进产业升级，既有针对部分行业发展的政策措施，也有通过增强公共服务，完善基础设施，优化制度环境，为产业发展提供要素支持与环境条件。这些产业政策对我国产业升级有着重要的影响作用。

2.1　改革开放 40 年来我国产业政策的变迁历程

伴随着渐进式改革的不断深化，我国的产业政策主要分为以下四个阶段。第一个阶段是 1978 年至 1992 年。1986 年我国在“七五计划”中首次提出“产业政策”的概念，并在 1989 年颁布了《关于当前产业政策要点的决定》，该阶段的产业政策是为调整产业结构，侧重对能源、原材料和交通运输等基础产业的支持，并规定了生产领域、基础设施建设、技术改造以及对外贸易等领域的产业发展顺序。1991 年“八五计划”开始强调了电子工业对产业结构的重要意义。其间，为了提高产业技术水平，我国于 1978 年颁布了《1978—1985 年全国科学技术发展规划纲要》，并在 1985 年颁布了涉及通信、机械工业、能源等14类技术政策要点的《中国技术政策》，并为培育我国科技创新、跟进国际技术前沿，推动高新技术成果转化，开展了“863计划”“火炬计划”以及“国家重点科技成果推广计划”。同时，为提高市场主体活力，政府逐步放松对国有企业经营自主权的限制，对国企放权让利，推行两步“利改税”、厂长经理负责制与经济责任制等。并颁布了促进物资的横向流通，加强生产与科技的结合、增强企业之间的联合的《关于进一步推动横向经济联合若干问题的规定》。改革开放之初，为调整产业结构，我国重点采取了对基础工业和基础设施的投资倾斜政策，扭转基础工业和基础设施与加工工业的失调，并通过财税改革，释放国有企业活力，支持产业技术的发展。

第二个阶段是1992年至2002年。自党的十四大确立了社会主义市场经济体制的改革目标之后，我国逐步重视市场机制对经济增长的促进意义。1994年颁布的《90年代国家产业政策纲要》，首次提出了产业组织政策，强调应优化产业组织结构，促进合理竞争，实现规模经济和专业化协作。并强调要支持新兴产业发展，调整对外经济贸易结构，优化对外开放，有效吸引外商直接投资等。1996年“九五计划”中提出国家计划要以市场为基础，引导产业结构优化和生产力合理布局，支持重点建设和重大技术研究开发项目的发展要求。2001年“十五计划”中强调，要积极采用高新技术和先进适用技术改造提升产业，大力发展高新技术产业，以信息化带动工业化，重点促进资金技术密集型产业的发展。其间政府出台了一系列重点鼓励与优先发展的目录指南。2002年颁布的《国家产业技术政策》提出，要充分发挥市场对科技资源配置的基础作用；强调市场机制和政府组织协调作用相结合。并提出要建设以企业为主体的国家技术创新体系，优先发展具备比较优势的对传统产业改造关系密切的高新技术。其间，为了调整对外经济贸易结构，优化对外开放，有效吸引外商直接投资，政府从1995年起，共颁布或修订了7次《外商投资产业指导目录》，将外商投资项目分为鼓励、允许、限制和禁止四类。尽管该阶段的产业政策仍具有特惠性和选择性的投资，但开始强调市场机制的积极作用，重点支持的产业由基础工业转为新兴产业和高技术产业，并注重优化对外贸易结构，发挥外商直接投资作用。

第三个阶段是2003年至2012年。党的十六大提出要“完善社会主义市场及体制”，政府管制要逐渐由直接控制转变为间接控制。一方面，为化解产能过剩，引导投资方向的政策，政府相继出台了一些限制部分行业发展以及产业结构调整的政策，2010年颁布了《国务院关于促进企业兼并重组的意见》，更强调要发挥市场主体的作用，清除企业兼并重组的制度障碍，加强对企业兼并重组的引导和政策扶持与加强风险监控。另一方面，为促进高技术产业发展，2006年“十一五规划”特别强调要加快发展高技术产业，推进自主创新成果产业化，促进高技术产业从加工装配为主向自主研发制造延伸。2011年“十二五规划”中还提出要依靠科技创新推动产业升级，强化企业在技术创新中的主要地位，加快国家创新体系建设。其间，政府还出台了一系列旨在促进高技术产业发展，建立国家创新体系的指南、纲要与发展规划。此外，为推进国有企业改革，优化国有资产管理，提高国有企业生产效率，政府还出台了一系列旨在加快国有大型企业股份制改革，完善公司法人治理结构，大力发展混合所有制经济，实现投资主体多元化，形成一批具有国际竞争力较强的优势企业等指导意见。该阶段的产业政策主要是为了化解产能过剩与培育自主创新能力，促进高技术产业发展。政策措施的调整体现了政府逐渐由直接干预转变为间接调控，强调市场机制对产业升级的基础作用。

第四个阶段是2012年以来的全面深化改革阶段。除为了进一步调整产业结构，化解产能过剩，2012年以来，政府相继出台了一系列优化企业兼并重组市场环境的意见和指南，并强调要尊重企业主体地位，充分发挥市场机制。更重要的是，为实现从“中国制造”向“中国创造”的转变，提出要以创新为核心，通过新一代信息技术与制造业的融合，推进中国制造业的发展。2016年颁布的《国家创新驱动发展战略纲要》通过强化原始创新，强调以企业为核心的自主创新能力以及不同创新主体协同创新绩效的产业升级的影响。2016年“十三五规划”强调要坚持和完善基本经济制度，建立现代产权制度，建立现代市场体系，并实施创新驱动发展战略、制造业强国战略、人才优先发展战略以及国家大数据战略，支持新一代信息技术、新能源汽车、生物技术、绿色低碳、高端装备与材料、数字创意等领域的产业发展壮大。2017年为进一步深化垄断行业价格改革，颁布了《全面深化价格机制改革的意见》。该阶段的产业政策更加强调市场机制在资源配置中的决定性作用，减少了特惠性、选择性的产业政策，注重产业政策在保障市场机制、弥补市场失灵方面的作用。

改革开放以来，我国产业政策依据产业发展的需求不断优化调整。政策目标由支持产业结构调整，逐渐转变为促进技术创新，优化市场条件。政策措施逐渐由以特惠性、选择性措施为主转变为以普惠性、功能性的措施为主。从政策内容来看，产业技术政策逐渐由侧重发挥后发优势向培育企业自主创新转变，由主导技术进步转变为对创新活动的引导调控，政策措施由对部分产业的税收优惠和财政支持，鼓励外商投资逐渐转为对基础创新领域的财政支持和构建国家创新体系的投入。产业组织政策的目标是推动企业兼并重组培育大规模企业集团，产业组织政策的内容涉及支持中小企业发展，优化国有资本管理，促进企业兼并等方面。

2.2　改革开放 40 年我国产业升级的基本特征

产业升级的本质是以技术进步为基础的生产力水平的提升与产业结构的优化，一方面表现为企业利用技术创新提升产品附加值与产出水平，另一方面表现为要素重置引起的产业结构合理化与高级化过程。对处于转轨阶段的后发追赶型经济体而言，工业化初期的产业升级侧重发挥地区后发优势，利用传统要素红利，培育初始产业发展能力，建立完善的工业体系。随着比较优势的变化以及发展阶段的转变，后工业化阶段的产业升级强调发挥竞争优势，利用产业协同发展，提升产业国际竞争力和全球价值链升级。

一是受我国产业技术政策的影响，如图 2 和图 3 所示，反映科技创新活力的研究与试验发展人力和经费持续增长，特别是 R&D 经费的支出增速显著高于人力的增速，同时技术市场也逐渐完善，创新外溢与技术扩散水平日益增强，专利申请授权数与发明专利申请授权数呈逐年大幅增长的态势，反映技术市场情况的技术市场成交额也显著增长。与此同时，如图 4 所示，改革开放以来，我国人均受教育年限显著提高，人力资本稳步提升，劳动力的数量和质量长期保持协同发展的水平，但 2005 年以来我国就业人员的数量增速大幅放缓，人力资本的不断积累对缓解刘易斯拐点引起的我国传统劳动力红利衰减与生产成本提高有重要意义。

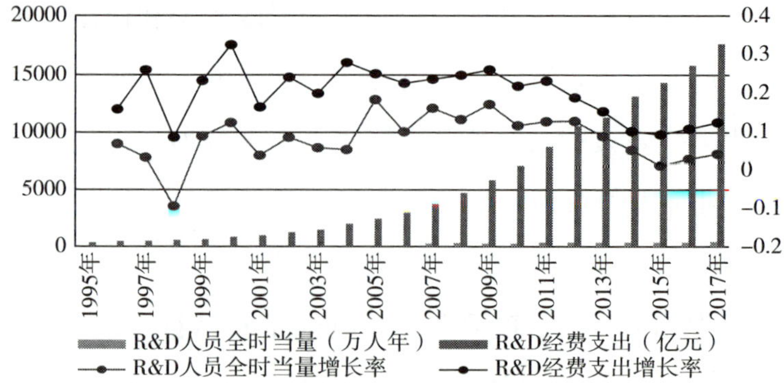

图2　科技创新投入时序特征

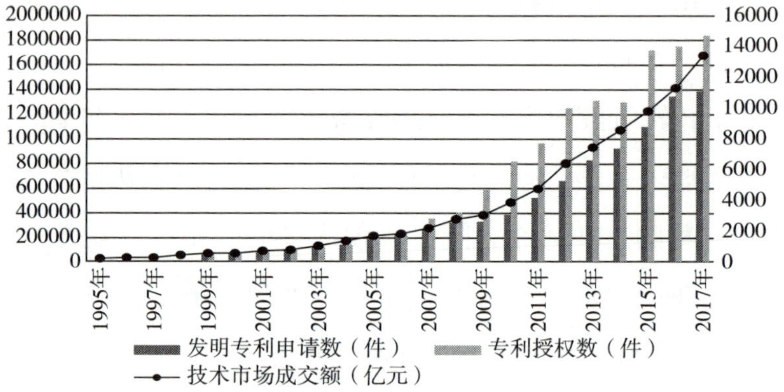

图3　科技创新产出时序特征

数据来源：《中国统计年鉴》。

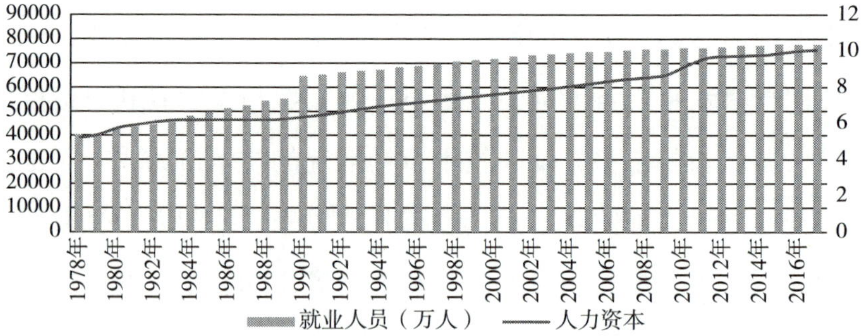

图4　科技创新投入时序特征

注：人力资本用劳动力平均受教育年限表示，其中，1952～2007年的数据来自王小鲁、樊纲的估算，2008～2017年的数据来自《中国人口和就业统计年鉴》，按照王小鲁的方法估算劳动力受教育年限（人力资本存量等于受过一定教育的劳动力总量与他们受教育年限的乘积）。

数据来源：《中国统计年鉴》。

二是受我国产业组织政策的影响，随着改革开放的不断深化，如图 5 所示，反映我国政府与市场关系的政府规模呈现“U”形变化，在 1995 年前大幅下降，之后又不断扩大，与此同时，如图 6 所示，“八五”计划以来我国私营企业就业占比持续提高，市场主体活力不断增强，但反映企业税负情况的企业所得税占比虽在 1992 年至 2000 年间持续下降，但 2000 年起却大幅回升，特别是 2010 年以来所得税占比稳步增长。可见，尽管我国非国有化程度不断提升，但政府规模依然较大，企业的税收负担较重。同时，改革开放以来我国的对外贸易依存度呈现先升后降的倒“U”形波动，2007 年以来基本保持持续下降的态势。从产品出口结构情况来看，如图 7 所示，改革开放之初我国以初级产品出口为主，随着我国工业制成品的快速增长，1985 年之后工业制成品反超初级产品。特别是在 2000 年以后，工业制成品出口增速大幅提高，但是产品出口额增速波动较大，特别是工业制成品的情况。从反映我国高技术产业发展水平的高技术产业进出口情况来看，如图 8 所示，我国高新技术产品出口额增幅显著，自 2004 年反超进口额以来，长期保持较快增长态势。这表明，尽管我国对外开放程度不断加深，在全球价值链中的地位也有所提升，但因我国产业国际竞争优势较弱，我国产业仍处于国际产业链的中低端，抵御国际市场风险的能力较弱。

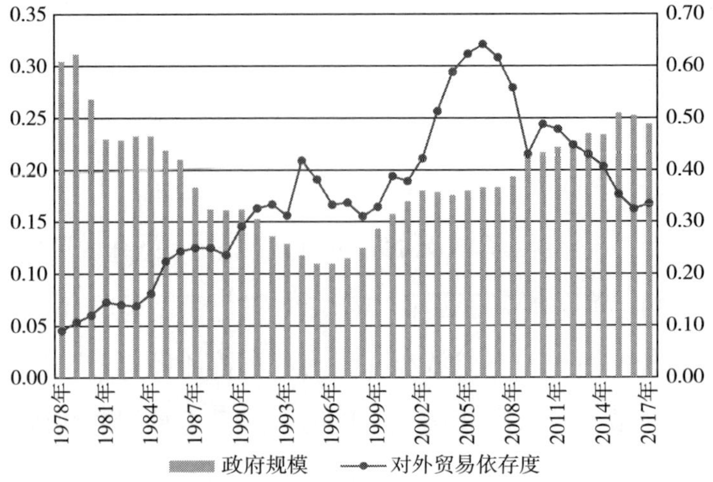

图5　政府规模与对外贸易依存度时序特征

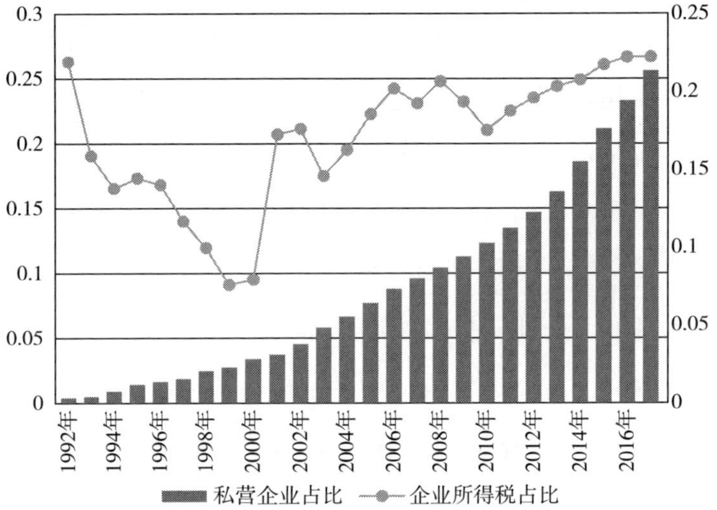

图6　市场主体活力与税负时序特征

三是受产业结构政策的影响，如图 9 所示，改革开放以来我国工业化进程表现为第一产业占比逐年下降，第三产业占比稳步提升，第二产业经历了小幅波动提高后，自 2006 年起开始逐渐下降，2013 年第三产业增加值占比首次超过第二产业，实现了由工业部门为主导的工业化阶段向以服务业为主导的后工业化阶段的转变，但这种结构转变

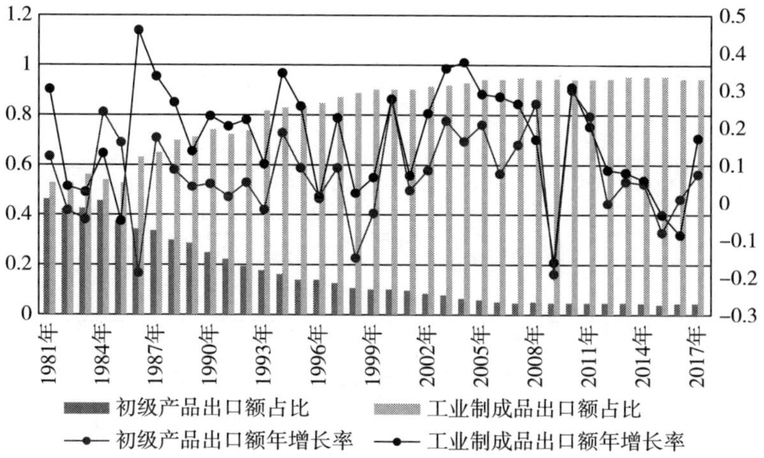

图7　我国出口结构演进特征

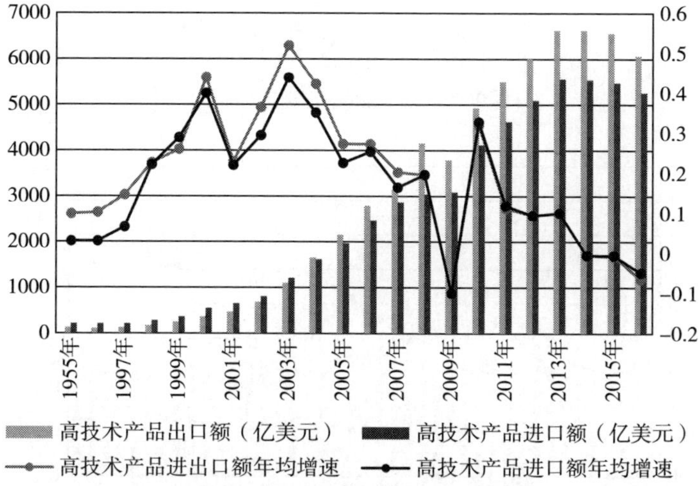

图8　高技术产品进出口演进特征

数据来源：《中国统计年鉴》。

也增加了我国经济增速出现结构性下降的挑战。如图 10 所示，反映产业间的聚合质量产业结构合理化水平虽自 2003 年以来呈现逐年下降态势，但在 1985 年至 2005 年间呈现波动上升态势，这表明我国在加速推进工业化的同时也造成产值结构与就业结构的失衡。与此同时，我国产业结构的高级化程度也呈现波动上升态势。这表明伴随着工业化的快速推进，我国产业结构的合理化与高级化程度相对较弱，要素重置效率与产业协调发展水平有待进一步提高。

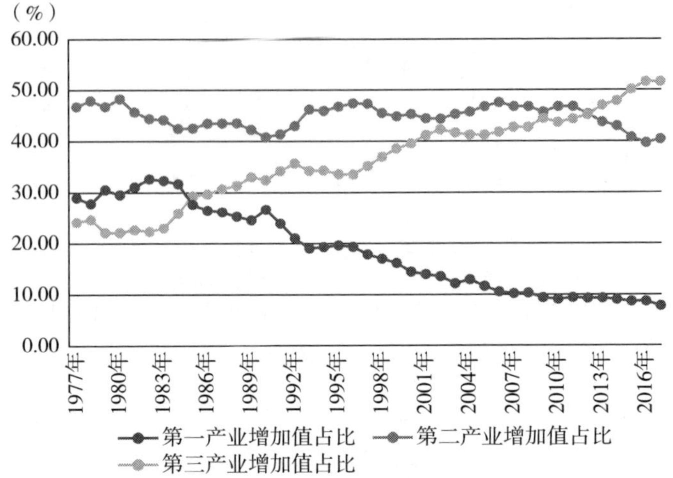

图9　三次产业结构变迁特征

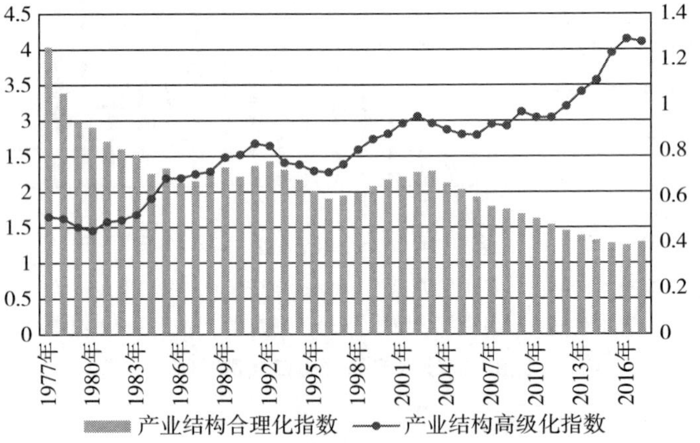

图10　产业结构高级化和合理化时序特征

注：1. 采用结构偏离度对产业结构合理化进行衡量。$E=\sum_{i=1}^{n}\left|\frac{\frac{Y_i}{Y}}{\frac{L_i}{L}}-1\right|$。其中，E表示结构偏离度，Y表示产值，L表示就业，i表示产业，n表示产业部门数。E值越大，就表示经济越偏离均衡状态。2. 采用第三产业产值与第二产业产值之比反映产业结构高级化。

数据来源：《中国统计年鉴》。

改革开放以来，我国产业升级所需的高端要素不断积累，产业升级的国内外市场环境不断优化。但特惠性的政策措施也造成了产业间的失衡发展和效率损失，加剧了后工业化阶段我国产业升级的挑战。具体表现为：一是我国科技创新的要素结构相对失衡，创新人才供给不足，严重滞后于创新资本的投入。二是我国政府规模依然较大，企业税收负担较重，市场主体的活力有限。三是我国对外开放程度不断加深，但在国际产业链的分工地位虽有提升但仍存在低端锁定的风险。四是尽管我国工业化稳步推进，但产值结构与就业结构的扭曲制约了产业结构的合理化和高级化程度。

3　高质量发展阶段产业升级的重点

现阶段我国人均收入水平已达到中高等收入行列，并进入以服务业为主导的后工业化阶段。与前期以规模扩张为特征的数量型增长阶段相比，一方面，高质量发展阶段产业升级的比较优势发生了阶段性转变，劳动力红利与后发优势逐渐减弱，另一方面，随着全球贸易格局的变化以及贸易保护主义的回潮，使得我国出口导向型的发展模式难以为继，加剧了我国全球价值链升级挑战。而前期特惠性产业政策导致的价格扭曲和失衡的产业发展也制约了我国产业结构的合理化，部分地方出现了过早的去工业化趋势。因此，在高质量发展阶段，我国的产业升级的重点是要通过提高企业与个人的学习能力，提升企业的自主创新水平，培育技术与人力资本等高端要素，并通过有效的技术溢出与规模效应，推进企业由中间制造环节向研发与销售环节延伸，促进全球价值链的升级，在此基础上，通过产业协同发展，扩大资本与技术密集型产业比重，提高产业结构的合理化与高级化水平。

高质量发展阶段的产业升级的关键是通过有效的学习型社会和完善的市场环境，实现以企业自主创新为核心的技术进步，促进各地区产业深入融入全球价值链。

3.1 高质量发展阶段产业升级的基础是以企业为核心的自主创新能力

企业的学习能力以及企业间的技术溢出效应是提高自主创新能力，促进技术进步的基础。在有序的竞争环境下，企业会以市场为导向进行研发创新，并利用跨流程、跨功能、跨产业链的学习，推进产业链由中间制造环节向研发与销售环节延伸，在提高产出效率的同时，获得技术垄断利润。在此基础上，企业、高校和科研院所等不同主体能够依托高效的协同创新体系，通过联合研发、重点攻关等合作，降低创新过程的协调成本，提高创新成果转化效率，全面提高我国产业的国际竞争力。此外，高质量发展阶段的人力资本提升，不仅强调劳动力受教育水平的全面提高，还关注劳动力在“干中学”中积累的技术能力，从而有效缓解人口红利衰减导致的要素成本上涨，满足以资本密集型和技术密集型为主导的后工业化阶段的产业发展需求。

3.2 高质量发展阶段产业升级的主要路径是发挥比较优势、培育竞争优势，深度融入全球价值链

产业升级在企业层面表现为企业全球价值链的升级。一方面，企业作为出口方，通过发挥比较优势，参与全球价值链，并通过跨部门、跨产业链的学习，不断积累竞争优势，最终实现在生产流程、产品、功能以及跨部门的升级。另一方面，企业作为进口方，利用进口贸易的技术溢出效应，提高自身的产出效率。一是能够扩大国内消费

品供给，缓解市场供求失衡，并利用价格优势、质量优势等对本国相关产品予以替代以及落户产能的淘汰。二是进口中间投入品，能够降低企业生产成本，特别是进口先进机器设备不仅能够对本国的生产方式进行“创造性破坏”，在打破原有生产流程的基础上建立更加高效的生产组织方式，提高要素重置效率，还能迫使企业为使用高技术含量的技术设备，进行自主的技术、管理等创新。

3.3　高质量发展阶段产业升级的目标是实现现代产业体系

首先，现代产业体系不仅意味着随着我国创新能力与产业的技术水平要显著提升，技术进步成为产业发展的主要推动力，还意味着劳动力学习路径的多元化，学习成本的下降以及预期收益的提升，使得人力资本迅速积累，成为保持创新活力的关键，进而共同发挥科技创新与人力资本等高端要素对产业发展的支持作用。其次，现代产业体系强调企业的良性竞争与互利共赢，市场主体结构合理有效。一方面，大企业能够发挥资金、技术等优势，引导产业发展方向，并通过知识溢出、人员流动带动中小企业发展。而小企业能够发挥灵活性的优势，及时调整市场供求结构。另一方面，国有企业能够在关系国家安全和国民经济命脉的重要行业和关键领域发挥保障作用，同时混合所有制的发展有利于投资主体多元化，保障市场活力。最后，现代产业体系要求在产业协同发展的基础上，重点发展实体经济。不仅要通过制造业和服务业的双向融合，实现制造业服务化与服务业制造化，特别是实体经济的发展需要现代金融通过多元融资方式提高资金支持，还要通过构建纵向和横向产业链，增强信息化与工业化的融合，推进工业结构转向中高端，实现产业结构的协调和现代化。因此，高质量发展阶段的产业升级目标就是实现实体经济、科技创新、现代金融与人力资源协同发展，技术水平、生产效率、经济效应以及绿色发展全面提升的现代产业体系。

4 高质量发展阶段产业政策建议

为实现高质量发展阶段产业升级的目标，政府应采取有利于构架学习型社会，完善市场条件的产业政策。一是应通过扩大对基础创新与人力资本的支持力度，构建学习型社会，弥补市场失灵，提高劳动力与企业的学习能力和企业间的知识溢出水平。二是需要通过扩大基础设施建设，破除要素流动和市场进出的制度比例，优化产业升级的市场条件。三是应优化对外贸易环境，提高贸易便利化，进一步扩大开放力度，使得企业能够有效地融入全球价值链。同时，由于我国传统产业政策引起的非均衡产业发展，所造成的政策实施成本也抑制了新阶段的产业升级，还需积极调整传统产业政策，提高政策制定过程的科学性和合理性，降低政策实施过程中可能存在的政府失灵，在有效发挥产业政策对产业升级的积极作用的同时，降低政策的实施成本。

4.1 弥补市场失灵，构建学习型社会

由于市场自身难以产生学习型社会，实现充分的学习与经济增长，因此，需要政府通过增强对科技创新与人力资本培育的支持构建学习型社会。一方面，要进一步扩大政府对基础创新的支持力度，不仅要扩大 R&D 研发投入，着力缓解创新人力与资本的结构失衡，还应发挥政府的辅助协调作用，构建合作交流平台，加快构建以企业为核心的产学研协同创新体系，积极构建国家创新体系与学习型社会。

并通过完善技术市场和产权制度，强化市场良好运转的各项制度，能够保证创新主体的利益，培育并发挥企业家才能，激励企业自主创新和企业间的协同创新与知识外溢。另一方面，应进一步优化教育体制，降低学习的成本，提高学习的预期收益，不仅要扩大政府的公共教育的财政支出，优化地区教育资源分布结构，提升基础教育的普及度，提高高等教育的质量，全面提升劳动力质量，还应增加劳动力学习的方式，着力增强劳动力的技能教育，促进劳动力在“干中学”中积累技能资本，化解劳动力流动的制度约束以及劳动力流动的自我锁定引起的结构性失业。

4.2　推行以竞争政策为基础的政策体系

优化市场条件的核心是保障市场机制在资源配置中起决定性作用，形成有效的价格信号和公平有序的竞争机制。这需要政府实施竞争政策，制定实施反垄断法，优化国有资产管理，降低垄断导致的效率损失，并完善市场准入制度、消除市场壁垒，培育中小企业活力。更重要的是，需要优化中央政府与地方政府产业政策制定与实施的协调性。一方面全面优化地区基础设施，减少非均衡的区域发展政策和特惠性与选择性产业政策，优化产业空间布局，遏制地区产业结构趋同发展，促进地区产业互补与协同发展，形成有效的区域产业分工。另一方面通过深化对外开放政策与提高贸易便利化，促进各地区的企业直接融入全球价值链，通过全面深度地融入复杂的全球价值链分工中，发挥地区比较优势，并利用进口贸易的技术溢出效应，提高本地企业的产出效率，促进地区发展收敛。

4.3 提高产业政策制定的科学性、合理性

一方面，政府需完善产业政策的制度设计，根据公共部门的能力与治理水平来定制产业政策，构建科学合理的产业政策制定、评估、调整、监督等政策制定体系，提高政策制定、实施、调整、退出等各环节的科学性和合理性，降低产业政策失效的系统性风险，减少政府计划和政策实施过程的时间不一致性和政策措施的低效。另一方面，需深化政治体制改革，优化国家治理体系，增强行政监督机制，减少政策执行过程中的设租和寻租以及腐败等问题，消除官员索贿的“反公共地悲剧”。此外，政府还应着力解决前期非均衡产业发展引起的收入分配不公和生态环境代价问题，通过建立健全相关的法律法规，降低企业的负外部性，并通过优化收入分配制度，使得产业升级成果共享。在提高产业政策的有效性、促进产业升级的同时，降低政策的实施成本与生态环境代价，通过可持续的产业升级，实现高质量的经济发展。

参考文献：

[1] Gereffi，G．International Trade and Industrial Upgrading in the Apparel Commodity Chain．Journal of International Economics，1999，1（48）.

[2] Humphrey J Schmitz H．How does insertion in global value chains affect Upgrading in dustrial dusters．Regional Studies，2002，36（9）.

[3] 迈克尔・波特. 国家竞争优势. 华夏出版社，2002.

[4] 林毅夫，张军，王勇，寇宗来. 产业政策总结、反思与展望. 北京大学出版社，2018.

[5] 斯蒂格利茨. 增长的方法：学习型社会与经济增长的新引擎. 中信出版社，2017.

[6] 张鹏飞，徐朝阳. 干预抑或不干预？——围绕政府产业政策有效性的争论. 经济社会体制比较，2007（4）：28-35.

[7] 江飞涛，李晓萍. 直接干预市场与限制竞争——中国产业政策的取向与根本缺陷. 中国工业经济，2010（9）：26-36.

[8] 王小鲁，樊纲，刘鹏. 中国经济增长方式转换和增长可持续性. 经济研究，2009（1）：4–16.

[9] 干春晖，郑若谷，余典范. 中国产业结构变迁对经济增长和波动的影响. 经济研究，2011（5）：4–16.

[10] 袁富华. 中国经济“结构双重性”问题分析. 经济与管理评论，2014（3）：9–17.

[11] 任继球. 体制机制深刻变化，产业政策亟须转型. 宏观经济管理，2016（11）：35–37.

[12] 刘志彪. 经济发展新常态下产业政策功能的转型. 南京社会科学，2015（3）：33–41.

报告四

迈向全球价值链中高端与中国经济高质量发展研究

全球价值链（global value chain，以下简称 GVC）是当今全球产业的组织方式，已经深刻改变着全球竞争的趋势，而且这个趋势日臻明显。20 世纪 90 年代以来，在经济全球化浪潮推动下，全球企业界发生了巨大变革，就是跨国公司向全球公司转型。跨国公司突破传统的国家地理界限，将价值链各个主要环节在全球进行布局，吸纳全球最优质资源，整合全球最有效率模式，以增强企业持久竞争力。大批跨国公司的资产、员工、销售额的海外份额比重均超过公司总额半数。与些同时，企业价值链延伸到全球，形成全球价值链。可以说，当今国际经济竞争不仅是企业产品竞争，也不只是企业技术竞争，而是整个价值链竞争。随着价值网络在全球快速分布，各种力量激烈博弈，跨国公司紧紧把握了价值链中最具有核心竞争力的部分（关键技术、核心工艺、全球品牌等），将能够标准化的价值链低端环节转移到成本较低的发展中国家去生产，而发展中国家的产业结构并没有自然实现优化，无法有效地改变其在价值链中的边缘地位，结果是被“低端锁定”。

改革开放以来，中国经济快速增长得益于全球产业链和价值链的参与。在全球价值链分工模式下，中国以产品加工方式嵌入到以发达国家主导的GVC生产体系中，推动了中国工业化进程和经济发展。改革开放初期，中国的比较优势主要体现在劳动力成本优势、资金优势、现成的技术（发达国家将成熟技术出口）、现成的市场（市场从短缺起步）、汇率优势（人民币贬值推动中国出口导向型战略形成）、商品贸易规则的优势（利用WTO规则推动中国出口贸易快速发展）上。中国正是发挥这些比较优势，实行对外开放，嵌入全球价值链的低端，有效地整合了全球资源。自2009年以来，我国连续保持全球货物贸易第一大出口国和第二大进口国地位，国际市场份额从2013年的11.7%升至2016年的13.2%。联合国贸易和发展会议（贸发会议）于2018年6月6日发布报告表示，2017年中国吸收外资1360亿美元，成为全球第二大外资流入国，尽管中国的对外投资降至1250亿美元，但仍是全球第三大对外投资国和发展中国家中最大的对外投资国。可以说，中国既是全球货物贸易第一大出口国和第二大进口国，又成为全球第二大外资流入国和第三大对外投资国，在全球投资贸易中起着重要作用，同时，中国在全球价值链中的积极参与也进一步提升了自身经济的整体实力，成功地实现了一次又一次的“价值升级”。

然而，在中国经济持续30多年高增长之后，发展的几个重要支撑性因素已经在发生变化。第一，要素成本在快速上升。一方面国内劳动力成本在持续上升，工资持续刚性上涨对企业成本负担日益显现；另一方面环境运行成本加大，国际气候谈判压力增加及全球低碳转型发展，中国再想走过去那种高污染、高排放的产业之路已经没有空间，产业转型升级压力突显。第二，技术来源入口收紧。中国当下需要的技术已不再是发达国家的成熟技术，往往是他们不愿转让的正在使用的核心工艺（流程）和关键技术。发达国家高度警惕中国技术引进手段，中国过去用市场换技术的经济策略已经渐渐失灵。第三，国内外产业转移出现了变化。在世界各国的产业政策引力之下，国际产业出现了双向流动，国内一些产业逐渐面临被掏空的压力，即一方面是低端产业向其他成本更低的发展中国家转移；另一方面是高端产业向欧美发达国家回流。第四，汇率调节因素大大改变。随着中国经济持续发展，国际社会推动人民币汇率升值力量的加强，中国不可能轻松采取过去那种靠人民币贬值方式拉动对外出口。第五，国际贸易规则正在发生调整。全球化进程遇阻，贸易保护主义对我国出口扩大形成制约。美国特朗普政府推进逆全球化政策，企图重塑全球贸易版图，试图在多哈回合之外推出新的国际贸易规则，使得“中国制造”在旧规则下的优势将被大大削弱。

促进我国产业迈向全球价值链中高端，有效实现经济高质量发展，是我国新时期开放发展的重要战略目标之一。党的十九大报告指出，促进我国产业迈向全球价值链中高端，培育若干世界级先进制造业集群，同时建设现代化经济体系迫切需要提升产业在全球价值链中的层次和水平，从而将我国推向制造业强国。如今，我国总体经济实力不断增强，经济结构不断优化，服务业对经济增长的贡献持续提升，消费需求仍是经济增长的主要拉动力，新动能为经济增长的重要动力，经济增长质量不断提高。据国家统计局数据显示，2017 年我国 GDP 总量比 2012 年增加 286755 亿元，增量占 2012 年 GDP 的 53.1%。年均增长 7.1%，其中三次产业年均增速分别为 3.8%、6.8% 和 8.0%，第三产业发展快于第一产业和第二产业，是拉动经济增长的主要力量。一批大型企业集团进入世界 500 强行列，具备了所有权优势、内部化优势和区位优势，一些行业具备国际优势产能。同时，国家外汇储备规模庞大，有能力扩大对外投资。在这一情势下，应充分利用全球价值链重构的历史机遇，把提升我国在全球价值链中的地位作为经济结构转型升级的努力方向，制定相关政策，主动融入全球价值链，整合国际优质资源，增强企业国际竞争力，构建新兴产业在“链”上的高端位势，提升在全球价值链中的陡峭“微笑曲线”，并打造自己主导的全球价值链。

1　中国 GVC 地位发展的问题及表现

在全球价值链分工背景下，国际分工地位成为国内外学者关注的热点问题。传统贸易统计方法无法准确反映中国对外贸易中包含的大量加工贸易产品的事实，其重复计算夸大了中国贸易规模和利得，贸易对经济增长和收入的重要性难以体现，是“所见并非所得”（Maurer 和 Degain，2012）。为此，学者们提出各种方法以尝试解决这个问题。以全球价值链为背景的价值增值研究始于 Feenstra（1998），他在研究中美贸易时发现，在全球一体化的贸易格局中，中国对美国出口的贸易顺差被严重夸大。但他未对夸大程度进行量化。随后 Hummels 等（2001）首次提出了垂直专业化的测量方法。Timmer 等（2013、2014、2015）、Koopman 等（2008、2010、2012、2014）、（KWW）等学者围绕价值链中价值增值测算展开了广泛而深入的研究，并发现一国某个行业的显性比较优势在使用增加值贸易进行计算时会发生改变，比如使用贸易总值计算的中国机械和设备制造业具备显性比较优势，而使用增加值贸易计算则显示中国在机械和设备制造业上不具备比较优势。Johnson 和 Noguera（2012）在对中美贸易不平衡的测算中也发现，用价值增值方法计算显示的结果比用传统方法计算得出的结果下降30% ~ 40%。聂聆（2016）把GVC分工地位的测算方法归纳为垂直专业化指数、附加值贸易测算法、GVC地位指数、出口价格和出口复杂度指数、产业上游度测算法五大类。相对简明归类的是孙红燕、李欣欣等（2017），根据测算方法和数据来源的不同将全球价值链中价值增值的测算方法归纳为三大类，包括基于WIOD数据库的里昂惕夫经典方法、基于I ~ O投入产出表的总出口分解法以及基于微观数据的企业出口分解法。总体来看，价值链分工地位的测度方法仍有待进一步探索。综合学者们研究的基础上，我们把全球价值链地位测算法归纳为里昂惕夫经典测算法、垂直专业化分解法、企业出口增加值测算法、产业上游度（下游度）测算法等四大类。

近年，国内一些学者对中国参与全球价值链的程度及所处的国际分工地位进行了测度研究。尹彦罡、李晓华（2015）以GVC地位指数为基础，测算中国制造业总体和具体行业在全球价值链中的国际分工地位及其动态变化，并与发达国家和与中国发展阶段相似的发展中国家进行横向国际比较后发现，用制造业总体的GVC地位指数很难准确反映一国的全球价值链分工地位，分行业测算效果更佳；中国制造业正受到发达国家从高端和更低成本的发展中国家从低端的双重挤压，因而应加快实现全球价值链地位的攀升和制造业由大到强的战略转变。黎峰（2015）通过国际分工地位及贸易收益的理论分析及跨国行业数据的实证分析发现，一国的行业贸易收益由该部门在全球价值链中的国际分工地位决定，国际分工参与度及行业生产效率对贸易收益的影响很大程度上也取决于其国际分工地位，随着部门国际分工地位的提升，两者的影响逐步增强。陈雯、赵萍等（2017）测算了我国参与全球价值链的程度、所处地位和增值能力，并分析了我国在全球价值链中的贸易收益和竞争力发现，我国在全球价值链分工中处于下游。韩中、葛新权等（2018）在 MRIO 模型基础上，利用 1995 ~ 2011 年世界投入产出表测算出我国增加值出口、进口及其净值，并将其与传统贸易数据进行了对比，验证了传统的贸易出口数据，夸大了我国的出口规模，并导致了我国长期的贸易顺差问题。李善同、何建武等（2018）研究认为，改革开放以来我国的区域分工形成了一种类似于“哑铃形”分工模式；国内价值链与全球价值链具有较强的正相关关系；三大增长极对周边地区的辐射带动作用十分明显；垂直专业化指数同发展水平之间呈“倒 U”形关系。魏浩、王聪（2015）研究认为，在 1995 ~ 2011 年间，中国制造业整体出口的国内附加值率表现为“下降、上升、下降”的基本态势。刘琳（2015）利用 WIOD 数据库 1995 ~ 2011 年的数据测度了我国整体及三类技术制造业行业参与全球价值链的程度及其在国际分工中的地位，并在此基础上进行动态比较分析。可以看出，学者们运用不同测度方法从不同角度来估算中国参与全球价值链的分工地位，虽然有一些结论之间存在相向或相左的观点，但仍旧值得我们借鉴和思考。

20 世纪 90 年代以来，我国工业贸易转型进程加速，中国在 GVC 中的国际分工地位可以划分为三个阶段。

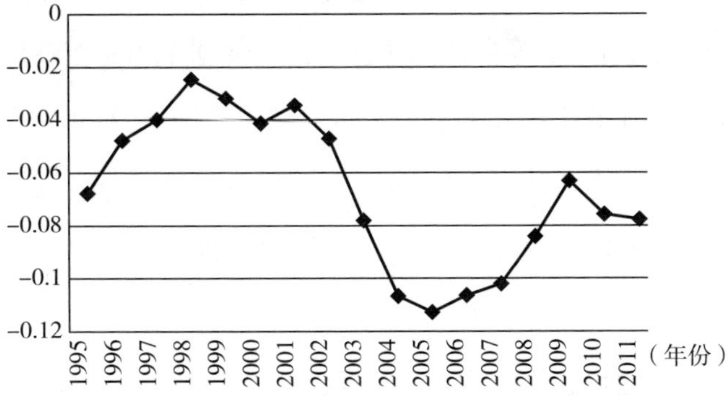

图1　1995 ~ 2011年中国的GVC地位指数

表1　　　　中国参与全球价值链的测度与分析

中国的 GVC 参与率及 GVC 地位指数				单位：%
年份	GVC 后向参与率	GVC 前向参与率	GVC 参与率	GVC 地位指数
1995	15.88	8.34	24.22	–0.07
1996	14.38	9.06	23.44	–0.05
1997	14.08	9.66	23.74	–0.04
1998	12.88	10.20	23.08	–0.02
1999	14.57	10.96	25.53	–0.03
2000	17.34	12.51	29.85	–0.04
2001	16.56	12.60	29.16	–0.03
2002	17.91	12.50	30.40	–0.05
2003	21.30	12.20	33.50	–0.08
2004	25.44	12.76	38.20	–0.11
2005	25.88	12.48	38.36	–0.11
2006	25.53	12.95	38.48	–0.11
2007	24.84	12.73	37.57	–0.10
2008	22.90	13.08	35.98	–0.08
2009	19.36	11.91	31.27	–0.06
2010	21.56	12.77	34.33	–0.08
2011	21.87	12.78	34.65	–0.08

从表 1 和图 1 来看：第一阶段为 1995 ~ 2001 年，居于相对上游位置。这时期中国宏观经济发生了很大的变化，亚洲金融危机和国内需求不足对企业生产的影响很大，使得中国实行出口导向型经济发展战略，但在战略初期的工业化水平较低，主要出口原材料或者供第三国出口所使用的中间品等低附加值产品，根据 Lall（2000）的贸易品分类法，1995 年中国出口的初级产品、资源型产品和低技术产品占全部出口的 52.24%。第二阶段为 2002 ~ 2005 年，趋向下游位置。1998 年亚洲金融危机的阴影正在消失，全球经济渐渐走出紧缩低谷，中国承接了来自发达国家的原来在亚洲四小龙的大量产业转移业务，自身的工业化进程加快，技术水平有所提升，加工贸易连续多年发展迅

猛，占据外贸进口的“半壁江山”，数据显示1998年中国加工贸易出口占总出口的比重达到53.42%，此后直到2005年加工贸易占比一直保持在该水平上下。其中2001年“入世”更是加快了加工贸易的步伐，这也就导致了中国在GVC中的位置迅速向下游移动。第三个阶段为2006年至今，开始缓慢向上游抬升。加工贸易处于“微笑曲线”的低点，仅仅靠赚取少量的加工费获利不利于中国经济的长远发展，为了提高产业层次和加工深度，国家在“十一五”期间提出加工贸易的转型升级，对外贸易自主发展能力不断增强，一般贸易比重增加，加工贸易比重减少。同时，在2007年后中国劳动力成本的不断上升导致一部分跨国公司将加工出口生产转移到劳动力成本更为低廉的东南亚和印度等国家（地区），而且加工贸易在国内梯度转移稳步推进，中西部地区占比有所增长。在多重因素促进下，最终使加工贸易进出口总值占总进出口的比重缓慢下降，截至2017年，全国加工贸易进出口总值12000亿美元，同比增长7%，低于外贸总额增幅4.4个百分点，占我国同期外贸进出口总值的29%，占比较2016年下滑了1.2个百分点，2018年一季度，全国加工贸易进出口总值2800亿美元，同比增长8.3%，占我国进出口总值进一步下滑至27%。具体表现为进口中间品比重下降，而出口中间品比重上升，使得中国制造业的国际分工地位也有所提高。

过去在静态比较优势理论的指导下，中国凭借劳动力禀赋优势参与全球价值链分工，随着参与程度的不断加深，全球价值链收益逐年递增，所获得的贸易利得也越来越大。但是，中国仍处于全球价值链的下游，长期定位于GVC上的低成本环节，专业化生产劳动密集型产品。这说明中国企业参与的主要是全球价值链的中低端环节，不能成为占据高附加值与战略环节的价值链领导者，在全球价值链体系中还只是处于一种从属和被支配的地位，增值能力比较弱。静态比较优势理论认为，当开放战略把自己定位于专业化生产初级要素产品时，所具有的比较优势会使其产出增加并使其出口具有竞争力；同时会使缺少比较优势的资本品进口增加。如此，国际贸易的规模就成为内生变量。对本国比较优势偏离度越小，其产出就越有国际竞争力，出口就越多；同时不具有比较优势的资本品产业产出会减少，相应地对其进口会增加。但是由于有竞争力的出口会带来更多的收入，使得该国有条件实现这种进口。这一理论基本上反映了过去中国东部沿海地区贸易量迅速增长的历史轨迹。不过，该理论对未来中国建立高水平开放型经济体系和建设制造强国战略，存在着很大的不确定性和不稳定性，因为还要面临以下几个问题：

一是当我们把自己定位于专业化生产劳动密集产品时，并不能排斥其他初级要素密集的经济体也作为竞争者参与竞争。当某些可能具有更强竞争优势的劳动密集型经济体进入全球化市场，而地区的商务成本不断上升、产业升级因种种原因出现滞后时，再继续把竞争优势集聚于原来的初级要素，可能非但难以实现出口收入的持续增加，反而会陷入“贫困化增长”的不良格局。从图 2 可以看到，纺织与服装业（C4）和皮革与鞋类制品业（C5）在 GVC 中竞争力指标一直维持在较高的水平。两个产业是中国传统的优势产业，在改革开放浪潮的带动下，凭借劳动力资源丰富、劳动力成本低廉以及产业集群配套的发展优势，出口量一直处于世界前列。但是，近些年来，随着国内要素成本特别是劳动力成本的上升和其他发展中国家低劳动力成本的竞争，中国纺织与服装业和皮革鞋类制造业面临较大的压力，耐克、阿迪达斯等跨国公司将工厂迁至东南亚的行为也从侧面反映了中国劳动密集型产业面临的困境。

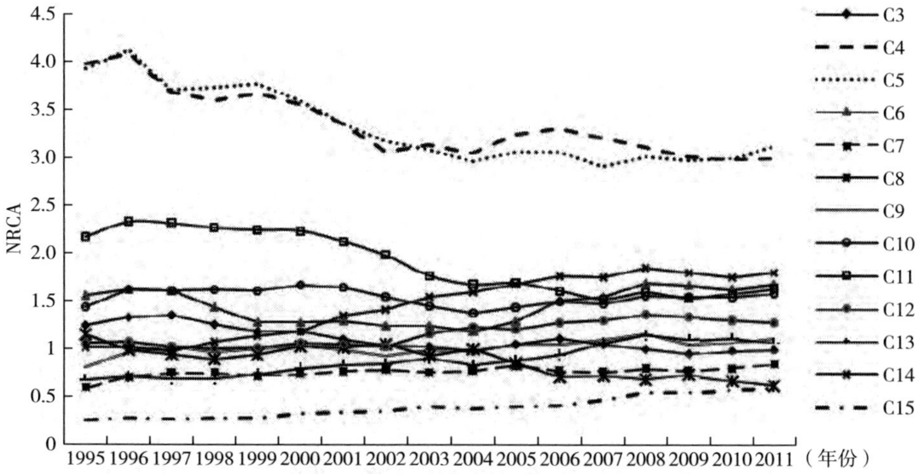

图2　1995～2011年中国制造业的全球价值链显性比较优势走势

数据说明：纺织及服装业（C4）、皮革与鞋类制品业（C5）、造纸及印刷业（C7）、石油加工、炼焦及核燃料加工业（C8）、化学原料及制品业（C9）、金属制品业（C12）、机械制造业（C13）、电子及光学仪器制造业（C14）、交通运输设备制造业（C15）。

二是我们以不适当的方式把自己定位于专业化生产劳动密集型产品，很容易在全球价值链的网络中，被走“高端道路”的先进国家的先进企业俘获，很容易在市场势力非对称、非均衡的网络中，被长期锁定在GVC的低端，长期走“低端道路”，其产业升级的任何实质性努力，都会遭到高端企业的阻击，因而只能长期维持粗放型增长模式。事实说明，发达国家和跨国公司主要从事“微笑曲线”两端的技术研发、核心零部件制造、品牌管理等高附加值的关键环节；发展中国家及企业则承担“微笑曲线”底部附加值低的加工、组装、制造等业务。在全球价值链形成前期，发展中国家利用其低成本要素价格的比较优势，以加工贸易的方式融入全球价值链生产，获得了发展机遇。但随着低成本优势的丧失，发展中国家长期依靠高投入、高消耗、高排放、低利润的方式嵌入全球价值链的发展方式已难以维持，另一方面还面临着发达国家工业“俘获”和“压榨”的压力。

三是这种定位容易在不安全和不稳定的GVC中，成为被上游企业遏制的对象，从而影响国家产业安全。在全球价值链中处于价值链低端的企业利益受到剥削，发展受到限制。正如黄永明、何伟等（2006）指出，中国一些传统的制造企业基本采用为国际客户代工生产的方式参与到全球价值链中，但这种参与方式距离全球价值链上技术研发、产品设计、市场营销、售后服务等关键环节还相差甚远。一般而言，全球采购商或委托代工企业只希望制造供应商完成制造生产，并不存在帮助其实现功能或跨产业升级的动力，更不会主动传授核心技术，甚至会设计壁垒来阻碍下游企业的攀升。这个事实已经为这次中美贸易摩擦的实践所证明，中兴通讯（ZTE）面临的困境就是最典型案例。

2　全球价值链地位的内涵和目标要求

价值链地位攀升不可能一蹴而就，而是一个循序渐进的发展过程，必须遵从一定的经济发展规律。要素禀赋结构及其比较优势的变化是具有一定规律性的漫长过程，且必须以现实比较优势为基础。因此中国必须立足国内国外实际，抓住进一步深度参与全球价值链分工的机遇，深入把握全球价值链地位的内涵，形成明确的目标体系，打造完整的现代化产业生态体系，提升产业国际竞争力，实现经济有效转型升级，真正推动经济高质量发展。虽然近些年，学者们开始关注价值链重构的前沿领域，但现有研究对重构价值链的概念与内涵、研究边界没有形成一致的认识，对其理论体系的构建及经验研究也有待加强，新兴经济体及企业的转型升级是推动全球价值链重构的落脚点，重构价值链重新洗牌的过程。我们认为问题的关键就是要对全球价值链分工进行深度研究，对其中的内涵做进一步探讨。

2.1　内涵

全球价值链分工条件下，大量的原材料和中间品在不同分工国家之间频繁流入流出，一国的出口通常可以分解为两部分，首先是国内贸易增加值（Domestic Value-added，DV），即包含在出口品中的国内成分，实现的是出口国的贸易增加值。其次是国外贸易增加值（Foreign Value-added，FV），即包含在出口品中的进口（资源品、中间品进口）成分，实现的是进口国的贸易增加值。因而，在传统出口额中，只有国内贸易增加值才是本国参与国际分工获取的附加价值。此外，由于产品出口后可能表现为三种情形：一是被进口国直接消费，从而直接实现国内增加值；二是进口国再次加工并出口到第三国，从而间接实现国内增加值；三是进口国再次加工并出口回出口国，该部分是通过出口国进口而实现的，故被称为增值折返或复进口。因而，出口产品中的国内增加值部分（DV）又可以分为直接出口增加值、间接出口增加值及增值折返三部分。

因而，全球价值链的地位实际上是基于增加值的视角而创建，其内涵在于，一方面，从贸易对经济增长贡献的角度刻画了出口部门对国内增加值贡献的差异，全球价值链地位越高的出口部门，对于经济增长的贡献越大，而国际分工地位越低的出口部门，对于经济增长的贡献越小。另一方面，从贸易增长的动力角度，较低的全球价值链地位意味着，出口国的出口增长更多建立在中间产品进口的基础之上，属于外延型贸易增长模式；而较高的全球价值链地位意味着，出口国的出口增长更多建立在国内生产能力基础之上，属于内生型贸易增长模式。

2.2 目标要求

价值链由中低端迈向中高端的过程，对一国来说，本身也是一个由大变强的过程。改革开放40年来，我国已然成为制造业、工业大国，但代价则是自然资源和生态环境的过度消耗，以及被锁定在价值链低端的低效率生产，这些都阻碍着我们经济的高质量发展，而要打破这些常规，我们首先要做的便是弥补我们现阶段存在的各类短板。

技术短板。要摆脱现阶段我国价值链处于低端的现状，首先要抓的便是我国的技术短板。目前我国有很多技术对外依存度很高，较多行业仍旧只能从事贴牌生产，自主研发能力低下，制造业领域的装备水平与发达国家还存在不小的差距。技术瓶颈的突破，同样有助于我国推动制造业模式的改变，使制造技术与信息技术深度融合，从而进一步推动经济高质量发展。

人才短板。可以预见，在未来价值链中高端的竞争中，各行业对专业化人才的需求将越来越强烈，未来的人才也会更多地强调是复合型人才。复合型人才既懂制造的相关技术，又能对原有技术进行创新和融合，这对价值链提升来说必不可少。

品牌短板。品牌问题由来已久，我国与美国、瑞士等国家相比，缺乏在世界500强中具有核心竞争力的品牌，因此，能否培育更多能够走出去的跨国企业，打造国际品牌，是我国能否迈向价值链中高端的关键。

标准短板。全球价值链的本质是全球化的分工与生产，这就要求各国企业工序的标准化运作，才能够保证行业的上下游能够有效连接。目前，我国很多企业都是按照自己生产的规律、产品去设定指标、标准，但是未来的制造里面要网络化，要数据的共享，首先要解决标准的问题，这也是我国产业迈向全球价值链中高端必须要解决的一个问题。

体制机制短板。未来改革将会进入深水区，原来的人口红利现在逐渐消失，但现在还有更好的红利，就是改革红利，要让它更好地释放出来。比如说金融机制改革，十九大报告提出“增强金融服务实体经济能力”，金融机制的改革要与实体经济结合在一起，而不是一味搞虚拟经济。

整体来看，全球价值链地位攀升的根本目标是打造完整的现代化产业生态体系。不同产业在全球分工体系中所处位置和现有比较优势不同，因而在制定价值链升级的目标及政策举措方面，都应该因具体产业而异，避免“一刀切”的错误认识和做法。何况，中国是一个巨型开放经济体，不仅产业容量大，而且内部各个区域发展的梯度差异也决定了产业层次和结构应具有高维特征。促进产业迈向全球价值链中高端，并非意味着要放弃低端。在促进沿海地区加工贸易转型升级，向品牌、研发、分拨和结算中心等价值链高端延伸的同时，还要推进有条件的企业将整机、零部件、原材料配套、研发结算等向内陆和沿边地区转移，形成产业集群，构建发展新格局。在促进部分产业走向全球价值链中高端的同时，保留并做大、做精、做强中低端产业，强化和延长现有比较优势，不仅是防范产业断档的必要选择，防止陷入产业空心化困境，也是打造完整产业生态系统，实现经济高质量发展的重中之重。

3 迈向价值链中高端，推动经济高质量发展的现实路径

当前，世界经济仍处在国际金融危机后的深度调整期，全球总需求不振，国际经贸格局和全球治理模式正在不断演变，世界经济处

于深刻调整中，大规模国际产业转移明显放缓，世界科技和产业革命孕育新突破，贸易保护主义持续升温。中国经济发展进入“新常态”，经济增长也进入结构性减速阶段。在“新常态”背景下，中国要努力摆脱“被锁定”和“被导向”等比较优势陷阱倾向，推动产业转型升级，缩小与发达经济体之间的差距，增强企业在全球价值链中的增值能力，培育竞争新优势，以提高中国在全球价值链中的地位和竞争力，实现经济高质量发展。

3.1 加快推动技术进步和升级

国际金融危机后，发达国家为抓住第三次工业革命的发展机遇，纷纷提出了工业领域的重大战略。德国在制造业领域率先推行“工业4.0”计划，以实施创新驱动发展战略。美、英等国家陆续推出“再工业化”战略，以巩固高端制造业，占领技术创新的制高点。与此同时，一些发展中国家利用相对于中国更加低廉的资源要素积极参与全球产业再分工，承接产业及资本转移。周毅（2017）认为，由于我国制造业发展起步晚，标准体系的制定和关键技术大多掌握在国外企业手中，制造业整体处于价值链中低端，只有轨道交通、航空航天、核电设备、手机、家电等少数几个行业处于中高端水平。因此，当前我国制造业面临着来自发达国家技术创新和发展中国家低要素成本的“双端挤压”。能否在新的科技创新领域抢占技术制高点，以及在由新一轮信息技术与制造业深度融合所引发的产业变革中培育出新的生产方式、产业形态、商业模式和经济增长点，将成为下一步中国工业转型、实现全球价值链升级的关键所在。

持续的技术创新是企业生存发展的根基，有核心技术不一定能赢，但没有核心技术必定会输。企业创新能力亟待增强，品牌产品占比偏低，同质化竞争较为普遍。因此，品牌主导型产业升级的技术升级路线强调，技术创新是根本，应针对不同技术，从两个方面推进创新：一方面，对于传统制造技术，由于已经形成的技术差距和来自发达国家对先进技术的封锁，后发国家和企业只能在技术引进基础上不断吸收再创新；另一方面，对于具有战略意义的前沿技术，发达国家和发展中国家尚未形成绝对的技术优势，因而都处于研发创新阶段，我国应加大该领域的基础研发投入，引导骨干企业研发创新，力争在关键性技术及其标准制定上有所突破并取得国际话语权，抢占国际制高点。

在链上持续攀升的企业必须要通过创新推动技术进步，培育以设计、研发、营销、服务为核心竞争力的新优势实现经济的高质量发展。毛蕴诗、王婕等（2015）调研发现，中国大陆和台湾存在许多优秀企业，通过创新驱动和能力积累，不仅实现了自身的转型升级以及在全球价值链上的地位改变，而且还进一步促使全球价值链发生质的变化，甚至改变了若干行业的竞争格局。可见，基于全球价值链发展和重构的现实，在巩固我国制造大国地位的同时，更要打响中国设计、中国创造、中国营销和中国服务保卫战。另外，缺乏自主创新能力是制约我国企业提升价值链地位的主要因素，必须充分利用全球资源，在强调设计研发的原始创新的同时，积极与全球价值链中的先进企业合作，加快引进消化吸收再创新。

3.2　促进模式创新和渠道转型

以全球市场为目标的企业应该确立全球型发展战略和治理结构。在全球价值链重构中，我国企业面对全球型公司的激烈竞争，只有建立自己的全球型公司，并顺应全球型公司发展要求变革经营理念，调整公司治理结构，充分利用全球的技术、资本、市场、人才、信息、营销渠道、先进管理经验等优质资源，才能赢得国际竞争。在经营战略上，依托全球资源，在全球设置采购中心、制造组装中心、研究设计中心、营销中心、服务中心和管理中心，通过价值链若干环节外包或企业并购来打造全球价值链。在企业管理上，从中心辐射型管理向全球网络型管理以及全球价值链治理转变。在企业责任上，从为股东利益服务、实现股东利益最大化向履行包括股东、全球社会责任和环境责任在内的全面责任转变。

同时，随着移动互联网、“互联网+”、大数据、物联网等信息技术变革和应用终端的出现，传统消费模式和营销渠道正在发生根本性改变。品牌主导型产业面向终端用户，对于产品直观感受和品牌体验有很高的要求，因而必须顺应消费趋势的演变规律，加快推进信息技术应用，利用物联网、大数据技术改造传统生产网络，实现制造、物流和销售的实时监控和信息反馈；同时，加强渠道模式创新，推进线上线下、移动互联网等渠道的销售和推广。

渠道转型的升级路径更加强调企业提升快速响应能力和供应链管理能力，后发企业必须“扬长避短”，处理好传统渠道和新兴业态之间的平衡。当前，互联网技术特别是移动互联网技术的快速发展已经改变了用户的消费习惯，更多偏向PC端或移动终端购物，倒逼企业布局线上交易渠道。为了不至于冲击实体店面的销售，企业需要采用线上线下产品差异化策略，才能有效隔离两个市场。有些企业针对这一矛盾推出了多个子品牌系列，线上线下分别出售不同品牌产品。在这个过程中，消费者也在分化，往往去实体店体验，之后在互联网终端下单购买。因此，利用网络信息技术推进渠道转型，也是全球价值链升级、实现经济高质量发展的重要路径之一。

3.3　延长产品链提高服务型制造和生产性服务业比重

目前中国经济结构的一个重大变化是2013年第三产业在国内生产总值中的比重首次超过了第二产业，但是工业对于国民经济的重要性并未改变，并且服务业中多数都是生产性服务业。据国家统计局数据显示，从对经济增长的贡献率来看，2013～2017年，三次产业对经济增长的年平均贡献率分别为4.6%、42.6%和52.8%，第三产业对经济增长的年平均贡献率比第二产业高10.2个百分点。其中，2017年第三产业对经济增长的贡献率比2012年提高了13.9个百分点。全球价值链发展和重构不仅仅发生在生产领域，而且更广泛地拓展到服务领域。在全球价值链形成和重构中，全球服务分工网络体系发展迅猛，服务渗透到生产的每一个环节，整合协调着全球化生产的各个方面，这就要求进一步促进服务贸易自由化。服务贸易自由化不仅有助于利用国际高效优质服务提升我国制造业在全球价值链中的竞争力，而且有助于我国服务资源进入国际市场，参与整合全球价值链，在国际服务贸易发展中获益。从产品链价值增值来看，随着要素成本的不断上涨以及劳动生产率的持续提高，纯粹制造环节的增值空间并不大，更多的价值增值体现在服务环节上，品牌主导型产业特征也决定了企业从之前聚焦生产向提供产品和服务转变的必要性。

从产品链攀升角度来看，如何突破低端锁定进入高端领域和环节，或者反过来看如何把竞争对手阻拦在低端领域和环节，成为当前产业链竞争的关键问题。全球价值链升级就是为了从低附加值攀升到高附加值，实现更高的价值增值。对于我国制造业特别是品牌主导型产业，在提高附加值的升级过程中，需要从生产型制造向服务型制造转变，提高生产性服务业比重。我国制造业在全球价值链中的竞争力强于服务业，所获得的贸易收益也高于服务业。不过，随着我国制造能力向生产性服务能力的逐步扩展，专业服务领域竞争力的逐步提升，2017 年我国服务出口增幅达 10.6%，是 2011 年以来出口的最高增速；出口增速比进口高 5.5 个百分点，7 年来我国服务出口增速首次高于进口。可以预见，随着我国人均收入水平的日益提高，未来市场对于产品服务的要求将更加突出，产品链向服务领域延长是品牌主导型产业向更高价值增值延伸从而实现价值链升级的必然趋势。所以，对于形成进入障碍的高端环节进行持续不断投资，重点在营销品牌、网络渠道、技术研发、产品设计、迅捷物流等环节进行投入，是实现产业链攀升的主要路径和机制。同时，鼓励中国企业反向收购在营销品牌、网络渠道、物流等环节上具有比较优势，或者具有较高技术研发输出能力的跨国公司或子公司，实现企业在竞争中的“跨越式”发展。

3.4 精准帮扶各类产业迈向中高端

目前中国产业迈向全球价值链中高端，一方面需要发展中高端产业，逐步减少低端产业比重；另一方面需要各个产业在全球价值链中向两端增值较高的环节攀升。劳动密集型产业方面，由于起步较早，劳动力成本有优势，在纺织、服装、箱包、鞋帽、玩具、家具、塑料制品等领域全球竞争力较强，但近年来由于企业大量投入机器人参与生产及部分东南亚国家劳动力成本低廉，使这些产业的成本优势不断缩小，需要提升质量水平，增强技术创新能力，逐步从加工装配环节过渡到标准体系制定、核心零部件设计加工、产品设计研发、售后服务等增值环节。技术密集型和资本密集型产业方面，对于已经掌握核心技术的产业来说，比如在电力、轨道交通、通信设备、船舶、工程机械、航空航天等装备制造业和大型成套设备出口等领域具备一定程度的综合竞争优势，强化建设和输出中国品牌和中国标准，提升国际合作话语权，通过制定标准扫除进军国际市场的阻碍，参与全球生产网络；对于存在的短板，缺乏关键核心技术的产业领域，一方面要加大科技创新投入，支持企业原始创新，支持企业自主创新研发，还要扶持具有一定自主创新能力的民营企业；另一方面要鼓励企业"走出去"，通过进口、境外并购、国际招标、招才引智等方式加速获得国外先进技术，促进消化吸收再创新，从价值链中低端逐步迈向中高端。

我国新时代先进制造业的发展重点应突出中国比较优势，着重关注补齐短板。作为价值链上高利润、高附加值领域的先进制造业，既是制造业中最具创新活跃产品、复杂度最高和成果最丰富的领域，也对发展经济和国家安全至关重要，这已经成为世界各国的广泛共识。由我国机械工业信息研究院成立的"机工智库"认为，先进制造业具体包括三个方面：一是利用先进技术对传统制造业改造提升转型而成的先进制造业，二是新技术催生的新兴先进制造业，三是制造业服务化而出现的新业态新模式。先进制造业的发展重点是根据市场需求和国际竞争态势而不断变化的。中国制造业由大变强，不仅要发展世界级大型龙头企业、迅速成长的"独角兽"企业，更应培育一批长期专注于制造业特定细分领域，能够引领该领域发展并占据市场领先地位的单项冠军企业。引导企业长期专注于细分市场精耕细作，对促进制造业转型升级迈向中高端具有重要战略意义。发展和培育制造业单项冠军的最终目的是引导更多专业化的公司引领行业发展，带领中国制造走向世界，提升我国制造业核心竞争力，实现制造业向高质量发展。在前瞻性布局战略性新兴产业时，关键是提高节能环保、新一代信息技术、新能源等战略性新兴产业的国际竞争力。同时，还要支持国内企业通过自建、合资、合作等方式设立海外研发中心。鼓励跨国公司和境外科研机构在我国设立研发机构。支持企业、行业组织参与这些新兴产业国际标准制定，大力推动我国标准国际化。

参考文献：

[1] Maurer，A. and Degain，C. Globalization and Trade Flows：What You See Is Not What You Get[J]. Journal of International Commerce，Economics and Policy，2012，3（3）.

[2] Feenstra R. C. Integration of Trade and Disitegration of Production in the Global Economy[J]. The Journal of Economic Perspectives，1998，12（4）：31 ~ 50.

[3] Hummels D，Ishii J，Yi K. The Nature and Growth of Vertical Specialization in World Trade[J].Journal of International Economics，2001，（54）：75 ~ 96.

[4] Timmer M，Los B，Stehrer R，Vries J.G.Fragmentation，Incomes and Jobs：An Analysis of European Competitiveness[J].Economic Policy，2013：514 ~ 661.

[5] Timmer M，Erumban A，Bart L，Stehrer R，Vries J.G.Slicing Up Global Value Chain [J].Journal of Economic Perspectives，2014，28（2）：99 ~ 118.

[6] Timmer M，Dietzenbacher E，Los B，Stehrer R，Vries J.G..An Illustrated User Guide to the World Input—Output Database：The Case of Global Automotive Production [J].Review of International Economics，2015，23（3）：575 ~ 605.

[7] Koopman R，Wang Z，Wei S.J.How Much of Chinese Exports is Really Made in China Assessing Domestic Value—added When Processing Trade is Pervasive[J].NBER Working Paper，2008，No. 14109.

[8] Koopman，R.，Powers，W.，Wang，Z.，Wei，S.J.Give Credit Where Credit Is Due：Tracing Value Added in Global Production Chains[G].NBER Working Paper，2010，No.16426.

[9] Koopman R，Wang Z，Wei S.J.Tracing Value—added and Double Counting in Gross Exports[J]. American Economic Review，2014，104（2）：459 ~ 494.

[10]Koopman，R.，Wang，Z.，Wei，S. J. Tracing Value-Added and Double Counting in Gross Exports[G].NBER Working Paper，2012，No.18579.

[11] Johnson R.C，Noguera G.Accounting for Intermediates：Production Sharing and Trade in Value Added[J].Journal of International Economics，2012，86（2）：224 ~ 236.

[12] 聂聆. 全球价值链分工地位的研究进展及评述. 中南财经政法大学学报，2016（06）：102-112.

[13] 孙红燕，李欣欣，刘晴.全球价值链中价值增值测算的研究综述. 工业技术经济，2017，36（04）：107–115.

[14] 魏浩，王聪.附加值统计口径下中国制造业出口变化的测算. 数量经济技术经济研究，2015，32（06）：105–119.

[15] 江希，刘似臣.中国制造业出口增加值及影响因素的实证研究——以中美贸易为例. 国际贸易问题，2014（11）：89–98.

[16] 戴翔.中国出口贸易利益究竟有多大——基于附加值贸易的估算. 当代经济科学，2015，37（03）：80–88+127.

[17] 卢小兰，喻静琼.中国出口国内附加值率的实证分析——基于非竞争型投入产出表的测算. 价格月刊，2017（11）：35–42.

[18] 王直，魏尚进，祝坤福.总贸易核算法：官方贸易统计与全球价值链的度量. 中国社会科学，2015（09）：108–127+205–206.

[19] 罗长远，张军.附加值贸易：基于中国的实证分析. 经济研究，2014，49（06）：4–17+43.

[20] 张定胜，刘洪愧，杨志远.中国出口在全球价值链中的位置演变——基于增加值核算的分析.财贸经济，2015（11）：114–130.

[21] 赵登峰，牛芳，曹秋静.中国出口产业在全球价值链中的地位——来自增加值贸易的证据. 深圳大学学报（人文社会科学版），2014，31（06）：107–115.

[22] 高运胜，甄程成，郑乐凯.中国制成品出口欧盟增加值分解研究——基于垂直专业化分工的视角. 数量经济技术经济研究，2015，32（09）：73–88.

[23] Upward R，Wang Z，Zheng J.Weighing China’s Export Basket：The Domestic Content and Technology Intensity of Chinese Exports[J].Journal of Comparative Economics，2013，41（2）：527 ~ 543.

[24] Melitz M.The Impact of Trade on Intra—Industry Reallocations and Aggregate Industry Productivity[J]. Journal of the Econometric Society，2003，71（6）：1695 ~ 1725.

[25] Kee H.L，Tang H.Domestic Value Added in Exports Theory and Firm Evidence from China[J]. American Economic Review，2016，106（6）：1402 ~ 1436.

[26] 张杰，陈志远，刘元春.中国出口国内附加值的测算与变化机制. 经济研究，2013，48（10）：124–137.

[27] 郑丹青，于津平.中国出口贸易增加值的微观核算及影响因素研究. 国际贸易问题，2014（08）：3–13.

[28] 樊秀峰，程文先.中国制造业出口附加值估算与影响机制分析. 中国工业经济，2015（06）：81–93.

[29] Antràs，P.，Chor，D.，Fally，T.，Hillbery，R.Measuring the Upstreamness of Production and

Trade Flows[J].American Economic Review，2012，2（3）：41 ~ 416.

[30] 尹彦罡，李晓华.中国制造业全球价值链地位研究.财经问题研究，2015，（11）：18–26.

[31] 黎峰.全球生产网络下的国际分工地位与贸易收益——基于主要出口国家的行业数据分析.国际贸易问题，2015（06）：33–42.

[32]]陈雯，赵萍，房晶晶，郑莹.中国在全球价值链的地位、贸易收益与竞争力分析——基于增加值贸易核算方法.国际商务研究，2017，38（04）：5–18.

[33] 韩中，葛新权，林梦.全球价值链背景下中国增加值贸易的测算.经济研究参考，2018（01）：69–77.

[34] 李善同，何建武，刘云中.全球价值链视角下中国国内价值链分工测算研究.管理评论，2018，30（05）：9–18.

[35] 刘琳.中国参与全球价值链的测度与分析——基于附加值贸易的考察.世界经济研究，2015（06）：71–83+128.

[36] Lall S.The Technological Structure and Performance of Developing Country Manufactured Exports，1985 ~ 1998[R]. QEH Working Paper，2000，No.44.

[37] 黄永明，何伟，聂鸣.全球价值链视角下中国纺织服装企业的升级路径选择.中国工业经济，2006（05）：56–63.

[38] 周毅.促进我国产业迈向全球价值链中高端.中国经济时报，2017–11–29（005）.

[39] 毛蕴诗，王婕，郑奇志.重构全球价值链：中国管理研究的前沿领域——基于SSCI和CSSCI（2002—2015年）的文献研究.学术研究，2015（11）：85–93+160.

高质量发展的目标要求和战略重点

上

国务院发展研究中心课题组　著

中国发展出版社
CHINA DEVELOPMENT PRESS

图书在版编目（CIP）数据

高质量发展的目标要求和战略重点 / 国务院发展研究中心课题组著 .
北京：中国发展出版社，2019.11（2021.7 重印）
ISBN 978-7-5177-1071-4

Ⅰ . ①高… Ⅱ . ①国… Ⅲ . ①中国经济—经济发展—研究 Ⅳ . ① F124

中国版本图书馆 CIP 数据核字（2019）第 246304 号

书　　名：高质量发展的目标要求和战略重点
著作责任者：国务院发展研究中心课题组
出 版 发 行：中国发展出版社
联 系 地 址：北京经济技术开发区荣华中路 22 号亦城财富中心 1 号楼 8 层（100176）
标 准 书 号：ISBN 978-7-5177-1071-4
经　销　者：各地新华书店
印　刷　者：河北鑫兆源印刷有限公司
开　　本：710mm×1000mm　1/16
印　　张：38.5
字　　数：450 千字
版　　次：2019 年 12 月第 1 版
印　　次：2021 年 7 月第 2 次印刷
定　　价：138.00 元

联 系 电 话：（010）68990535　68990692
购 书 热 线：（010）68990682　68990686
网 络 订 购：http://zgfzcbs. tmall. com
网 购 电 话：（010）88333349　68990639
本 社 网 址：http://www.develpress. com
电 子 邮 件：10561295@qq. com

DRC

2019

国务院发展研究中心研究丛书

“高质量发展的目标要求和战略重点”课题组

负　责　人：李　伟

执行负责人：张军扩

协　调　人：侯永志　刘培林　卓　贤

联　络　人：何建武　孙志燕　贾　珅

总报告　高质量发展的目标要求和战略路径

负　责　人：张军扩

执　笔　人：张军扩　侯永志　刘培林　何建武　卓　贤

重点问题研究篇

专题一　全要素生产率提升与高质量发展

负　责　人：陈昌盛

执　笔　人：陈昌盛　杨光普

专题二　高质量发展的测度指标体系研究

负　责　人：侯永志

执　笔　人：何建武

专题三　提升农产品质量安全的思路和措施

负　责　人：金三林

执　笔　人：金三林　韩　杨　程　郁　赵鑫蕊

专题四　工业设计助力提高制造业发展质量

负　责　人：赵昌文

执　笔　人：李　燕

专题五　提高服务业质量标准的政策研究

负　责　人：王　微

执　笔　人：刘　涛　王　念　李汉卿　陈　昕

专题六　新时代全面实现达标排放促进高质量发展研究

负　责　人：高世楫　常纪文

执　笔　人：常纪文　汤方晴　陈健鹏

专题七　完善认证认可机制，促进产品质量提升

负　责　人：马名杰

执　笔　人：沈恒超　王明辉　马名杰

专题八　工匠精神与工匠队伍建设

负　责　人：赵昌文

执　笔　人：魏际刚

专题九　完善多层次资本市场融资功能，服务经济高质量发展

负　责　人：吴振宇

执　笔　人：田　辉　陈道富

专题十　稳外资与促进高质量发展

负　责　人：张　琦

执　笔　人：张　琦　赵福军

专题十一　优化营商环境，促进高质量发展

负　责　人：马　骏

执　笔　人：马　骏　袁东明　马　源　马晓白

专题十二　基础设施通达均衡程度与区域高质量发展

负　责　人：侯永志

执　笔　人：何建武　刘小鸽

专题十三　政绩考核、干部激励和高质量发展

负　责　人：李建伟

执　笔　人：刘理晖　李曜坤　包雅钧　胡　晓

专题十四　增强消费对高质量发展的引领和支撑作用

负　责　人：王　微

执　笔　人：王　青

专题十五　高质量发展与成果共享

负　责　人：葛延风

执　笔　人：喻　东

专题十六　崇尚质量品质的文化氛围与高质量发展

负　责　人：李建伟

执　笔　人：张晓欢

地方案例研究篇

案例一　江苏制造业高质量发展的战略目标与路径研究

负　责　人：郑　焱　沈　和

执　笔　人：钱志新　丁荣余　卢爱国　王亚利　徐建荣

案例二　河南推动经济高质量发展的思路与对策

负　责　人：谷建全

执　笔　人：刘　云　耿德建　郭玲玲　夏巍巍

案例三　福建推进高质量发展的思路与对策研究

负　责　人：李　强

执　笔　人：廖荣天　刘立菁　兰晓原　谢毅梅

案例四　吉林省人口问题与高质量发展研究

负　责　人：李寅权

执　笔　人：李寅权　韩东朔　马金言　李　宁

案例五　广西经济高质量发展对策研究

负　责　人：杨　丛

执　笔　人：杨　丛　黄志岳　贤海华　钟　蕾　甘日栋　汪　克

案例六　内蒙古资源型经济高质量转型发展研究

负　责　人：杨臣华

执　笔　人：杨臣华　司咏梅　张志栋　程利霞　张　捷
　　　　　　吴露露　佟成元

案例七　东北地区转型发展面临的制约因素和破解思路

负　责　人：贾　珅

执　笔　人：贾　珅

背景报告篇

报告一　高质量发展的理论基础与衡量标准

负　责　人：任保平

执　笔　人：任保平

报告二　政府在重大技术创新领域中的作用研究

负　责　人：穆荣平

执　笔　人：陈　芳　穆荣平

报告三　产业政策与产业升级的关系研究

负　责　人：宋文月

执　笔　人：宋文月

报告四　迈向全球价值链中高端与中国经济高质量发展研究

负　责　人：刘文革

执　笔　人：何　波　钱学强　黄　玉　王丹丹

总　序

践行高端智库初心使命
推动中国经济长期稳定发展

2019年是中华人民共和国成立70周年。这70年，是中国共产党领导中国人民艰苦奋斗、不懈努力的70年，是创造经济快速增长奇迹和社会长期稳定奇迹的70年，是经济社会面貌发生翻天覆地变化的70年。70年来，我国国民经济综合实力实现由弱到强、由小到大的历史性巨变，对世界经济增长的贡献大幅提升，国际地位和影响力显著提高；70年来，我国从一个积贫积弱的落后农业国，发展成为世界第二经济大国和第一制造大国，经济结构不断优化，经济发展质量效益不断提升；70年来，我国基础产业和基础设施快速发展，城镇化水平快速推进，为经济社会持续发展、为人民幸福奠定了坚实的基础设施支撑和保障；70年来，我国科学技术体系不断完善，各级各类教育全面发展，卫生健康事业不断进步，社会主义文化繁荣发展；70年来，民生不断改善，就业持续扩大，居民收入不断增加，社会保障基本实现全覆盖，人民生活从温饱不足正在走向全面小康。

抚今追昔、饮水思源，我国经济社会之所以能够发生如此巨大、如此深刻、如此震撼的历史性变化，归根结底是中国共产党的正确领导，归根结底是中国共产党带领中国人民走上了改革开放之路，走上了全面小康之路，走上了民族复兴之路。

党的十九大报告指出，我国经济已由高速增长阶段转向高质量发展阶段，正处在转变发展方式、优化经济结构、转换增长动力的攻关期。2020年全面建成小康社会、实现第一个百年奋斗目标之后，我们将要乘势而上，开启全面建设社会主义现代化国家新征程，向第二个百年奋斗目标进军。在前进的新征程上，必然会面临一些新的挑战和困难，但更要看到，我国经济发展的基本面是好的、我国的制度是优越的、我们党的领导是坚强有力的，中国发展仍然处于并将长期处于重要战略机遇期，发展的动能和潜力仍然巨大，完全有条件、有能力保持长期稳定增长，并实现高质量发展。

中国的发展潜力来自雄厚的物质基础和完备的产业体系。经济发展的基础是劳动力、土地、技术、资本、管理、数据等生产要素及其有效组合，这些要素及其组合的演变形成推动经济发展的内在机制。新中国成立70年、改革开放40多年特别是党的十八大以来，我国积累了雄厚的物质基础，建立了完备的产业体系，劳动力、资金、基础设施等生产要素都具有充裕的储备和较高的质量，社会主义市场经济体制又能有效地把这些要素调动和组织起来，从而为经济持续增长打下坚实基础，不断形成和释放出巨大的潜力。

中国的发展潜力来自巨大的市场规模和需求扩张空间。一方面，我国的市场规模巨大、内部结构复杂，有利于形成形态更高级、分工更复杂、结构更合理的经济体系。另一方面，我国经济发展尚不平衡，城乡、区域发展差距仍然较大，必须加快解决发展不平衡不充分的问题。推动平衡发展，意味着巨大的社会总需求和经济结构优化，这无疑将激发出强劲的发展动能。

中国的发展潜力来自新一轮科技革命的推动和新动能的快速成长。近年来，我国大力实施创新驱动发展战略，科技投入持续增加，在生命科学、绿色能源开发、农业生产、信息技术等许多领域的关键环节和核心技术上取得重大突破，有的已经达到世界领先水平。同时，我国新产业、新业态、新商业模式等“三新”经济加快成长，更好地满足了人民日益增长的美好生活需要，也为经济长期发展注入了强大内生动力。我们完全能够抓住全球新科技革命的机遇，为经济增长赋予全新的动能。

中国的发展潜力来自不断创新完善的宏观调控体系。党的十八大以来，我们党不断加强和改进对经济工作的集中统一领导，在宏观经济政策方面提出了高质量发展这个“总纲”，形成了以新发展理念为指导、以供给侧结构性改革为主线的政策框架，形成了稳中求进工作总基调。在科学的宏观调控下，近年来是我国经济增长稳定、波动最小的时期，同世界其他大国经济运行状况形成鲜明对比。今后一个时期，宏观经济政策将更加注重强化高质量发展的目标引领，突出统筹兼顾、综合平衡，在区间调控的基础上加强定向调控、相机调控、精准调控，能够更好地为我国经济发展保驾护航。

中国的发展潜力来自高水平对外开放和推动构建人类命运共同体。近几年来，面对国际经济环境复杂严峻、少数国家逆流而动的形势和背景，我们保持战略定力、增强发展信心，在国际竞争中拓展发展新空间、推进自主发展。同时，坚定不移奉行互利共赢的开放战略，全方位扩大并推动更高水平对外开放。我们还继续发挥负责任大国作用，积极参与国际经贸规则制定，主动提供国际公共产品，为全球治理体系改革和建设贡献中国智慧、中国方案。这些努力，既有利于世界各国共同发展，也有利于增强我国的国际规则制定权，为经济发展争取更大空间。

综上，中国经济发展有巨大的潜力，有独特的优势。而贯穿各个方面始终的最为根本性的因素，是中国共产党的坚强领导。我们应对当前世界百年未有之大变局、保持中国经济长期平稳健康运行、释放经济发展巨大潜力，最大优势仍然是党的领导。党的十八大以来，我们党形成了以习近平同志为核心的党中央的坚强领导，产生了习近平新时代中国特色社会主义思想这一新时代伟大实践的行动指南，全面从严治党让党变得更加坚强有力，这是我们有效应对一切风险挑战的根本保障。只要我们保持战略定力，坚持办好自己的事，就一定能够克服前进道路上的一切困难挑战，抵达中华民族伟大复兴的光辉彼岸。

国务院发展研究中心是党领导下的国家高端智库，必须按照习近平总书记的要求，把党的初心和使命铭刻于心、践之于行，自觉担负起党中央、国务院赋予的神圣职责，在以往成就基础上接续奋斗。过去30多年来，国务院发展研究中心在事关改革开放和现代化建设的重大方向、目标及战略举措方面，完成了若干具有重要价值和重大影响的研究成果，提出了大量切实可行的政策建议，为推动中国经济社会发展作出了贡献。今后，国务院发展研究中心要继续坚持为党咨政、为国建言、为民服务，不断为党中央、国务院提供高质量高水平的政策建议和咨询意见，这是我们义不容辞的责任。

2018年以来，国务院发展研究中心自觉坚持以习近平新时代中国特色社会主义思想为指导，紧紧围绕党的十九大作出的一系列重大决策部署，深入扎实地开展调查研究，形成了一批政策价值较高、社会影响较大的研究成果。这套“国务院发展研究中心研究丛书2019”就是部分代表性成果的集中展现。丛书共包括14部著作，其中，《高质量发展的目标要求和战略重点》《波澜壮阔40年——我国改革开放40年回顾、总结与展望》2部著作是国务院发展研究中心重大研究课题报告；《新时代关于区域协调发展的再思考》《走城乡融合发展之路》《平台经济的发展与规制研究》等9部著作是各研究部（所）的重点研究课题报告；另3部著作是专项、招标课题报告。

“国务院发展研究中心研究丛书”自2010年首次面世以来，已经连续出版了整整十年。十年来，丛书累计出书143种（148册），成为我国智库业界的知名出版物，受到社会各界读者，特别是中央和地方各级领导同志以及政策咨询研究机构工作人员的高度关注和广泛好评。在此，我谨代表国务院发展研究中心和丛书编委会，向广大读者表示真诚的感谢，也希望丛书继续得到领导、专家、读者们的关心、指导和帮助，促使我们在今后决策咨询等工作中取得更大进步，为实现“两个一百年”奋斗目标、实现中华民族伟大复兴的中国梦贡献更多智慧和力量。

2019年11月

（作者为国务院发展研究中心党组书记、研究员）

目　录

专题二

专题三

专题四

专题五

专题六

专题七

专题八

专题九

专题十

专题十一

专题十二

专题十三

专题十四

专题十五

案例四

案例五

案例六

案例七

背景报告篇

报告一

报告二

报告三

内容摘要

我国经济已由高速增长阶段转向高质量发展阶段。推动高质量发展，关乎全面建成小康社会，关乎基本实现现代化，关乎建设社会主义现代化强国，是党中央在我国发展的历史转折关口提出的引领新时代现代化建设的重大战略。本报告提出了高质量发展的内涵，分析了高质量发展存在的问题和面临的障碍，探究了推动高质量发展的具体路径，并设计了促进高质量发展的指标体系。

高质量发展是站在新的历史方位上，适应社会主要矛盾变化而提出的，是推动新时代国家现代化建设必须长期遵循的重大战略。推动高质量发展，既是顺利跨越“中等收入陷阱”的必然要求，也是更好满足人民对美好生活需要的根本途径，还是在百年未有之大变局中抢占战略制高点的重要途径。

高质量发展，是以满足人民日益增长的美好生活需要为目标的“高效、公平和可持续”的发展。高质量发展是经济建设、政治建设、文化建设、社会建设、生态文明建设“五位一体”的协调发展，它既体现了绝对标准和相对标准的统一，也反映了质量与数量的统一。

高质量发展是经济社会发展的高级阶段。在新的发展阶段，原有适应后发追赶式发展的体制机制，并不能继续支撑高质量发展，表现为：要素市场改革尚未完成，资源配置效率仍有较大提升潜力；质量保障体系不健全，产品和服务的质量有待提高；创新体系整体效能不足，产业自主创新能力短板犹存；政府越位和缺位的问题依然存在，宏观政策的制定和落实机制尚待完善；区域协同发展机制不健全，国土空间发展均衡性不足；发展成果分享机制不完善，基本公共服务均等化任重道远；生态环境体制不完善，发展的可持续性有待提高；等等。

从高速增长转向高质量发展，既是经济增长方式和路径的转变，更是一个体制改革和机制转换的过程。转向高质量发展的关键，是加快形成与之相适应、相配套的下列体制机制：深化要素市场改革，为推动高质量发展创造体制保障；健全质量保障法律法规体系；集中力量突破技术“卡脖子”环节，补齐产业“短板”；培育高质量发展的社会环境；注重宏观调控政策创新；提高发展在空间上的均衡性；加大收入分配政策调节能力；把保护生态环境内化为发展的硬约束和新财富；以高水平开放促进高质量发展；等等。

推动高质量发展必须优化发展的衡量指标。对发展质量的测度，直接影响发展理念和发展目标的落实。针对国内现有的发展测度体系、指标存在的问题，我们提出了构建“高质量发展”测度指标体系的基本设想，从“高质量发展”的目标出发，设置了能直接或间接反映高质量发展“高效、公平和可持续”目标的指标。

关于经济高质量发展的几点思考

张军扩

党的十九大以来，围绕推动经济高质量发展，中央出台了一系列政策举措，经济转向高质量发展也呈现出诸多积极变化。同时也要看到，真正实现高质量发展绝非易事，更不可能短期完成。从一年多的发展实践来看，不仅诸多体制和政策需要进一步优化调整，也有诸多认识问题需要进一步深化。我围绕这个问题谈几点思考和体会。

一、由高速增长转向高质量发展，是后发追赶型经济体现代化过程中的一种特有现象和关键阶段

提高发展质量可以说是个永恒的主题，对我国来讲也并不是一件新鲜的事情。在改革开放以来的不同发展时期，中央对提高发展质量的重视从来就没有放松过，一直强调要处理好数量与质量、速度与效益的关系。特别是 1995 年《中共中央关于制定国民经济和社会发展“九五”计划和 2010 年远景目标的建议》，更是提出要实现两个“根本性转变”，即经济体制从传统的计划经济体制向社会主义市场经济

体制转变，经济增长方式从粗放型向集约型转变。那么，究竟如何深刻认识中央提出的由高速增长转向高质量发展的本质内涵和重大意义呢？我认为，只有从发展经济学的角度、从后发追赶型经济体现代化进程变化规律的角度，才能够比较深刻地说明这个问题。

1. 经济由高速增长转向高质量发展，是后发追赶型经济体现代化过程中的一个特有现象

不难发现，近代以来特别是二战以来世界各国的经济发展，主要可以划分为两大类。一类是技术前沿国家的创新引领式增长，另一类是落后国家或经济体的追赶型增长。前一种增长主要依靠的是新技术的突破和人口的自然增长，因此，尽管在技术取得重大突破时也可以实现较快的增长，但长期来看，增长速度比较平稳和缓慢。比如，据研究，美国在过去大约180年的时间里的长期平均增长率为3%～4%（其中一半为技术进步因素，另一半为人口增长因素）。虽然这种增长也会由于经济周期、重大技术突破或其他经济社会重大事件的影响等而出现比较大的波动，但总体而言是比较平稳和缓慢的，发展过程中谈不上明显的阶段变化，更不会出现所谓的从高增长阶段向高质量发展阶段的转变。

而后一种增长则由于“后发优势”的存在和作用，常常能够在一段时间里实现比前沿国家高得多的增长速度，比如20世纪50～60年代的日本和70～80年代的韩国。这种增长被称为“压缩式高增长”。改革开放以来我国经济的高速增长，就属于后一种增长，即追赶型增长或压缩式增长。那么为什么这种增长会出现明显的阶段性变化呢？这是因为，在追赶型增长过程中，随着发展水平的提升，后发优势会逐步减弱，如果追赶成功，达到或接近前沿国家的发展水平，后发优势就会基本消失，潜在增长率就会收敛到前沿国家的水平，这是不言而喻的。但追赶是个渐进的过程，不可能一蹴而就，越接近前沿国家水平要实现高增长就越难。因为这时后发优势变得比较弱小，已经不足以支撑数量型高增长，因而增长越来越靠创新驱动和质量提升。特别是到了比较接近高收入水平门槛的上中等收入阶段，更是如此。我国当前就处在这样的阶段。

2. 对于追赶型经济体而言，能否成功转向高质量发展，不单是个经济持续发展问题，还是一件决定国家前途命运的大事

这就是我们常常所说的“中等收入陷阱”问题。虽然现在对“中等收入陷阱”问题有不同的看法或解释，但“中等收入陷阱”作为一个现实现象却是显而易见的，那就是，近现代以来，世界范围内，众多的落后国家都曾经或正在进行着后发国家的追赶式现代化过程，但结果怎么样呢？绝大多数国家在现代化的起步阶段进展都相当顺利，并很快实现了由低收入国家向中等收入国家的转变，但此后的发展却出现明显分化：少数国家成功地将发展进程保持下去，并最终实现了由中等收入向高收入的转变，最成功者当数日、韩等；而大多数国家，典型的如拉美的阿根廷、智利等，亚洲的印度尼西亚、泰国、菲律宾等，都陷入了长期的停滞、徘徊，迟迟难以实现由中等收入向高收入的跨越。通过研究不难发现，陷入“中等收入陷阱”的原因虽然多种多样，但最根本的是两条：一条就是传统后发优势、比较优势减弱之后，迟迟没能形成新的优势，增长动力减弱，增长过程中断；另一条是国内矛盾突出，陷入长期动乱或混乱，发展进程受阻。这两条都与能否实现高质量增长密切相关，都是非常重要的经验，需要我们认真汲取，当然更需要我们通过转向高质量发展，努力加以防范和克服。

3. 成功实现从高速增长阶段向高质量发展阶段转变的关键，是尽快形成与阶段转变和高质量发展相适应的体制机制

研究表明，在追赶型增长过程中，从低收入社会向中等收入社会的转变，与从中等收入社会向高收入社会的转变，虽然属于时间上前后连续的过程，但两者的性质、面临的发展环境、发展条件和发展任务，却存在较大不同，因而所需要的发展模式和体制保障也是不同的。在前一个阶段，经济发展水平较低，发展主要依靠低成本、现有成熟技术等后发优势，这时对经济体制保障的要求相对简单，只需要一些基本的制度保证，比如政治社会稳定、产权得到基本保护、合同得到执行等，就能够启动工业化的进程，并达到中等收入水平。但当经济达到中等收入水平之后，之前的许多比较优势会发生变化，比如低成本优势逐步减弱、人口红利逐渐消失等，就需要转向创新发展，而创新发展对经济体制的要求就会比较高，不仅需要之前的基本制度保障，还需要更多的更精细化的制度，如促进创新的各类制度、社会诚信制度、解决信息不对称的制度等。如果这些制度不能形成，增长动力的接替就比较困难，增长就会受阻。从社会发展的角度来看，也面临不同的政治形势。当经济处在较低发展阶段时，人们普遍比较贫困，面临的主要是解决温饱等生存问题，因而对个体权利、社会公正等关注度相对较低，但当进入中等收入阶段、温饱问题基本解决之后，人们对社会公平、正义的要求会更高，相应的政治诉求也会不断提升，因而也要求社会治理的制度不断完善、能力不断提升，否则社会矛盾会不断激化，社会稳定难以保障，也会使发展进程受阻。

但是，及时改革并形成与高质量发展相适应的新的经济社会体制机制，知易行难，否则也不会有那么多的国家没有能够实现这个转变而落入所谓的“中等收入陷阱”。为什么呢？主要是两个原因。一个原因是路径依赖。就是总觉得既然现有制度能够实现过去的高增长，就说明已经被实践证明是有效的，就应当能够实现今后的高质量增长，因此就应当坚持，最多也就是做一些小的改革完善。另一个原因就是既得利益的掣肘。高速增长时期会形成各种各样的既得利益团体，改革必然是一个利益调整的过程，而且这些既得利益者往往又是话语权或决策权比较大的群体，从而使改革难以推进。正因为如此，尽管常常从思想上认识到了推进体制机制转变的必要性、重要性，但真正能够实现体制机制转变并成功转向高质量发展的国家并不多，出现了一种被称为“制度高墙”的现象（安东尼奥·法塔斯等:《中国经济增长面临的另一个挑战》,《哈佛商业评论》, 2009 年 3 月）。

因此，转向高质量发展，是追赶型经济体必须要经过的一个阶段，这个阶段不仅至关重要，生死攸关，而且不大容易完成。关键是要充分认识到其在性质上与前一个阶段存在很大不同，并不失时机地以坚定的意志推进相关改革，尽快形成与之相适应的体制机制。

二、高质量发展是高效、公平和可持续的发展

关于何为高质量发展，大家可能见仁见智。我的看法是，高效、公平和可持续性，是发展质量的三个最主要维度和最本质的要求。因此，所谓高质量发展，也应当从这三个维度进行界定，就是能够同时兼顾和实现这三个方面要求的发展，或者说，是这三个方面要求统一、平衡与协调下的发展。

1. 高质量发展显然必须是高效率的发展

发展缺乏效率，不仅谈不上高质量，也很难持续。效率既包括微观效率，也包括宏观效率。微观效率是从企业角度而言的，就是企业的产品和服务要有竞争力，投入产出水平高，能赚钱。提高微观效率的方式和途径，是多种多样的。既可以是提高产品和服务的性能和质量，也可以是降低成本和价格；既可以研发新技术、新产品、新业态，也可以在现有技术水平条件下把传统产品和服务做精做细；既可以通过技术创新，也可以通过加强管理；等等。这里需要特别注意的是，微观效率强调的是企业在产品、服务上满足社会需求的能力和竞争力，并不是技术水平越高越好，也不是产业和业态越新越好，关键是以有竞争力的性能和成本满足需求，能赚钱。宏观效率是就一国经济整体而言的，是国民经济整体的投入产出效率。宏观效率首先受微观效率的影响。微观效率好，也有利于宏观效率的提升与改善。与此同时，宏观效率还受经济结构动态优化和经济增长稳定性的影响，宏观经济的大起大落和剧烈波动，会造成生产能力的巨大浪费和宏观效率的损失。宏观效率的提高主要靠健全的市场体系和有效的宏观调控政策。

2. 高质量发展必须是公平和包容的发展

公平与效率是发展的一对永恒矛盾，但二者必须兼顾好。有失公平的发展，既不利于保持社会的和谐稳定，也有损发展的协调性和发展的后劲，最终也会损失效率，因此也谈不上高质量发展。同时，对公平的追求也要注意发展的阶段性及不同发展阶段面临的主要矛盾，注意把握好“度”，避免“过犹不及”，陷入“高福利陷阱”。公平性既包括机会的公平，也包括结果的公平。首先是收入差距要保持在一个合理的水平。收入差距的大小，不仅要看收入分配的情况，还要看财富的分布情况。其次是区域差距和城乡差距也不能太大，补齐区域和城乡发展中的短板，既是增强发展公平性和实现全面小康的需要，也有利于增强发展的协调性和充分挖掘、释放内需潜力，因此也是推动高质量发展的重要内容。近年来，区域差距呈现扩大的态势，是一个值得警惕的问题。在此基础上，关键就是要完善社会保障体系，提高保障水平，同时大力促进基本公共服务的均等化。社会矛盾突出、社会稳定难以维持是导致落入“中等收入陷阱”的重要原因，而从经济层面促进发展的包容性，是高质量发展的题中应有之义，从这个意义上说，推进高质量发展，也是从解决社会矛盾、维护社会稳定这个角度避免落入“中等收入陷阱”的关键举措。

3. 高质量发展也必须是生态环境友好型的发展

良好的生态和环境不仅是可持续发展的前提，也是人民对美好生活追求的重要组成部分。因此，对提高效率和改善福利的追求，不能以损害生态环境为代价，而应努力使其相辅相成、相互促进。当然，在平衡发展效率与保护生态环境当中，也要注意发展阶段变化及不同阶段的主要矛盾。在发展初期温饱问题尚未解决的情况下，发展是主要矛盾，往往难免会付出一定的生态环境代价。但当温饱问题基本解决，发展进入较高阶段之后，生态环境对于可持续发展和民生改善的重要性就会凸显出来。如果说高质量发展具有一定的相对性或阶段性的话，那么显著改善生态环境状况和大力提升发展的生态环境友好水平，就是现阶段推动高质量发展的一个最显著特征，并且随着发展阶段的提升，对生态环境的要求将会越来越高。改善生态环境状况和提高发展的生态环境友好水平，既需要大力促进技术的进步，也需要改革创新，探索政府与市场作用更加有效的结合方式。

三、全面推进高质量发展需要处理好四个重要关系

1. 要处理好发展新技术、新产品、新业态与传统产业转型升级、提质增效的关系

新技术、新产业、新业态的发展有利于提高产品和服务的科技含量和质量水平，这一点是毫无疑问的。事实上，一方面，近年来我国互联网、大数据、人工智能、共享经济等新产业、新业态蓬勃发展，不仅极大地提升了我国产业的质量档次，优化了产业结构，也极大地促进了消费需求的增长，成为经济趋稳向好的重要支撑力量。但另一方面，传统产业尤其是传统制造业的质量提升，也是新时期转向高质量发展的重要方面，而且从某种意义上可以说是更重要的方面。因为传统制造业范围更广、体量更大，对满足人民群众需要和国家整体发展的影响更大。目前我国已经成为制造业大国，但还不是制造业强国，其中的短板，除技术水平，关键在于我国制造业产品的质量档次、安全标准等不高。这些年，由于国内消费品在产品质量和安全标准等方面屡屡出现问题，严重损害了消费者对国内消费品的信心，致使群众大量到国外购物。从食品到药品，从婴儿奶粉到大米猪肉，从菜刀锅具到装备仪器，等等，产品质量、安全问题几乎涉及每一种产品类别。没有夕阳的产业，只有夕阳的技术、产品和企业。传统产业转型升级不仅大有可为，而且前景广阔。核心的问题，就是要通过智能化、精细化、绿色化、服务化、品牌化，促进传统产业的转型升级，提高其质量、效益和竞争力。

2. 要处理好制造业质量提升与服务业质量提升的关系

目前我国服务业增加值在GDP中的比重已经超过50%，成为经济的主体。但与制造业类似，服务业存在的主要问题，也是规模大而

质量层次有待提高。服务业包括生活性服务业和生产性服务业。以生活性服务业为例，近年来随着我国发展水平的提升，居民在旅游观光、休闲康养、家政服务、文化体育等方面的需求越来越大，不仅成为居民消费升级和增长的新亮点，也成为拉动经济增长的新动能。但由于这些领域在服务质量、安全标准等方面良莠不齐，问题频出，不仅严重打击了国内消费者的信心，使大量的消费需求转向国外，也对我国相关产业领域的国际形象造成不良影响。比如，一些重要的旅游目的地，一方面存在设施不完善、市场秩序混乱、服务不规范等问题；而另一方面价格却不低，甚至常常出现坑骗游客的现象，不仅不能满足群众需求，而且也严重制约产业的健康发展。生产性服务业的情况也基本类似。随着经济发展阶段的转变，金融保险服务、电信数据服务、会计审计服务、检验检测服务、认证认可服务、律师仲裁服务等，不仅需求越来越旺盛，成为新的增长点，也对其他产业领域的转型升级和质量提升发挥重要的支撑、引领和带动作用。但由于这些方面总体来讲也存在质量不高的问题，不仅限制了自身的发展，对其他领域的转型升级也形成了制约。

3. 要处理好供给侧结构性改革与需求侧补短板之间的关系

说到高质量发展，人们首先会想到是产业领域或供给侧的事情，这是可以理解的，但也应当看到，无论是对于提升国家整体发展质量、满足人民群众民生需要，还是进一步充分挖掘和释放内需潜力来讲，需求侧的补短板和优化提升也是同样重要的。比如投资需求，在城乡建设投资方面，一方面，改革开放以来，我国在城乡建设方面所取得的成就是举世公认、有目共睹的，但同时也存在不少短板和需要改进提升的地方。比如，从城市建设方面来讲，20 世纪八九十年代，我国大中城市都建设了不少居住小区，发展到现在，这些居住小区普遍存在几个突出问题。一是普遍缺乏地下停车库，地面车满为患，交通拥堵，安全隐患问题严重；二是6层左右的楼房缺乏电梯，老年人上下困难；三是年久失修，破损漏雨、管道老化导致饮用水污染等问题突出；等等。今后不仅要提高新建房屋的标准和质量，也要着力对这些老旧小区进行改造。城市排水设施、地下管网等方面，短板也很明显。农村的问题更加突出，不仅存在乡村建设的短板，比如不少乡村缺乏基本的道路硬化，缺乏基本的公共卫生、社会救助设施，不少农房缺乏基本抗震标准等，也存在农田水利设施年久失修、土壤污染退化问题严重等，这些问题不解决，不仅影响广大农村居民的生活，也会制约农业生产的转型升级和农产品质量的提升。而这些方面搞好了，不仅能够补齐短板，促进国家整体的现代化进程，也有助于释放发展潜力，夯实发展基础，为稳增长做出贡献。

4. 要处理好经济发展与环境质量提升的关系

好的生态环境和人居环境，不仅是美好生活的基本要求，也是现代化的重要内容。经过近年的努力，我国在这方面已经取得了一些进展，但人居环境和生态环境的短板依然突出，依然是今后需要重点努力的领域。这个问题比较显著、比较直接的可能是大气污染问题，而实际上更大的更难解决的污染是地下水污染和土壤污染问题。人居环境问题在农村更加突出。这些年各地在农村固体垃圾处理方面下了很大功夫，取得了比较明显的成效，现在问题比较大的，是农村的生活污水问题，大部分地区还是放任自流，今后需要作为治理的重点。

四、推动高质量发展根本上要靠深化改革

由高速增长阶段转向高质量发展阶段，其实质是发展方式的转

变，不仅涉及产品、服务、设施、环境等多方面的质量提升，也涉及理念、文化、体制、政策等多方面的措施保障和协力配合，可以说是一项复杂的系统工程。其中最为关键的，是要通过深化改革，着力构建有利于高质量发展的体制和政策环境，核心是政府要发挥正确的作用和正确地发挥作用。通过政府的作用，来保障市场的作用。从推动高质量发展的角度来说，政府的作用关键在以下几点。

1. 要着力构建优质优价和优胜劣汰的市场环境

从供给侧来讲，推动高质量发展的关键，就是要大幅度提升产品和服务的质量。而在市场经济条件下，企业创新和提升质量的根本动力在于优质优价、优胜劣汰，政府作用的着力点，也应当放在这里。一是正确界定和保护产权。这是推动高质量发展最基本的制度。俗话讲，有恒产者有恒心。中国传统上并不缺乏百年字号，中国人也并不是以粗制滥造或制造假冒伪劣产品而闻名。那么为什么这些年假冒伪劣横行，甚至出现为赚快钱而干出伤天害理的事情？原因肯定是多方面的，但我认为根本的一点，还是产权的界定和保护出了问题。产权的界定和保护包括两个方面，一方面，要依法严格保护产权，并使产权人形成良好和稳定的预期。现阶段的重点，是各级政府要形成严格的产权意识、合同意识，在法律和政策制定过程中，要严格按照法定程序，透明、公开、可预期。另一方面，还要把由投资者投资经营活动所产生出的不好的东西，对社会不利的东西，或者用经济学语言来讲负的外部性的东西界定给他，由他承担后果。这是制度学派最重要的观点，就是凡是由投资者产生出的东西，不论是好的还是不好的，都要明确界定给他，并由他负担后果。这样他就有积极性不断扩大好的，不断减少不好的，市场就能发挥作用。当然要真正做到这一点并不容易，需要做出一系列的制度安排。二是要根据实际情况变化，及时更新和提高质量、环境、安全标准，并严格执行。调研发现，当前在不少行业，国家标准过低和执行不严格，是一个比较突出的问题。通过环境、质量、安全等技术标准实施社会性规制，保护公众利益，既是政府职责所在，也是形成倒逼机制，实现优胜劣汰和促进产业升级的有效途径。另外，要充分利用好各类信用信息平台和市场化社会化的检验检测认证认可等中介服务机构，发挥其在消除信息不对称、促进和强化市场竞争方面的积极作用。

2. 要着力完善有利于资源优化配置和结构优化升级的社会环境

这其中的关键，就是要进一步转变政府职能，减少政府对经济活动特别是产业升级方向、方式以及产业优胜劣汰与重组等的直接干预。转向高质量发展阶段，经济增长将更多依靠创新，技术进步和产业发展方向将会面临更大的不确定性。什么技术、产业和企业更有发展前景，什么技术、企业、产业需要淘汰，都只能通过市场竞争来检验。政府的作用，要更多转向功能型社会性支持政策，切实完善社会保障制度，防范和化解财政金融风险，为市场作用的发挥创造更好的社会环境。

3. 要进一步完善促进创新发展的制度环境

创新对于推动高质量的重要性是不言而喻的。近年来，通过大力改善营商环境和促进“双创”，我国创新创业的环境总体来讲已经得到了较大的改善。从进一步促进创新的角度，下一步要着力改革我国的人才管理体制，着力营造能够吸引全球优秀人才来华从事科研教育工作的良好环境。须知，科技的竞争说到底是人才的竞争，在中美贸易摩擦不断加剧的大背景下，如何加快营造良好的在全球范围内具有竞争力的吸引人才的环境，显得尤为紧迫和重要。同时，要进一步改革教育体制，培养更多创新创业型人才和工匠队伍；进一步改革科研项目立项管理制度和科技成果评价激励制度，促进产学研更好结合和成果转化；进一步改革政府监管和政府采购制度，为各类市场主体创造更加宽松和更加公平的市场竞争环境；以及进一步加大知识产权保护力度，规范市场竞争秩序；等等。

4. 要切实加快对支撑高质量发展至关重要且具有基础性作用的一些重点或重大改革

这主要包括土地制度、国资国企、金融财税、社会保障、干部制度改革等。加快这些方面的重点改革，不仅对培育经济增长新动能十分重要，对于充分挖掘和释放我国经济的巨大潜力也十分重要。比如，如果宅基地制度改革能够取得突破性进展，那么就会在乡村建设和乡村环境治理方面释放出巨大的投资需求潜力；如果国资国企改革能够在增强垄断领域竞争、提高效益方面取得进展，那么就能够有效降低上游产品成本价格，从而提升我国制造业的整体竞争力；如果我们在发展草根金融和多层次资本市场方面能够取得进展，就能够从根本上破解金融调控中常常出现的宏观上松而微观上紧，尤其是中小型民营企业融资难、融资贵的困局；如果我们能够通过增加国有资产划拨、国有资本收益上缴、适当延迟退休年龄、提高社保基金运营效率和收益率等措施有效降低我国的社会保险缴费率，也能够在优化营商环境和提高我国企业竞争力方面取得比较大的进展。另外，所有事情都是需要人去干的。除了上述改革，加快干部人事制度改革，充分激发广大干部干事创业的积极性，对于推动高质量发展，也是至关重要的。

五、深化改革需要更加有效的推进方式

当前，不论是从切实推动高质量发展来讲，还是从进一步释放增长潜力稳增长来讲；不论是从应对中美贸易摩擦等外部挑战来讲，还

是从化解内部财政金融等风险来讲，加快深化改革和扩大开放步伐，都十分重要，也十分紧迫。应当说，十八大以来，党中央对深化改革扩大开放的决心和推进力度都是前所未有的。十八届三中全会通过的《关于全面深化改革若干重大问题的决定》（以下简称《决定》），对新时期深化改革做出了全面部署，国内外为之振奋。十八大以来，习近平总书记亲自主持召开了40多次中央深改组、深改委会议，审议、通过了400多项重大改革方案，中央和国家有关部门共出台了近2000项改革方案和举措。的确，改革在一些领域也取得了显著进展，比如深入推进放管服改革，着力改善营商环境；完善生态环境监管体制，加大环保执法力度；等等。

但总体来讲，新时期改革存在的一个突出问题，是出台的文件比较多而真正落地见效还不够有力，特别是十八届三中全会确定的一些比较重要改革的进展相对比较慢，实质性进展不足。比如在国有经济和国有企业改革方面，《决定》提出要“以管资本为主加强国有资产监管”；在土地制度改革领域，《决定》提出要“建立城乡统一的建设用地市场”；在金融体制改革领域，《决定》提出要“扩大金融业对内对外开放”“健全多层次资本市场体系”；等等。这些重要改革，要么仍然处在试点试验阶段，要么虽然出台了一些改革举措但尚未取得实质性或突破性进展。

党中央高度重视改革的落实和见效问题。在主持召开深改组、深改委会议时，习近平总书记多次强调，改革重在落实，也难在落实。要投入更多精力、下更大气力抓落实，要把改革重点放到解决实际问题上来，坚定不移推动落实重大改革举措。那么为什么改革的决心意志之大、举措之多前所未有，而落地效果却不够理想呢？我认为，除了现阶段改革形势更加复杂，改革任务更加艰巨，非常重要的一点，是新形势下我们推进改革的方式方法需要更加优化更加有效。

改进和优化改革推进的方式方法，主要是要处理好以下三个重要关系。

一是要处理好全面改革与重点突破之间的关系。十八届三中全会提出全面深化改革，无疑是十分正确的；通过补齐短板，可以增强体制的整体有效性。可是经济体制当中存在的问题和矛盾毕竟是不同的，有些是主要矛盾，有些是次要矛盾；有些是根源性的，有些是从属性的。改革不能平均用力，而要找出经济体制中的主要矛盾或矛盾的主要方面，加大工作力度，力争取得突破，以主要矛盾的解决带动和促进次要矛盾的解决。其实，经济体制面临的矛盾虽多，但重大和关键的改革不会太多，这些改革突破了，就能起到带动全局的作用。比如 1994 年前后进行的国企建立现代企业制度改革、分税制改革和汇率并轨改革，就是这样。另外，抓住少数重大改革，把其他相关改革都纳入其中，统筹推进，也有利于各项改革的协调和取得实效。而如果把本属于同一重大改革但却属于不同层面、不同领域的事项分派给不同的部门牵头负责，则会大大增加改革协调的难度，难以取得好的效果。

二是要处理好顶层设计与基层探索的关系。改革进展到现阶段，顶层设计无疑是十分重要和十分必要的。尤其是一些重大的改革，没有顶层设计，不从顶层推动，要么很难突破，要么可能会偏离正确的方向。同时，也要十分重视充分发挥基层和群众的主观能动性和首创精神。我国各地发展水平和具体情况千差万别，不可能一个模式适合所有地区、所有情况。顶层设计主要应当明确方向性、原则性，而把具体的实现方式问题交给基层去解决。比如在推行农村集体产权制度改革时，如何确定农村集体成员身份问题，就是一个十分复杂的问题，坐在办公室是想不出来办法的，即使下去调研，各地情况甚至各村的情况都有很大不同。但其实只要明确原则和方向，交给基层去协商解决，都可以处理得很好。关键是顶层设计要给基层探索留下充足的空间，鼓励基层根据实际情况进行探索。就像习近平总书记指出的："对看得不那么准、又必须取得突破的改革，可以先进行试点，摸着石头过河，尊重实践、尊重创造，鼓励大胆探索、勇于开拓，在实践中开创新路，取得经验后再推广。"

三是要处理好依法依规改革与解放思想、大胆闯大胆试之间的关系。习近平总书记提出，凡属重大改革都要于法有据，这是依法治国法治精神在改革领域的高度体现。总书记还指出，要"进一步解放思想"，要"大胆试、大胆闯、自主改"，"允许改革有失误、但不允许不改革"。可见，从政策导向上，"改革要于法有据"与"大胆试大胆闯"二者并不矛盾，而是统一的。然而在现实中，我们却常常看到听到，一些干部由于顾忌改革要于法有据，怕担责犯错误，而不敢闯、不敢试，产生消极等待情绪。为此，需要从三个方面加以改进。其一，要进一步明确，所谓于法有据，主要是就重大改革和重大原则问题而言的，而不是改革推进的具体方式方法。新形势下，面对改革复杂的形势和更加艰巨的改革任务，依然需要鼓励广大干部解放思想，按照"三个有利于"的原则大胆闯、大胆试。就像邓小平同志当年所讲的，对了坚持，错了改正，就不会犯大的错误。其二，处理好改革举措与相应的配套政策之间的关系，在出台改革政策的同时，相应的考核、审计、问责等配套政策要及时明确，及时跟上，以解改革者后顾之忧，充分释放政策红利。其三，要进一步完善对干部的激励和保护机制，加大改革创新在干部考核和提拔任用中的权重，建立健全改革容错纠错机制，真正为那些锐意进取、敢作敢为的干部打气撑腰，提供后盾。

总报告

高质量发展的目标要求和战略路径

十九大报告提出："我国经济已由高速增长阶段转向高质量发展阶段。"推动高质量发展，关乎全面建成小康社会，关乎基本实现现代化，关乎建设社会主义现代化强国，是党中央在我国发展的历史转折关口提出的引领新时代现代化建设的重大战略。全面落实这一战略，必须深刻认识高质量发展内涵，科学分析高质量发展存在的问题和面临的障碍，深入探究推动高质量发展的具体路径，周密设计促进高质量发展的政策体系。

1 推动高质量发展是支撑新时代国家现代化建设的重大战略

十九大报告指出，经过长期努力，中国特色社会主义进入了新时代。进入新时代最主要的标志是我国社会主要矛盾已经转化为人民日益增长的美好生活需要和不平衡不充分的发展之间的矛盾。高质量发展是站在新的历史方位上，适应社会主要矛盾变化而提出的战略，是推动新时代国家现代化建设必须长期遵循的战略。

1.1 推动高质量发展是顺利跨越“中等收入陷阱”的必然要求

2018 年，我国人均国民收入已接近 1 万美元（9732 美元），距高收入国家的门槛约有 2100 美元的距离。但我们能否跨过这段距离，顺利进入高收入国家行列，尚存在不确定性。从国际经验看，陷入“中等收入陷阱”的发展中国家并不少，甚至已跨过高收入门槛又退回到中等收入阶段的国家也不乏先例。跌入“中等收入陷阱”主要有两大原因：从经济增长来看，一国在发展过程中缺乏增长的新动力；从发展的环境来看，尖锐的社会矛盾使一国陷入频繁的政权更迭和持续的政治动荡之中。这两点是发展质量不高的主要表现。甚至可以说，发展质量不高和“中等收入陷阱”是一个硬币的两面。

对于中国而言，新中国成立后至 1978 年，经过全体中国人的艰苦努力，我国建立起了比较完整的工业体系和国民经济体系，人口识字率和预期寿命迅速提高，达到了发展中国家中的较高水平，为改革开放后工业化、城镇化快速推进奠定了坚实基础。改革开放进一步激发了全社会的积极性，加之集中统一领导和地方竞争体制在资源动员方面的强能力和高效率，我国利用技术上的后发优势实现了快速的经济追赶。但我国发展的“质量”短板亦相当突出，存在着经济结构有缺陷、技术瓶颈凸显、收入分配差距拉大等矛盾。

只有通过高质量发展，解决这些问题，我国的现代化才能走上坦途。二战以来全球发展的实践表明，凡是追赶型经济体在快速追赶阶段结束后进一步跨入高收入行列并继续发展的，都是发展质量迈上新台阶的。相反，凡是追赶型经济体在快速追赶阶段结束未能顺利跨入高收入行列的，或者一度跨入高收入行列但后来又退回到中等收入行列的，都是发展质量不能明显提升的。因此，我国必须推动发展质量迈上新台阶，否则我国就有落入“中等收入陷阱”的危险，发展成果也可能得而复失。

1.2 推动高质量发展是更好满足人民对美好生活需要的根本途径

改革开放以来，我国城乡居民的收入水平、住房水平、耐用消费品拥有率、营养水平、受教育水平、医疗保障水平、文化旅游等消费水平等，均有了极大提高。随着发展进入新时代，城乡居民特别是年轻一代越来越追求生活的质量和品位。

然而，我国在供给侧的现实却令人担忧，有些方面的发展不仅不能满足人们过上美好生活的需要，甚至不能满足人们在生活质量方面的一些基本要求。比如，食品、药品安全问题迟迟得不到很好的解决，人民群众长期反映强烈，有些问题甚至对人民群众的生命财产造成不可逆转的负面影响；大气、水、土壤污染和重要生态涵养区功能退化、农村环境质量差的问题，也对人民群众的日常生活质量乃至健康带来不可忽视的负面影响；看病难、看病贵、上学难的问题严重影响了人民群众的获得感和幸福感；日常生活便利设施比如城市低层住房缺乏电梯、轮椅通道等，在人口老龄化程度提高的背景下也凸显为制约千家万户生活质量的重要问题。

因此，只有通过推动高质量发展解决这些问题，才能让人民过上更高质量的生活。

1.3 推动高质量发展是在百年未有之大变局中抢占战略制高点的重要途径

二战结束以来70多年之发展和演变，国际政治经济格局发生了深刻变化，世界迎来了百年未有之大变局。这种变局的主要内容有两个方面。一方面，新技术革命成果的广泛应用正推动着生产、生活方式的变革，带来社会结构的深刻变化，各国政府都采取相应的国家战略以适应和影响这一过程。另一方面，旧矛盾的积累和新矛盾的出现，诱发各国特别是大国进行战略调整，重新制定国家对外战略，一些大国甚至一反过去支持经济全球化的立场，经济民族主义的倾向愈演愈烈。

在这种“变局”之下，各国的相对地位必然发生变化。决定这种变化的是以经济为基础的综合国力，包括经济规模、经济结构、技术水平和创新能力等因素。2008 年全球金融危机之后，包括中国在内的新兴发展中国家的快速发展，新兴经济体在全球经济的份额明显上升。然而，中国经济虽在规模上位列全球第二，但大而不强，高端产业少而弱，核心科技创新能力不足，目前在全球格局中所处的地位并不稳固。

我国只有推动高质量发展，才能改变经济“大而不强”的局面，才能抓住新技术革命和新产业革命机遇，提高产业、技术水平和在全球分工体系中的相对地位，才能在国际“变局”中为进一步提高中国的国际地位创造条件。

2 高质量发展的本质内涵和目标要求

高质量发展，是以满足人民日益增长的美好生活需要为目标的高效率、公平和绿色可持续的发展。这是高质量发展的本质内涵。高质量发展是经济建设、政治建设、文化建设、社会建设、生态文明建设“五位一体”的协调发展。提高发展质量，最基本的要求是提高产品和服务的质量和标准。但更重要的是促进经济、政治、社会和生态环境全方位的、协调的发展。以其他方面的停滞为代价换取某一个或某一些方面的高质量，并不可持续。比如，忽视生态环境而追求经济增长是不可持续的，而且也有悖于满足人民群众对美好生活的要求。同样，一味强调保护生态环境而抑制经济增长，也是不可取的。再如，一味追求经济增速而忽视社会建设，导致收入差距严重拉大、社会阶层固化，那么经济增长本身也不可持续；同理，一味强调缩小收入差距，搞平均主义，最终的结局也只能是共同贫穷而不是共同富裕。

高质量发展是绝对和相对的统一。一方面一定的发展阶段必须达到一定的基本标准。比如，在一定的发展阶段上，产业在技术水平、生态效应、能源资源消耗强度、在国际价值链中的地位等应该达到一定的门槛水平，否则就谈不上高质量发展。但另一方面也要认识到，高质量发展的标准又是相对的，并且是与发展阶段相适应的，超越发展阶段提出过高要求反而会带来各种扭曲，不能起到引领发展的作用。比如，中等收入阶段的国家如果对标发达国家的生态环境质量标准、社会保障水平，是做不到的。如果不顾客观条件、不计代价地追求某些方面的过高标准，即使能够在一定时间内实现某些目标，最终也会因为违背规律而对全局带来难以承受的负面影响。

高质量发展是质量与数量的统一。质量和数量从来不是对立的，量变是质变的基础，质变是量变累积的结果。高质量发展是以一定的数量为基础，离开了数量，质量也就成了无源之水、无本之木。比如，倘若 GDP 速度大跌甚至负增长，其他方面的建设和发展也会受到拖累，甚至一些问题有可能激化，如社会就不能保持稳定。此外，从“五位一体”协调发展的要求来看，发展质量的提升在许多方面的题中之义就是数量的提高，如社会建设的重要内涵就是增加公共服务的可及性等，这就要求建设更多的有一定质量的医疗、教育、服务设施。反过来，质量改善也会为数量的可持续增长提供更好的条件。比如，资源能源效率的提高，意味着今后可以用同样甚至更少的资源能源带来更多的产出。再如，和谐的社会可以凝聚起发展的强大动力，激发出人民群众参与现代化建设的积极性和能动性，推动物质财富快速积累。

高质量发展，具体体现为如下几方面。

——资源配置效率高，经济运行平稳。要素配置和利用效率高，要素配置扭曲程度较小。宏观供求关系动态、持续地相对平衡，国民经济主导产业产品的供给和需求大体平衡，经济运行没有大起大落，没有严重的产能过剩和短缺。

——工农业产品和服务的质量不断提高。产品和服务安全可靠，质量不断提高，符合国内外主流市场的要求。当然，产品和服务并非质量越高越好，还要与市场标准可接受的程度相适应。

——技术水平不断升级。国民经济主导产业的技术要达到同期世界主流水平。有相当一批产业能够达到价值链高端和世界技术水平的前沿，形成参与国际竞争的持久优势。产业升级对技术的需求基本能够得到满足。

——制约人民群众生活质量的突出短板得以补齐。对于那些现行技术水平、产业供给能力之下本来可以解决但因为政策和体制不合理而长期未解决的群众反映强烈的短板问题，通过深化改革和调整政策，尽快加以补齐。

——现代化诸方面的均衡发展。即经济建设、政治建设、文化建设、社会建设、生态文明建设协调推进，现代化建设五大领域内部亦没有明显的不足。

——国土空间上的均衡发展。城乡、区域之间形成合理的分工格局，生产要素、人口、经济活动和产业在城乡和区域之间的配置格局符合效率原则。城乡和区域之间的生活水平和基本公共服务水平大体上实现均等化。各地国土空间开发程度和其资源环境承载能力相匹配。

——更加公平的成果分享。收入和财富差距保持在合理范围之内，社会阶层流动性较高，全体人民都能够通过公平参与国家的现代化进程而实现自我发展。

——绿色可持续的发展。形成更加和谐的人与自然关系，形成绿色低碳的生产方式和生活方式，维持并提高生态自我修复更新能力，城乡人居环境优良。

3　我国高质量发展面临的问题及其体制性原因

高质量发展是经济社会发展的高级阶段。在我国高速增长阶段，经济发展更多表现为“规模扩张”和“要素驱动”，而高质量发展阶段的主要目标是“高效”“公平”和“可持续”。在新的发展阶段，原有适应高速增长阶段的体制机制不仅很难继续支撑高质量发展，在一些方面甚至可能制约高质量发展。

3.1　要素市场改革尚未完成，资源配置效率仍有较大提升潜力

中国商品市场的市场化程度较高，但要素市场化程度与高质量发展的要求仍有较大差距。在资金要素方面，金融服务对象以国有企业、大企业和政府性投融资为主，对小微企业、民营企业、“三农”领域等薄弱环节服务不足；金融供给仍以银行间接融资为主，多层次资本市场特别是股权融资市场仍不成熟。在劳动力要素方面，由于养老、教育、医疗等基本公共服务不均等且不能随劳动力跨区转移，劳

动力在城乡和区域之间流动的制度性交易成本较高，降低了劳动力要素的配置效率。在土地要素方面，我国目前还存在着农村土地要素未被充分盘活，城乡要素双向流动受阻等问题。如果说在高速增长阶段，发育不完全、不充分的要素市场尚可支持当时的发展，在高质量发展阶段，要素市场不健全已经成为降低资源流动成本、实现要素合理配置的主要制约。

3.2 质量保障体系不健全，产品和服务的质量有待提高

产品质量一头连着生产环节，另一头连着消费环节，直接影响着消费者的购买决策，既关乎人们日益增长的物质与文化需求的满足，更关系到内需潜力能否被有效释放。低质产品不仅为消费者所抛弃，也会造成资源浪费和整个社会生产过程中总成本的增加，使经济社会发展付出高昂代价。我国产品的品类齐全，大部分产品也能满足常规功能性要求，但在功能档次、可靠性、质量稳定性和使用效率等方面都有待提高。其原因是多方面的。从质量基础设施看，我国在计量、标准、认证和检验检测等领域存在差距，中国主导制定的国际标准才刚刚接近 1%，被承认的校准测量能力只相当于美国的 53%。从市场环境看，由于知识产权、品牌商誉等体系存在立法不足、执法不严、违法成本低的问题，产品和服务的价格信号失真，“优质”无法体现为“优价”，中高端消费市场存在“优不胜、劣不汰”甚至“劣币驱逐良币”，导致高质量商品和服务的有效供给明显不足，大量中高端商品和新兴服务消费需求外流。从社会文化方面看，近些年来传承和发扬工匠精神的环境建设和制度基础有所削弱，企业更热衷于追求营销模式的创新，而对工艺提升和质量改善的重视不足，专注敬业和精益求精的工匠精神成为稀缺品。

3.3　创新体系整体效能不足，产业自主创新能力短板犹存

核心创新能力不足一直以来都是制约我国产业发展和质量提升的瓶颈。中国产业体系大而不强的特征明显，基础工艺和基础产业技术尚不牢靠，关键基础材料和核心基础零部件对外依存度比较大。从促进创新的体制环境来看，目前我国创新体系整体效能还不够强，创新要素在不同创新主体之间尚未实现自由、充分的流动和组合，阻碍创新的诸多藩篱仍有待破除。从创新资源共享机制看，科技创新资源仍然存在着分散、重复和低效的问题，“打包”、“拼盘”、任务发散等现象仍较突出，科技投入的产出效益不高。从创新激励机制看，科研成果的资产属性定位尚不够明确，从而影响了创新成果的转移转化和市场价值创造能力，没有充分激发出研究人员开展原创性创新的积极性。从创新政策协调机制看，各部门政策不协调的矛盾仍比较突出，如科技成果转化政策与国有资产管理制度之间、开放创新与外资管理体制之间等仍有待进一步协调和统一。

3.4　宏观政策的制定和落实机制尚待完善，政府越位和缺位的问题依然存在

我国经济发展进入新的阶段，供求主要矛盾和矛盾主要方面发生转化。从总量政策来看，由于基础设施投资的边际收益下降、居民收入分配不平衡的格局短期难以得到有效扭转，宏观政策对需求的拉动作用存在硬性约束，刺激政策的边际效果明显递减，需求管理政策需要根据形势变化不断调整和创新。从结构政策来看，政府职能转变仍不到位，政府和市场的界限仍然存在不少模糊地带，在市场准入、产业竞争等领域仍有不当干预，在市场监管、公共产品等领域仍有供给不足的问题。从政策落实机制看，宏观政策的制定和执行机制不配

套，既有政策现实针对性不足、执行困难的问题，也存在激励不兼容，地方缺乏积极性和选择性执法的问题。

3.5 区域协同发展机制不健全，国土空间发展均衡性不足

实施非均衡发展战略，将有限的战略资源更多用于重点区域的发展，并通过产业关联效应带动其他地区发展，是高速增长阶段的一个重要特征。虽然西部大开发、振兴东北地区、促进中部地区崛起等重大战略决策的实施对扭转区域失衡趋势起到了一定作用，但是当前区域经济分化仍在加剧，区域之间发展还很不平衡，区域发展不协调的问题仍未根本解决。究其原因，根本的一点在于展机制不完善，长期以来比较偏重出台各种差别化的区域政策，而对于涉及区域协同发展基础制度层面的改革，包括中央与地方的关系、财政转移支付制度、区域间政府协调机制等，则推进不够，致使区域间公共服务、社会保障水平等差距过大，发展成果共享的基础不牢，恶性竞争很难从根本上清除。

3.6 发展成果分享机制不完善，基本公共服务均等化任重道远

在高速增长阶段，突出“效率优先、兼顾公平”的原则，的确有助于实现后发赶超战略。但长期实施这一分配原则，导致社会收入分配和财富结构的失衡，不利于缓解差距拉大所引发的社会矛盾。在收入分配方面，总的来看，虽然 2012 年到 2015 年中国居民基尼系数有所下降，但 2016 年、2017 年连续两年上升，且与 2015 年以来农民工收入增速放缓的趋势吻合。在教育领域中，学前阶段普惠性资源不足，基础教育阶段的区域、城乡以及校际之间硬件和师资水平还有较大差距，部分群体特别是特大城市流动人口子女受教育权利的保障

还不充分。在医药卫生领域，群体间医保制度待遇差距大、基本服务保障不充分、部分群体经济负担重、医保管理水平不高等问题还很突出。劳动力市场人为分割和就业歧视现象仍未完全消除，劳动安全、收入、社保等的规范化程度和权益保障水平还有待提高。

3.7　生态环境体制不完善，发展的可持续性有待提高

生态文明建设正处于各方压力和矛盾博弈的关键期，生态环境是高质量发展的突出短板。当前，我国仍然面临污染物排放量大面广、环境污染重的问题，部分污染物的排放超过或接近生态环境承载力的上限，部分地区冬季空气重污染频发高发。其原因有以下几点。一是在现行财税等制度安排之下，一些发展基础较弱的地区提供公共服务压力大，在保增长、维稳定与保护生态环境方面往往面临两难境地，粗放发展方式转变面临较大困难。二是生态资源体制不完善，自然资源资产产权、国土开发保护、资源总量管理和节约、资源有偿使用和补偿等，还存在很多深层次的利益冲突、制度缺陷和体制机制障碍，为了短期经济利益而对生态资源无度开发和利用的问题时有发生。三是环境保护责任追究制度不健全，一些地方既存在"捂盖子""护犊子"的现象，表现为敷衍整改和虚假整改，也存在整改"一刀切"的问题。

我们应清醒地认识到，在高速增长阶段转向高质量发展阶段的过程中，面临的问题比以往更为复杂，受到的约束比以往更加突出，发展对体制机制的要求比以往更高。制度质量的高低会影响到交易成本、资源配置效率和政策效果，高质量发展需要有高质量的体制机制和政策体系来支持。中国经济发展进入新时代，适用于高速增长阶段的体制机制的一些方面已经不利于实现经济社会高效、公平和可持续

发展的目标，建立与高质量发展阶段特点相适应的体制机制已迫在眉睫。

4 推动高质量发展的战略路径与对策

从高速增长转向高质量发展，既是一个发展方式和增长路径的转变过程，更是一个体制变革和机制创新的过程。转向高质量发展的关键，是加快形成与之相适应、相配套的体制机制，加快营造与高效、公平和可持续发展目标相契合的体制政策环境。

4.1 深化要素市场改革，为推动高质量发展创造体制保障

加快完善公平竞争的市场环境，实现统一开放、有序竞争，是深化经济体制改革的重点。我国现代市场体系建设已取得长足进步，但与商品和服务市场相比，要素市场建设还需进一步改革，以打破制约劳动力、土地、资金、技术、信息等要素自由流动的障碍。要进一步完善产权制度，清晰界定资产的使用权、收益权与转让权，健全以公平为核心的产权保护制度，形成促进各种所有制经济依法平等使用生产要素、公开公平公正参与市场竞争、同等受到法律保护的良好制度环境（王一鸣，2018）。促进城乡要素双向流动，变单向城镇化为城乡互动繁荣，将农村承包地的所有权、承包权、经营权分置并行，探索宅基地“三权分置”、盘活利用闲置宅基地、对存量宅基地实行退出有偿，建立集体经营性建设用地入市制度。推动金融体系深刻调整，在加强监管的前提下，提升金融业优化资金配置、管理风险、鼓励优胜劣汰的作用，增强金融服务高质量发展和供给侧结构性改革的能力，畅通金融和实体经济循环。

4.2　健全质量保障法律法规体系

提升产品和服务质量需要协同发挥好政府、市场、社会监督的作用。一是加快完善有关产品安全、产品担保和产品责任等方面的法律，强化运用法律手段解决产品质量方面的突出问题，加大对消费者的保护力度，强化精神损害赔偿和惩罚性赔偿制度（黄群慧，2018）。二是健全基层监管体系，真正让监管力量下沉到生产第一线，加强事中事后监管的关键是提高抽查比例、加大惩戒力度，抽查要持续不断，惩戒要有足够力度，才能保持威慑力。三是完善产品质量标识制度和追溯体系，结合消费个性化、差异化、定制化的发展趋势，充分利用互联网、大数据的技术手段，让消费者放心消费，让好产品卖出好价钱。

4.3　集中力量突破技术“卡脖子”环节，补齐产业“短板”

在政策协调上，政府要以公共创新资源为抓手，建立对基础研究和原创性研究提供长期稳定支持的机制，进一步完善科学中心和国家实验室管理制度，加强产业技术预见性判断和路线图研究，加强前瞻性应用基础研究，引领性前沿技术创新。在创新主体上，处理好产、学、研的角色定位和互动关系，培育一批具有一定自主创新能力的创新型领军企业，建立和完善公益类研究机构的运行制度，高校和科研院所应将其主要精力投入基础性研究和共性技术研究，鼓励发展一批社会化、专业化的技术转移转化服务机构。在创新激励上，强化科研成果产权的创造、保护、运用，以市场机制为杠杆推动科研成果产权制度改革，赋予科技领军人才更大的技术路线决策权、经费支配权和资源调动权。

4.4 培育高质量发展的社会环境

在全社会营造高质量的社会环境，需要弘扬企业家精神、工匠精神和绿色消费意识。企业家精神的内核是创新和创造力。转入高质量发展阶段，要鼓励企业家发挥“敢为天下先”的精神，以创新促进企业的战略转型，实现个人价值、企业发展与社会价值的有机统一。同时，推动中国产品和服务的品质革命，需要培育和弘扬精益求精、追求卓越的工匠精神，通过工匠精神鼓励技术工人不断改善制造企业的工艺和技术，进而持续提升制造产品的质量和信誉。另外，要逐步改善我国社会文化环境，提高全社会的质量意识，改变地方官员重视增长数量忽视发展质量的政绩观，在全社会积极推进专注品质、精益求精的质量文化建设。要运用政策手段培育绿色消费意识，利用价格杠杆内化外部性成本，从而引导鼓励人们适度、理性地消费，树立追求简约、健康的生活理念，远离环境不友好的消费产品。

4.5 注重创新宏观调控政策工具

创新宏观调控政策工具，更加注重区间调控、定向调控、供给管理与需求管理结合以及综合协调平衡。健全财政、货币、产业、区域等经济政策协调机制，持续地熨平宏观经济波动；完善国际宏观政策协调机制，妥善应对大国政策的溢出效应。要确立法治化和制度化的政府宏观调控体系，解决企业和地方政府软预算约束、化解部分行业产能过剩、缓解市场无序竞争，加快解决“僵尸企业”的问题，依法加强对市场主体行为的监管，规范市场运行，保护各方利益主体正当利益。

4.6 提高发展在空间上的均衡性

破解生产要素流动中所遇到的机制性障碍，消除区域市场壁垒，促进要素自由流动，提高生产要素在空间上的配置效率。坚持中央统筹与地方负责相结合，既要加强中央对区域协调发展新机制的顶层设计，也要明确地方政府的实施主体责任，以充分调动地方按照区域协调发展新机制推动本地区协调发展的主动性和积极性。坚持区别对待与公平竞争相结合，既对不同地区的实际制定有针对性的政策，同时更加注重推进区域一体化建设，维护全国统一市场的公平竞争，防止出现底线竞争和地方保护主义等问题，确保国家整体利益不受损。同时，建立发达地区与欠发达地区区域联动机制，补齐困难地区和农村地区的公共服务、基础设施、社会保障等短板，先富带后富，促进发达地区和欠发达地区共同发展。

4.7 加大收入分配政策调节能力

在完善初次分配方面，坚持按劳分配，增加劳动者特别是一线劳动者的劳动报酬，努力实现劳动报酬增长和劳动生产率提高同步；健全市场的秩序和公平性，完善按要素分配的体制机制，着力实现机会均等；拓宽居民劳动收入和财产性收入渠道，按照“提低、扩中、限高”的原则，扩大中等收入群体的比重。在再分配方面，逐步建立综合和分类相结合的个人所得税制，适时推进房地产税改革，合理调节过高收入；加快推进基本公共服务均等化和社会保障制度体系改革，坚决打赢脱贫攻坚战，进一步缩小差距。同时，规范收入分配秩序，建立个人收入和财产信息系统，加强对公民合法财产权益的保护。

4.8 把保护生态环境内化为发展的硬约束和新财富

深化环境监管体制改革，完善环境监管法律法规，优化监管组织结构，增强专业性和监管能力，提高环境监管有效性，使主要污染物排放总量逐年减少，生态环境质量不断改善。要制定、完善、落实好相关生态环境保护的法律、法规和标准，以稳定的体制机制保护生态环境。要制定和实施好促进生态环境保护的公共政策，通过政策引导政府部门、企业、个人等各主体积极参与到生态环境保护中来。要建立健全生态环境保护的评价、考核、奖惩制度，在地区之间要建立生态环境的补偿机制，引导全社会做好生态环境保护工作。要加强环境基础设施建设，做好环境公共产品的提供，增加优质生态产品供给，满足人民群众对优质生态产品的需要。

4.9 以高水平开放促进高质量发展

加快完善对外商直接投资实施准入前国民待遇 + 负面清单的管理体制，建立健全事中事后监管体制；完善安全审查制度和风险防范体系；充分发挥地方在体制机制改革创新中的积极性和创造性。更高水平、更深层次地利用境内外优质的资本、技术和人才资源，增强创新驱动能力，提升资源配置效率，推动产业结构快速升级。进一步提升对外开放层次和水平，扩大服务业和高端制造业开放，完善外商投资环境，对标国际高标准经贸规则，不断提高贸易投资便利化水平。以"一带一路"建设为重点构建全面开放新格局，推动经济全球化朝着更加开放、公平、普惠、平衡、共赢的方向发展，推动中国在高水平开放中实现高质量发展。

4.10 构建高质量发展的衡量指标体系

对发展质量的测度直接影响发展理念和发展目标的落实，推动高质量发展必须构建相应的测度指标体系。指标体系必须反映高质量发展在“高效”“公平”和“可持续”三大方面的目标要求。指标体系的设计应注重可行性和简洁性。指标的选取应注重定量与定性、主观与客观的统一；应尽量少选择“结构型”“数量型”和“手段型”指标，而更多地选择反映质量和结果的指标。另外，指标体系还必须突出测度体系的层次性，体现不同测度对象（如国家和区域）的差异。具体国家层面的“高质量发展”指标体系，参见表 1。

表1　“高质量发展”指标体系框架

高效	居民可支配收入中位数（增长率）
	单位工时劳动生产率
	产品质量问题引发的恶性事件数量
	产品质量满意度
	单位出口的国内增加值率
	单位 GDP 知识产权收入
公平	出生时的预期寿命
	平均受教育年限（年）
	区域发展差距（人均 GDP 基尼系数）
	城乡收入差距
	人群之间收入差距
	（调查）长期失业率
	民生满意度（教育、医疗）
可持续	空气质量（地级及以上城市空气质量达优的天数占比）
	水环境质量（地表水达到或好于Ⅲ类水体占比）
	本地环境质量满意度

重点问题研究篇

专题一

全要素生产率提升与高质量发展

1 我国全要素生产率变化基本事实和主要特征

从整体来看，与经济高速增长相对应，我国全要素生产率保持了较快增长，而国际金融危机后增速呈现下降态势，对经济增长的贡献也有所降低，但近期出现企稳回升迹象。

1978 ~ 2017 年，我国全要素生产率年均增长为 3.5% 左右，对我国经济增长的贡献平均为 36%。但 2008 年以后，全要素生产率增速总体呈现下降趋势，对经济增长的贡献已下降到 30% 以下。2002 ~ 2007 年，我国全要素生产率平均增速达到 5.06%，2008 年以后增速大幅下降，下降到 2% 以下（见图 1）。30 多万家工业企业的微观数据也呈现同样态势，2008 年以前工业企业的 TFP 都在快速提升（分布图向右移动），随后 TFP 分布则出现向左移动的情况（见图 2）。值得欣喜的是，从 2014 年开始，我国全要素生产率增速出现转折，暂时遏止住了持续下降的趋势，近三年都呈现小幅回升态势，但总体水平依然偏低（低于 2%）的格局还没有改变。

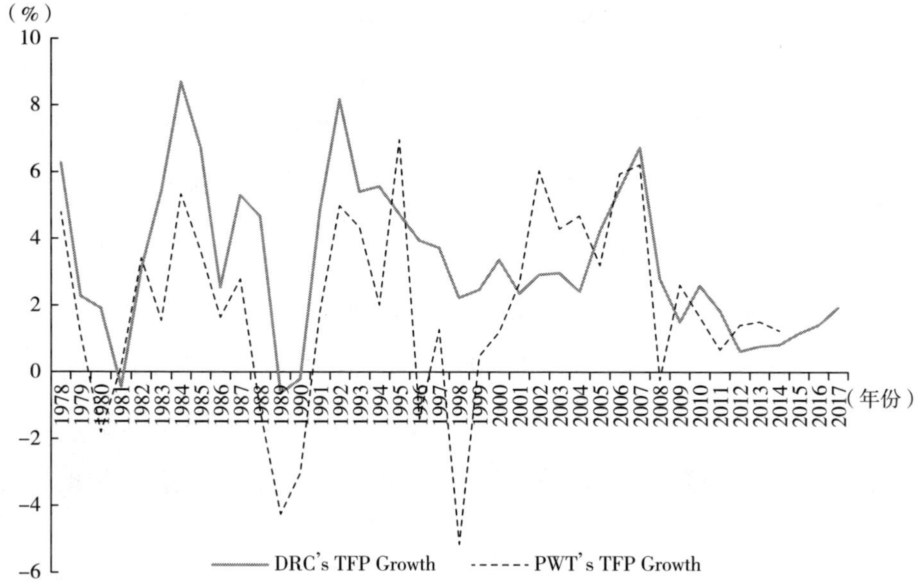

图1　我国全要素生产率增长率和阶段平均水平

数据来源：PWT（9.0）和NBS的数据计算。

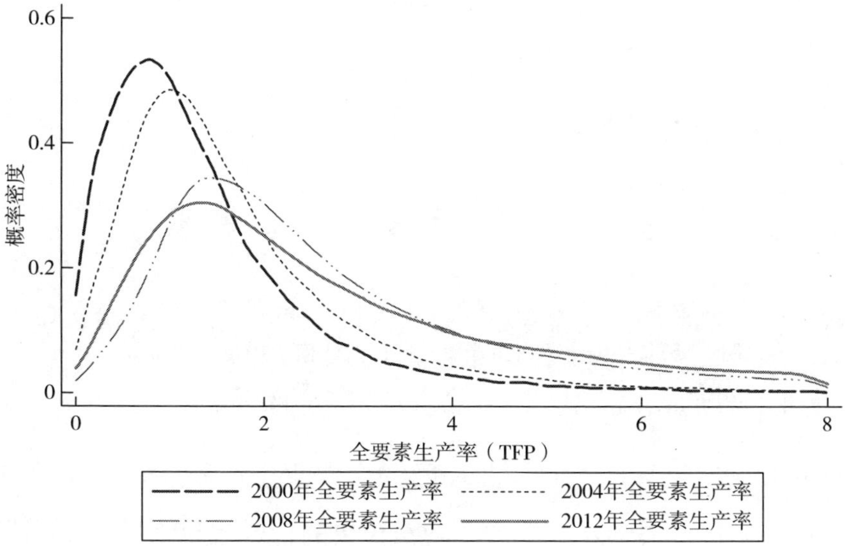

图2　我国工业企业的全要素生产率年度分布

注：图中概率密度曲线中值越靠右，全要素生产率水平越高；概率密度曲线越扁平，企业间全要素生产率分化程度越高。

资料来源：企业的全要素生产率是根据国家统计局工业企业数据库中的数据计算得到的。

从国际比较看，我国全要素生产率与发达国家差距逐步缩小，但与发达国家的总体水平差距仍然较大，而且近几年向前沿国家靠近的步伐有所放缓。改革开放以来，我国全要素生产率与美国的差距明显缩小，2014 年已上升至美国的 43.3%（见图 3）。但我国与发达经济体整体的绝对差距依然明显，截至 2014 年，日本、法国、德国、加拿大、澳大利亚的全要素生产率分别为美国的 71.1%、95.3%、93.0%、78.1%、82.1%，大致相当于中国的 2 倍。值得高度关注的是，国际金融危机之后，我国全要素生产率的追赶步伐减慢。2009 年以来，我国全要素生产率与美国的比值始终保持在 43% 左右，没有进一步提高。

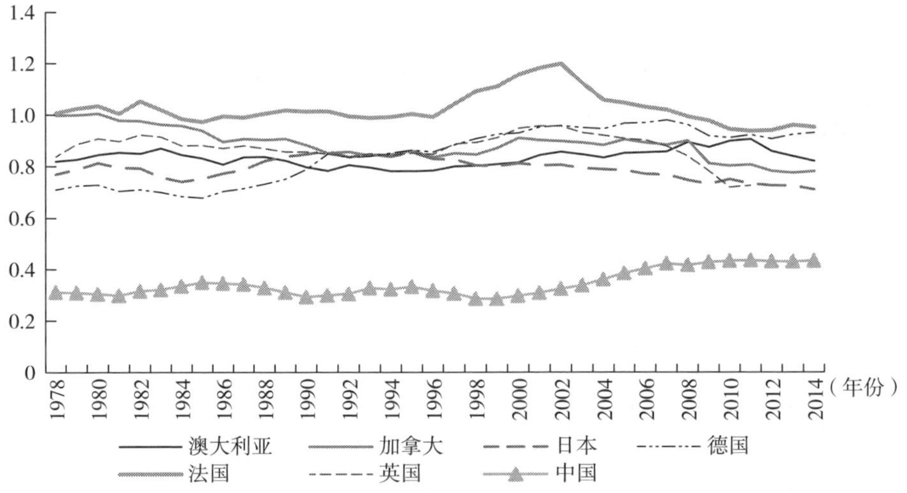

图3　历年各国全要素生产率与美国的比值（1978 ~ 2014年）

资料来源：基于Feenstra，Inklaar和Timmer（2015）方法计算得到。

从行业比较看，不同行业之间的全要素生产率差距总体呈现扩大趋势，而且过去全要素生产率增长较快的行业近年来增速也明显放缓。过去很长一段时间，三次产业中第二产业全要素生产率增长最快，1980 ~ 2013 年平均增速接近 4%，总体上是第三产业和第一产业的 2 倍。其中，尤以制造业增长最为迅速，同期全要素生产率年均增长 4.5%，高出采掘业、电气水和建筑业 3 个百分点左右。在第二产业内部，电子及通信设备和交通运输设备制造业的全要素生产率增长最快，1980 ~ 2013 年平均增速分别达到 11.6% 和 7.9%，明显高于其他行业，而石油和天然气相关行业甚至出现负增长。在第三产业内部，金融保险业全要素生产率增长最快，1980 ~ 2013 年平均增速达到 5.0%，高出交通运输、批发零售餐饮业和其他服务业 3 个百分点以上。但是从 2011 年开始，第二产业全要素生产率增速出现明显放缓，已经降至 2% 以下，虽然同期第三产业和第一产业的增速也有所放缓，但幅度没有制造业大，当前制造业全要素生产率增速已经低于农业和服务业。

从行业内不同企业的比较看，行业层面平均全要素生产率增长放缓的同时，不同企业之间的差距也在逐年扩大，前沿企业与其他企业的全要素生产率差距呈扩大态势。从中长期看，各行业处于技术前沿企业的全要素生产率增速相对较快，而行业内很多企业全要素生产率增速大幅放缓甚至停滞，前沿企业与其他企业特别是落后企业的差距在持续扩大，导致行业整体的全要素生产率增速放缓。基于规模以上工业企业数据，按照行业内部所有企业全要素生产率排序，以 25% 分位与 75% 分位全要素生产率之比衡量行业内的生产率差距，对比 2004 ~ 2008 年与 2009 ~ 2013 年两个时间段各行业内的生产率差距，结果显示，在 39 个细分行业中，有 38 个行业的企业间全要素生产率差距都在扩大（见图 4）。

从区域比较看，不同区域全要素生产率增速均有不同程度下降，且地区间差距有扩大趋势。国际金融危机之后，各地区全要素生产率增速普遍下滑。2010 ~ 2015 年，东部地区全要素生产率增速由 4.86% 降至 1.37%，中部地区由 4.56% 降至 1.53%，西部地区由 3.89% 降至

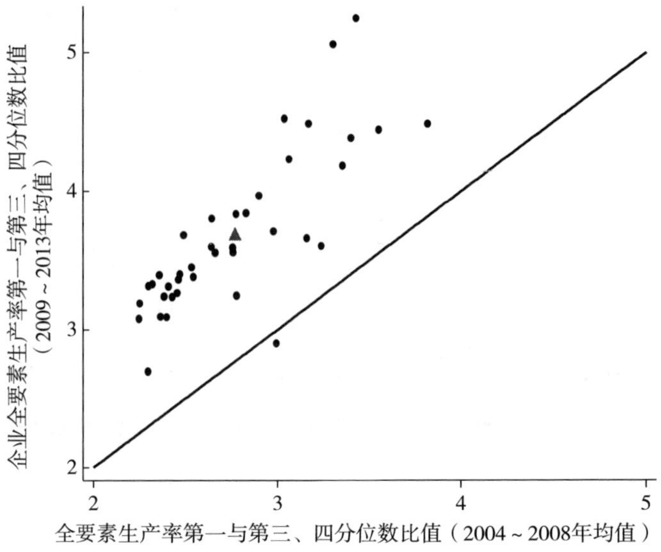

图4　行业内企业间全要素生产率差距扩大

注：

①根据细分行业企业的全要素生产率排名，我们计算了历年来各细分行业内第一与第三分位数全要素生产率的比值，以衡量细分行业内企业间全要素生产率的分化状况，一个细分行业的比值越大，说明该行业内企业间全要素生产率越分化；

②图中横轴为2004～2008年各细分行业内企业间全要素生产率的平均分化水平，纵轴为2009～2013年各细分行业内企业间全要素生产率的平均分化水平，每个点代表一个细分行业，如果一个点位于45度线上方，则意味着该点所代表的行业内企业间全要素生产率的平均分化水平有所升高，图中唯一位于45度线下方的点代表的是燃气生产和供应业；

③图中三角形为39个细分行业内部企业间全要素生产率的平均分化水平。

0.03%，东北降幅更甚，一度出现负增长。与此同时，地区间全要素生产率差距也在进一步拉大。从2005年开始，东北地区全要素生产率增速就始终处在全国平均水平以下，而且2010年以后降幅最明显；西部地区下降幅度次之，2013年以后全要素生产率追赶步伐明显放缓，与东部和中部的差距有所拉大；中部情况较好，而且与东部地区的差距缓慢缩小。当然，值得注意的是，2015年东部全要素生产率小幅回升，东北止跌回升，表明全国平均的全要素生产率增速持续下滑的态势有所改善（见图5）。

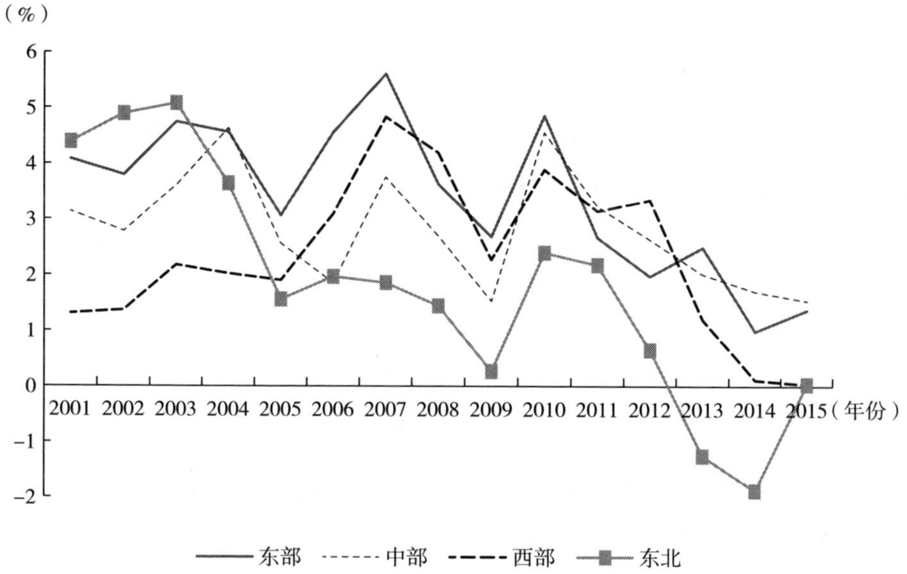

图5　2001～2015年不同地区全要素生产率增速

资料来源：在计算各省TFP基础上加权得到。

2　我国全要素生产率增速放缓与分化的原因

2002～2007年，我国全要素生产率年均增速5%，而2008年以后年均仅增长1.5%左右，增速降幅约3.5个百分点。初步测算，增长阶段转换因素可解释2.0～2.5个百分点，主要是因为随着中国发展阶段的提升，总体技术水平与前沿的差距缩小，技术追赶的空间收窄，追赶的难度也在不断提升；周期性因素可解释0.3～0.5个百分点，主要发达经济体同期也出现类似幅度的全要素生产率增速下降；剩余的0.7～1.2个百分点，主要由行业间、行业内、地区间资源错配以及技术扩散受阻所致。从国际经验看，弥补这一部分增速缺口，将是我国提高全要素生产率的重点。

2.1 阶段性原因

历史经验表明，随着经济发展水平的提高，全要素生产率增速将出现规律性放缓。如图6所示，当人均GDP达到10000国际元后，全要素生产率也会逐步从较高增速降至较低增速，与中速增长相适应的增速在2%左右。比较成功的追赶型经济体，比如日本和韩国，在类似发展阶段全要素生产率增速也明显下了一个台阶，而且随着人均GDP提高，增速还会进一步下降。对比不同经济体劳动生产率追赶的经验和教训，能否实现从高速增长向可持续中高速增长的顺利过渡，关键在于是否能够持续提高全要素生产率。如果全要素生产率增长失速，维持经济增长则只能依靠外延扩张，但这并不可持续，最终将面临债务高企、投资回报下降、资产泡沫、汇率贬值等冲击，经济增速将难以稳定在中高速增长水平。

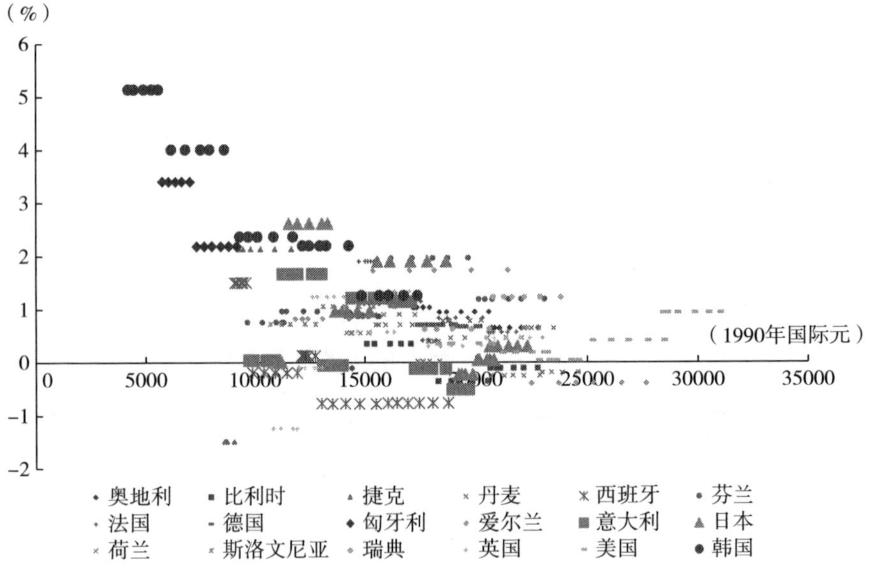

图6　部分国家全要素生产率增长率

数据来源：基于PWT9.0数据库计算得到。

2.2　周期性原因

全要素生产率的核算，对资本存量变动很敏感，具有明显顺周期性，通常经济景气时期，全要素生产率增长较快；反之，亦然。从国际上看，各国的 TFP 增速都有明显的波动周期特征，研判 TFP 不能仅看短期数量的变化，重点是要分析阶段性变化，把握其增长的态势。1978 年以来，我国大体上经历三轮比较大的周期，最近一个周期大体上和国际金融危机之后主要经济体的周期波动同步。2008 年以后，主要经济体的增速均有所放缓，其间，美国、日本和欧元区主要经济体的全要素生产率增长均有不同程度放缓，平均放缓程度为 0.5 个百分点。由于我国已经深度融入全球化，加之经济周期大体同步，粗略估计，2008 年以来我国全要素生产率增速下滑，周期性因素贡献了 0.3 ~ 0.5 个百分点。

2.3　结构性原因

从微观层面看，我国全要素生产率增速放缓与分化还与以下几个结构性因素有关。

一是缺乏竞争的行业全要素生产率增速总体较低。1980 ~ 2013 年，全要素生产率增速最低的是石油开采和加工，平均增速低于 –5%，属于垄断行业；其次是水、燃气、电力的生产供应，平均增速在 2% 以下，属于存在行政准入限制行业；食品、服装、家具等消费品制造业和金属加工、农副产品、塑料制品等初级产品制造业，平均增速介于 2% ~ 5%；计算机通信设备、仪器仪表制造、专用设备制造、医药制造等高新技术产业的全要素生产率增长较快，平均增速介于 5% ~ 10%。可见，在自然垄断和准入限制比较严的部门，国有企业比重往往较高，缺乏有效竞争机制，高生产率企业进入存在壁垒，低生产率企业缺乏退出机制，行业内资源难以有效整合，全要素生产率提升受到明显制约（见图 7）。

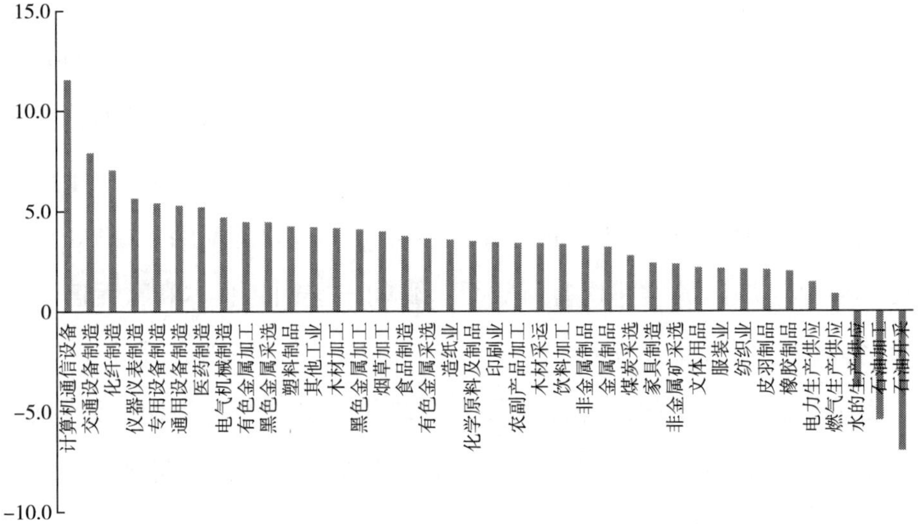

图7　1980 ~ 2013年二产细分行业全要素生产率增长情况

资料来源：作者计算得到。

二是部分行业内要素流动和再配置对全要素生产率净提升作用明显减弱甚至消失。对于某一个行业而言，高生产率企业进入、低生产率企业退出和企业间要素流动是生产率提高的重要贡献来源，但近年来部分行业内部要素流动和再配置对全要素生产率的贡献明显减弱甚至消失。以制造业为例，将全要素生产率增速分解为企业间要素流动、新企业加入、旧企业退出和现有企业效率提升四方面的贡献，结果发现，1998 ~ 2007 年我国制造业全要素生产率提升主要是新企业加入和现有企业效率提升带来的；而在 2007 ~ 2013 年，新企业加入的贡献几乎消失，其原因是新加入者减少或多数新加入企业的生产率在行业平均水平之下。特别是大量低效和无效的僵尸企业的存在，占有大量经济资源而不产生效益，严重拖累了效率提升的步伐。

三是先进技术和管理方式的扩散减缓。近年来，全球全要素生产率增速都有所放缓，行业间和行业内不同企业之间的差距却在明显拉大。同时，OECD（2016）的研究显示，全球前沿企业的TFP仍保持了较快增长，但大量其他企业的TFP增速则明显放缓。这说明，除了技术进步放缓，前沿企业技术向其他企业扩散的速度也在放缓。与传统工业不同，现代技术和管理方式的传播更多带有服务化性质，不可编码的知识往往在一个较小的范围内交流，外部模仿和复制的难度更大，这也一定程度上能够解释部分行业尤其是开放程度不足的领域，国内前沿与全球前沿仍存在明显差距。同时，由于知识产权保护执行不到位，企业转型升级不确定性上升，技术拓展的步伐也就相应放缓。

四是大量低效投资拉低全要素生产率。稳投资是各地稳增长的重要手段，而且越是落后的地区，对固定投资尤其是基建投资的倚重更加明显，政府和国企色彩也更浓厚。我国的人均资本质量总体上与前沿经济体有差距，仍然需要保持一定的资本积累速度。但在地方和国企广泛存在预算软约束和道德风险的情况下，国际金融危机之后，部分领域过度投资，造成产能过剩的现象十分突出。研究表明，地方政府直接或通过国有企业间接投资，多数投向生产率较低的行业（如图8），拉低了投资效率，加剧了产能过剩和债务风险。更为重要的是，地方政府和国有企业占用大量资源，一定程度上也挤占了高效率部门的空间，导致资金、土地等资源出现严重错配，拉低了整体的全要素生产率。

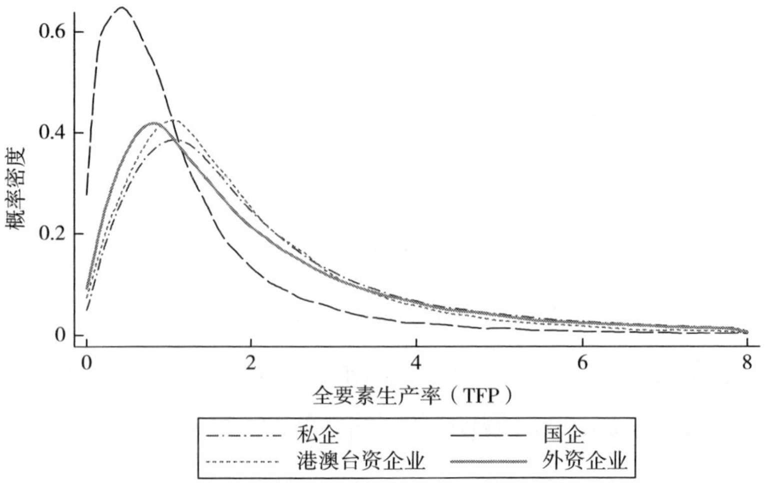

图8　分企业所有制性质全要素生产率分布

注：图中概率密度曲线中值越靠右，全要素生产率水平越高；概率密度曲线越扁平，企业间全要素生产率分化程度越高。

资料来源：企业的全要素生产率是根据国家统计局工业企业数据库中的数据计算得到的。

3　提升全要素生产率，推动高质量发展的思路与重点方向

推动高质量发展，重点是要解决发展质量不高的问题，要解决不平衡不充分发展的问题，要在追求量的增长的同时更加重视质的问题，在质的大幅提升中实现量的有效增长。提升发展质量，本质是要提升资源配置效率和全要素生产率。针对伴随发展阶段的提高出现的全要素生产率下降，应以重建激励机制、增加各行业的研发投入、提升各行业自身的技术水平等为重点，解决创新激励不足、技术进步不快、人力资本不够、产品附加值不高等问题，促进新技术新产业新模式与传统产业融合发展。针对伴随经济周期波动出现的全要素生产率下降，应以提升货币政策、财政政策、预期管理等宏观政策质量，加强政策协调等为重点，降低经济波动的频率和幅度，熨平经济周期，

避免经济大起大落。针对结构性因素导致的全要素生产率下降，要以纠正资源错配、提高资源配置效率为重点，继续深化政府改革，完善制度环境，着力解决我国经济运行中普遍存在的准入壁垒、退出不畅、要素流动限制、价格信号传递受阻等问题，促进进入与有效退出并重，实现前沿拓展与技术扩散并重，缩小行业内、所有制间、行业间、地区间、国际与国内的生产率差距。

一是完善创新激励机制，加强知识产权保护，促进技术前沿拓展。重塑知识型劳动力激励机制，激发科研人员创造力，加快科研成果转化和应用。加大产学研用协同发展力度，加大传统部门对数字经济的适应能力。强化知识产权保护，提高对侵权行为的惩戒力度和执行力度，鼓励合法有偿的知识产权交易和使用。顺应城市化规律，加快落实各项与非户籍常住人口落户相关的政策，发挥人才的聚集效应，提升知识密度，促进理念的碰撞和知识的溢出。鼓励大学的多元化发展，丰富人才结构，提升人力资本质量。加大职业培训力度，鼓励终身学习机制，促进劳动力技能与时俱进。

二是提升宏观政策质量，加强政策协调，熨平经济周期，保持经济平稳增长。要适时转变财政政策思路，由“减税与增支并重”转变为“减税的同时兼顾财政支出结构调整”，由“高税率、低征收率”转变为“低税率、高征收率”，加强对财政补贴政策的评估，减少一些领域低效率的财政补贴，提升财政政策的质量。提高中央银行的独立性和货币政策的透明度，着力解决货币政策传导机制不畅问题，处理好货币政策调整与“去杠杆”工作之间的关系，把握好宏观审慎与微观监管之间的关系。降低央行与市场之间、央行与银行之间的沟通成本和协调成本。加快构建制度化的预期管理体系，充分开发和利用各种预期管理工具，跟踪市场预期变化，明确预期管理的主体和市场沟通主渠道，及时做好政策调整和市场沟通工作，提升预期管理工作的质量，降低政策的执行成本。同时，加强宏观政策的国内协调和国际协调，把握不同政策的最佳窗口期，合理搭配不同的政策，以达到最优的宏观调控目标。

三是进一步降低市场准入与退出门槛，促进行业公平竞争，促进要素流动，提高资源配置效率。全面实施市场准入负面清单制度，放宽行业准入限制，逐步放开军工、电力、民航、电信、石油、供销、农垦、铁路等行业的准入限制，清除各类隐性进入壁垒，降低行业或者行业内部分环节的准入门槛，允许民间和境外资本进入，鼓励各类企业参与竞争。尽快启动修改《公司法》《破产法》《上市公司重大资产重组管理办法》《劳动法》《失业保险条例》等有关资产处置、债务清偿等方面的法律法规，降低企业退出门槛，尤其是减少低效产能和僵尸企业退出障碍，为企业的破产清算、企业的重组并购、企业的注销退出、劳动力再就业、其他生产要素的重新配置创造更加便利的制度条件。

四是进一步打破市场分割，缩小行业间地区间效率差异。以完善劳动就业法律制度为抓手，打破城乡、地域、行业分割和身份、性别歧视，依法保障平等就业；着力破除城乡二元结构制约，完善农村产权制度，推进城乡要素平等交换和公共资源均衡配置，让广大农民平等参与现代化进程、共同分享现代化成果。促进城市和农村的要素资源双向流动，提高农业生产规模化经营程度，提升农业生产综合效率。完善行业监管，增加对新技术、新模式与传统部门融合的包容度，促进先进技术和管理经验跨行业流动，激发传统行业焕发新活力。进一步加强统一市场建设，促进区域间分工合作，减少重复建设和恶性竞争，压缩低效率企业存在空间。

五是进一步深化价格改革，理顺价格机制，提升资源配置效率。以资源能源产品、公用事业和公共服务价格改革为重点，进一步深化垄断行业，尤其是电力、石油天然气、铁路、公路等行业的价格改革，进一步理顺价格机制。能够放开的竞争性领域和环节价格，稳步放开由市场调节；保留政府定价的，建立健全成本监审规则和定价机制，推进科学定价。对涉嫌价格垄断行为及时启动反垄断调查，依法查处达成实施价格垄断协议、滥用市场支配地位等行为，纠正滥用行政权力排除限制竞争的规定和做法。

六是深化对外开放，加快国际技术扩散，缩小与前沿国家生产率差距。加快出台《外商投资法》实施条例，进一步放宽外商投资准入，灵活处理外资企业基层党组织的设立与管理，进一步扩大开放，特别是信息、金融、文化、教育、体育、医疗等服务业的开放，提高贸易和投资便利化水平，促进国际和国内要素有序自由流动、资源高效配置、市场深度融合，实现以开放促竞争，不断提升我国经济运行的整体效率。坚持真实和审慎原则的前提下，鼓励国内企业走出去，尽可能参与全球价值链分工，努力提升全球价值链位势，推动我国产品和技术向全球中高端迈进。

专题二

高质量发展的测度指标体系研究

“我们衡量什么影响我们做什么。”[①] 不合适的发展测度体系、指标不仅可能导致错误决策和影响对于政策效果的评估，也会降低公众对于公共决策的信任度和影响经济社会发展的共识。推动高质量发展必须构建相应的测度指标体系。本报告将在分析测度的原则、国内现有指标存在的问题和国际上测度发展的新趋势的基础上提出构建“高质量发展”测度指标体系的基本设想。

1　对高质量发展进行测度需要注重的原则

构建测度框架和选取具体指标时必须注重如下原则。

一是必须反映高质量发展的目标要求。高质量发展测度指标体系的框架结构必须充分反映高质量发展的内涵，必须与高质量发展的各项目标要求相一致，必须反映高质量发展阶段与高速增长阶段目标要

① 斯蒂格利茨等：《对我们生活的误测》，新华出版社2010年版。

求的差异。只有这样才能对现实的发展起到引领和指导的作用，才能及时发现推动高质量发展面临的问题，才能对发展实践进行客观有效的评估。

二是必须注重定量与定性、客观与主观的统一。经济社会发展的状况日趋复杂，很多方面往往由于缺乏具体的数据或者是相关的统计体系不完善而难以量化。随着发展水平的提升，精神层面需求的满足对人民群众实现美好生活愈加重要，人民群众美好生活的需求越来越多地体现在主观感受的改进上。这就要求构建高质量发展测度指标体系时，不仅应注重选取定量和客观指标，也要根据具体情况选取适宜的定性和主观指标。

三是必须注重测度体系的可行性和简洁性。测度体系必须符合经济社会发展的一般规律，注重与具体的发展阶段相适应；不可不切实际，脱离具体的国情而好高骛远；同时测度体系的指标选取应尽可能地与具体的政策相联系，使得指标具有明确的政策含义。另外，测度体系还必须尽可能简洁，指标相关的数据可统计、可收集、可比较，易于填报，便于考核。

四是必须突出测度体系的层次性。现实中，对于高质量发展而言，国家和地区层面的具体要求不一样，不同发展阶段的省份之间具体的要求也不一样，承担不同发展功能的区域的要求也会不一样。构建高质量发展的测度体系，必须考虑具体的考察对象，因地制宜。需要强调的是，本报告构建的高质量发展的测度体系主要针对的是国家层面。

2　国内现有的发展测度体系、指标存在的问题

构建新的经济社会发展测度体系、指标必须深入了解现有体系、

指标的问题和不足。

一直以来，国内对于经济社会发展测度、监测的指数层出不穷。大致可以归为三类：一是五年发展规划提出的目前的发展指标体系；二是测度不同时期国家提出来的发展目标实现程度的指数，如小康社会监测指数、现代化指数等；三是反映经济社会发展转型相关的指数，如经济发展方式转型指数、科学发展指数、新型城镇化指数等。与后两种指数相比，五年规划提出的指标体系影响更大，既反映了发展理念的变化，也成为评估国家和地方经济社会发展目标实现状况的量化标准。而且，从历史比较来看，五年规划的指标越来越完善，越来越能反映发展理念的变化。因此，这里主要分析以往的五年规划指标体系与高质量发展的要求相比存在的问题。

2.1 经济总量增长指标的地位最为突出，而且面临过强的刚性约束，限制了发展转型和质量提升

实现经济总量的翻番一直是五年规划中最为核心的目标。如“到二〇二〇年国内生产总值比二〇一〇年翻一番”成为2020年全面建成小康社会的核心目标之一。虽然“十一五”规划以来，五年规划中的主要指标被区分为约束性指标和预期性指标，而且经济类指标都被归为预期性指标。但是在总量目标的刚性约束下，经济增长的指标实际成为约束性指标。比如，“十三五”规划中经济增长的预期目标是年均超过6.5%，但是为了实现GDP翻番的目标就必须要求“十三五”期间经济增速超过6.5%，而且往往被社会认为是每年必须超过6.5%，进而让“促转型”必须让位于“保增长”。另外还需要指出的是，“保增长”往往成为“保就业”的唯一手段。而在实际中，随着经济社会的发展，“保增长”对“保就业”的作用在减弱，而且很多短期“保

增长”的手段并未实质上改善就业状况。从其他的指标体系来看，经济增长基本都是排在第一位的指标，而且往往是经济增速越高，测度结果越好。

2.2　经济社会结构调整的指标主要反映的是过程和表象，并不能直接反映发展质量的提升

过去几十年从计划经济向市场经济的转型使得结构调整始终是经济社会发展的一个重要任务。无论是“五年计划”还是“五年规划”，结构调整都是经济社会发展的主要目标。应该说在特定的时期，这些目标对于引导经济结构转型发挥了重要作用。但是需要指出的是，随着经济社会的发展，一些结构性指标往往难以真正反映发展质量的提升。一方面，这些结构性指标取决于相对关系，不能直接反映考察对象效率的改进。如“服务业增加值比重”指标从“十一五”规划开始就一直作为五年规划的重要结构性指标。在发展实践中，服务业增加值比重的提升既可能源自服务业价格的提升，也可能是因为制造业的过快衰落和产业升级的受挫。统计数据显示，“十二五”期间服务业比重的提升基本都来自服务业价格的提升，而非增速或生产率的更快提升。另外，很多落入“中等收入陷阱”的国家在高速增长结束之后服务业的比重都经历了快速的提升过程。巴西由20世纪80年代初期的40%左右快速上升到90年代的接近70%；阿根廷也从80年代的50%左右迅速上升到90年代中期70%左右。另一方面，很多结构性指标与发展阶段、基本国情等因素存在较强的关系，并非越高越好，如增加值率、税收占GDP的比重。在工业化快速推进的阶段，分工深化往往使得增加值率出现先下降后上升的趋势。因而不能脱离特定的发展阶段来要求增加值率越高越好。

2.3 现有的创新驱动指标难以准确反映国家的创新能力

与以往的五年规划相比，“十三五”规划大幅度增加了创新相关的指标，凸显出国家对于创新发展理念的重视。这与高质量发展的要求也相吻合。但是从目前规划中涉及的反映创新驱动的指标来看，部分指标缺乏可比性，与创新驱动的关系并不直接，往往难以反映真实的创新能力。如“科技进步贡献率”这一指标的测算主观因素影响较大，也难以与其他国家进行比较；“互联网普及率”反映的是一项公共服务，与创新能力关系不密切。特别需要指出的是“每万人发明专利拥有量”，这一指标强调的是创新的数量。中国从 2011 年起即已成为专利申请第一大国；在中国国内申请的专利数量已经超过美、欧、日、韩的总和。但这并不意味着中国已经是创新强国。以世界银行公布的知识产权使用费支出和收入来看，中国的知识产权使用费支出比日本高 34%，而使用费收入则只有日本的 11%；中国的知识产权使用费收入与支出之比只有 0.17，远低于发达国家平均水平（1.06），更远远低于美国（2.65）、日本（1.96）、德国（1.58）等创新强国。对比可以发现，专利数量多少并不能反映创新能力的强弱（见图 1）。

2.4 对于民生福祉的测度既不准确，也不全面，难以真正评估高质量发展社会民生福祉的水平

“十三五”规划改变了之前三个五年规划中大类指标的排序，将民生指标由之前排在最后调整到资源环境之前，这在一定程度上反映出新的五年规划越来越关注民生福祉的改善；对于具体的民生指标也进行了精简和改进。不过与高质量发展的要求相比，目前五年规划中的民生指标无论覆盖面还是质量测度都存在改进之处。一是就业指标

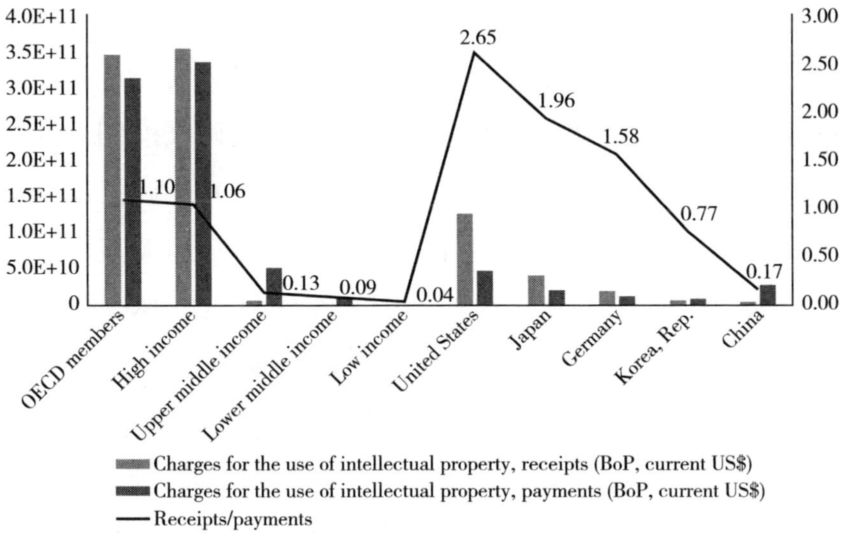

图1　知识产权使用费收入和支出的国际比较

资料来源：世界银行WDI数据库。

存在明显的缺陷。目前规划的“城镇新增就业人数”指标本身并不是一个常规的统计指标①，而且由于没有发布就业岗位增加、减少以及自然离退休和死亡的详细数据，因而无从判断新增就业反映的是真实的就业增长，而不是就业岗位变换等。而且随着信息技术的发展，就业岗位变动的频度明显加快，仅从新增就业的角度难以反映就业水平和质量。二是缺乏对于生活质量的评估指标。比如指标体系并未反映获取收入所付出的成本，尤其是时间成本。过长的工作时间往往降低人们的生活质量。又如，缺乏对于住房质量的评估指标。

2.5　现有规划缺乏对于社会差距测度评估的定量指标

众多研究表明，社会的不平等不仅直接影响人民的幸福程度，也会影响经济的持续增长和社会长治久安。尽管在多个五年规划中都提

① 该指标并不出现在统计年鉴中，而是由人力资源和社会保障部发布。

到要调整收入分配的关系，缩小收入差距，但是规划目标中却并未出现反映社会差距的指标。近年来反映收入差距的基尼系数出现了微弱缩小的迹象，但中国的基尼系数明显高于不少发达国家和发展中国家。2017 年全国居民人均可支配收入中位数只有人均可支配收入的 86%，意味着多数居民收入在平均值之下，收入的平均增长难以反映居民福利的整体改进状况。而且社会差距不仅体现在个体之间，还体现在城乡、区域之间；不仅表现在收入领域，还表现在公共服务方面以及发展的能力和机会等众多领域。反映发展的质量必须要测度社会差距的水平。

2.6 规划指标中体现“数量型”“手段型”指标较多，反映质量和结果的指标较少

在经济发展的初期，强调数量和过程的指标，有利于加快发展的步伐，提振发展的信心。但是随着发展阶段的跃升，继续强调数量和过程的指标不利于发展质量的提升。目前的五年规划中不少指标属于反映数量和过程的指标。如“城镇化率”指标。尽管“十三五”规划新增了户籍人口城镇化率，但是如果户籍制度和公共服务制度没有进一步改革，“城镇化率”指标仍然难以反映城镇化的质量。另外，“城镇棚户区住房改造”属于过程和手段型指标，不能作为反映发展质量的评估指标。

从高质量发展的要求来看，目前的规划还缺乏能够反映经济社会持续发展能力的存量指标、能够反映经济社会发展安全的风险指标。

3 当前国际上评价经济社会发展的新做法

随着越来越多的学者、机构和国家认识到传统衡量手段在评价经

济社会发展方面存在的缺陷，大量关于经济社会发展测度的理论探索不断涌现。从国际上来看，这些探索主要集中在两大方向。

一是关注可持续发展的目标。20 世纪 60 年代，可持续发展的理念开始兴起。在可持续发展理念的影响下，学者们开始探讨传统的基于 GDP 的核算体系存在的问题，指出传统核算体系最大的问题在于没有考虑发展带来的自然资源消耗和污染成本。因此学者们提出了许多可持续发展成本的新测度指标和核算体系，基本的做法都是尝试在传统 GDP 的基础上引入自然资本消耗和污染损害成本。这些指标和核算体系通常涉及三个基本步骤（Stockhammer et al.，1997；Neumayer，2000）：首先从个人消费支出（包括市场化和非市场化的商品和服务支出）的估计开始，扣减各种的防御性支出（如与污染有关的费用或某些可避免的医疗健康支出）；其次需要扣减发展给当代以及未来各代造成的自然资本退化和消耗相关的成本；最后通过收入分配不平等指数予以调整，最终得到所谓的反映可持续发展的测度指标。如可持续的经济福利指数（Indicator of Sustainable Economic Welfare，ISEW）、真实发展指数（Genuine Progress Indicator，GPI）、调整后的净储蓄（Adjusted Net Savings，ANS）。另外，与这些在传统核算体系基础上进行调整而得到的新测度体系不同，联合国则重新构建了一套复杂的可持续发展目标（SDG）体系。可持续发展目标（SDG）涵盖三个维度：经济增长、社会包容和环境保护，具体包括 17 项可持续发展目标和 169 项具体目标。

二是关注消费和个人福利的变化。最近一二十年来，人们越来越发现传统的物质财富的增长与社会大众的福利改进之间关系越来越不密切：一方面，虽然经济实现了较快的增长，但很多社会问题并未得到解决，甚至不断加剧，如发达国家过去 20 多年，失业率居高不下，收入差距不断扩大；另一方面，一些调查发现，并非经济越发达的国家国民的幸福感越高，这就是著名的“伊斯特林悖论”（Easterlin Paradox）①。这两方面的原因使得人们越来越认为以 GDP 为基础测度的经济发展水平并不能很好地反映发展带来的居民福利改善状况。学者们越来越多地考虑从微观主体福利改进的角度来构建测度福利改善的指标体系。其中影响最大的就是人类发展指数（Human Development Index，HDI）和国民幸福总值（Gross National Happiness，GNH）。另外，OECD 国家越来越重视从个人福利的角度寻找新的衡量经济和社会进步的指标体系。如 OECD 在“衡量经济表现和社会进步委员”②的研究基础上提出新的衡量福利和社会进步的框架（见图 2），并构建了美好生活指数（Better Life Index）。该框架从三大方面衡量福利和社会进步：第一，物质状况（material conditions），包括收入与财富、就业与报酬和住房；第二，生活质量（quality of life），包括健康、工作与生活平衡、教育与技能、社会交往、公民事务与政府、环境质量、个人安全、主观福利；第三，支撑未来福利的资源（Resources for Future Well-being），包括自然资本、人力资本、经济指标和社会指标。

---

① Richard. Easterlin（1974）研究发现，发达国家的经济发展水平远高于发展中国家，但国民的幸福感受的差距却远小于两者之间的经济发展水平差距。

② 2008年2月法国总统萨科齐任命约瑟夫·斯蒂格利茨（委员会主席）、阿玛蒂亚·森（顾问）和让-保罗·菲图西（协调人）建立“衡量经济表现和社会进步委员”，研究GDP作为一个经济表现和社会进步指标的局限性，并探索建立更加合适的社会进步指标需要哪些额外的信息。

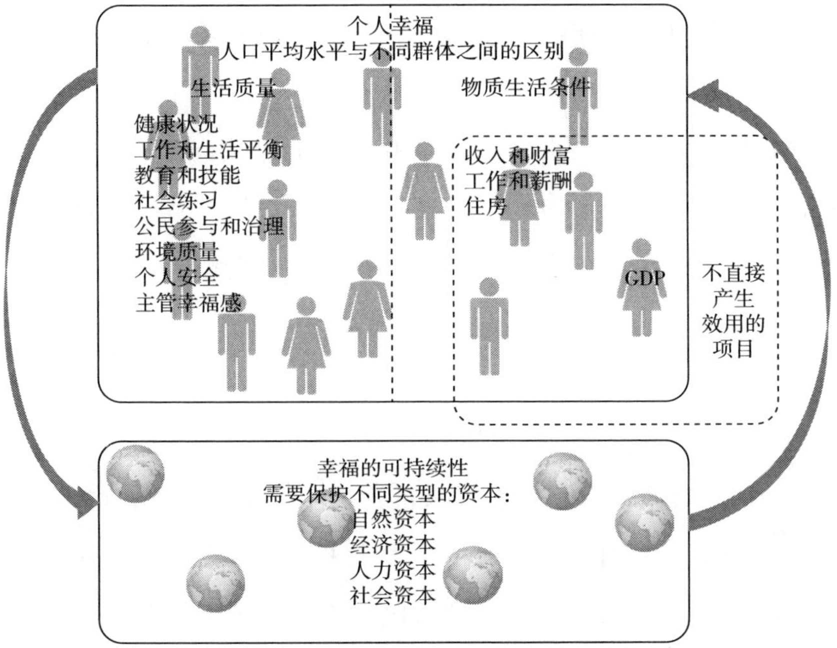

图2　OECD衡量福利和社会进步的框架

资料来源：转引自OECD《民生问题：衡量社会幸福的11个指标》，新华出版社2012年版。

这些国际新的测度经济社会发展的指标对我们构建高质量发展的测度指标至少提供了两方面的启示：一是随着经济社会结构的变化、复杂性的增强、科技的进步、社会大众知识的积累、自然环境等外部约束的加强等，对于发展的测度应该从“增长”转向“发展”，从关注“宏观”转向关注“微观”，从关注单一方面转向关注各个方面；二是对于发展的测度应该更加注重对社会福祉、可持续性和个人福利等方面的测度，特别是对个人福利的测度应该从过去只注重“生产”转向注重“收入”和“消费”，从过去只注重“平均水平”转向同时注重平均水平和人群分布状况，从过去只注重“客观”指标转向同时注重“客观”和“主观”指标。

4 构建“高质量发展”测度指标体系的基本设想

综合以往发展测度的经验教训和现有的研究，从“高质量发展”的目标出发，寻找能够直接或间接反映高质量发展各项目标的指标。具体来说，结合相关专题提出的高质量的三大领域的要求，设计相关指标：

4.1 高效

高效不仅体现在经济社会发展的速度（效率）方面，也体现在产品和服务的质量方面，还体现在技术水平方面。在发展的速度方面，这里选取两项测度指标。一是“居民可支配收入中位数（增长率）”。该指标反映发展水平的提升速度，这对仍然处于中等收入向高收入过渡的发展阶段来说仍然很重要。不过与以前不同的是，这里强调的收入增长并非经济总量（国内生产总值），而是反映居民福利的改进。二是“单位工时劳动生产率”。该指标反映了生产率的变化。区别于以往简单采用劳动力数量，这里考虑的是劳动力投入具体时间的差异。在产品和服务的质量方面，这里采用直接与间接指标、主观与客观指标相结合的方式选取相应的测度指标。其中，“产品质量问题引发的恶性事件数量”反映高质量发展对食品品质的底线要求，即高质量发展必须尽可能地降低食品的安全风险；“产品质量满意度”则直接通过主观调查测度相关产品质量与人民群众要求之间的差距。在技术水平方面，这里也选取两项指标。其中，“单位出口的国内增加值率”直接反映中国产业体系在全球产业分工中的竞争能力；“单位GDP 知识产权收入”从创新的产出角度评估创新能力。

4.2　包容

包容体系包括社会发展的同步协调、国土空间上的均衡发展与发展成果和机会的公平分享三个方面。现阶段，社会发展的短板主要体现在医疗、教育和健康方面。具体选取了“出生时的预期寿命”和“平均受教育年限”两项指标。从国土空间来看，不协调主要体现在城乡和区域之间。这里选取两个指标分别反映区域和城乡之间发展水平的差距，即“区域发展差距”和“城乡收入差距”。从发展成果的分享角度来看，高质量发展要求必须把收入和财富差距保持在合理的范围之内，同时要推动发展机会的公平。这里选取三项指标来反映成果的分享状况：“人群之间收入差距”主要反映人群之间成果分享的差异；“（调查）长期失业率”反映获得参与发展的机会状况；另外，由于居民福利很难简单量化测度，这里采用主观指标“民生满意度（教育、医疗）”反映民生改善成效与人民群众要求之间的差距。

4.3　可持续

可持续主要体现为人与自然的和谐关系。这主要从贴近人民生活的视角选取了三项指标。一是“空气质量（地级及以上城市空气质量达优的天数占比）”，主要反映空气质量的好坏。二是“主要流域水质状况（地表水达到或好于Ⅲ类水体占比）”，主要反映水环境质量的好坏。这两者在一定程度上反映客观环境状况。三是“本地环境质量满意度”，从主观角度反映环境质量与人民群众要求的差距，另外也体现了对于环境质量的一种综合判断。

表1 “高质量发展”指标体系框架

高效	居民可支配收入中位数（增长率）
	单位工时劳动生产率
	产品质量问题引发的恶性事件数量
	产品质量满意度
	单位出口的国内增加值率
	单位 GDP 知识产权收入
公平	出生时的预期寿命
	平均受教育年限（年）
	区域发展差距（人均 GDP 基尼系数）
	城乡收入差距
	人群之间收入差距
	（调查）长期失业率
	民生满意度（教育、医疗）
可持续	空气质量（地级及以上城市空气质量达优的天数占比）
	水环境质量（地表水达到或好于Ⅲ类水体占比）
	本地环境质量满意度

专题三

提升农产品质量安全的思路和措施

民以食为天，食以安为先。目前，我国已基本解决了农产品的数量安全问题。但随着收入水平的提高、城镇化水平的提升、信息传播的便捷，城乡居民对农产品的质量安全更加关注，要求更高。国务院发展研究中心“中国民生调查”数据表明，包括农产品在内的食品安全问题，一直位居城乡居民民生关切点的前三。保障 14 亿人的农产品质量安全，是满足人民日益增长的美好生活需要的客观需求，也是实现高质量发展的必然要求。从国情出发，新时期保障农产品质量安全，应以县域为主战场、以治理农兽药残留超标为主攻方向，加快健全基层监管体系，真正让监管力量下沉到生产第一线；强化农药监管，从源头上管控农产品质量安全隐患；完善农产品质量标识制度和追溯体系，真正做到优质优价，发挥市场机制的作用。

1　我国农产品质量安全总体状况

随着城乡居民对农产品质量关切度的提高，各级政府对保障农产品的质量安全日益重视，采取了大量措施，也取得了积极成效。

1.1 近年来保障农产品质量安全的主要举措

完善法律法规。完成了《食品安全法》《农产品质量安全法》《农药管理条例》《兽药管理条例》等的修订完善，浙江、江苏、安徽、辽宁等多数省份都出台了农产品质量安全的地方法规，以国家法律法规为主体、地方法规为补充、部门规章相配套的法律法规体系不断完善。

健全管理体制。原农业部与原食品药品监管总局签订了农产品质量安全全程监管合作协议，联合印发了加强农产品质量安全监管工作指导意见，厘清职责分工，建立工作衔接机制。全国所有省（区、市）、86% 的地市、75% 的县（区、市）、97% 的乡镇建立了农产品质量安全监管机构，落实监管人员 11.7 万人；30 个省（区、市）、276 个地市和 2332 个县（区、市）开展了农业综合执法。

加强监管工作。从 2012 年开始，原农业部陆续建立了国家农产品质量安全风险评估制度，实施国家农产品质量安全监测计划，对 31 个省（区、市）155 个大中城市的 110 种农产品监测农兽药残留和非法添加物参数 94 项（2018 年扩大到 122 项），基本覆盖主要农产品产销区、老百姓日常消费的大宗农产品和主要风险指标。

推进标准化生产。到 2017 年底，共制定农药残留限量标准 4140 项、兽药残留限量标准 1584 项，基本覆盖我国常用农兽药品种和主要食用农产品；制定发布农业行业标准 5121 项，各地制定农业生产技术规范 1.8 万项；并通过创建标准化示范县、国家农产品质量安全县等措施推动标准的实施。到 2017 年底，全国有效期内的无公害、绿色、有机和地理标志产品总数达到 10.7 万个[①]。

1.2　保障农产品质量安全取得的积极成效

随着各项政策措施的落实，我国农产品质量安全水平总体呈上升态势，公众对食品安全的满意率开始上升。

抽检合格率总体保持在较高水平。国家农产品质量安全例行监测数据显示，近年来我国主要农产品监测合格率稳定在 96% 以上（如表 1 所示）。2017 年监测总体合格率达到 97.8%；2018 年主要农产品例行监测合格率达 97.5%，居民日常消费的粮、油、菜、肉、蛋、奶、水产品、水果等大宗农产品抽检合格率保持在 96% 以上。突出的食品安全问题逐步减少：蛋制品中的"苏丹红"连续 4 年没有检出，三聚氰胺连续 8 年监测全部合格，"瘦肉精"监测合格率处于历史最好水平。

表1　　　　2013～2018年我国主要农产品质量监测合格率

年份	总体合格率（%）	蔬菜合格率（%）	水果合格率（%）	茶叶合格率（%）	畜禽产品合格率（%）	水产品合格率（%）
2013	97.5	96.6	—	98.1	99.7	94.4
2014	96.9	96.3	96.8	94.8	99.2	93.6
2015	97.1	96.1	95.6	97.6	99.4	95.5
2016	97.5	96.8	98.8	99.4	99.4	95.9
2017	97.8	97.0	98.0	98.9	99.5	96.3
2018	97.5	97.2	96.0	97.2	98.6	97.1

资料来源：农业农村部、原食品药品监督管理总局、质检总局。

城乡居民对食品安全的满意率开始上升。国务院发展研究中心"中国民生调查"课题组在全国范围内开展的电话调查结果显示，城乡居民对食品（包括食用农产品）安全的满意率连续两年提升，2017

① 数据来源：原农业部农产品质量安全监管局。

年对居住地食品安全状况表示“非常满意”“比较满意”的分别占14.4%、32.9%，合计为47.3%，较2015年提高了近14个百分点（见图1）。

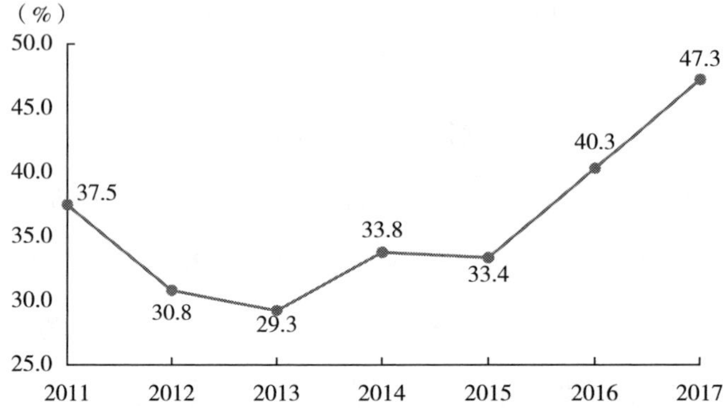

图1　2011～2017年城乡居民对食品安全的满意率

资料来源：国务院发展研究中心“中国民生调查”课题组。

2　我国农产品质量安全存在的突出问题及成因

尽管我国在保障农产品质量安全方面取得了积极成效，但仍存在一些突出问题，而且这些问题因居民对农产品质量安全关注度的提高而日益凸显。

2.1　一些地区、一些品种重大质量安全事件和事故仍不断发生

这主要体现在畜禽产品中违禁添加物和兽药残留超标，蔬菜水果的农药残留和防腐剂过量使用，粮食作物的重金属、黄曲霉素超标等问题上。从农业农村部2018年例行监测情况看，农产品质量安全的主要问题在于个别产区蔬菜的农药残留超标，畜禽产品和水产品中抗菌药残留超标：部分是超范围使用农药、抗生素，部分是

超限量使用，也存在违规使用（没有遵守用药间隔期、休药期）的现象。

同时，农产品产后流通和加工过程中物理性污染问题较为突出。大量农产品散装散卖，由于包装材料不安全、运输环境不安全，或经营者非法添加增色剂、保鲜剂等造成二次污染。

2.2　政府职能未能有效发挥，基层监管力量薄弱，化学投入品管理还存在较多问题

农产品市场存在典型的信息不对称，农业投入品供给者与农业生产者之间，农业生产者、经销者、加工者等产业链各环节之间，市场主体与政府监管者之间都存在严重的信息不对称。而消费者面对的是整个产业链信息不对称影响的积累，信息不完全程度最高，很难利用价格机制来做出理性选择，存在市场失灵现象。这就需要政府正确地发挥职能：（1）加强生产监管和市场监管（包括对化学投入品的监管），将“外部效应内部化”，让产生负外部性的生产者承担相应的社会成本。（2）对具有正外部性的生产经营行为提供激励，让产生正外部性的生产者获得更多的收益。（3）建立质量—价格信号传递机制。对于安全、优质的农产品，应激励生产经营者自己去传递产品信息，让价格充分反映社会成本；对于劣质农产品，由于生产经营者没有意愿去传递信息，需要政府建立强制性的信息披露机制，由政府或政府指定的第三方机构来收集、传播信息，让供应链各方、消费者拥有更充分的信息，用以做出正确的选择[①]。（4）建设公共检测机构、质量安全信息追溯系统等公共设施，减少生产经营者传递信息和消费者搜

---

① 质量安全信息具有公共产品的特征，由消费者自身去收集是不经济，也是不现实的。

寻信息的成本。但由于体制原因，我国政府特别是基层政府的这些职能还没有充分发挥，未能有效弥补市场失灵。

2.2.1 政府监管还存在较多薄弱环节

我国总体上已经建立起了农产品质量安全监管体系，但这个体系呈倒金字塔形状，越到基层生产一线，监管力量越薄弱。而且，由于缺乏必要的激励约束机制，基层政府及监管机构的职能也没有充分发挥出来。

一是县乡村三级监管体系不健全。村级监管力量基本是空白；乡镇监管机构多数是“名义”挂牌，与农经站、农技站等一起办公居多，以兼职监管人员为主，专业人员严重缺乏，流动检测车等监管设备严重不足；多数县份农业执法队伍缺编制缺人员缺经费①，以重点对象监管为主，对农产品生产一线的源头监管薄弱。而且，这种情况越是在农业大县越突出（农业大县多是财政贫困县）。

二是基层检测体系不健全。我国已基本建立起了中央—省—市—县四级农产品质量安全检测体系，但基层检测力量十分薄弱。村一级普遍没有检测机构，乡镇级检测机构建设刚刚起步，设备简单，只能做一些低级别的速检和定性检测，检测能力不足；县级检测机构的装备、人员、技术也不能适应群众需求，定量检测指标较少。而且，县级农业部门、市场监管部门的检测机构重复建设，缺乏协作机制和信息共享机制，导致农产品供应链质量检测信息分散。

三是监管体制分割。县级农业部门和市场监管（食药监）部门间的跨部门联动机制尚不完善，县级普遍没有建立起跨部门全链条的农

① 据吴森的调研，不含人员费用，县级农产品质量检测站的年运行经费应在25万元以上，大中型农产品批发市场检测站的运行经费在15万元以上。

产品质量安全监管信息平台，来自生产者的质量自检信息、不同部门的质量抽检信息、安全事件处理信息等不能有效汇集，既影响联合监管，也制约了农产品供应链的质量安全信息追溯。

四是监管手段单一。管理部门对非认证农产品是定期检查或抽查，覆盖面小，仅对产成品检测且检测指标有限，对产地环境、加工环境、投入品质量等很少检测。对于认证产品，第三方认证机构在评审时管理较严，认证后管理较松。同时，对电商平台等新兴流通模式的监管制度还处于空白。

五是一些农产品质量安全标准偏低。质量安全标准是监管和执法的依据，但我国农药残留标准还存在缺口，没有覆盖大多数农产品。一些农兽药残留标准、饲料卫生安全标准等国家标准和行业标准没有与国际接轨，部分农产品质量安全标准低于发达国家。即便是国内生产的、出口到日本和欧盟国家的农产品质量安全标准也要高于国内。

2.2.2 农药兽药等投入品管理还存在较多问题

农药、兽药、鱼药等化学投入品，既是现代农业发展的核心要素，又是导致农产品质量不安全的关键问题。从 2017 年原农业部、公安部等 5 部门对全国 14 省份打假结果看，检查各类农资生产企业 2.46 万家，查处违纪案件 31326 起，其中有不合格种子 398.1 万公斤，劣质肥料 2.5 万吨，假冒伪劣、禁用和过期不能使用的农药 36.85 万公斤，伪劣兽药 1 万多公斤。化学投入品监管和使用环节还存在很多问题，形势仍十分严峻。

一是经营市场混乱。农药经营许可制度还未有效落实，一些经营主体不规范，不具备经营资格和经营条件、无证非法生产经营农兽药的现象比较普遍。一些地方执法监管不严，导致农药经销单位经营行为和经营秩序不规范，销售过期、失效、违禁农药产品的现象仍较为严重。

二是施用环节过于分散。我国农药兽药等投入品施用环节的公共服务与第三方服务发展滞后，多数是生产者自己施用。由于大量中小规模生产者的存在，致使投入品施用环节高度分散，集中度很低。大量分散，小农户在施用农兽药过程中存在盲目、过量、低效和非法使用等问题，导致农产品质量安全源头控制难度大。

三是农药从流通到生产环节的追溯"断层"。我国对兽药有处方制度，能较好地追溯到具体使用者。但对农药则没有要求处方制，《农产品质量安全法》要求农药经销商如实记录农业投入品的名称、来源及用量，新《农药管理条例》只要求农药销售和使用必须进行台账登记、销售农药必须在外包装上标注可追溯电子信息码等信息。从调研情况看，目前的农药追溯在流通环节执行较好，大多能追溯到零售端。但由于没有处方制度，某个农药产品具体是谁购买、什么用途难以追溯，从流通到生产环节的追溯出现"断层"。这既给生产者违规购买使用农药留下隐患，也导致最终产品的信息追溯难（追溯信息中缺乏农药使用的真实信息）。如何真正实现对农药的全程信息追溯、使用指导和使用信息披露，仍然是一个难点。

2.2.3 公共信息服务体系和质量信号传递机制建设滞后

建立公共信息服务体系和质量信号传递机制，强制披露劣质农产品信息，并降低正规生产经营者传递质量信息的成本，是弥补市场失灵的重要手段。但我国在这方面还很薄弱。

一是公共信息发布体系不完善。由于体制分割，使得我国农产品质量安全公共检测信息、事件处理信息、预警信息分散在农业、市场监管（质检）等不同机构，既无协调机制，也缺乏统一的信息共享机制和发布平台。农产品例行质量检测发布的信息涵盖品种少，信息内容过于笼统，缺乏不合格农产品质量报告以及产地环境质量、投入品使用情况等信息。

二是没有建立起有效的农产品质量—价格信号机制。农产品产地环境分级制度、质量分级制度、产品标签制度、产品认证制度、地域品牌等是重要的农产品质量标识制度，也是传递农产品质量的重要信号机制。但我国农产品质量标识制度严重缺乏：没有建立农产品产地环境分级制度；只有极少数农产品实行质量分级制度，而且是以形状感官分级为主；农产品标签制度还处于地方试点阶段；“三品一标”产品分属不同部门监管，地方缺少对口管理机构，认证申请、审核成本较高；农产品品牌创建刚刚起步，多数地区地域品牌管理薄弱。这些原因导致农产品生产经营者普遍缺乏有效的质量—价格信号工具，再加上政府对认证标识、品牌的假冒伪劣行为打击不力，存在标识冒用、滥用等情况，使得消费者信任程度低和市场价格低，“三品一标”等安全优质农产品经济效益低，影响安全产能的扩大。

三是信息追溯体系等基础设施发展严重滞后。政府对农产品质量安全的投资不足，很多地方关键检测技术和设备落后，消费市场的公共检测设备普遍缺乏，严重制约了质量安全信息采集，进而影响到质量安全信息传递的效率、数量和质量。农产品质量安全追溯体系建设尚处于试点阶段，覆盖的地区少，覆盖的产品少，可追溯农产品占比不超过1/3。而且，追溯信息以生产者自己记录信息为主，政府部门的检测信息缺失，使得追溯信息的全面性、真实性不高，难以发挥对农产品生产流通消费全链全程信息披露的作用。

2.2.4 产后设施不足，流通领域管控能力薄弱

产地初加工设施与技术是保障农产品质量安全的重要环节，但我国农产品产地设施建设与产后处理能力的发展比较滞后。

一是生鲜农产品，采摘后无法在第一时间预冷、分级、包装、标准化，流通中缺乏冷链物流，导致优鲜产品质量难以保障。目前我国农产品的产地预冷保鲜率仅为30%，远低于欧美发达国家的80%；我国果蔬、肉类和水产品的冷链流通率只有22%、34%和41%，冷藏运输率分别为35%、57%、69%，而发达国家肉禽冷链流通率已经达到100%，蔬菜、水果冷链流通率达95%以上。这些原因不仅导致农产品损耗率很高，而且容易因腐败、霉变、污染等影响品质。比如，因为产地缺乏烘干设施，2015年江苏大雪和2016年安徽雨水天气造成了大量水稻和小麦黄曲霉素超标；新疆、甘肃等地的葡萄干、杏干、枸杞等很多干果仍然大量采用自然晾晒和土法熏制方法制干，存在卫生差、阴雨天霉变、二次污染等问题。

二是农产品在产地缺乏必要的分等分级、分装分储、分运分销条件，导致农产品在流通过程中容易被掺杂、掺假。以批发市场为主的农产品产地运销绝大多数是大包装混装，这种粗放的运销方式使不同地区、不同品质的农产品很容易在集散市场被混合、混销，让消费者很难在市场中辨识出好品质、原产地的农产品。特别是对初级农产品没有建立统一的分级分类标准、质量标识制度，单纯从感官上判断产品的质量又存在难度，在行商多于坐商、客户流动性较大的市场中普遍存在以次充好、好中掺次的现象。

2.3　农产品生产和流通环节高度分散，加大了质量安全监管难度

人多地少的基本国情决定了我国农业生产必然是分散的。根据2017年发布的《第三次全国农业普查主要数据公报》数据，我国有高达20743万农业经营户。其中，规模农业经营户①只有398万个，在工商部门注册的农民合作社总数只有179万个，农业生产高度分散。在流通领域，也存在类似问题。这大大增加了农产品质量安全工作的难度。

一是小农户以增产为导向的经营模式往往会导致其过量、违规使用化学投入品。在小规模经营的条件下，小农户为规避风险，在选择经营策略时首先考虑的是收入的稳定性，经营品种的选择往往随大溜，这就导致区域内农产品生产的高度同质性。由于不存在特色产品或品牌产品带来的额外收益，农户在生产中就会争取产量最大化，以获得最大收益。为了增产，就往往会过量使用或违规使用投入品（如为了增产而使用瘦肉精，为了减少病虫害发生率而过量使用农药）。

二是生产经营者组织化程度低导致传递质量信息的单位成本高。农产品进行检测、认证、商标管理等存在一定门槛费用，单个农户由于生产规模小，无法实现规模效应，导致其难以开展检测、认证、建立追溯系统等工作，亦难以传递质量信息。

三是农业生产者文化教育水平总体不高，主要集中在小学和初中，其质量安全意识和质量保障能力总体很弱。一方面难以接受和使用物理防治、高效低毒农药等新产品新技术，另一方面也难以承担检

---

①　规模化标准为：种植业：一年一熟制地区露地种植农作物的土地达到100亩及以上、一年二熟及以上地区露地种植农作物的土地达到50亩及以上、设施农业的设施占地面积25亩及以上。畜牧业：生猪年出栏200头及以上；肉牛年出栏20头及以上；奶牛存栏20头及以上；羊年出栏100只及以上；肉鸡、肉鸭年出栏10000只及以上；蛋鸡、蛋鸭存栏2000只及以上；鹅年出栏1000只及以上。

测、认证、网上追溯等具有一定技术含量的工作。

四是加大了政府监管成本。农业生产经营规模小且高度分散，导致农产品生产过程中对农业投入品、产地准出、市场准入、检验检测、质量追溯、预警应急等政府监管成本和社会监督成本都很高。

3 提升我国农产品质量安全水平的政策建议

提升农产品质量安全水平需要协同发挥好政府、市场、社会监督的作用，但前提是政府先要正确地发挥好作用。从问题出发，并借鉴山东等地的一些好做法，今后一个时期，提升我国农产品质量安全水平，应坚持“两为主”思路，即以县域为主战场、以治理农兽药残留超标为主攻方向，重点做好三个方面的工作：一是健全基层监管体系，真正让监管力量下沉到生产第一线；二是强化农药监管，从源头上管控农产品质量安全隐患；三是完善农产品质量标识制度和追溯体系，让好产品卖出好价钱。

3.1 完善激励约束机制，压实县、乡两级政府的责任

农产品质量安全是一个全域性的工作，县、乡两级政府发挥着重要作用。从调研情况看，在一些经济作物产区，由于商品率高或出口比重高，基层政府对农产品质量安全工作很重视，抓得实也有成效。但在多数地区，基层政府的职能没有充分发挥。下一步要引导基层政府落实“由增产导向转向提质导向”要求，把保障农产品质量安全作为推动农业高质量发展的基础性工作抓实。

一是把农产品质量安全纳入对县、乡两级政府的重点工作目标考核。由省、市两级制定县域农产品质量安全目标责任和绩效考核办

法，建立农产品质量绩效评价考核和责任追究制度，对重大农产品安全事故进行问责，压实县乡两级的监管责任。

二是加强组织领导。实行农产品质量安全“一把手负责制”，由县级政府主要领导牵头，组织农业、市场监管等部门成立农产品（食品）质量安全工作领导小组，统筹协调农产品质量安全监管工作。切实把提升农产品质量安全纳入县级政府的工作重点、乡镇政府的工作中心。

三是健全农产品质量安全工作经费保障机制。各级政府都要将农产品质量安全经费全部纳入财政预算，中央、省级政府对财力较弱的农业大县建立转移支付机制，推动县级农产品质量安全监管能力均等化。县级政府要根据监管工作量对乡镇相关经费实行全额保障，对村级给予一定补助，解决工作经费不足的问题。

3.2　健全三级监管体系，提升基层监管水平

一是建立健全县、乡、村三级监管体制。要结合政府机构改革，加快建立城乡一体、能力均等、重在生产一线的农产品质量安全监管体制机制。重点是设立相对独立的乡镇质量安全监管机构，通过政府采购服务等方式来补充工作人员。在村级，也要设立质量信息员，可由村干部兼职担任，政府给予工作补助。通过编制混用等方式，充实县级农产品质量安全监管队伍。

二是建立县、乡、基地（市场）三级检测网络。把农产品（食品）质量检测机构作为同义务教育学校、基层卫生机构一样的公共设施，尽快实现标准化全覆盖。实施县域农产品（食品）质量检测能力达标工程，尽快提升县级检测机构的人员和装备水平。在乡镇依托监管机构，建立具有速检功能的检测室。要求农产品生产基地、规模化

经营主体逐步建立自检机构，政府给予补助和指导。在批发市场、超市等农产品交易场所，设立公共的快速检测室，开展免费“你送我检”活动。明确县级检测机构的指导监管职能，授权其牵头建立统一的县域农产品质量检测信息网络，县域内所有检测机构和设备必须联网，所有检测数据由后台自动同步上传到县级检测机构，杜绝人为干预。加大对基层检测人员的法规、标准、计量、信息化技术培训力度，规范检测室管理和测试过程，发展多种农药、兽药一次检测、快速检测、专用检测技术。

三是强化县级执法监督工作。县级农产品质量安全执法机构要把工作重心放在农业生产一线，足额配置流动执法车、速检设备、执法设备，加大随机执法检测力度，重点对小农户、小养殖户、小农资经销户开展质量抽检和执法检查。

四是健全监管协作机制，整合县域监管检测资源。以政府机构改革为契机，整合原农业局、畜牧兽医局、渔业水产局的职能形成“大农业”综合监管模式。建立基层生产环节和流通环节监管工作衔接机制，开展联合执法，信息共享，做到“生产—流通—销售”全过程监管。推进县域检测资源整合，根据合理布局、满足工作需要的原则，对各部门委托授权的农产品检验、监测机构的资质实行统一认证。

五是建立县域综合性监管信息平台。由县农产品（食品）质量安全工作领导小组牵头，农业或市场监管部门负责，建立统一的农产品（食品）质量监管信息平台。采用大数据技术，在不改变原有信息采集渠道的基础上，汇集各部门监管信息、政府检测机构质量检测信息、农药兽药经销信息、农业生产基地（园区）质量自检信息、批发市场（超市）质量自检信息、认证机构认证信息，实现农产品供应链各环节信息有效链接，既有利于全程全链监管，又为建立农产品质量追溯体系奠定基础。

3.3　加强对农药等化学投入品的管理

一是落实农药市场准入和经营许可制度。一方面，要落实好农药经营许可制度，管住“人”。对县域农药经销单位开展摸底和整治，所有开展农药销售的经营单位必须按要求达到标准后才能申请农药经营许可，经县级主管部门审核通过后颁发农药经营许可证，方能从事农药经营活动。鼓励各地推广农药经营门店规范化建设，对经营场所和执业人员做出统一的要求。另一方面，推广实施农药登记备案、高毒农药定点经营、农药经营告知三项制度，管住“药”。由县级主管部门结合自身农业结构和病虫害特点，对县域内流通的农药产品进行备案登记，经备案的农药产品才能销售。并实施农药经营告知制度，经销者销售的农药产品必须经主管部门审核、获取农药告知通知书后，方可采购和经销。

二是推广农药处方制度。对于毒性较强、残留时间较长、对人体和环境影响较大的农药，建立处方销售制度。生产者必须凭借处方才能购买，销售者凭借处方才能销售。同时，探索建立农药药剂师制度，由农药药剂师开具处方。农药药剂师可以是专业植保人员，也可以是农药经销单位技术人员，必须经过培训考核后才能上岗。通过实名处方制，既能指导农户科学用药，又能打通农药生产到销售再到最终用药各环节的信息追溯通道，真正做到全程监管。处方还可作为司法维权、执法鉴定的依据。

三是建立农药全程可追溯信息平台。农药经销单位通过追溯平台扫码进行农药采购录入，农药药剂师在平台开具处方，经销单位根据处方在平台记录销售信息。追溯平台与县域综合性监管信息平台联网，数据实时传送，使监管机构能够实时掌握农资经营门店的农药采买和销售情况，掌握“谁在卖药、卖什么药、谁在买药”，打通农药全程监管的最后一公里。

四是推广投入品集中施用模式。全面推广农药、兽药等投入品施用的第三方服务，并建立政府授权服务机制。在一定区域内（如相邻的几个村）或某个农产品集中生产区内，由政府授权专业防治机构、农业综合服务中心或社会化服务机构来统一实施农药喷洒等工作。作业服务由农业生产者购买，政府给予一定资金支持。通过服务的规模化来解决投入品施用环节的分散化问题，克服农产品生产分散的弊端。

3.4 完善农产品质量标识制度和追溯体系，发挥好价格信号的作用

一是健全农产品质量标识制度，使质量分级、产地环境分级、质量认证、地域品牌等成为农产品质量（性价比）的重要标识。以安全和品质为标准，完善农产品质量分级制度；制定产地环境标准，完善粮食生产功能区、重要农产品生产保护区、特色农产品优势区的农产品产地环境监测网络，探索建立产地环境分级制度；完善认证认可管理机制，规范“三品一标”认证制度。通过优质优价这一质量信号传递机制倒逼新型经营主体提升农产品质量水平。

二是探索推广农产品电子标签（追溯码）制度。由县级农产品监管部门牵头，对分散在企业、协会、各部门的涉农电子标签（追溯码）进行统一管理。以县级农产品监管部门作为电子标签持有人，统一负责对电子标签的使用许可、发放审批、台账管理等工作。电子标签管理依托县域综合性监管信息平台来开展，记录生产者基本信息、

产地环境信息、质量检测信息、农兽药使用信息、认证信息、品牌信息等，使电子标签成为反映农产品质量、品牌等信息的综合性标识。电子标签既可用于信息追溯，起到追溯码的作用，也可打印出来贴在农产品包装上，起到合格证的作用。建立电子标签使用许可和发放审批制度，生产者经审查合格后才能获得标签使用权。电子标签实行批次管理，一个批次发放一个标签，生产者必须事先向县域综合性监管信息平台提出申请，并提交生产记录、自检报告等材料，监管机构利用监管平台的综合信息进行审核，确认产品合格后才发放批次标签。对于许可使用电子标签的农产品，政府应通过加大宣传力度、提供免费追溯系统、建立公用品牌等方式给予支持，提高标签农产品的价格，吸引更多人使用电子标签。

三是对农产品质量追溯体系建设作出统一规定。农产品质量追溯体系涉及多个环节、多个部门、多个领域，需要统一标准、统一编码技术，实现信息的准确传递和不同数据库之间的无缝连接，从而达到快速追溯的目的。应继续完善相关管理办法，明确建设标准、管理规范、工作流程、各级监管追溯平台及追溯点的职能、农业生产者及农资经销单位在追溯中的职责、经费保障等具体措施，使农产品质量追溯工作规范化、制度化，也切实发挥好电子标签的作用。

3.5 按照从增产导向转向提质导向的要求，加大对农产品质量安全基础性工作的投入

一是加强产地环境建设，以优质的环境保障优质产品的生产。以高标准农田建设为载体，着力实施土壤改良和农田生态环境优化，大力推进重点地区环保、土壤与水文生态修复等联合整治行动，提升主要农产品主产区的产地环境质量。建立土地流转价格、耕地复耕指标

交易价格与产地环境质量分级联动的定价机制，以及产地环境质量提升奖补制度，激励地方政府和经营者加强产地环境保护。

二是支持产后处理设施的建设与升级改造，以生产服务体系建设推进农产品生产、加工、流通的标准化。在农产品主产区支持标准化生产基地改造，合理规划建设农业综合服务中心，引入农业机械化、植保、病虫害（疫病）防治、检验检疫等社会化服务团队，以统一的农业专业生产服务强化对生产过程的标准化控制。支持生产者联合或集体建设农产品保鲜储藏、筛选分拣、去核（壳）烘干、净化包装等初加工设施，保障农产品产后的品质并提高产品标准化、商品化程度。

参考文献：

[1] 杨信廷，钱建平，孙传恒.农产品质量安全管理与溯源：理论、技术与实践[M].北京：科学出版社，2016.

[2] 胡求光.农产品质量安全、追溯体系及其实现机制研究[M]. 北京：经济科学出版社，2016.

[3] 赵卓.农产品质量分级促进农业现代化的原理与实践[M].北京：中国农业出版社，2010.

[4] 孙小燕.农产品质量安全信息传递机制研究[M].北京：中国农业大学出版社，2010.

[5] 霍红.农产品质量安全控制模式与保障机制研究[M].北京：科学出版社，2014.

[6] 何庆才，朱明，聂莉.农产品质量安全与生产技术[M].贵州：贵州科技出版社，2016.

[7] 吴森.农产品质量安全风险发生机制及其治理研究[M].北京：高等教育出版社，2016.

专题四

工业设计助力提高制造业发展质量[①]

1 工业设计是制造业高质量发展的关键

1.1 全球制造业的竞争集中体现在创新和设计能力的竞争

一项产品的成功在很大程度上受到设计思维的影响，设计是将知识、技术、信息和创意系统集成转化为企业产品、工艺流程、制造服务创新的活动，它决定了制造服务的品质和价值，影响了企业的核心竞争力。日本日立设计的统计数据显示，每增加1000万日元的销售收入中，来自工业设计的贡献占到了52%，来自技术改进的贡献仅占21%[②]。另据美国设计管理协会2013年发布的报告，福特、微软、耐克、可口可乐等“以设计为主导”的企业，10年来股市市价表现高于标准普尔指数228%[③]。我们熟知的一些经典案例，无论是工业化时代以通用电气、西门子、波音、空客、奔驰、宝马等为代表的高端装备

① 感谢工业和信息化部产业政策司为课题问卷调查工作提供了重要支持，清华大学设计战略与原型创新研究所所长柳冠中教授为本文提出了宝贵意见和建议。

② 《工业设计+智能制造，千亿级产业市场待开发》，http：//www.sheitc.gov.cn/jjyw/669425.htm

③ 路甬祥，《创新设计与中国制造》，《全球化》，2018年10月。

设计，还是信息网络时代以英特尔、微软、苹果、谷歌等为代表的芯片设计、软件设计、智能终端和网络架构设计，不仅引领了时代的创新方向，也使这些公司牢牢占据了全球市场竞争和价值链的制高点。以苹果的智能手机为例，尽管苹果公司并不生产手机或手机零部件，却凭借其对软硬件、内容和服务的整合设计，赢得了绝大部分的利润。按照美国加州大学和雪城大学三位学者在《捕捉苹果全球供应网络利润》一文中的测算，2009 年一部苹果手机中，苹果公司独占的利润达到了 58.5%，其中大部分来自创新和设计的贡献。费尔南多·加林多－鲁达和瓦伦丁·米洛在《衡量设计及其在创新中的作用》一书中指出，设计作为一个整体元素的使用与创新高度相关，在设计集成的情况下，引入产品创新的概率要高出 24%；与不考虑设计的小公司相比，采用集成设计的公司具有更高的就业增长率（9.1%）、更高的附加值增长率（18.7%）和更高的生产率增长率（10.4%）。[①]

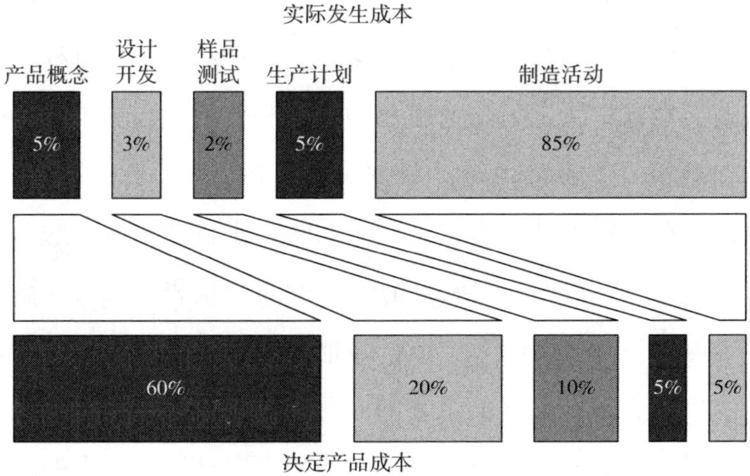

图1 产品开发对产品成本的影响

① Fernando Galindo-Rueda and Valentine Millot，“Measuring Design and Its Role in Innovation.” OECD Science，Technology and Industry WorkingPapers. OECD Publishing，（2015）：8，http：//dx.doi.org/10.1787/5js7p6lj6zq6-en.

设计环节直接影响了产业附加值，越来越成为决定一国产业在全球价值链中地位的关键。广州美院陈江博士通过调研得出这样一个结论：在一个产品的开发过程中，产品设计开发占产品开发实际发生成本的 3%，然而却影响和决定了最终产品成本的 20%；产品制造活动占产品开发实际成本的 85%，然而对产品成本的影响只有 5%。可见设计环节的重要性。

设计不仅影响产品的成本，更是直接决定了产品的附加值和一国产业的价值创造。以钟表制造业来说，世界钟表产量的 80% 都来自中国，瑞士只占到 3%。然而瑞士钟表的产值却占到全球的 40%，中国只有 10%。因为一块中国手表只能卖到 12 欧元，而瑞士手表却能卖 1200 欧元[①]。类似的情况还体现在手机等电子信息产业。

主要工业化国家均将工业设计发展放到引领创新和经济价值创造的重要战略位置。美国是最早将工业设计推向产业化的代表国家之一，也是世界上第一个把工业设计变成一种独立职业的国家，发达的工业设计教育和人才培养体系、完善的知识产权保护制度、成熟的市场机制共同支撑了美国工业设计的发展，20 世纪初到三四十年代是美国工业设计发展的黄金期。1992 年美国前总统克林顿提出“设计美国”的战略口号并成立了政府主导的工业设计机构。进入 21 世纪，美国对设计业发展继续给予了高度关注。2004 年，美国国家科学研究委员会和美国国家工程院发布了《重组制造：设计对接材料和产品的桥梁》（*Retooling Manufacturing*：*Bridging Design*，*Materials*，*and Production*）和《价值创造：设计、制造与服务的融合创新》（*Making Value*：*Integrated Innovation*，*Design*，*Manufacturing and Service*）等

① “设计的力量”，中央电视台，2012年10月27日。

报告；2013 年美国政府投资 3.2 亿美元成立“数字制造和设计创新研究院”。

英国是政府主导推动工业设计发展的典型代表，英国的工业设计在全球具有重要地位。英国早在 1944 年就成立了由政府主导的工业设计委员会，历届政府执政期间，持续开展了“设计顾问资助计划”和“设计扶持计划”。近年来英国政府再次强调设计的极端重要性，先后发布了“创新设计战略（2015—2019）”[①]和《英国设计经济报告（2018）》[②]，指出，在英国每增加1英镑的设计投入，能够给公司带来超过 20 英镑的收入增长，超过 4 英镑的净利润增加，以及超过 5 英镑的出口收入增加。要应对经济增长的挑战和持续推动创新，必须依靠重建设计，为英国经济创造重要价值。

韩国也是将工业设计作为国家战略的国家之一，1993 年推出第一个国家设计政策，1998 年提出了“设计韩国”战略，并在韩国产业资源部下设立产业设计振兴院，负责推动和提升韩国工业设计产业发展。韩国重视产品设计的投入和创新，支持设计企业规模化发展，韩国制造业的转型升级与工业设计的贡献密不可分。

近年来越来越多的国家认识到设计业作为一项创新软实力在提升本国经济价值方面的贡献。芬兰在 2000 年推出了国家设计政策。丹麦政府也在2007年、2011年、2013年分别出台了“国家设计政策”[③]。

1.2 工业设计是中国制造业创新发展、转型升级的重要引领

设计是创新的龙头，设计先于创新、引领创新。中国制造业要由

---

① Design in innovationStrategy 2015-2019

② The DesignEconomy 2018，The state of design in the UK

③ “丹麦设计立国启示录”，21世纪经济报道，2013年7月16日。

简单加工制造向自主品牌的中国创造转型必须依靠设计创新的力量。目前中国生产的工业制成品中本国设计的比重远低于发达国家，这也导致了产品低端化、同质化过度竞争，产能过剩等一系列问题。尤其是以 OEM 为主的制造企业，近年来在市场竞争和综合成本上升双重压力下，随时面临着订单转移的风险。要推动 OEM 向 ODM、OBM 转型升级，特别是创建自主品牌，必须以工业设计为依托，研究潜在的消费需求、整合技术创新与工艺创新的成果，孵化“原创型”产品，掌握自主知识产权。对其他类型的制造企业而言，在消费升级的大背景下，也不得不改变原有的“模仿式”“追随”策略，靠工业设计走差异化、个性化、定制化路线，才能在激烈的市场竞争中形成领先的竞争能力。从这个意义上讲，工业设计应当成为当前我国由规模速度型发展模式向创新驱动型发展模式转型，由中国制造向中国创造转变，中国产品向中国品牌转变的重要抓手。

工业设计的突出贡献在于通过设计创新的软性投入创造新的产品和市场，从而提升中国制造的产品附加值，推动中国制造向产业价值链的高端环节跃升。工业设计是连接技术与市场的桥梁，是将科学技术成果转化为现实经济效益的纽带。因为有好的设计，尖端的发明能够转化为现实的生产力；因为有好的设计，企业生产的产品才能与其他商品在技术、质量和价格上明显拉开档次，真正成为市场认可的“高附加值”商品。从这个意义上说，工业设计是企业成功和产业升级的重要催化剂。

1.3 新工业革命推动工业设计迈入创新设计新的发展阶段

工业设计是工业革命的产物，伴随着工业化的发展变迁，工业设计的内涵也在不断发展。1970 年，国际工业设计协会（International

Council of Societies of Industrial Design，ICSID）将工业设计定义为“一种根据产业状况以决定制作物品之适应特质的创造活动”。1980年，ICSID将这一定义进行了修正：“就批量生产的工业产品而言，凭借训练、经验及视觉感受而赋予材料、结构、形态、色彩、表面加工以及装饰以新的品质和质感，叫作工业设计。”2006年，ICSID将工业设计的定义进行了再次修正，认为“工业设计是一种创造性的活动，其目的是为物品、过程、服务以及它们在整个生命周期中构成的系统建立起多方面的品质”。2015年10月，国际工业设计协会在韩国召开第29届年度代表大会，将沿用近60年的“国际工业设计协会”（ICSID）正式改名为“国际设计组织”（World Design Organization，WDO），并给出了工业设计的最新定义。（工业）设计旨在引导创新、促发商业成功及提供更好质量的生活，是一种将策略性解决问题的过程应用于产品、系统、服务及体验的设计活动。从工业设计定义的变化看，其内涵在不断拓展，从单纯的产品设计，延伸至以产品设计为主，包括产品、过程、服务在内的整个生命周期系统。设计越来越演化为一种横向综合集成的创新活动。

进入21世纪以来，以信息、生物、新能源、新材料、生态环保等多领域集群式创新和智能互联为核心的新工业革命孕育兴起，为工业设计带来全新的发展环境，推动工业设计进入创新设计的发展阶段。路甬祥（2014）将农耕时代的传统设计定义为设计1.0，工业时代的近现代设计定义为设计2.0（工业设计1.0），将知识网络时代的创新设计定义为设计3.0（工业设计2.0）[①]。比照前两次工业革命，新工业革命体现出以人为中心、数字驱动、智能互联、协

① 路甬祥著：《论创新设计》，中国科学技术出版社2017年版。

同融合、共创分享、颠覆式创新、绿色低碳、服务导向等方面的特征，并从技术支撑、设计工具、设计方式等诸多方面为工业设计创新发展创造了机遇。从技术支撑看，能源、材料等领域的创新突破使先进的设计理念得以落实。可再生能源分布式利用和储能技术的突破，新的超常结构功能材料、可再生循环材料，以及具有自适应感知和修复功能的智能材料等的创新应用，将设计创造出更加符合绿色、健康、低碳生产生活方式的产品。从设计工具看，人工智能、大数据、超级计算、虚拟增强现实、云计算与云服务技术的应用，将提供一些更加智能化、网络化的设计软件，创造协同化的设计平台，特别是以虚拟增强现实为代表的沉浸式技术，将极大增强设计创作的体验。基于人工智能、大数据的客户偏好分析，将改进和优化设计师的创作内容。从设计方式看，新工业革命创造了共创分享的设计模式。互联网开放式设计平台可以突破设计资源的局限，在更短的时间内找到更完美适合的创意，同时也使设计成为人人可以参与的工作；设计师和客户可以依托互联网平台实现需求无缝对接，客户甚至可以参与设计，以制造企业为主导的传统供应链模式转变为 D2U（Designer to User）的商业模式。从实现方法看，数字化快速成形、3D 打印机的应用创造了工业设计新的实现方法。从产业价值链看，新工业革命加速推动了万物互联、制造与服务的融合，工业时代的产品设计进一步演进为智能网络时代的系统设计；跨领域集成创新与设计、制造与服务融合的创新设计，个性化、定制化设计与智造，将重构制造业的产业链和价值链，引领新一轮工业革命的走向。

2 我国工业设计的发展现状与短板①

2.1 发展现状

2.1.1 工业设计发展初步形成规模和集聚效应

我国工业设计发展起步于20世纪80年代，近年来随着制造业升级对工业设计的需求较快增长，带动工业设计产业取得快速发展。一是产业规模不断扩大。根据中国工业设计协会的数据，截至2017年底，全国设有工业设计部门的企业和专业工业设计公司近14000家，全国工业设计从业人员超过60万人。二是产业集聚效应初步显现。长三角、珠三角、环渤海、成渝经济圈等地区是我国主要的先进制造业集聚区，工业设计发展较快。浙江、江苏、深圳等地工业设计产业保持平均15%～20%的增长。北京、上海、深圳被联合国教科文组织评为全球创意城市网络设计之都。全国设计创意类园区超过1000家，其中以工业设计为主题的产业园区超过60家。

2.1.2 工业设计对制造业升级的贡献逐步增强

调查表明，工业设计在帮助企业开发满足需求、适应市场的新产品（100%），在提高产品的附加值（92.54%）、推动所在行业的技术升级（88.06%）、提升创新主体的专业化程度（86.57%）等方面具有重要意义（见图2）。工业设计在引领消费需求、促进企业业务增长方面发挥了重要作用。如重庆力帆实业集团股份有限公司摩托车工业设计中心，2017年企业工业设计投入约为1500万元，2017年因工业设

---

① 为了更好地了解和掌握我国工业设计发展的情况与存在的问题，中心产业部课题组与工信部产业政策司对我国110家国家级工业设计中心联合开展了问卷调查，本部分内容为基于问卷调查和调研的分析。

计投入带来的新产品增加值贡献达到上亿元[①]。再如，广州优派家私作为一家办公家具企业，2014 ~ 2016 年在工业设计的投入占营收比重分别为 2.7%、2.7%和 8.8%，而工业设计对企业经济增长贡献率则达到 66.52%、77.8%和 85.81%[②]。

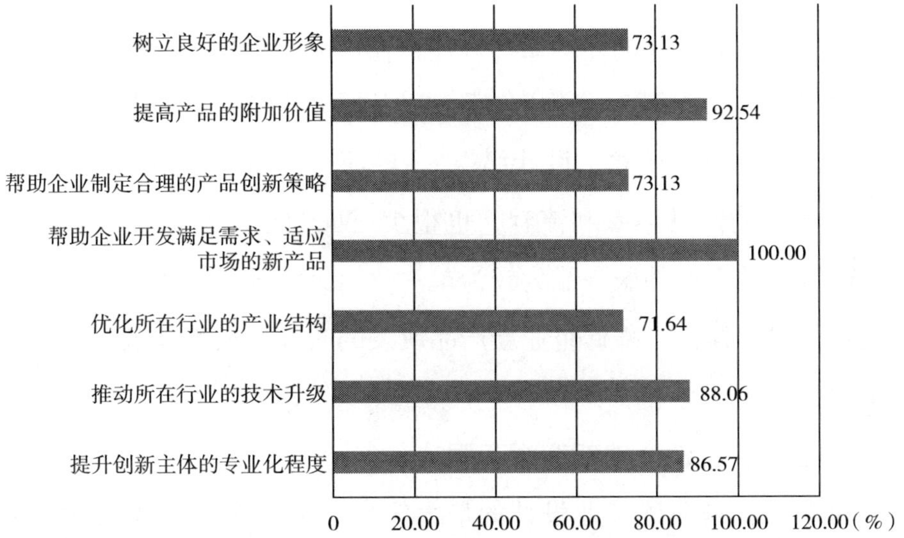

图2 工业设计对于行业及企业发展的作用和意义

资料来源：国家级工业设计中心问卷调查，2018年。

2.1.3 优秀的设计企业和创新设计成果不断涌现

海尔、小米、华为、格力、美的等很多行业龙头企业在海外设立了设计中心，毅昌、浪尖、嘉兰图、洛可可等一批设计公司已具备一定的国际竞争力。高速动车组、北斗导航系统、蛟龙号载人潜水器、大飞机 C919、高性能大型金属构件激光增材制造、数字化无模铸造精密成形技术装备，兆芯 CPU、华为麒麟 980 人工智能手机芯片等展现了我国在创新设计领域水平的提升。

① 2018国家级工业设计中心问卷调查。

② 广州市工业和信息化委员会："荣膺《中国制造2025》试点示范城市 广州工业设计助力供给侧改革"，《广州日报》，2017年9月22日。

2.2 存在问题

2.2.1 整体发展水平与先进国家有较大差距

尽管我国已经有部分企业的设计能力达到了国际一流水平，但是从整体来看，我国现代设计体系发展不完备，对多数企业来讲，工业设计还处在产品开发的体外循环，停留在产品外观设计阶段，无法很好地针对产品功能创新、使用创新，以及提升市场成功率进行集成创新设计。有些企业成立了设计部门，但是没有按照系统工程的理念，建立起严格的设计体系和流程，也很少有面向全生命周期理念的设计。工业设计企业的服务能力较为单一化，无法提供帮助制造企业快速制作低成本样机，降低企业新产品研发的时间、成本、风险的产品验证服务。

2.2.2 工业设计创新能力不强

原创设计是我国工业设计的最大短板。多数企业工业设计机构和工业设计企业存在设计创新浅型化的问题，尤其是多数中小设计公司，还停留在满足于短期内能够快速推向市场的改良型、追随型、模仿式设计。原创设计的产品不多，缺乏能够引领行业，甚至引领世界的设计作品。从问卷调查的情况看，我国工业设计的短板主要表现为人工智能、大数据等技术应用程度不足（76.12%）；设计创新较集中于外观设计，功能设计、结构设计不强（55.22%）；设计模式以模仿改良为主（38.81%）；工业设计与制造互动关联性较弱（37.31%）；以及工业设计成果交易转化渠道不畅通（31.34%）（见图 3）。

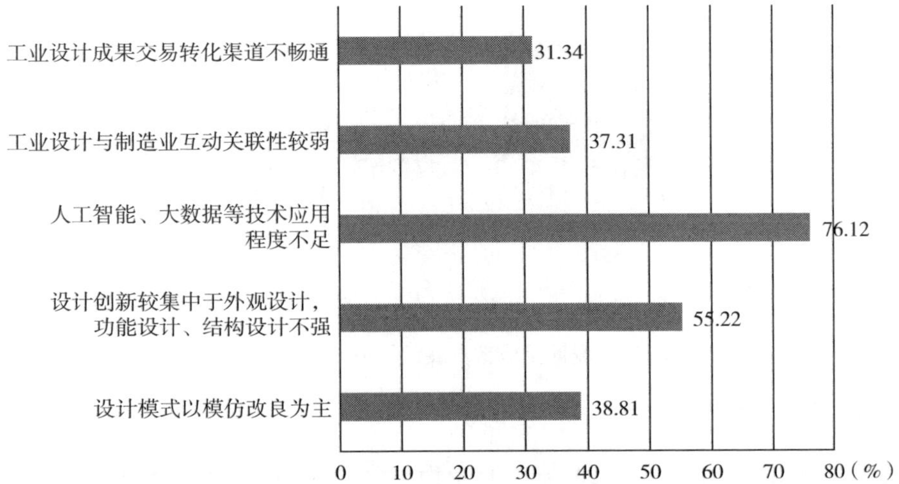

图3　工业设计短板领域的主要表现

资料来源：国家级工业设计中心问卷调查，2018。

2.2.3　产业发展缺乏高层次人才支撑

我国工业设计从业人员数量和质量不匹配。清华大学美术学院博士生导师柳冠中教授指出："与超大规模的设计教育所形成鲜明对照的是设计产业的幼小或畸形。设计教育与设计产业处于严重失衡的状态，造成我国设计业的两端大中间小的模式，即设计教育与设计需求的增大，专业化的设计队伍和合格的设计人才却相当缺乏。这是一个奇怪的现象，一方面设计人才被大批量、快速地生产着，另一方面巨大的设计需求却不能得到满足，类似经济学的术语滞涨。"[①] 对国家级工业设计中心的问卷调查结果表明，工业设计发展最欠缺的因素排在第一位的是人才，占 50%；第二位是资金，占 21%；第三位是共性技术和政策环境，各占 14%（见图 4）。

---

① 崔因，郭星，朱庆祥："我国高等院校工业设计人才培养模式的研究"，https：//www.xzbu.com/7/view-3733099.htm。

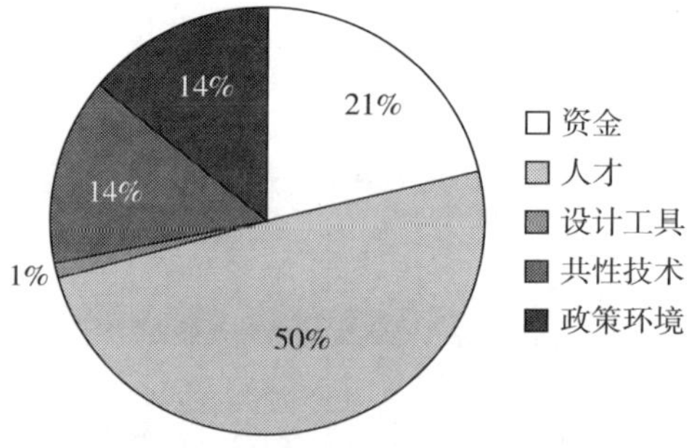

图4 工业设计企业在发展过程中最欠缺的条件

资料来源：国家级工业设计中心问卷调查，2018。

从数量上讲，我国设立“工业设计”专业的高等院校从20世纪80年代的十几所激增到目前的600多所，工业设计专业的毕业生数量已达到相当规模，能基本满足经济发展的要求。但实际上，由于不少工业设计专业是扩招后爆发式地发展起来的，专业教学水平不高，毕业生难以胜任工业设计师的工作，特别是缺乏高层次人才和创新型、复合型设计人才，成为制约我国工业设计高质量发展的最大瓶颈。

具体来看，问卷调查表明，我国工业设计领域人才培养存在的主要问题一是具备高水平专业能力的人才数量不足（65.67%），二是人才培养体系及教学内容与专业前沿有差距（44.78%），三是缺乏对市场发展趋势的准确认知（35.82%），四是设计创新思维能力不足（31.34%），五是缺少工业设计的实际工作经验（25.37%）（见图5）。这要求我们亟须推动建立符合市场需求的工业设计人才培养模式和教育体系，同时加强工业设计继续教育条件的建设，不断增强设计人员的创新思维能力、专业前沿跟踪能力以及市场和实践方面的经验。

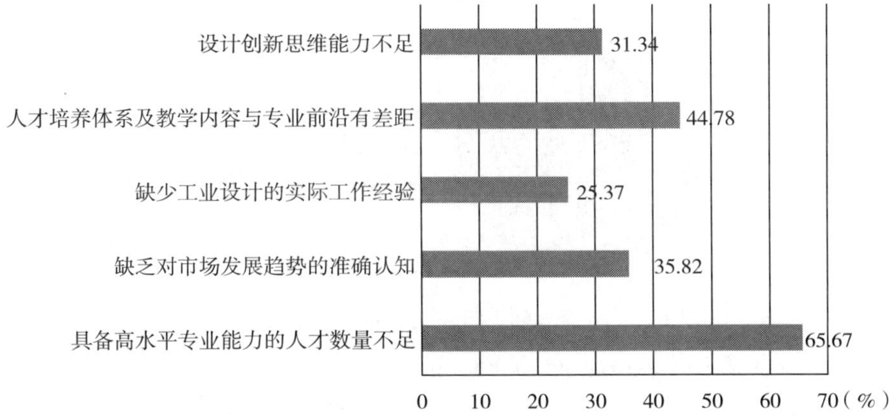

图5　工业设计领域人才培养方面存在的问题

2.2.4　良性健康发展的市场环境尚未形成

目前我国工业设计发展大的商业环境还不够健康和规范。一些中小设计企业过于追求短期经济利益，不惜采取低价营销策略，采用了模仿和简单改良的思路，事实上进一步加剧了产业低价同质化竞争。知识产权保护力度不足也制约了行业良性发展。问卷调查表明，国家级工业设计中心知识产权保护意识较强，对自主设计拥有知识产权的产品，86% 的企业都申报了专利（见图 6）。然而即使企业加强了知识产权保护意识，却也难避免被侵权情况的发生。调查反映，我国工业设计知识产权保护方面的主要问题是法律对侵权行为的惩罚力度不足，造成设计侵权成本低（70.15%）；知识产权保护措施单一（43.28%）；专利申请效率低、周期长（35.82%）；以及专利申请费用高（20.90%）（见图 7）。据了解，目前我国外观专利申请的时间在半年到一年，从市场竞争和时效性角度考虑，在这个过程中，一些产品不得不提前推向市场，不排除申请专利尚未获批，仿冒产品已经出现的情况。工业设计整体知识产权环境不好，保护不到位，也制约了国外一些先进设计成果和设计业务向国内转移。

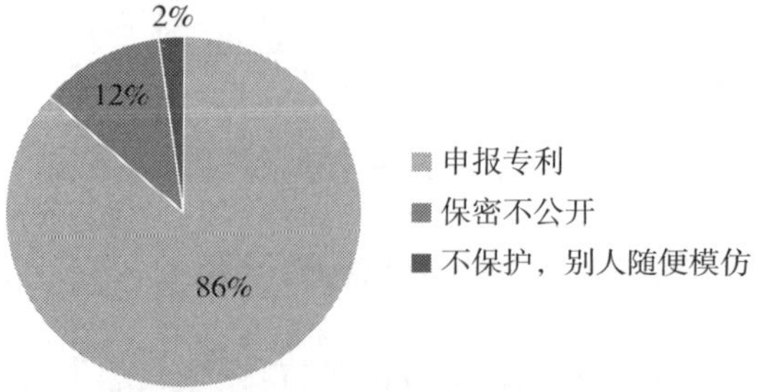

图6 企业知识产权保护的主要做法

资料来源：国家级工业设计中心问卷调查，2018.9

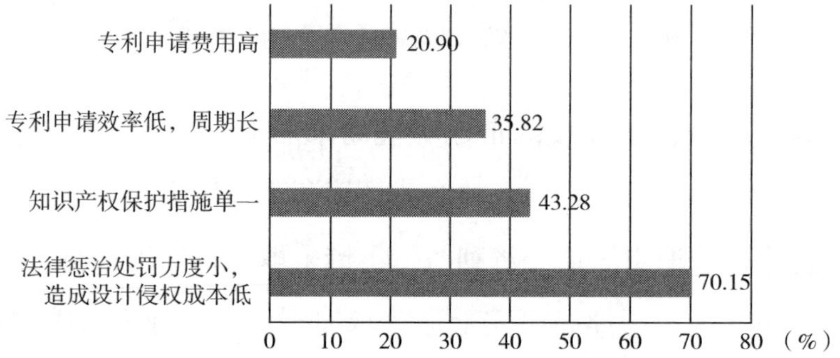

图7 工业设计知识产权保护方面存在的主要问题

资料来源：国家级工业设计中心问卷调查，2018.9。

2.3 原因分析

2.3.1 工业设计发展起步晚、观念滞后

我国多数工业设计机构成立时间较短，问卷调查表明，58.3% 的工业设计中心成立时间在 4 ~ 10 年，仅有 5.6% 的工业设计中心成立时间达 20 年以上。无论是设计机构自身还是整个社会对工业设计的理解认知都不是很成熟。尤其是设计公司一般都是按照客户委托接受设计任务，目前社会上对工业设计的理解还停留在较为传统的造型设计、外观设计层面，对于工业设计对产品开发的集成创新功能和能够创造的商业价值理解和认识不够。这也导致无论从单个公司层面，还

是产业层面，单笔工业设计订单的价值和产值不高、盈利水平不高，进一步制约了工业设计的高效益、高质量发展。

2.3.2 工业设计支撑服务体系不健全

一是工业设计创新支撑体系不健全。面向知识网络时代的现代产品设计开发是高度数字化、高度协同和设计制造一体化的集成体系，企业需要从传统的以图纸为中心发展为以模型为中心的数字化设计和智能制造企业。目前我国企业工业设计中心和工业设计企业 90% 以上使用的是国外的 CAD/CAM 等数字化设计工具，国产的设计工具也有一些，但能用和好用的很少。此外，已有设计方案的知识化、数据化积累不足，设计原型数据、材料数据等数据库资源支撑不够，也在某种程度上制约了设计水平的提高。

二是工业设计服务体系不健全。相较于设计发达国家成熟的市场和产业配套，我国在包括工业设计技术转让服务，原创设计创新成果转化应用服务，设计标准和规范服务等方面有待健全和完善。对于一般中小设计机构来说，如何将设计资源与制造需求有效对接，同时实现设计资源的有效整合都需要设计服务体系的有效支撑。

2.3.3 工业设计发展的政策环境有待改善

市场环境方面，工业设计行业存在进入门槛低、专业化程度不够、低水平不规范竞争等问题。税收方面，除少部分企业工业设计中心因为企业主营业务达到了高新技术企业的认定标准，享受了 15% 的所得税优惠政策，绝大多数工业设计企业普遍实行的是 5% 的营业税和 25% 的企业所得税标准。2014 年财政部、国家税务总局等部门联合发文，自 2014 年 1 月 1 日起至 2018 年 12 月 31 日止，在北京、天津、上海、重庆、大连等 21 个服务外包示范城市实行技术先进型服务企业所得税优惠政策，对经认定的相关企业，减按

15%的税率征收企业所得税[①]。2017年，相关部门再次发布政策，将技术先进型服务企业所得税政策推广至全国[②]，但是据调查了解，知晓这一优惠政策的企业并不多，且相关认定工作有待进一步落实。融资环境方面，工业设计作为轻资产的行业，中小企业面临融资难、融资贵等问题，往往依靠自我滚动式发展，导致多数企业规模难以做大。

2.3.4 工业设计的教育体制机制亟须改革完善

目前工业设计人才供给与需求的矛盾主要体现在：一是学校的设计教育与行业的需求脱节。调研企业反映学校教学内容理论性过强，实践性不足，跟实际产业存在一定脱节，特别是学生在材料、表面处理工艺、产品制造等方面知识缺乏，毕业后的实战能力弱，缺少基本的制造业知识，而仅仅做造型不能叫工业设计。二是现有教学体系存在一定知识老化的问题。在知识网络经济和创新设计发展的大背景下，对设计人员的知识深度、广度和综合性都提出了更高的要求，要求设计人才不仅要具有科学、技术、工程、艺术跨学科的储备，熟悉互联网的运作，还要具有国际化的视野和引领创新的能力。

3 大力发展工业设计，促进制造业高质量发展的建议

总体思路：抓住新工业革命背景下，设计制造服务向数字化、网络化、智能化、绿色化、融合化、协同化发展的趋势，充分发挥设计创新的关键引领作用，着力完善现代设计体系和设计创新生态系统，

---

① 财政部、国家税务总局、商务部、科技部、国家发展改革委：《关于完善技术先进型服务企业有关企业所得税政策问题的通知》（财税〔2014〕59号）。

② 财政部、税务总局、商务部、科技部、国家发展改革委：《关于将技术先进型服务企业所得税政策推广至全国实施的通知》（财税〔2017〕79号）。

以设计创新推动制造业的高质量发展。工业设计的创新生态系统涵盖了设计师（设计企业）、用户（制造企业）两类重要主体，教育（人才）、研究（创新）、支持、促进四大关键环节，以及资金、政策、合作网络三大重点支撑。完善工业设计的政策体系须在这一整体架构下，围绕我国工业设计的主要短板和关键制约展开。

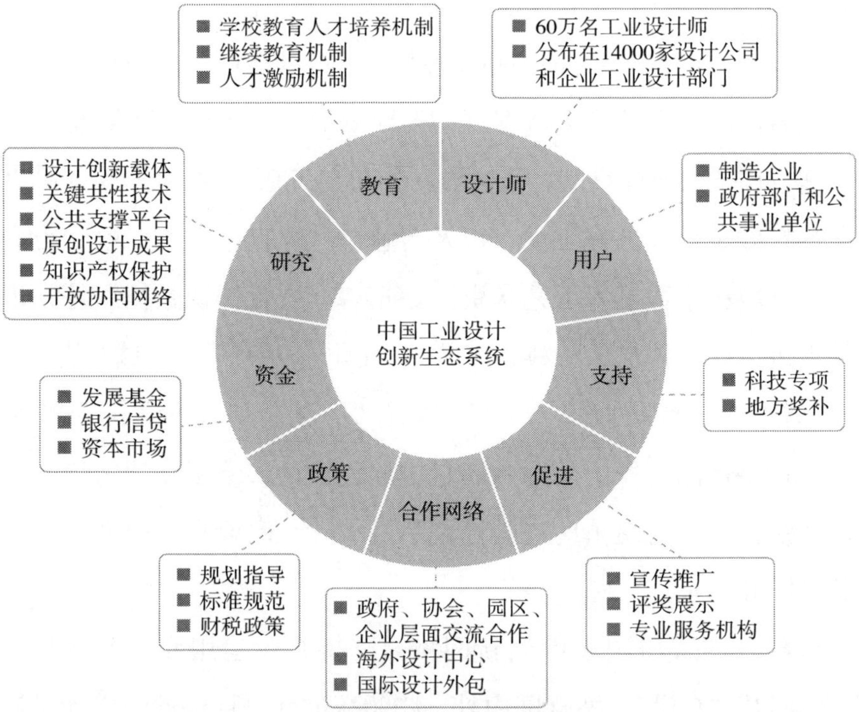

图8　工业设计创新生态系统

3.1　健全工业设计创新支撑体系

加强设计创新载体建设。发挥企业创新设计的主体作用，引导有条件的制造企业设立企业工业设计中心，加大设计投入，形成研发与设计双轮驱动创新的模式。支持建设若干国家级、省级工业设计研究院，鼓励研究院与企业工业设计中心、专业化工业设计机构组成创新设计联盟，深入开展基础性、通用性、前瞻性、引领性的设计创新研究攻关。

支持关键共性技术研发和重点突破。科技专项重点支持具有自主知识产权的关键设计工具及软件研发，开发集成虚拟/增强现实、人工智能、云计算、大数据、3D打印等产品设计与仿真一体化系统，结合不同行业的设计需求，完善数字化、网络化、智能化设计技术体系。重点突破产品全生命周期绿色设计、再制造产品创新设计，智能产品和智能服务设计，大数据驱动设计技术，个性与定制化设计等。

建立健全工业设计公共支撑平台和知识服务系统。重点提供智能化的在线设计软件和工具，以及行业设计原型数据库、设计专利数据库、材料科学数据库、艺术资源数据库、文化知识数据库等知识服务，促进设计与技术（材料、工艺）、文化、艺术等多领域融合创新。

支持和奖励原创设计。鼓励具有产品创新研发能力的企业全面转向原创型产品开发，鼓励开展自主原创设计，给予专项引导资金扶持。对于涉及行业变革的突破性创新的设计，政府给予研究经费等方面的补贴和奖励。

构建开放式协同设计创新网络。支持企业运用互联网开展“众创”“众包”“众设”，整合国内外、跨领域创新设计资源，推动设计协同化发展。推动设计体系与制造体系、服务体系的对接与协同创新。

3.2 完善工业设计教育和人才培养体系

创新工业设计教育和人才培养体制。进一步优化工业设计教学内容设置，促进设计与材料、工艺、制造、服务等跨领域知识技能的融合，设计与技术、艺术、商业的有机结合，培养学生运用设计逻辑进行组合、集成创新的能力。加强产学研合作机制建设，探索企业工业设计中心以及工业设计企业参与人才培养的机制和模式，政府政策引导，加大人才培养资金支持力度，支持企业建设工业设计产业实训基地和订单式人才培养基地，培养复合型、创新型、实践型人才。

支持开展工业设计继续教育。从国家层面出台相关政策，支持工业设计人员在职培训、知识更新和国际交流。对企业设计人员教育经费支出给予按一定比例的所得税税前扣除；对超过比例部分，准予在以后纳税年度结转扣除。

实施工业设计人才奖励激励机制。全面开展工业设计职业资格认定工作，借鉴广东省率先开展工业设计职称评定的做法和经验，在全国范围内加以推广，拓宽工业设计人才职业晋升通道，使其获得社会的认可。设立政府人才奖励基金，对行业有突出贡献的设计大师和创新人才给予奖励。

3.3　促进知识产权保护和行业规范发展

完善知识产权保护服务。鼓励设计企业和设计师申请专利、注册商标和进行著作权登记。提高专利申请和审批效率，尽量缩短审批时限。适当调整企业突出反映的外观设计专利侵权判定标准过高，不利于企业保护设计创新成果的问题。建立设计知识产权侵权黑名单和信用公示制度。加强设计知识产权快速维权、纠纷调解、专业指导等公共服务。促进知识产权保护的区域和国际协作。

加强标准、规范和规划指导。健全和完善工业设计行业标准和规范，支持企业积极参与行业标准、国家标准、国际标准的制定工作，促进自主创新与技术标准融合。发挥行业协会等中介组织作用，促进行业自律。研究制定推动设计创新的指导意见，以引导工业设计企业专业化、高质量发展为目标，探索由政府指导，行业组织开展的设计企业等级评价制度。健全和完善工业设计统计制度。

3.4 健全工业设计推广服务体系

提升全社会对工业设计的认识。依托各类高水平的工业设计论坛、展示、交流和案例宣传活动，加强企业对工业设计地位、作用的再认识。设立一批代表国际一流水平的创新设计示范园区和示范城市。

完善工业设计奖励和成果展示制度。继续做好两年一度的中国优秀工业设计奖评奖工作，鼓励设计企业积极参与国际知名奖项的评选。对优秀的创新设计成果和个人、团体给予物质和精神激励。支持高水平的工业设计论坛、展示活动。

构建多主体合作伙伴关系。建立制造商、服务提供者、政府机构、产业基金、大学、设计部门和其他利益攸关方之间的伙伴关系，促进产学研用金，设计、制造和商业资源的整合优化配置。

大力支持工业设计专业服务机构的发展。制定相应政策，支持工业设计专业服务和成果转化机构的发展，搭建工业设计成果交易平台，提高市场化运作能力和成果转化效率。在重点行业领域形成一批工业设计成果产业化标杆项目和标杆企业。

3.5 完善工业设计财税金融支持体系

研究设立制造业设计创新发展基金。采取财政支持设立引导基金，吸引社会资本投入的方式，设立设计创新发展基金。重点用于支持设计关键共性技术研发、公共支撑平台和知识服务系统建设，支持中小企业设计创新项目产业化等。

完善工业设计税收优惠政策。进一步落实技术先进型服务企业所得税优惠政策，扩大政策认定和支持的企业范围。落实好研发设计费用加计扣除政策，促进制造企业采购工业设计服务按规定给予税前加计扣除。

加强对工业设计的金融扶持。将设计企业纳入科技型中小企业信贷政策支持的范畴。引导金融机构开发适合工业设计企业发展需求的综合性金融产品，探索设计类企业知识产权质押融资服务。支持符合条件的工业设计企业在境内外资本市场上市融资。

3.6　全面推进国际交流合作

加强与设计先进国家和地区的交流合作。在政府部门的大力支持下，以协会、园区、企业层面的合作为主体，深化与欧美日韩等工业设计领先国家和地区的务实合作，建立健全常态化联络机制，学习和引进国外高水平工业设计、创新发展模式和先进管理经验，推动人才交流、教育培训合作，加强战略、标准和知识产权合作，联合设立高水平的工业设计示范园区。

引导工业设计企业国际化发展。鼓励有条件的制造企业或专业设计公司在国外建立设计中心，整合全球设计创新资源，形成国际化的创新设计网络。支持有实力的设计企业积极发展国际设计外包服务，政府部门在税收、信贷、融资等方面给予大力支持。

专题五

提高服务业质量标准的政策研究

1 服务业质量标准的主要特点

服务业质量标准是指为满足服务需求，对具体服务活动所作的技术性规定。由于服务具有区别于商品的无形性、不可分割性和不可储存性等特点，服务业质量标准与制造业质量标准存在较大差别，且比后者更加复杂。首先，服务是由一系列活动所组成的过程，不像有形商品看得见、摸得着，这使得其质量标准既有定量标准，也有不少定性标准。其次，服务是由人表现出来的一系列行动，不同服务主体提供的服务各不相同，即使提供同一服务，也会因服务主体处于不同生理和心理状态而产生差异，这使得质量标准需要更加重视服务流程及行为的规范。再次，大部分服务的生产过程同时也是消费过程，两者在时间和空间上不可分割，这使得质量标准需要更加突出服务对象的体验及满意度。最后，服务过程往往具有较强的互动性，服务对象在很多情况下直接参与服务的生产过程，与服务提供主体发生联系，这使得质量标准更加强调对服务态度、沟通以及特殊问题处理的规范。

2　提升我国服务业质量标准的重要性和紧迫性

当前，我国经济已由高速增长阶段转向高质量发展阶段，迫切需要通过提升服务业质量标准来促进服务业提质增效发展，从而加快跨越发展方式转变、经济结构优化、增长动力转换的关口。

2.1　是推动经济发展质量变革、实现高质量发展的迫切要求

“高质量”是当前和今后一个时期我国经济发展的根本要求，服务业作为国民经济第一大产业，自身发展的提质增效对于推动经济高质量发展至关重要。本世纪以来，我国服务业保持了较快增长，增速连续多年超过 GDP 和第二产业，2012 年服务业增加值超过第二产业，2018 年服务业增加值接近 47 万亿元。在产业快速发展中，服务业企业也实现了规模的快速成长。但也要看到，我国服务业发展更多呈现规模速度型特征，服务业企业也是采用拼速度、拼价格为主的竞争方式。在国内外市场需求、资源要素禀赋等发生显著变化的情况下，服务业快速增长阶段以规模竞争、速度竞争和价格竞争为特点的发展方式无法适应现阶段高质量发展的要求。

为此，迫切需要增强服务业的质量竞争能力，加快服务业企业向以质量竞争为特点的发展方式转变，而提升质量标准有利于弥补服务业发展的质量短板，加快经济发展质量变革，从而为经济更高质量、更可持续的发展提供有力支撑。

2.2 是建设现代化经济体系、加快经济发展动力变革的基础支撑

改革开放40多年来，我国市场经济体制逐步完善，许多服务领域资源配置的市场化程度不断提高，服务提供主体更加多元化，很大程度上满足了产业发展和消费增长的需要。随着经济进入高质量发展阶段，建设现代化经济体系是跨越发展方式转变、经济结构优化、增长动力转换关口的迫切要求，需要进一步巩固服务业对经济增长的贡献率，增强服务业特别是知识和技术密集型服务业对产业转型、人力资本提升、商业模式创新的支撑作用。

提升服务业质量标准，有利于激发新兴服务行业更高质量发展的动力，倒逼传统服务行业加快变革的步伐，有效发挥服务业对经济增长的拉动作用；还有利于加快服务业从依赖生产要素大规模、高强度投入转为更多依靠创新驱动，推动实现在较少投入基础上的更多产出。

2.3 是深化供给侧结构性改革、促进产业转型升级的必然选择

随着近年来供给侧结构性改革的推进，我国服务业发展的软硬件短板逐步得到弥补，新动能不断成长。2015年，我国服务业增加值占GDP比重达到50.5%，高出第二产业9.4个百分点，占据国民经济的半壁江山；2018年，服务业增加值比重进一步上升到52.2%，比2010年提高8个百分点（见图1）。不过，服务业发展中仍存在不少低效无效供给，占用了大量社会资源，拉低了经济运行效率，同时，新旧动能转换有待加快，产业转型升级亟须依靠更有效的抓手推进。

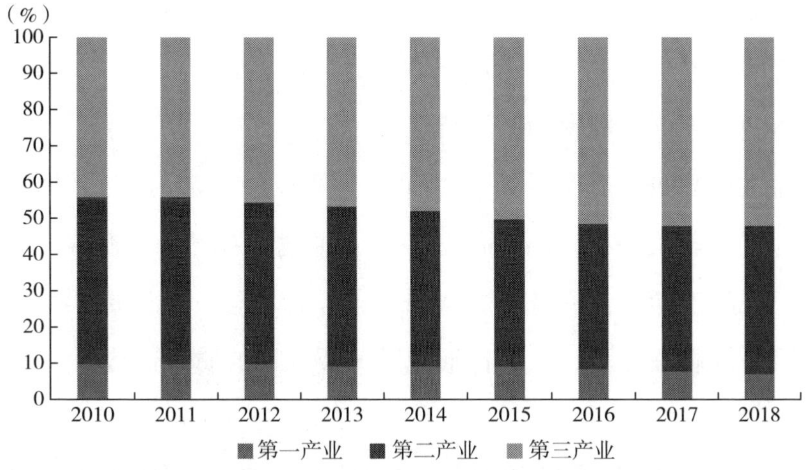

图1　2010～2018年我国三次产业增加值比重

资料来源：国家统计局。

提升服务业质量标准，有利于供给侧结构性改革进一步深化以及加快产业转型升级。通过实施更为严格的质量标准约束，有利于加速淘汰一批重复低效的供给，倒逼服务供给提质增效，弥补服务业的质量短板。通过对标国际先进水平的质量标准，有利于加快服务业企业创新发展，为新旧动能转换增添持续动力。通过加强不同质量标准之间的协同衔接，有利于降低服务业企业发展的制度性成本，提高企业经营效益。总体来看，以提升质量标准为指引，有利于实现服务业由低水平供需平衡向高水平供需平衡的跃升。

2.4　是培育服务业发展新动能、形成服务业质量优势的现实需要

近年来，与推进质量标准化相关的服务创新非常活跃，产生了很多新的服务主体，很大程度上促进了服务业的发展和升级。例如，从事标准研究、制定、咨询和培训的标准化事务所，从事标准符合性检测、标准实施咨询和评价的检验检测认证机构，从事标准化战略咨询

和管理流程再造的咨询企业等。这些新型服务主体的涌现，大大拓展了原有的服务边界，丰富了服务内涵，创新了服务模式，成为知识技术密集型服务行业发展的新增长点。

通过提升服务业质量标准，有利于促进这些新型服务主体快速成长，为服务业发展提供新动能。特别是通过发挥“标准化 +”的放大效应，有利于标准化服务与新兴技术的紧密结合，促进标准化服务与相关服务行业融合发展，培育形成服务业发展的质量优势。

2.5 是满足人民日益增长的美好生活需要、增进民生福祉的有效途径

党的十九大指出，我国社会主要矛盾已经转化为人民日益增长的美好生活需要和不平衡不充分的发展之间的矛盾。这一变化背后反映的是，随着生产力的发展和生活条件的改善，人们对美好生活的向往更加强烈，对美好生活的需要呈现多样化、多层次特点，从有形商品消费转向更多服务消费。

国际经验表明，当一国恩格尔系数低于 30% 时，开始进入富足阶段；当人均 GDP 达到 11000 国际元时[①]，处在消费结构持续升级的重要阶段。随着我国经济的持续发展，城乡居民的收入和生活水平不断改善。2018 年，居民恩格尔系数为 28.4%（见图 2），人均 GDP 突破 11000 国际元。对比国际经验，我国正处在迈向富足、步入新一轮消费升级的关键时期，但是与日益增长的消费需求相比，我国消费性服务业发展还存在有效供给不足、供给质量不高、消费者满意度偏低等突出问题。提升服务业质量标准，可以促进相关服务业发展提质增

① 麦迪森1990年不变价国际元。

效，进一步扩大有效和中高端服务供给，提高供给质量和稳定性，有利于满足城乡居民精神文化和生活方面的需求，使人们有更多获得感和更强幸福感。

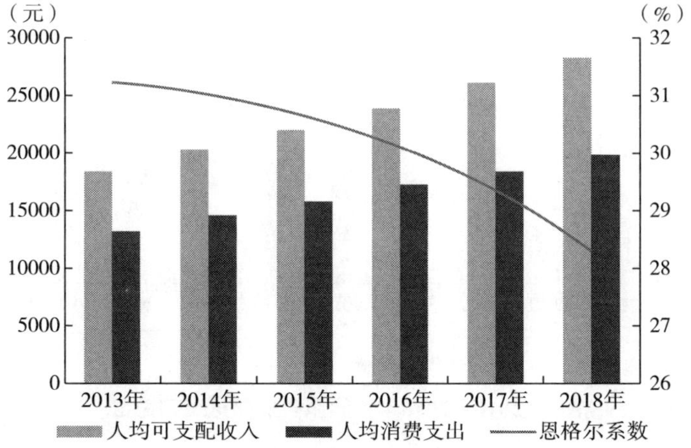

图2　2013～2018年我国居民恩格尔系数、人均可支配收入、人均消费支出

资料来源：国家统计局。

2.6　是推动形成全面开放新格局、培育国际合作竞争新优势的客观要求

近年来，全球服务贸易呈较快发展态势，各国都非常重视并积极抢占全球产业价值链的高端位置，服务贸易发展越来越呈现质量标准竞争的特点。据统计，国际标准化组织（ISO）[①]2000年以前设立的服务相关技术标准仅占同期技术领域标准的2.1%，而2000年以后的占比上升到32.7%。从我国情况看，服务业已成为现阶段对外贸易发展的新引擎和进一步扩大对外开放的重点领域。2010～2018年，我国

① 国际标准化组织（ISO）是一个全球性的非政府组织，是由各国标准化团体（ISO成员团体）组成的世界性联合会。我国于1978年加入ISO，代表组织为国家标准化管理委员会。

服务贸易进出口总额由3717亿美元增长到7920亿美元，规模位居世界第二；但服务贸易逆差也由2010年的151亿美元扩大到2018年的2581亿美元（见图3），贸易结构亟待优化，“走出去”企业的国际竞争力不足。

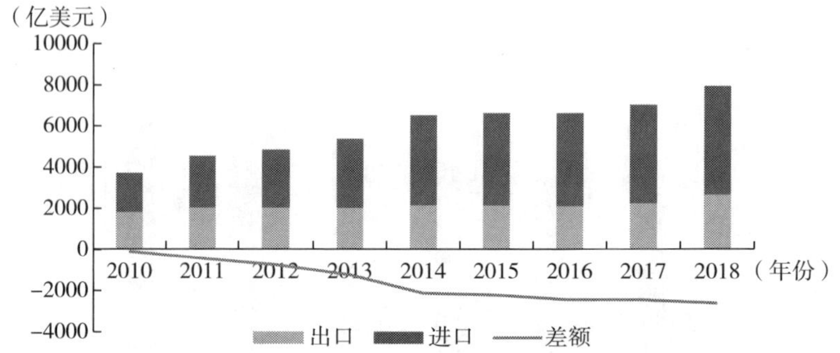

图3 2010～2018年我国服务贸易进出口总额

资料来源：国家统计局。

提升服务业质量标准，一方面积极引入并对标国际先进水平的质量标准，有利于促进国内服务业的开放发展，倒逼服务业升级，减小贸易逆差；另一方面深度参与国际服务标准化规则与战略的制定，推动服务贸易优势特色领域标准的国际化步伐，有利于掌握国际服务标准制定的主动权，扩大服务贸易出口，增强“走出去”企业的质量满意度和品牌影响力。

3 我国服务业质量标准的发展现状

近年来，我国服务业质量总体有所好转，重点领域标准体系初步建立，服务业质量标准的制度环境不断改善，质量标准化服务创新蓬勃发展，服务业标准“走出去”取得了一定进展。

3.1　服务业质量总体有所好转

近年来，在持续推进供给侧结构性改革等因素作用下，我国服务业质量状况有所好转。从国际上看，顾客满意度是评价服务业质量水平的通用指标。根据有关部门的监测，2017 年我国服务业顾客满意度为 74.75%，保持在“比较满意”区间，比 2016 年提高 2.86 个百分点。其中，大型超市的顾客满意度为 76.70%，快递的顾客满意度为 75.70%，汽车保险的顾客满意度为 75.24%，民航服务的顾客满意度为 75.22%（见图 4）。上述行业的顾客满意度不仅高于整个服务业，而且比上年出现不同幅度的提高。

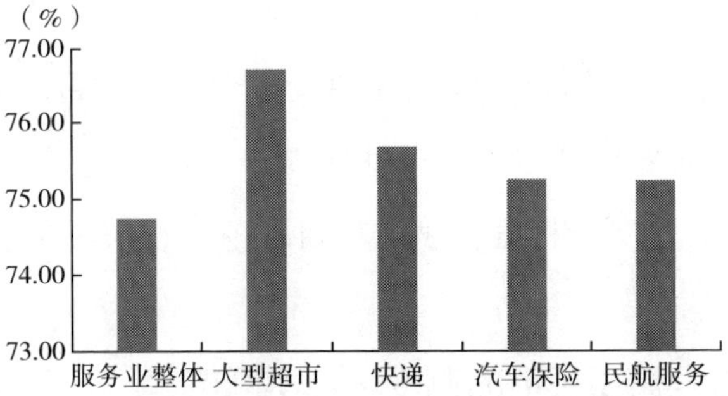

图4　2017年我国服务业及其部分领域顾客满意度情况

资料来源：国家市场监督管理总局。

3.2　重点服务领域标准体系初步建立

20 世纪 90 年代中期以来，我国建立了国家服务业标准化技术委员会，逐步起草了《服务业标准化指南》，制定了《全国服务业标准 2009—2013 年发展规划》《国家标准化体系建设发展规划（2016—2020 年）》等。经过多年努力，我国重点服务领域的标准化体系初步建立。据不完全统计，我国服务业现行的国家标准和行业标准近 4000 项，发布的团体标准 630 多项，主要集中在信息传输、软件和信息技术服务业，科学研究和技术服务业，水利、环境和公共设施管理业，住宿和餐饮业等。这些标准紧扣经济社会发展实际，为提升服务业整体质量奠定了基础。在金融服务、现代物流、高技术服务、商务服务、交通运输和信息服务等重点生产性服务领域，我国建立了初步的服务标准体系。在批发、零售、住宿、餐饮、居民服务、旅游、家庭服务、文化体育产业等生活性服务领域，各类标准的覆盖率逐步提升。此外，各地结合服务业发展实际，还先后制定实施了一批服务业地方标准。

为推进服务业标准化建设，2007 年起，国家标准委、国家发改委等部委在全国开展了服务业标准化试点，在物流、运输、商贸、会展、旅游、体育、社区服务等领域部署了一批国家级试点。在国家试点的带动下，各地结合实际也在建设多个试点项目。截至 2017 年，国家级服务业标准化试点项目已达 147 个。试点建设 10 年来，依托典型树立品牌，服务业标准化试点项目示范带动作用逐步显现。

3.3　服务业质量标准的制度环境不断改善

为完善市场监管体制、推动实施质量强国战略，2018 年第十三届全国人大一次会议通过的《国务院机构改革方案》中提出组建国家市场监督管理总局，不再保留国家工商行政管理总局、国家质量监督检验检疫总局、国家食品药品监督管理总局。这样的大部制改革有利于形成监管合力，加强市场监管的统一性，加快实施质量强国战略，对于促进服务业质量提升也将起到积极作用。

与此同时，新修订的《标准化法》也于 2018 年起正式施行，为提升服务业标准提供了法律基础。一是首次将标准化协调机制制度化。新修订的《标准化法》规定国务院建立标准化协调机制，设区的市级以上地方人民政府可以根据工作需要建立标准化协调机制，统筹协调标准化工作重大事项。这在一定程度上为服务业标准工作归口部门提供了协调工作的依据。二是打破标准供给的政府“包办”。近年来，我国将原有的强制性国家标准、行业标准和地方标准统一为强制性国家标准，强制性标准由过去的三级整合为现在的一级，并对强制性标准的范围做了严格限定，以更好实现“一个市场、一条底线、一个标准”。同时，鼓励学会、协会、商会、联合会、产业技术联盟等社会团体协调相关市场主体共同制定满足市场和创新需要的团体标准，赋予团体标准以法律地位，有利于构建政府标准与市场标准协调配套的新型标准体系。三是加强政府主导与市场自主制定标准之间的协同发展。新修订的《标准化法》强调政府主导制定的强制性国家标准要向公共服务、公共安全等领域聚焦，取消企业标准备案制度，要求企业执行的服务标准应当向社会公开，鼓励企业通过国家统一的标准信息公共服务平台向社会公开企业标准。

3.4　质量标准化服务创新蓬勃发展

近年来，我国认证认可检验检测机构呈现快速发展。截至 2017 年，各类认证认可检验检测机构数量达到 36797 家，比上年增长 9.4%，实现营业收入 2632.5 亿元，增长 13.5%。很多机构开展了质量技术基础“一站式”服务工程，推动了标准、计量、认证认可、检验检测资源的深度融合。一些企事业单位面向中小微企业发展需求，开展企业标准体系建设、标准比对、贯标培训等专业化服务，并有针对性地为企业提供标准化技术解决方案，对提升服务业质量标准起到积极促进作用。

同时，多地还成立了专门从事标准化服务的标准化事务所。通过市场化运作，积极探索“标准化 +”业务模式，特别是标准与科技、标准与金融等领域的跨界融合，创新了标准化服务新模式，为广大企业提供了更加有效的标准化服务。例如，北京、武汉、深圳等地的标准化事务所通过提供标准化需求调研、规划与战略设计、标准起草编写、标准体系解决方案、标准化技术咨询、标准化项目管理、标准实施评价等全链条的标准化咨询服务和资源对接服务，整合了创新链与产业链的各类资源，丰富了标准化服务内涵；同时，依托咨询研究，形成了标准与互联网、标准与金融等协同创新的咨询案例，发挥了标准化的支撑与引领作用。

此外，行业协会在推进服务业质量标准方面也发挥了越来越重要的作用。行业协会一方面了解企业发展情况与消费者实际需求；另一方面参与行业主管部门的部分政策制定，在标准宣贯、组织制修订和标准征求社会意见中扮演重要角色。例如，中国物流与采购联合会连续 8 年完成《物流标准目录手册》的编制及更新工作，收集了我国已颁布的现行物流国家标准、行业标准以及地方标准目录共计 1093 项，并定期组织行业内企业发布团体标准等。

3.5 服务业标准“走出去”取得一定进展

服务业标准是打开国际服务贸易市场大门的钥匙，也是决定服务贸易质量和服务贸易竞争力的重要因素。加入世界贸易组织（WTO）以来，我国服务业标准化工作逐步与国际接轨，目前已是技术管理局（ISO/TMB）常任理事国以及消费者政策委员会服务组主席国。在扩大开放的同时，我国在多个服务领域积极采用国际服务标准，加快在开放的服务领域建立服务质量标准体系，对拟进入国际市场的服务提供者进行资格认证或对服务质量进行规范。

另外，我国积极参与 WTO 和 ISO 框架下的服务业标准制定工作。

特别是在中医药服务贸易领域，目前由我国主导独立发布中医药国际标准 6 项，联合发布国际标准 1 项。同时，2017 年由我国专家团队完成的服务认证典型案例“汽车租赁服务认证方案”，获得了该项国际标准有关国际专家的高度认同，一致同意将该案例作为服务认证方案范例写入国际标准，实现了中国服务认证引领国际标准的实质性突破。

4　当前我国服务业质量标准的问题和差距

尽管我国服务业质量标准有了一定提升，但与高质量发展要求以及发达国家服务业质量标准水平相比，还存在诸多问题和差距。

4.1　服务业质量短板仍很突出

根据有关部门的监测，2017 年我国服务业万人投诉量[①]为 3.03，比 2016 年明显反弹，达到了自 2003 年监测以来的最高值；服务业万人投诉量远高于工业 2.2 的万人投诉量（见图 5）。同时，2017 年全国消协组织受理消费者的服务投诉 38.3 万件，占总投诉量的 52.7%，比上年增长 16.7 个百分点。其中，针对质量方面的投诉为 3.6 万多件，占服务投诉量的 9.4%，仅次于合同、售后服务方面的投诉，明显超过虚假宣传、价格、安全方面的投诉。具体来看，销售服务、互联网服务、电信服务、邮政服务、餐饮服务的质量投诉量居于前列（见图 6）。另外，近年来全国消协组织受理消费者服务投诉的重点领域也发生了一定变化。2013 年投诉增长较快的领域有旅游、超市等，2014 年、2015 年转向快递、移动通信等领域，到了 2016 年、2017 年，投

① 万人投诉量=投诉量/全国总人口数。

诉增长较快的领域变为互联网服务、销售服务等，且互联网服务投诉量大幅增加（见表1）。

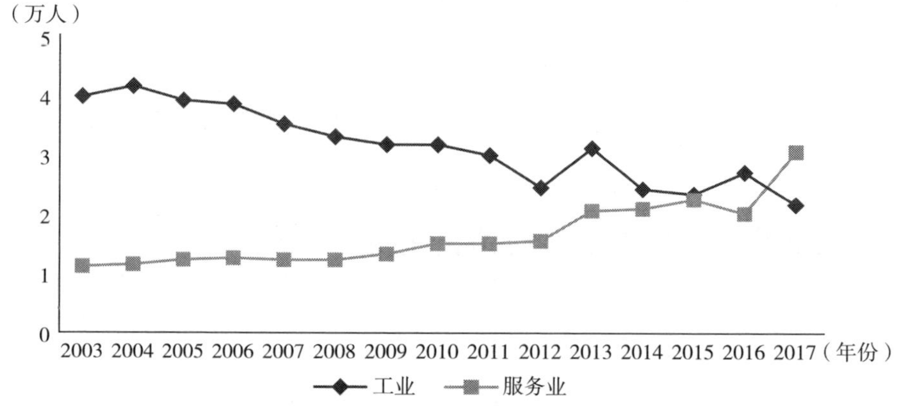

图5　2003～2017年我国服务业、工业的万人投诉量

资料来源：国家市场监管总局、国家统计局、中国消费者协会。

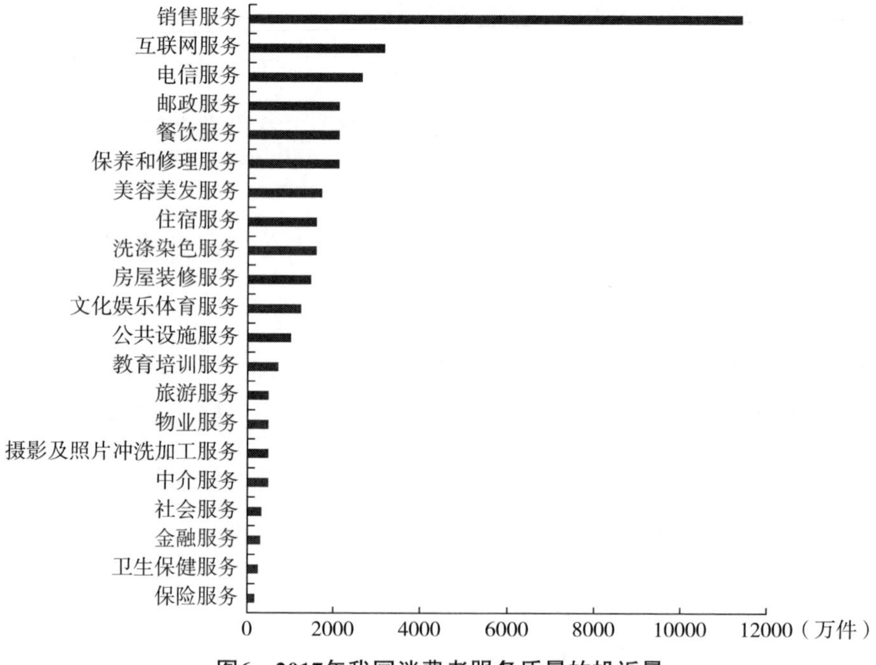

图6　2017年我国消费者服务质量的投诉量

资料来源：中国消费者协会。

表1　　2013～2017年我国服务业投诉量增长较快的领域

年份	领域
2013	旅游、快捷酒店、加油站、超市
2014	移动通信、快递
2015	快递、文娱体育、信息通信
2016	互联网服务、销售服务、生活社会服务类、电信服务
2017	互联网服务、销售服务、生活社会服务类、电信服务、文化娱乐体育服务

资料来源：国家市场监督管理总局。

与美国等发达国家90%以上的服务业顾客满意度相比，目前我国服务业顾客满意度的差距明显。特别是服务业顾客满意度监测中的服务特色、服务内容丰富程度、服务人员态度方面存在突出短板，网上购物、在线旅游、快递等与互联网深度融合领域的顾客满意度也有较大差距。可见，正是由于服务业质量不合格和不过关，导致出现很多无效低效供给，制约了服务业竞争力的提升。

需要指出的是，目前我国与服务业质量相关的法律法规还不健全。现行《产品质量法》难以有效规制服务业市场主体的质量责任，对服务业质量监督管理体制也没有明确规定。并且，服务业质量管理、质量促进方面的法律存在空白，无法充分保护和激励质量创新，不利于市场主体提升服务质量。

4.2　服务业现有标准水平不高

首先，部分服务业标准内容相对简单。物流是我国生产性服务业标准化工作起步较早的行业，虽然取得很大进展，但是与国际水平相比，我国物流术语、物流设备、物流作业以及物流系统建立的规范化程度较低，非标准化的物流装备、设施、信息标识和信息交换仍然存在，导致物流系统各环节的配合衔接不畅，难以发挥物流系统化管理的整体效益。与此同时，随着人们的旅游消费需求日趋多样性和个性化，休闲度假、生态旅游、探险旅游等新业态备受青睐。发达国家在娱乐潜水、保健旅游服务、高尔夫服务、游艇俱乐部服务等项目的标准化工作已经发展得比较成熟，而目前我国旅游服务标准化主要还是集中在景区、旅行社、旅游饭店的等级、星级评定，对其他标准的重视程度不足。

其次，服务业标准的制修订周期较长。目前，我国国家标准制定周期平均为 3 年，落后于产业快速发展的需要。并且，标准的年更新率仅有 5%左右，标龄在 5 年以上的标准数量高达 60%。相比之下，欧盟、美国、日本等经济体的标准编制周期较短，一般为 1 ~ 2 年；标准修订较快，一般发布3 ~ 5年后进行修订①，标准年更新率一般达到10% ~ 15%。在我国现有的服务业标准中，不少标准制定时间较早，受技术进步和市场需求升级等因素影响，服务业新行业和新业态蓬勃发展，导致很多现行标准无法适应新情况，标准老化滞后现象较为严重。

再次，部分服务业标准推广实施力度不够。据统计，我国制定的物流业相关标准近千个，但现行标准在行业发展中的实际应用率偏低。例如，《储运单元条码》国家标准的实际应用率不足 15%，主要原因是在我国物流标准化推行之前，企业已经制定本企业的设备标准，设备更换需要大量资金，导致企业不愿采用新的物流设备标准。再如，托盘是物流作业中最基本的装载单元，在货物运输、装卸搬运等各环节中起到承上启下的关键作用。近年来，我国明确提出全面推广与欧美等发达国家相同的 1.2 米 ×1.0 米标准托盘②，但很多企业仍然采用自己的托盘规格或日本、韩国的托盘规格（1.1 米 ×1.1 米）。

---

① 日本国土交通省每隔几年就会对民宿业相关标准进行修订，现已先后修改10余次。

② 国家发改委：《物流业降本增效专项行动方案（2016—2018年）》，2016年。

由于我国现有托盘数量有 11 亿多个，因物流企业未执行国家统一的托盘规格，严重增加了物流成本，降低了物流业发展的整体效率①。

4.3　服务业标准供给存在较大缺口

首先，对服务业标准的重视程度有待提高。早在 1996 年，ISO 就将当年世界标准日的主题确定为“呼唤服务标准”，提出了“制定服务标准化”的基本宗旨和国际指南。相比而言，我国服务业标准化工作起步较晚，重视程度不够，不仅制约了服务业发展水平和竞争力的提升，也影响了对经济发展的促进作用②。

其次，服务业标准数量偏少。在我国现行标准体系中，服务业标准占全部的 15.1%，略高于农业标准 11.4%的占比，远低于工业标准 73.5%的占比，与服务业作为国民经济第一大产业的地位不匹配。与此同时，服务认证③数量不足。截至 2017 年，我国累计颁发有效认证证书 175.3 万张，而服务业相关认证证书只有 0.5 万张，占比仅为 0.3%。

再次，新兴服务领域标准制定相对滞后。目前，我国服务业标准主要集中在旅游、餐饮、商贸、交通运输等传统服务领域，新兴服务领域的标准数量严重不足。由于缺少相关标准的引导和规范，在服务新行业和新业态快速发展的同时，也带来很多负面问题。例如，仅因部分共享单车企业由于盲目扩张导致经营管理不善，无法履约退还押金，相关投诉直接导致 2017 年全国互联网服务消费投诉量的大幅攀

---

①　2017年，我国社会物流总费用与GDP的比率为14.6%，而发达国家的物流成本占比仅有7%～8%。

②　根据美国商务部计算机科学技术标准研究所估算，使用标准后的效益与制定标准的投入比值约为25∶1。

③　标准是认证的依据，认证是标准的执行阶段。质量认证能够促进标准的执行和标准体系的完善，是监督标准执行的有力措施，是标准化工作与国际接轨的重要途径。

升。又如，我国学前教育人才培养体系重点针对从事 3 ~ 6 岁儿童教育的师资队伍，而 0 ~ 3 岁婴幼儿早教人才培养几乎空白，国家没有统一的标准，导致婴幼儿教育的服务供给质量无法有效提升。

4.4 服务业标准化专业人才较为缺乏

专业化人才是提升服务业质量标准的核心资源，各项标准的制定、实施和推广都离不开标准化专业人才。尽管近年来服务业标准化人才数量不断增长、结构有所改善，但总体上看，服务业标准化作为一个较新的领域，高层次、高技能的专业人才数量仍然偏少，特别是既熟悉相关服务行业发展实际，又掌握标准化知识的专业人才供给缺口更大。具体表现为：标准化专业教育程度不高，人才就业后的再培训机会较少；服务业标准化人才梯队建设尚不健全，具有从事服务业标准化研究和提升服务质量经历的专家较少；服务业标准化人才与经济发展的结合度及人才国际化水平有待提升等。

4.5 多元主体参与质量标准治理有待加强

行业协会在服务业质量监督方面的作用发挥不够充分，服务业企业的质量自律机制不完善，各类质量失信行为时有发生。例如，质量不符合国家强制性标准，或未达到企业自我声明和承诺的标准水平，存在重大质量安全隐患；未通过资质认定开展检验服务活动，或未经批准擅自从事认证活动；未建立相关计量标准开展计量校准，或伪造、涂改、出借、转让有关计量证书等现象时有发生。

部分服务业标准配套协调性不佳，有些服务业标准制定因归口单位还未统一，出现同一或相似名称多个标准并存的现象。另外，部分服务业企业反映存在“大门已开、小门不开”“地方门已开、部门门不开”“资格门已开、注册门不开”的问题，在实施过程中还存在“玻璃门”等情况。

快速反映市场需求的服务业标准不能有效供给，很多标准难以满足经济社会发展的需要。服务业企业自主制定标准的能动性由于标准化管理体制不完善而得不到充分释放和发挥，行业组织和消费者参与标准制定的积极性不高，造成我国的标准普遍缺乏创新和竞争力。相比而言，发达国家在标准制定方面采取“宽进严出”的原则，只要经过标准化协会或专设机构的认可程序审查，任何单位和个人都可参与编制标准。

4.6　服务领域的国际标准制定缺乏话语权

一方面，缺少对服务业国际标准制定的深度参与。尽管我国已成为 ISO 中绝大多数标准化技术委员会、分技术委员会的成员，但很多工作仅限于一般投票，能提出实质性意见的不到 5%，提出相关服务业国际标准化意见的不足 1%。更重要的是，我国企业层面在参与服务业国际标准制定方面非常薄弱。美国、德国、法国和日本等国家的大型企业高度重视国际标准化发展，甚至结成企业联盟，通过 ISO 来控制最新科技和标准的制定，试图掌握整个产业发展走向。在 ISO 的 1954 个标准化技术委员会、分技术委员会、标准化技术委员会工作组召集人中，美国占 20.6%、德国占 16.3%、法国占 8.9%、日本占 5.3%，而我国目前担任召集人的数量很少，且参与主体都是相关政府部门，几乎没有企业或企业联盟参与其中。

另一方面，缺乏对服务业国际标准的深入研究和持续跟踪。国际标准的制定是一项烦琐细致的工程，要掌握话语权，需要深入研究并主动接轨国际标准，进行长期跟踪分析。例如，我国已发布的旅游标准数量较多，但大多数标准在全球旅游业内影响不大，在国际旅游标准界缺少话语权。其中最为成熟的《旅游饭店星级的划分与评定》（GB/T14308—2010），曾通过我国有关部门向ISO推荐，试图上升为国际标准，但因国际上酒店的评价标准不是通过星级，而是通过床品清洁频率、洁净程度、宴会标准等一整套相关细节来规定，而我国也未再对这一标准与国际接轨细节进行深入研究与持续跟踪，最终未能如愿。又如，针对我国互联网优势领域，尚未对领先企业实质性参与国际标准化工作进行系统性谋划。在全球现有4000多项互联网国际标准中，我国标准上升为国际标准的数量占比不足1%。

5 提升我国服务业质量标准的政策建议

适应高质量发展阶段产业升级趋势和人民美好生活需求变化，以质量第一为导向，增强标准化服务能力，充分发挥先进标准对质量提升的引领和支撑作用，以企业为质量提升主体，推广应用质量管理先进标准，有效发挥龙头企业的示范和带动作用，以改革创新为动力，着力深化供给侧结构性改革，打通服务业质量提升瓶颈，加快完善有利于服务业提质增效的质量管理体系和标准体系，不断扩大优质服务供给，培育我国服务业发展的质量优势。

5.1 强化服务业企业质量提升的激励约束

首先，增强服务业企业质量创新动力。加快建立服务质量分级制度，倡导优质优价，提高服务业企业质量创新和质量提升的积极性。完善第三方质量评价体系，推动质量评价向追求更高满意度跃升。支持市场主体瞄准先进标杆实施技术改造、流程再造，补齐重点领域和关键环节的质量短板，改善用户体验，提高服务供给质量的稳定性。

其次，完善服务业质量的相关法律法规。研究推进服务业质量立法，明确服务质量责任，加强对服务业企业提供的服务质量进行有效监督管理。加快《质量促进法》立法进程，规范企业、质量技术机构、社会团体以及消费者的权利义务。

最后，增强服务业质量监管的有效性。以政府机构改革为契机，增强监管的协调统一，结合“放管服”改革，提升事中事后监管能力。建立国家质量信息公共平台，加强地方平台、部门专网、独立信息系统的整合接入，加快建立企业质量失信“黑名单”制度，加大打击侵犯知识产权力度，健全质量违法行为记录及公布制度。

5.2　加快完善服务业标准体系

第一，提高服务业现有标准的水平。改进标准制修订程序，充分运用现代信息技术手段，建立标准制修订周期通报制度，缩短标准制修订周期，提高标准的技术水平和使用效率。完善全国标准信息公共服务平台，建立健全标准实施信息反馈和评估机制。

第二，扩大服务领域标准的有效供给。跟踪国外服务业标准制定与实施活动，鼓励以标准形式将先进经验、创新模式固化和推广。针对不同类型服务行业的特点，加强质量测评标准预研。加快完善金融、现代物流等生产性服务业标准，推动生产性服务业向中高端发展。提高旅游、文化、体育等生活性服务业标准覆盖率，满足人们日益增长的多层次和多样化消费需求。加快公共服务领域标准化工作，促进社会管理和公共服务水平提升。面向新兴服务业，开展服务业态、服务模式、服务技术与服务市场等标准化探索研究。

第三，推动服务业标准应用与示范。加大法律规章、政策引用标准的力度。将标准制修订费用视同研发经费享受有关税收优惠政策，引导服务业企业积极实施标准。在服务业标准化试点中，强化服务质量要求，将其作为立项评审、中期评估、试点验收的重要指标。

第四，加快服务业企业标准领跑者制度试点。进一步拓宽试点地域和行业范围，通过网站、微信等媒体积极向消费者进行宣传并征求消费者关心的质量指标，将消费者关注的质量指标纳入企业标准领跑者的评价模型；同时，充分兼顾企业标准的实现性，将对企业标准的评价和标准符合性验证相结合，在评价模型中加入对企业质量保证能力方面的要求。借鉴“能效标识”做法，分级评定企业标准领跑者，从而引导服务业企业更好适应变化和升级的市场需求。

5.3 培育市场化运作的标准化服务机构

培育一批以提供标准化服务为核心业务的专业化咨询机构，提高标准化服务能力。鼓励具备条件的大型企业将内部标准化服务机构独立运营，面向市场提供服务。大力发展市场化的标准化服务事务所，开展专业标准化服务。鼓励标准化服务机构整合上下游资源，组建标准化服务产业联盟。

引导标准化服务机构整合资源，打造全链条的标准化服务体系。鼓励标准化服务机构创新服务模式，开展标准数据挖掘和应用，构建便捷、安全、高效的标准数字化服务体系。开发标准研制与实施工具，推广智能化标准服务。充分利用各类标准化信息资源，推动标准信息公开，实现标准化数据互联互通，全面提升标准化信息服务能力。

推动标准化服务与相关服务行业的融合发展。加强标准化与融资增信、资产担保、金融租赁的结合，充分发挥标准价值，促进技术与资本融合。探索标准化与计量、检验检测、认证认可等质量基础要素的深度融合，面向重点领域推进质量技术基础的一站式服务。推进标准化与科技创新的融合，加快标准资源服务平台与科研项目管理平台对接，探索标准化促进科技成果转化的有效途径。推进标准与品牌的融合，鼓励标准化服务机构结合地方服务业特色主导产业，研制先进标准，开展标准先进性评价。

5.4　加强服务业标准化专业人才的培养和引进

首先，支持国内高校、职业学校加强服务业质量标准相关的学科专业建设和人才培养基地建设，构建强有力的人才支持体系。完善政府购买培训机制，鼓励职业院校、培训机构提供服务业标准化技能培训。引导高校和服务业企业开展深度合作，创新应用型、复合型标准化人才的培养模式。

其次，着力加强数字技能教育，鼓励服务业质量创新人才脱颖而出。细化落实以增加知识价值为导向的分配政策，支持人才以知识、技能、管理等多种创新要素参与分配。加大国际服务业标准化人才吸引力度，促进人才的国际交流，整合政策资源，为海外人才来华工作、居留和出入境创造更加宽松有利的条件。

5.5　健全多方参与的质量标准共治机制

一方面，完善多方参与的监督机制，促进服务质量的社会共治。推进以法治为基础的社会多元治理，构建市场主体自治、行业自律、政府监管、社会监督的质量共治格局。建立完善质量信号传递反馈机制，鼓励消费者组织、行业协会、第三方机构等开展服务质量比较试验、综合评价、体验式调查，引导理性消费选择。

另一方面，培育发展团体标准，放开搞活企业标准。发挥政府、企业、科研机构、社会团体、消费者等多方的作用，建立强制性标准守底线、推荐性标准保基本、企业标准强质量、团体标准促发展的格局。支持具备能力的行业协会、产业技术联盟牵头制定满足市场和创新需要的标准。拓展团体标准试点范围和领域，总结提炼团体标准发展经验，形成可复制推广的模式，培育一批影响力大和知名度高的团体标准制定机构。鼓励服务业企业制定高于国家标准或行业标准的企业标准，支持具有核心竞争力的专利技术向标准转化，增强企业市场竞争力。

5.6 推进优势特色服务领域标准的国际化

推动我国服务领域标准水平与国际先进标准的进一步接轨。通过跟踪采用国际标准和国外先进标准，加快建立与国际接轨的标准体系，增强服务业企业进入国际市场的能力，提高重点行业的国际影响力和竞争力。

支持国内互联网服务、中医药、交通运输、旅游等行业龙头企业或企业联盟参与国际标准化工作。深化与主要贸易国家和地区在双多边经贸合作机制下的标准化合作，加强与“一带一路”沿线国家标准化务实合作，联合制定服务领域的国际标准，推动开展标准比对分析。

依托我国作为技术管理局（ISO/TMB）常任理事国以及消费者政策委员会服务组主席国的有利地位，积极参与 ISO 服务标准化战略制定，跟踪国际服务标准治理新模式、重大政策新发展和规则程序新变化。对新兴的服务技术领域，建立快速响应机制，做到产业研究与标准化需求研究同步。

参考文献：

[1] 甘藏春. 加快推进标准化体制机制的改革创新. 中国质量报，2018-2-26.

[2] 张冰. “走出去”的一条快速路——新形势下企业参与国际标准化工作的现状及建议. 中国质量技术监督，2015（8）.

[3] 中共中央、国务院. 关于开展质量提升行动的指导意见，2017.

[4] 国家市场监管总局等. 关于实施企业标准“领跑者”制度的意见，2018.

[5] 国家标准委. 2018年全国标准化工作要点，2018.

[6] 国家标准委等. 关于培育发展标准化服务业的指导意见，2018.

[7] 郭怀英. 服务业标准化. 中国投资，2011（11）.

[8] 施京京. 清晰市场政府定位　释放制度创新活力——新版《中华人民共和国标准化法》解读. 中国质量技术监督，2017（11）.

[9] 刘涛. 把握好服务业“三大变革”的着力点. 经济日报，2018-7-5.

[10] 顾学明. 大力发展服务贸易　提升全球价值链地位. 经济参考报，2018-9-12.

[11] 田世宏. 新标准化法制度创新亮点多. 品牌与标准化，2017（11）.

[12] 张静、马聪丽、郭玉芳. 标准化服务业试点概述. 测绘标准化，2018（2）.

[13] 李涵、秦玉婷、杨朔. 生产性服务业标准化国际比对与发展思考. 中国标准化，2012（12）.

[14] 林凯琼、戴晓震. 我国物流标准化建设现状问题及对策. 现代商贸工业，2018（7）.

[15] 施京京. 我国全面部署服务业质量标准化工作——《加强服务业质量标准化工作指导意见》发布. 中国质量技术监督，2013（11）.

[16] 孙晓立. 标准化服务业急需了解的问题. 中国标准化，2016（11）.

[17] 王微、王青、刘涛等. 消费性服务业新阶段：发展实践与改革创新. 中国发展出版社，2017.

[18] 何立峰. 服务业创新发展研究报告. 中国计划出版社，2017.

[19] 任兴洲、王微. 服务业发展：制度、政策与实践. 中国发展出版社，2011.

[20] 彭霞花、彭新宇. 标准化促进生产性服务业发展的问题及对策. 中国标准化，2018（18）.

[21] 谢敏、谢丹超、张洪. 养老服务标准体系建设研究. 中国标准化，2018（6）.

专题六

新时代全面实现达标排放促进高质量发展研究

1 达标排放与高质量发展的关系

1.1 达标排放在环境保护中的地位

达标排放制度是环境保护标准制度中的一项实施性制度，目的是控制污染物排放浓度和总量，保护环境容量，提高环境质量。达标排放与污染防治制度的重要内容，是污染防治工作的基础。它和总量控制制度、排污许可制度、排污权交易制度、环境影响评价制度等众多环境保护制度相互协同，共同推进污染防治工作。在一定程度上，可以认为达标排放制度是其他诸多环境保护制度的实施基础、落地手段和实现目标，对环境保护具有举足轻重的作用，对改善生态环境有着重大意义。

1.2 达标排放与经济社会发展阶段的关系

环境保护的措施要求不能违背环境保护的专业规律，也不能脱离经济社会发展的阶段。我国工业化基础薄弱，工业化发展过程的环境污染、生态破坏难以避免，其程度取决于我们的发展策略。目前，我国“边污染边治理”“进入环境友好型和资源节约型生态文明”这两种环境保护阶段同时存在于不同地区。不同发展阶段环境问题特征不同，解决环境问题的能力和条件亦不同，环保标准应当与各地区不同发展阶段匹配，稳中求进，切勿走环保保守主义与环保标准和措施“大跃进”道路。具体而言，在存量环境问题仍然突出的落后地区，要形成自我绿色发展的内生动力，全面实现达标排放，需要中央包括财政在内的扶持。在处于边污染边治理阶段的地区，实行达标排放制度，有助于实现环境保护和经济社会发展平衡，促进社会的稳定和经济的稳定增长，也有助于稳中求进，积蓄力量向更高环境保护要求的新的平衡进发。正在进入环境友好型和资源节约型的生态文明阶段的后工业化省份，可以进一步提高环境保护标准，倒逼改造升级，提高在国内和国际上的产品和服务竞争力。

1.3　达标排放与新时代高质量发展的关系

中国经济正由高速增长阶段迈向高质量发展阶段，这是新时代我国经济发展的基本特征。环境保护与高质量发展密不可分，打造良好的生态环境是高质量发展的目标之一，高质量发展能够有效促进生态环境保护，生态环境保护是促进高质量发展的有效手段。

达标排放是环境保护的基础性工作，是实现经济高质量发展的助推器。第一，达标排放倒逼企业转型升级，进一步提升全行业发展水平。实施全面达标排放制度，严格要求企业排放达标，有助于促进企业升级改造，推动产业结构调整，促进产业健康高质量发展。第二，达标排放倒逼城市、区域转型升级。严格执行与环境质量制度相结合的达标排放制度，将推进城市和区域转型升级，加强规划，优化管理，提高城市生活质量，推进高质量的经济社会发展。第三，达标排放倒逼农业产业结构调整，促进农业和农村绿色发展。在农村层面因地制宜执行达标排放，将倒逼农村环境保护基础设施建设，推动农业、畜牧业产业结构调整，推动大农业与小农户的衔接，助力美丽乡村建设，进而推动高质量的农村经济发展。

2 传统达标排放制度内涵及其存在的问题

2.1 传统达标排放制度的概念和特征

本研究对“达标排放”进行了扩大解释，认为所有污染源的合法、合规、合标、合理排放都可以称作达标排放。“达标排放制度”则指政府为推进污染源达标排放而进行的一系列体制、制度、机制安排的总和。结合达标排放制度在我国的实施情况，我国传统达标排放制度主要有两大特征。

第一，传统达标排放制度是其他环境管理制度的配套制度，与其他环境管理制度关系密切。长期以来，实现达标排放被作为污染物排放管理的一项目标和任务，与每个时期核心污染物管控制度相配套。根据配套制度的不同，每个时期推进达标排放的措施和手段也有所不同。于企业而言，达标排放是基本义务，是污染物排放底线；于政府而言，以严格监督污染源达标排放为手段，旨在完成污染物管控目标。传统的达标排放侧重于对排放的实时监控和排放结果的考核。

第二，传统达标排放制度主要针对工业污染源。这是在实践中对达标排放进行的缩小解释。长期以来，工业企业是污染物产生与排放的大户，工业污染是我国最主要污染之一，提升工业污染源达标排放水平，对促进环境质量改善将起到至关重要的作用。且在管控技术方面，传统达标排放更适合于固定源污染物排放管理。因此，我国传统达标排放制度主要针对的主体是工业企业。

2.2　传统达标排放制度的实施问题

传统达标排放制度在我国实施多年，对我国污染物排放作出了巨大贡献，但在实施过程中依然存在一些问题。

第一，政策与标准制定程序欠科学，合法性存疑。我国由专业性部委主导起草和发布相关涉及环保标准的环保方案，这在实践中暴露了弊端：一是专业性部委考虑未必全面，在部际间沟通不充分的情况下，政策具有局限性。如生态环境部门未必能够充分考虑经济发展问题，有的方案不断提升环境保护的标准和要求，限制企业和公众的物权，如果过急过严，不给予一定的适应期就会对经济产生系统性的冲击。二是专业性部委制定文件的权力扩展，有的影响超越部委的专业领域，甚至具有全局性，这在一定程度上有悖《立法法》精神。如规定排放特别限值、机动车限行、生产调度、企业限产停产等涉及基本物权的行政权限对经济和就业的影响巨大，这些事项的规定是否应当收归全国人大常委会或国务院，值得思考。三是环保整改的一些事项缺乏法律规定，整改没有统一标准，执行过程中出现了“一刀切”现象。例如，环境整治要达到什么程度算合法，没有规定。因为缺乏标准，有些领导害怕被追责，一句话就把很多企业关闭了，或者责令全部退出。

第二，污染物排放标准低，与环境质量标准未形成良好对应关系。尽管污染源做到了达标排放，但环境质量不达标，环境健康问题依然存在，人民满意程度低。以水污染物排放为例，现行污水处理厂一级 A 标准中，COD 允许排放浓度最高为 50 毫克 / 升，而《地表水环境质量标准》中，Ⅳ类水 COD 标准限值为 30 毫克 / 升，可见即便做到了达标排放，水体质量也可能会向劣Ⅴ类转变。

第三，缺乏有力监管，数据造假和偷排漏排问题严重，导致制度失灵。实践中，偷排漏排、监测数据造假等顽疾久治不愈。企业受利益驱动，造假手段层出不穷，采取篡改在线监控数据、制作“阴阳台账”、物理稀释排放污染物、自设标准虚假达标等手段规避监管。地方政府为了漂亮的 GDP 成绩和环境质量考核结果，也存在选择性公布监测数据规避公众监督、选取特殊监测点位监测、不积极执法纵容企业排污等行为。这些都导致了浓度控制和总量控制相结合的达标排放制度的失灵。

第四，传统达标排放只针对工业污染源，未做到污染源全面管控①。工业污染源具有污染影响大、管控相对容易等特点，我国长期以来达标排放制度主要针对工业污染源进行管控。此种方式存在弊端，仅仅对工业污染源进行“一刀切”和“运动式”的严格管控往往不利于地方经济发展，经济发展的滞后将影响环境保护工作的推进，并可能引发失业潮等一系列社会问题，一定程度上影响社会稳定，这与高质量发展的要求相背离。

第五，缺乏贯穿全环节全过程的监督机制和促进机制。我国主要以末端监督来倒逼企业污染源依法排放，就目前看来，该方法对工业污染源达标排放会取得一定效果。但是，达标排放是一项系统工程，污染源类型不仅限于工业固定污染源，污染物的产生过程更是复杂。若不设计有效的机制对各类型污染源进行全环节的预防、控制、监督，仅通过事后监管进行管控是治标不治本的，难以持续有效地减少

---

① 确切地说，将“达标排放”限定于工业污染源管控，是根据实践需求对“达标排放”进行缩小解释，并不能认为这是一种错误。

污染物排放总量。

3 新时代达标排放制度的新发展

3.1 新时代达标排放制度的新发展

《中华人民共和国国民经济和社会发展第十三个五年规划纲要》明确提出，在“十三五”期间，要以提高环境质量为核心，以解决生态环境领域突出问题为重点，加大生态环境保护力度。这标志着我国污染物管控从浓度和总量相结合的模式向以环境质量为核心的模式的转变，以环境质量为核心的环境管理体系加速形成，开启了环境保护新时代。与此对应，达标排放制度也拓展了新的内涵：以环境质量管理为核心，以区域（包括工业园区）和规划环境影响评价为前提，以排污许可证制度为基础，以生态保护红线、环境质量底线、资源利用上线和产业准入负面清单制度（“三线一清单”）为区域环境安全把关，包括浓度达标、总量排放控制符合环保部门下达的指标、特别排放限制符合要求等方面的内容。具体来说，新时代达标排放具有以下几大特征。

第一，以改善环境质量为核心。其实质是更为合理、严格和科学的环境质量标准下的达标排放。“环境质量改善是生态环境保护的根本目标，也是评判环境保护工作的最终标尺。”①用环境质量是否达标和人民群众是否可接受来衡量达标排放工作绩效，方能得到全社会的理解和大力支持，有效倒逼经济结构调整，实现环境友好型的经济增长。

① 参考张纪华：《建立环保“八大体系”推进生态文明建设》，载《社会主义论坛》2017年2月5日。

第二，与排污许可证制度相配套。我国已正式实行以排污许可证制度为核心的“一证式”环境管理体系，形成了系统完整、权责清晰、监管有效的管理格局。在固定污染源管控方面，排污许可证制度和达标排放制度有着密切联系，前者解决污染物排放点源的监管要求问题，后者解决污染源如何达标、合规的问题，二者紧密配合协同推动才能有效推进污染防治。

第三，多项举措针对多种污染源进行管理。实践中，达标排放主要针对固定工业污染源，本研究认为，新时期的达标排放则针对包括移动污染源、农业污染源、工业污染源在内的各种污染源进行管控。达标计划仍是工业污染源达标排放的基础手段，与此同时，机动车移动污染源、农业污染源、生活污染源等则应当根据实际需要进行相关措施手段设计。

第四，重视经济和环保双正向发展。生态文明的内涵包括生产发展、生活富裕、生态良好，新时代的达标排放，不仅注重对环境和生态的保护和改善，还重视对经济发展的正向促进，不能为了达标排放而让经济停滞。

3.2 新时代实行全面达标排放的必要性

在成本可以接受、环境保护目标可期，也有利于总体增强我国产业绿色发展内生活力的前提下，实行新时代的全面达标排放具有如下必要性。

其一，实行全面达标排放是打赢“三大污染防治攻坚战”，实现“美丽中国”的必要手段。达标排放是污染物管控的基础手段，是污染物排放的底线。全面实行达标排放，保证污染源排放达标是打赢污染防治攻坚战的必要条件，唯有如此才能提高环境质量，满足人民需求，建成“美丽中国”。

其二，实践证明，达标排放对环境质量达标贡献巨大，对高质量发展贡献突出。在实行达标排放制度的 20 余年，我国污染物管控成效稳中趋好。2017 年长三角、珠三角、京津冀地区的大气污染明显改善，与此同时，GDP 实际增长 6.9%，因为散乱污企业的整治和退出，环境友好型企业的市场份额扩大，利润增长 21%。2018 年前 7 个月全国 338 个地级及以上城市平均优良天数比例为 77.2%，同比上升 1.2 个百分点；PM2.5 浓度为 44 微克 / 立方米，同比下降 8.3%；PM10 浓度为 79 微克 / 立方米，同比下降 3.7%。与此同时，经济质量也呈良好发展的态势，2018 年前 6 个月与企业盈利水平相关的企业所得税增长 13.5%。目前，在保证经济中高速增长的前提下，生态环境保护发生了历史性、转折性、全局性变化，全社会的生态环境质量改善的获得感不断增强。

其三，达标排放仍有较大发展空间。2018 年 6 月以来，中央环境保护督察回头看发现，各地仍然广泛存在虚假整改、拖延整改和敷衍整改的现象，还有大量的污染型企业未进行有效的整治。2015 年工业企业达标率只约为 70%。据估算，若工业污染源全部做到稳定达标排放，主要污染物排放量可以再减少 40% 左右。① 继续推行达标排放，并通过制度创新让达标排放制度更为科学，通过创新措施和严格监管让达标排放执行更加到位，必将释放出更大的减排空间。2016 ~ 2018 年的严格执法，已经大力提升了达标排放率。目前仍然有一定的提升空间。

---

① 参考陈吉宁：《加大环境治理力度》，《经济日报》2015年11月30日。

4 新时代全面达标排放制度的适用领域与要求

4.1 工业污染

工业污染源仍是我国最重要的污染源，完成工业污染源达标排放，可在大幅提升环境质量的同时倒逼产业结构调整，引领企业升级改造，还有助于内化企业环境行为的外部性，为公平竞争营造良好的市场环境。抓住工业污染源这个重点，对实现全面达标排放，进而促进高质量发展意义非凡。

2016 年 11 月，国务院印发《“十三五”生态环境保护规划》，明确提出要实施工业污染源全面达标排放计划，从工业污染源开展自行监测和信息公开、排查未达标工业污染源名单、重点行业企业达标排放限期改造、完善工业园区污水处理四个方面推进工作。同年 12 月，原环境保护部印发《关于实施工业污染源全面达标排放计划的通知》，从监管角度对环境保护部门提出要求，围绕着“说得清、查得出、管得住、能持续”①的监管思路，制定九大工作任务以推进工业污染源全面达标排放。2018 年 6 月，中共中央、国务院发布《关于全面加强生态环境保护坚决打好污染防治攻坚战的意见》，对现阶段加强环境保护和污染防治工作进行部署，要求重点打好蓝天、碧水、净土三大保卫战。该意见为工业污染源达标排放提供了相关思路，在手段和措施方面，主要有以下几点。

一是进一步整治“散乱污”企业及集群。近年来，我国出台了多项污染防治相关文件，均对整治“散乱污”企业作出规定，足见国家“零容忍”的整治态度。“散乱污”企业的存在与现阶段国情有关，反

① 参考刘雯：《实施全面达标排放计划，改善环境质量》，《中国环境报》2017年1月3日。

映了我国居民对低档廉价产品需求量依然巨大的现实情况，因此，在供给侧方面，我们应当通过商业模式创新、发展智慧环保、研发新技术等手段降低企业环保成本，同时，在需求侧也要做好消费引导，引导市场合理选择环保企业。

二是科学实施特别排放限值制度。反观我国环境标准体系，国家标准抓底线，地方标准抓分区加严，特别排放限值则根据需求针对特定区域和特定污染物进行管控。近年来，国家出台多个文件强调特别排放限值，表达了国家重拳出击重污染地区重污染行业的决心。从实践来看，不可否认特别排放限值制度的显著成效，但为进一步理顺环境管理体系，仍应当对特别排放限值的适用范围、适用条件、适用程序进行规范，科学推进该制度的实施。

三是以错峰生产和错峰运输为主要手段，实施污染物流量管控制度。错峰生产和错峰运输是污染物流量管理的手段，其实质是打通环境质量和污染物总量排放之间的关系，实现以环境质量保障为前提的精细化管理。应当继续探索流量管控方式方法，技术上做到科学计算流量，优化流量管控手段，制度上将流量管控逐步固定到法律规范中，明确流量管控的实施标准、手段、负责单位、适用情况等，实现流量管控的合法性，让流量管控成为达标排放制度中的一项长效措施。

4.2　生活性污染

随着居民生活水平的不断提高，居民对生活环境的要求也不断提升，生活类污染成为环保部门接到投诉的热点，不解决生活类环境污染问题将不利于社会管理，影响社会稳定。实现生活性污染源达标排放，有助于改善生活环境，促进高质量发展。

4.2.1 城镇生活污水

随着城市化进程加快，城镇生活污水排放量也迅速增加。2015 年我国污水排放总量为 735.3 亿吨，其中城镇生活污水排放量 535.2 亿吨，占总排放量的 72.79%。[①] 城镇生活污水占总排放量的比例逐年升高。然而，根据中央生态环保督察组 2016 ~ 2018 年的反馈，污水处理厂设施建设滞后、产能效率低下、出水水质达标低等问题制约着城镇生活污水达标排放。根据《水污染防治行动计划》《“十三五”全国城镇污水处理及再生利用设施建设规划》等政策文件要求，结合我国城镇污水问题现状，城镇污水达标排放应当重点解决污水处理厂经费缺乏和运营不善问题。针对该问题，要积极探索政府与社会资本合作模式，吸引优质社会资本进入污水处理领域。一定程度上加大对污水处理厂在财政税收方面的政策倾斜，减轻污水处理厂的经济负担。同时，应当做好监督管理工作，并引导和指导污水处理厂科学经营。此外，各地还应当将污水处理收费标准尽快调整到位，原则上应补偿到污水处理和污泥处置设施正常运营并合理盈利，对中西部地区，中央财政给予适当支持。

4.2.2 生活大气污染

生活大气污染源达标排放难以做到末端监测和控制，唯有从源头“达标”来保证污染物排放达标。《打赢蓝天保卫战三年行动计划》主要从调整能源结构出发，通过推进清洁取暖、燃煤消费控制、燃煤锅炉整治、提高能源利用效率和发展清洁能源等方法来促进生活大气污染源达标排放。相较于机动车尾气污染和燃煤排放污染，包括家庭和餐饮业在内的烹饪油烟污染往往不被重视。然而，中央环保督察期

---

① 参考《污水处理行业分析报告》，搜狐财经：https://www.sohu.com/a/216411873_802872，最后访问时间：2018年7月13日。

间，餐饮油烟污染问题在各类投诉中占比偏高，居民对油烟、气味和噪声的投诉一直位列城市环境类前三，且有资料显示，烹饪油烟对PM2.5的贡献率超过10%。就目前形势而言，油烟治理存在法律标准缺位、技术不先进、监管不易等问题，现状不容乐观。油烟污染源达标排放可以从完善标准、提高技术等方面推进。《饮食业油烟排放标准》中可增加油烟净化标准，提高抽油烟机吸附烹饪油烟效率，逐步淘汰直排式油烟机。制定利好政策，鼓励和推进抽油烟机生产商对产品进行改造升级，提高油烟吸附和净化效能，降低油烟净化成本，时机成熟后对油烟机规定新的质量和技术标准。在条件成熟地区进行试点，给一定规模以上的餐饮机构安装油烟在线监测设施，并与环保部门联网。此外，在经济发达地区推广使用高烟点食用油，如烟点200℃ ~ 215℃的山茶油，以此高效减少烹饪油烟排放。

4.2.3　移动污染源

《中国机动车环境管理年报（2018）》显示，我国已连续9年成为世界机动车产销第一大国，而机动车污染也成为多个城市PM2.5的首要来源。[①] 加强移动污染源的达标排放对大气污染防治至关重要。针对我国机动车移动污染源存在的超标排放严重、油品质量达标率低、交通运输结构不合理、执法能力低等问题，《打赢蓝天保卫战三年行动计划》坚持“车、油、路”全面统筹，协同推进，从加快油品升级，优化调整货物运输结构，加快车船结构升级，严格车船生产、销售和使用过程管控，减少机动车保有量等方面较为全面详尽地进行了部署。此外，还应当通过优化公共交通助力移动污染源达标排放。合理布局公共交通线路，提高公共交通工具乘坐舒适

---

① 参考《机动车污染防治道阻且艰多项工作亟须跟进》，中国环保在线，http://www.hbzhan.com/news/detail/124625.html，最后访问时间：2018年8月15日。

度，通过财政补贴等手段减少居民公共交通出行费用，倡导公共交通方式出行。优化市政道路交通设施规划，推进智慧交通发展，减少交通堵塞情况发生。减少机动车保有量，继续推行并优化机动车摇号政策，在重点区域和特别时期实施错峰出行、限行等政策。进一步研究“共享经济”对移动源污染的影响，出台适宜的管控措施，促进移动源总体减排。

4.3 农村生活与农业污染

中共中央、国务院出台了《关于实施乡村振兴战略的意见》。中共中央办公厅、国务院办公厅印发了《农村人居环境整治三年行动方案》。两者指出，改善农村人居环境、建设美丽宜居乡村，是实施乡村振兴战略的一项重要任务。生态环境部印发的《农业农村污染治理攻坚战行动计划》提出，强化污染治理、废弃物循环利用和生态保护，深入推进农村人居环境整治和农业投入品减量化、生产清洁化、废弃物资源化、产业模式生态化。农村污染物达标排放，以农村生活垃圾处理、生活生产污水治理、厕所革命、科学化肥使用等作为主攻方向。

农村垃圾处理，要重点整治垃圾山、垃圾围村、垃圾围坝等现象，基本实现农村生活垃圾处置体系全覆盖，在有条件的地方大力推进农村垃圾分类集中统一处置，建立农户分类、专业清扫、村里收集、乡镇转运、区县处置的模式。进行农村污水处理，因地制宜采用污染治理与资源利用相结合、工程措施与生态措施相结合、集中与分散相结合的建设模式和处理工艺，不宜盲目全部采取污水管网的方式。在城镇周边的乡村，可在城镇污水处理一体化或者对接发展的框架内，予以延伸解决。由于农户支付能力整体有限，推广建设运营和维护经济成本低廉的可复制技术和模式是必要的。要探索低成本的规模化、专业化、社会化环境污染第三方治理机制，确保各类设施建成并长期稳定运行。进行厕所革命，改造和建设乡村户用卫生厕所，同步实施粪污治理，加快实现乡村无害化卫生厕所全覆盖。通过土地规模化经营，减少化肥使用量，严格控制高毒高风险化肥使用，做好规划，在一定区域内禁止使用农药和化肥，鼓励有机农业，推进有机肥料替代化肥，实现化肥生产和进口负增长。

5　达标排放的政策配合和保障措施

5.1　总体要求

严格执法是全面守法的核心。建议做好以下五个方面的制度改革，推进严格执法。一是建立尽职照单免责、失职照单追责的制度，卸下执法人员的思想包袱，让严格执法成为常态。二是建立全社会对执法的评议和监督制度，让执法机关不敢懈于执法。三是将不达标企业、环境违法企业和散乱污企业作为监管重点，提升整体的守法水平和环境整治的实效。四是建立园区企业的环保与经济绩效考评制度，对于环境保护效果差且经济效益差的企业，可以通过产业准入负面清单制度，采取末位淘汰措施。五是建立整改措施的公示制度，让行业和全社会参与监督整改措施实施是否到位，既减轻执法部门的执法压力，也让不愿整改或者整改不达标企业的退出心服口服，提升企业的环境守法度。这些举措可减少环境高风险的企业特别是散乱污企业的数量，减轻环境执法监管的压力，减少环境污染的风险，夯实高质量发展的基础。

全面守法是达标排放的目的。对于达到环境保护标准而且近三年没有违法记录的，应当通过环境信用制度，让这些企业成为环境信用企业，不再成为环境执法和督察的重点，让它们安心于正常的生产和经营，在股票上市、金融贷款、保险费率、水电价格等方面采取优惠政策；参考江苏等省份的经验，在秋冬季重污染季节，不将其纳入错峰生产名单[①]，稳固全社会对依法治理和绿色发展的预期，提升企业家的投资和经营信心。对于没有达标或者近三年有一定程度的环境违法行为的，作为执法和督察的重点企业，在股票上市、金融贷款、保险费率、水电价格等方面采取联合惩戒的约束政策。在冬季错峰生产时，可以考虑纳入错峰生产名单。只有采取差别化政策，才能让污染者付出巨大的市场代价，倒逼企业转型升级。

5.2 具体的政策配合和保障措施

对于具体的政策配合和保障措施，可以从保障排放标准制定科学、标准实施严格、责任追究严明、实施机制灵活、配套政策完善等方面入手，开展以下改革。

5.2.1 坚持稳中求进和区域化差别，合理制订环境质量标准提升计划

第一，环境质量的提升既要考虑十九大设立的 2020 年、2035 年和 2050 年目标的要求，也要考虑经济和技术支撑的可行性，力争环境保护标准在与经济社会可持续协调发展的格局中有序提升。环保标准要客观，符合实际，把握好提升节奏，切不能搞环境保护冒进。

第二，部分环境标准实行区域和行业差别化，不搞“一刀切”。

---

① 参见“江苏环保厅长：重污染天‘环保达标豁免名单企业’无需限停产”，http：//www.sohu.com/a/259646417_654267.

在污染物排放的严格度方面，在促进区域充分发展的大格局下，建议设计阶梯性的目标，由东部向西部推进。环境保护目标的设定和标准、行动计划等要体现原则性和差异性的统一。我国地域广袤，行业、区域和城乡差距仍然很大，各地、各行业的转型期窗口时间不一样，转型的能力不一样，转型的进度不一样，因此，政策和目标既要有原则性，也要考虑各地的经济、社会、文化实情，有充分的灵活性。对于东部地区、中部地区和西部地区，限产、停产甚至关闭的企业类型既应有相同，也应有不同。在下一步的建设和体制改革中，要倾听各方面的意见，边建设边改革，基于城乡差别、东中西部地区差别和第一、第二、第三产业的差别开展目标和政策的分类施治。在2017年的第四批中央环境保护督察中，针对各地反映的环境执法“一刀切”现象，四川与山东发文予以禁止，获得社会广泛好评。生态环境部2018年9月发布的《京津冀及周边地区2018—2019年秋冬季大气污染综合治理攻坚行动方案》，也得到社会各界的好评。

第三，倒逼企业达标，程序和过程要合理化，切勿让企业付出不必要的代价。在程序合理化方面，环境质量标准和污染物排放标准的提升必须可期待化，不得对经济短期造成大的波动。首先，要进行环境保护标准的经济损益评价，平衡经济发展提升和环境保护的要求关系，考虑行业的可接受度。其次，将提升的环境质量标准和污染物排放标准征求社会特别是行业的意见，充分考虑行业的意见。再次，建议提前一年或者两三年发布提升计划，稳定企业预期，给其采取切实有效的环境保护对策的时间，降低企业投资的政策风险，避免破坏企业的投资和生产经营信心。这样可让企业自主选择，如能够提升的，企业主动采取措施提升；不能够提升的，让企业自主决定整合或者关闭。这样可以减轻对经济的短期冲击。此外，在过程的合理化方面，环境监管的措施要和市场机制契合，通过把一些市场机制法治化，如建立市场准入标准，建立“三线一清单”（生态保护红线、环境质量底线、资源利用上线和产业准入负面清单制度），让企业可以接受。

5.2.2 优化环境标准制定条件和程序，发挥达标排放在高质量发展中的作用

在环境保护的标准、行动计划制定方面，建议实行环境标准制定的法定主义，由《环境保护法》《立法法》规定，在国家层面建立分级的环境保护标准制定体系，对于涉及经济增长与环境保护协调的全局性重大利益的环境保护目标、环境保护标准（包括特别限值）和行动计划，必须由全国人大及其常委会制定；对于涉及全局性利益的环境保护目标、环境保护标准和行动计划，如涉及准入条件、排放控制类的，只能由国务院制定；对于技术规范类、评价类的标准和指南，生态环境部等部委有权单独或者联合发布。部委的标准和指南制定的规划必须经过国务院审批，国务院的环境保护目标、环境保护标准和行动计划必须报全国人大或其常务委员会审批。为了保证标准、行动计划等的科学性、合理性和合法性，特别是加强须有国家发改委和工信部参与的环境保护标准与行动计划的技术经济影响评估论证和现有标准的支撑和实施评估论证，防止部门走过场，建议全国人大制定《环境保护标准与行动计划制定法》。新标准的制定与实施，要提前公告，让社会知晓，方便企业采取相应的适应措施，减少损失。

为了弥补环境保护整改法律依据的不足，建议明确规定督察的事由必须是法律规定的强制性义务，建议出台整改的评判标准或者细则，对照验收。对于艰巨或者复杂的整改，可以分阶段予以验收。由

于一些基层能力较弱，对整改的理解容易出现偏差，建议中央环境保护督察组加强对地方的指导，防止整改走弯路或者重新整改。

5.2.3　完善监测制度，打击超标排污和环境监测数据作假等行为

第一，打击企业污染排放监测数据造假。修改《环境保护法》《大气污染防治法》或者制定保障环境监测数据质量的法规规章时，把干扰环境监测采样的行为纳入违法之中，和篡改、伪造环境质量监测数据并列，以此增强法律处罚的严谨性和可操作性。建立环境失信联合惩戒制度和公益诉讼制度，让造假的企业一处违法、处处受限，付出惨重的代价；对于涉嫌犯罪的，有的按照《刑法》有关破坏计算机信息系统罪移交司法机关追究刑事责任，有的按照最高人民法院、最高人民检察院《关于办理环境污染刑事案件适用法律若干问题的解释》的规定追究刑事责任；对于排污单位法定代表人强令、指使、授意、默许监测数据弄虚作假的，依纪依法追究其责任。由于很多造假是由环境服务提供方和企业共谋进行的，从事环境监测设施维护、运营的人员有实施或参与篡改、伪造自动监测数据、干扰自动监测设施、破坏环境质量监测系统等行为的，依法从重处罚，造成损失的，承担连带责任。如果可能，建议修改《刑法》，明确规定监测数据造假罪和影响环境监测数据罪。

第二，加强对党政官员干涉行为的预防和制止机制建设。把2016年最高人民法院和最高人民检察院发布的《关于办理环境污染刑事案件适用法律若干问题的解释》予以法律化。修改《刑法》，在渎职罪内针对国家工作人员和国家机关聘用人员、国家机关任务合约单位明确设立监测数据作假罪，把干扰环境监测篡改环境监测数据、伪造环境监测数据、指令干扰监测数据、指令篡改环境监测数据、指令伪

造环境监测数据等行为纳入该类罪名。对上述行为有关的施工人员和养护人员设立环境监测数据作假罪，把干扰环境监测采样明确纳入犯罪，解决刑法罪名的不贴切问题。对领导干部非法干预环境监测建立留痕制度，震慑地方保护主义和形式主义，确保正确政绩观的推行；明确环境监测机构和人员的记录责任与义务，规范记录事项和方式，对不如实记录或隐瞒不报、不当干预行为，并造成严重后果的相关人员，应予以通报批评和警告；对于干预的党政领导干部，其干预环境监测的批示、函文、口头意见或暗示等信息，要全程留痕、依法提取、介质存储、归档备查，对弄虚作假问题突出的市（地、州、盟），生态环境部或省级环境保护部门可公开约谈其政府负责人，责成当地政府查处和整改，并对相关责任人依照有关规定提出处分建议，交由所在地党委和政府依纪依法予以处理，将处理结果书面报告生态环境部、省级党委和政府。对于包庇和其他不依法履职行为，要求依照规定向有关部门移送违规线索。中央组织部要统筹落实责任追究。

第三，完善追责制度，鼓励公众对环境监测的监督性参与。建议中纪委、中组部、国家监察委和生态环境部联合发布一个既属于党内法规又属于部门规章的文件，将中共中央办公厅、国务院办公厅《关于深化环境监测体制改革提高环境监测数据质量的意见》的追责要求法制化，成为可以直接依据的追责办法。在该办法中，加大对社会参与和监督的力度，鼓励大多数监测设施对公众开放，让公众更有条件发现环境监测数据造假的现象。中央生态环境保护督察组在督察时，对类似的数据造假行为予以严惩。对于构成犯罪的故意造假行为，对于指令、唆使造假的官员，予以严惩，并向全国通报，形成威慑态势，以儆效尤。建议各省要至少追责几个典型的违法案例，以点带面加强整改，让各级党委和政府及其有关部门不敢造假或者不敢唆使造假，不至于把环境保护的动力传导变成层层传导造假的压力。生态环境部、国家监察委、中纪委、中组部也要采取以案说法的形式加强职业道德教育、纪律教育和法制教育，对各级党委和政府有关人员开展警示教育。

5.2.4　加强长效机制建设，确保达标排放制度能够得到长久的实施

“运动式”的高强度监管在短时期内会取得很好的效果，但从长远来看不利于达标排放监管的可持续性，且短时间高强度的追责容易打击企业生产发展积极性，“误伤”部分有潜力的企业，对达标排放和高质量发展不能起到正向作用。因此，监管思路要从高强度的党政追责、企业追责发展到通过常态性的制度建设发挥调控作用。

第一，建立长效执法、考核和问责机制。标准的作用在于执行，只有严格执法，落实企业达标排放的主体责任，标准才能得到执行。加快推动垂直管理改革，促使市、县两级环保部门进一步聚焦属地环境执法和执法监测，大幅提升环境监察执法能力，为达标排放提供监管保障和执行保障，推动达标排放工作的公平、扎实、有效实施。[①]还应当严厉禁止“一律关停”“先停再说”等“一刀切”的敷衍应对、简单粗暴的执法方式，根据生态环境部《禁止环保“一刀切”工作意见》的要求，严厉查处“一刀切”问题。河北省印发的《河北省严格禁止生态环境保护领域“一刀切”的指导意见》，是省级层面第一份专门就此问题进行规定的文件，明确对10个行业和领域环境执法作出细化要求，对实际工作有着巨大意义，建议其他各省区市也应当因地制宜出台相关文件。

① 参考葛察忠等：《协同推进达标计划与排污许可制的政策建议》，《中国环境管理》2017年2月25日。

第二，健全社会参与和监督制度。建立强制与自愿相结合的企业排放公示制度，接受社会的监督，指导企业按照法律严格开展自行监测并通过网络平台、电子屏幕等方式，向社会公开污染防治设施的建设、运行情况，污染物实时排放情况等。企业公示后，监管机构去执法，社会来参观，如发现造假，就予以严厉追责。

第三，理顺各制度之间关系，加强制度衔接。协同推进达标排放与排污许可证制，加强排污许可制的法律基础，国家层面尽快出台海陆统筹的《排污许可管理条例》等相关法律法规，对于固定污染源达标排放，要督促企业严格按照达标许可所载明事项执行，全国范围内逐步做到达“证”排放。完善排污交易制度，加快排污交易基础性研究，国家层面出台具体的法律制度，明确政府职责和边界，妥善处理政府和企业、一级和二级市场的关系，创新机制，让排污权反映环境资源的经济价值，树立排污单位环境意识，引导企业切实提高排污交易二级市场活跃度，促进企业主动治污减排。

专题七

完善认证认可机制，促进产品质量提升

我国经济正从高速增长向高质量发展转变。提高产品和服务（以下统称产品）质量是经济高质量发展的基础。作为国际通行、社会通用的产品质量管理手段，认证认可被称为市场经济的“信用证”、国际贸易的“通行证”、质量管理的“体检证”，有助于产品质量提升。当前，我国认证认可市场发育不全，公信力较低，有效供给不足，尚未发挥其应有的作用，难以满足高质量发展的需求。完善认证认可体制机制和政策，促进认证认可市场健康发展，是助力我国产品质量提升和产业转型升级的有效措施。

1 认证认可和检验检测是促进高质量发展的重要基础

认证认可、检验检测是国家质量基础的重要组成部分，是提升产品质量、保护消费者权益、促进贸易便利化的重要措施，其也有助于促进政府监管转型。

1.1 认证认可和检验检测是国家质量基础的重要组成部分

国家质量基础即 NQI（National Quality Infrastructure），亦译为国家质量基础设施。与交通、通信等基础设施一样，国家质量基础在提高产品质量方面发挥着基础性作用。

2005 年，联合国贸发组织和世贸组织共同提出“国家质量基础”概念，包括计量、标准、检测、认证、认可。2006 年，联合国工业发展组织和国际标准化组织提出，国家质量基础由计量、标准、合格评定构成，并称为国家质量基础的三大支柱。2013 年，世界银行发布报告《国家质量基础的构成要素》，认为国家质量基础包括合格评定、计量和标准，其相互关系如图 1 所示。2018 年，联合国工业发展组织在其发布的《质量政策——技术指南》中提出，质量基础设施依赖于计量、标准、认可、合格评定和市场监督。

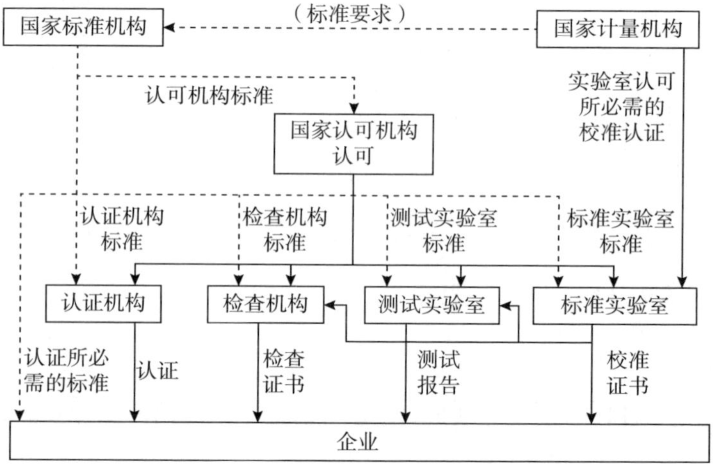

图1 世界银行发布报告《国家质量基础的构成要素》中的国家质量基础

资料来源：粟志敏编译，2014：《国家质量基础的构成要素——2013年世界银行发布报告》，《上海质量》，第8期。

以上定义基本一致，即国家质量基础包括计量、标准、合格评定，而合格评定包括认可、认证、检验、检测。最新的观点是将认可从合格评定中单列出来，同时强调市场监督的重要性。

标准、计量、合格评定是一个完整的链条。标准主要解决“一致性”问题，计量主要解决“准确性”问题，而合格评定主要解决“符合性”问题。合格评定依据相关标准和技术规范，应用计量手段，最终彰显产品质量。

本报告研究的合格评定，是指依据成熟标准、规范、规程相对稳定地进行符合性评定的行为，并通过一定的措施保证获证产品持续性符合评定要求，不包括临时性的鉴定、评价、评估、评选及类似活动。

1.2 认证认可和检验检测有助于促进产品质量提升和产业发展

认证认可和检验检测在提高产品质量、促进贸易、维护消费者权益等方面均可发挥积极作用。

传递信任，服务发展。认证认可和检验检测的基本功能是复合型评定与公示性证明，弥补消费者在市场上的信息不对称。通过建立质量信任，帮助产品在市场上得到承认和尊重，促进供需有效对接，降低交易成本。

促进产品质量提升。认证认可和检验检测将不同质量等级的产品标识清楚，有助于形成优质高价的正确导向，激励企业生产高质量产品。

促进企业管理能力和生产率提高。企业借助质量管理体系认证，可以强化产品质量管理，帮助企业提高生产效率和产品合格率。

促进优胜劣汰的市场机制发挥作用。质量安全风险较高的产品进入市场必须获得最低质量要求的强制性认证，可以起到“保底线”的作用。普通产品通过各种质量等级认证，拉出产品质量的“高线”，可以起到“树标杆”的作用。

1.3 认证认可和检验检测有助于促进市场监管方式转型

长期以来，政府在市场监管方面大包大揽，承担着几乎无限的责任。仅靠政府力量，要保证监管效果，必须加大抽查密度，由此会带来沉重的财政负担。

另外，本应发挥重要作用的市场监督力量还没有发挥应有的作用，社会机构、消费者没有有效参与。认证认可和检验检测是一种市场化的事前、事中监督机制，将事前、事中监督交给社会，政府可以集中力量做好事中、事后监管，这有助于政府职能转变，符合“放管服”改革精神。事实上，适合通过认证认可和检验检测实现社会共治的监管事项非常多，如能耗监管、食品安全监管等。

1.4 认证认可和检验检测有助于中国标准和产品走出去

认证认可和检验检测是国际通行的质量管理措施。如取得 ISO9000、TL9000、ISO14001、OHSAS18001 等认证，表明该企业具备质量、环保、健康与安全等资质，其产品在一定程度上可以畅行国际市场，从而消除国际贸易壁垒。取得目的地市场认可的特定认证和检验检测报告，可以避免烦琐的检查，提高效率，降低成本。

随着我国认证认可和检验检测品牌的国际影响力不断扩大，认证认可和检验检测结果双边、多边互认工作的推进，认证认可和检验检测的通用性将显著增强。最理想的状态是，中国产品只需获得国内认证证书和检验检测报告就能通行世界。

2 我国认证认可和检验检测领域的主要问题

自改革开放初期建立认证认可制度以来，我国认证认可、检验检测行业逐渐壮大，取得了一定的发展。2001 年 4 月，我国设立国家认证认可监督管理委员会（认监委），确立了认证认可和检验检测的统一管理体制。2003 年，国务院公布施行《认证认可条例》。截至 2019 年 2 月，已有 19 部法律、17 部行政法规明确写入了认证认可条款，制定了 14 部专门的部门规章。截至 2018 年底，我国共有认证机构 481 家，检验检测机构 3.9 万余家；累计颁发各类有效认证证书 193.7 万张，同比增长 10.5%，其中强制性产品认证证书 64.3 万张，自愿性认证证书 129.4 万张；获证组织 62.5 万余家。

但是，我国认证认可、检验检测公信力较低、权威性不足的问题仍相当严重。其成因较多且互相影响，主要包括：需求长期来自政府、服务内部提供，政府监管不到位、惩罚力度低，供给体系不合理、供给质量不高，《认证认可条例》不能适应形势发展、急需修改，管理上统筹协调不够、不能形成合力，真正落地的国际互认少、国际影响力低。

2.1 需求主要来自政府，体系较封闭，市场接受度低

我国建立认证认可和检验检测制度时，社会各界对此并不熟悉，政府对此进行了引导。当时的普遍做法是，各系统、各领域建立了自己的认证认可、检验检测体系，并在相关工作中提出了取得认证证书、检验检测报告的要求，需求“自上而下”产生。认证认可机构、检验检测机构是政府主管部门的下属机构，它们既承担政府委托任务，又参与市场竞争，既是“运动员”又是“裁判员”。

在制度引进初期，为提高推广速度，政府应该适当介入。随着市场内生需求的出现，第三方认证机构的发育，行政力量应及时退出，把工作重心转向维护竞争秩序。然而，时至今日，在国内市场上，认证认可需求仍然主要来自政府，或者是政府需求的衍生需求，来自市场的需求一直不足。除强制性认证证书不得不看重外，商场、超市等销售场所并不看重国内的认证证书。多数消费者购买产品时也不在意是否有国内的认证证书、检验检测报告，产品出了质量问题更愿意找政府。与国外知名认证认可、检验检测集团相比，无论国有机构还是民营机构，技术创新能力、业务开展能力明显处于较低水平，出具的认证证书、检验检测报告在国际市场上影响力很弱，国际需求也不大。

认证机构准入早已放开，但实力较强的认证机构仍多是政府下属事业单位，或是与原主管单位联系紧密的转制企业。独立的社会第三方机构数量虽多但“小散弱”现象突出，小型机构占比超过 95%。在华外资认证机构数量仅占 0.8%，但市场份额占 8%。我国海外工程项目大约 85% 的检测、认证业务是由国外机构提供的。

2.2 政府监管不到位，惩罚力度小，劣币驱逐良币

认证认可工作由中国合格评定国家认可委员会统一负责，政府监管主要针对认证认可和检验检测活动。认证认可和检验检测活动由国家和地方共同监管，但责任划分不甚清晰。《认证认可条例》规定，认证活动由国务院认证认可监督管理部门及获得授权的县级以上地方认证监督管理部门共同监管。《检验检测机构资质认定管理办法》规定，检验检测活动由国家认监委、省级资质认定部门、地级和县级质量技术监督部门共同监管。以上规定明确了多级政府共同监管，但没

有规定各自的责任。上级部门监管能力强，但无法应对量大面广的监管对象。基层部门监管能力弱，对于跨区域业务和技术性较强的业务没有能力监管，目前主要监管强制性认证产品，对自愿性认证的产品关注不多；主要进行认证行为的合规性监管，没有精力或者没有能力进行认证行为的有效性监管。

对失信企业和未尽责认证机构的处罚力度低，威慑力不够。《产品质量法》规定，产品质量出了问题，没收违法产品，并处企业违法生产、销售产品货值金额等值以上3倍以下罚款；认证机构、检验检测机构出具的证明或检验结果不实的，承担相应责任。《认证认可条例》规定，出具虚假认证结论的，撤销批准文件并公布，承担最高50万元的赔偿责任。尽管上述法规作出了规定，但对认证机构、检验检测机构违法行为的处罚缺乏切实可行的依据和足够的力度。出了质量问题，对认证机构、检验检测机构多数仅要求暂停或吊销已出具的证书，极少数给予曝光或撤销机构资格，几乎没有罚款。在政府采购、科研管理、公共资源交易等多个领域，我国已经建立起多部门失信联合惩戒机制，取得了较好的成效，但在认证认可和检验检测领域尚未建立。

相对准入端改革而言，事中事后监管改革滞后。2016年1月，国务院常务会议通过了《中华人民共和国认证认可条例》修改，认证机构设立由“先证后照”修改为“先照后证”；认证机构审批时限由90日缩短为45日；取消境外认证机构设立代表机构的审批；取消认证标志备案。经过改革，认证机构、检验检测机构的准入门槛实质性降低。认证机构数量大幅增长，从2015年的180家增加到了2018年的481家，其中2018年新增101家。由于竞争加剧，在诚信体系不健全的大背景下，一些机构为控制成本，人为减少检查内容，降低服务质量，甚至有部分机构、从业人员诚信意识和职业道德缺失，不到现场、直接卖证，出现了“认证乱象”。一些认证机构对获证企业的后续检查不到位，企业取证后产品质量下降；但调研时也有认证机构反映，增加检查次数需要提高收费，但目前收费标准是有关部门核定的。

2.3 供给体系不合理，供给质量不高

认证活动分为强制性认证（CCC 认证）和自愿性认证，强制性认证均为产品认证，自愿性认证包括产品认证、管理体系认证、服务认证。对于一个正常市场来说，强制性认证以满足安全底线要求为主，需求较少；自愿性认证满足中高端需求，需求较多。我国强制性认证制度相对成熟和完善，产品认证以强制性认证为主；满足中高端需求的自愿性认证偏少，高端品质认证刚刚起步。

强制性认证目录由国务院认证认可监督管理部门会同国务院有关部门制定、调整。如 2018 年，31 种产品调出了强制性认证目录，24 种产品采取企业自我声明方式替代第三方认证。尽管如此，企业反映目前强制性认证目录仍存在过多过细问题，材料、零部件、成品重复认证，导致一家企业要取得多张认证证书，甚至有企业需要几千张认证证书。一些新兴产业、跨界产品，如可穿戴设备、锂电池、空气净化器等，未能及时纳入强制性认证目录。

2.4 《认证认可条例》不适应形势发展，急需修改

2003 年 9 月公布实施的《认证认可条例》是目前我国唯一一部专门规范认证认可工作的行政法规，尚无专门法律。2016 年 2 月，《认证认可条例》进行了部分修改，但主体内容仍是 2003 年制定的，亟待修改。例如，对认证认可的定义较为笼统，内涵不够明确；对国

家、省、市的责权划分不清晰，管理较为分散；对新出现的问题没有应对措施，如只管理认证认可、检验检测机构，没有针对近年来出现的认证联盟作出规定；没有反映最新的国际发展动向，如合格评定概念不断更新；没有纳入近期施行的改革措施，如管理机构改革、“放管服”改革。

2017 年 9 月，中共中央、国务院印发《关于开展质量提升行动的指导意见》。2018 年 1 月，国务院印发《关于加强质量认证体系建设促进全面质量管理的意见》。这两个文件均提出完善国家合格评定体系，如构建统一管理、共同实施、权威公信、通用互认的质量认证体系，建立政府、行业、社会等多层次采信机制，完善强制性认证制度，创新自愿性认证制度，加强事中事后监管、严格落实从业机构及人员责任等，需要尽快通过制定、修订法规政策予以落实。

2.5　管理上统筹协调不够，不能形成合力

管理上相关业务交叉，横向、纵向协调不够，不能形成合力，甚至相互排斥。

检验检测机构资质认定（CMA）和实验室认可（CNAS）两套体系并行。两者均属于管理水平和技术能力评定，存在交叉重复，统筹协调不够。CMA 认定依据《检验检测机构资质认定管理办法》进行实验室资质认定或计量资质认定，属于行政许可。CNAS 认可是中国合格评定国家认可委员会依授权开展的合格评定工作，属于自愿性认可。目前大约有 3.6 万家机构通过了 CMA 认定，其中大约 0.9 万家通过了 CNAS 认可。

国家与地方管理部门监管数据之间没有纵向推送机制，地方监管机构不能方便地获得监管数据。如辖区内企业获得认证的信息，认

证机构在辖区内开展活动的信息，认证机构在外地失信的信息，获证企业受到处罚的信息等，只能在网上查询，难以及时掌握这些信息的全貌。

认证认可监督管理部门与业务主管部门的横向协同不够。各系统的认证认可和检验检测市场之间的壁垒仍在一定程度上存在。一个系统的认证认可、检验检测机构，往往很难拿到另一个系统的业务。一些产品不同环节的认证、许可由不同部门实施，如无线电核准、进网许可由不同部门管，各环节之间协调不够。

2.6 实现国际互认少，在国外影响力小

我国已经签署了多个双边、多边协议。截至 2018 年底，我国共计加入 21 个认证认可国际组织，对外签署 13 份多边互认协议和 121 份双边合作互认安排。如与俄罗斯、马来西亚等 13 个“一带一路”沿线国家和区域组织签署了合作协议，或建立了固定合作机制。与印度、波兰等 20 个国家建立了认证认可合作渠道。加入了国际电工委员会（IEC）合格评定互认体系，以及国际认可论坛、国际实验室认可合作组织所有互认协议和安排。

但是，协议签得多，落地的少，落实工作有待加强。目前，只有越南、蒙古、新西兰、韩国等为数不多的国家和中国香港地区，以及 CB 体系（电工产品安全测试报告互认体系），与我国内地实现了部分认证认可、检验检测结果的互认。

3 典型国家和国际组织的做法与经验

美国、欧盟等发达国家和地区的做法和经验表明，认证认可和检

验检测需求来自市场，服务主要由市场提供，政府负责制度建设与市场监管，行业组织也发挥着重要作用。

3.1　政府负责制度建设与市场监管

在英国，商业、创新和技能部（BIS）是标准和认证认可的主管部门，也是英国关于欧盟指令的公告当局，负责建立和实施合格评定机构监管的必要程序。BIS 授权英国皇家认可委员会（United Kingdom Accreditation Service，UKAS）负责对某一组织的认证能力进行评审和认可，并在授权备忘录中明确国家不设立或不鼓励其他部门设立的其他机构在英国承担认可职能。UKAS 根据授权，对公告机构（NB）、检验检测机构进行认可。在德国，德国安全技术认证中心（ZLS）的性质是政府机关，是公告机构（NB）的公告当局，也是德国认可机构、德国安全认证（GS 认证）机构的授权机关。日本由各部门分别管理产品质量检验和认证工作，同时使用自己设计和发布的认证标志。其中，经产省管理的认证产品占日本认证产品的 90% 左右。

严格的政府监管，且处罚力度较大，是生产企业和认证机构、检验检测机构不敢造假的重要原因。监督检查以抽查方式为主，也包括接到投诉后实施的监督检查。如德国锅炉、压力容器的监管部门可随时抽检，每年抽查约 5 万件产品。对企业，监督检查的重点是是否失信，是否生产、销售了不符合第三方认证要求或自我申明标准的产品。对获得授权的认证、检验检测机构，监督检查的重点是它们的工作是否符合法规。

政府通过采信认证结果，以及对高品质认证产品进行补贴，来支持认证行业发展。在美国，虽然政府并未要求产品一定要获得 UL

认证，但联邦政府在调查安全案件时通常使用UL规定的标准进行检验，美国消费品安全委员会在裁决产品是否安全时也将UL测试结果作为主要依据。美国有29个州政府认可UL认证，有关产品必须取得UL认证方可在这些州销售。美国电子产品检验所（ETL）是爱迪生于1876年创建的一个专门从事电工产品安全认证的独立实验室，美国有31个州政府认可ETL认证，电工产品必须取得ETL标志才能进入这些州。能源之星是美国能源部和环保署共同推行的一项政府计划，覆盖产品主要包括家用电器，制热、制冷设备，电子产品，照明产品等，其标准通常比美国联邦标准节能20% ~ 30%。能源之星认证为自愿性，由第三方机构执行，但美国政府大力支持该项认证，事实上已经成为进入市场的门槛。因为购买并使用获得能源之星标识产品的消费者，就有机会享受到消费额的30%或最高1500美元的退税补贴。后来，澳大利亚、加拿大、日本、中国台湾、新西兰及欧盟加入了能源之星计划。

3.2 需求来自市场，认证认可和检验检测服务主要由市场提供

在美国、德国等发达国家，由于政府和市场对产品质量问题的惩罚非常严厉，商场、超市、保险公司等经营主体难以承受产品出现质量问题后的损失，从而产生了让第三方把关的认证需求。如商场、超市要求进场产品必须获得它们认可的认证证书，才予以销售；保险公司要求取得合作认证公司的认证证书才提供服务。

经过上百年的发展，随着认证机构发展壮大，商场、超市等经营主体大力宣传，认证证书已经被消费者广泛接受。如在美国，消费者非常重视安全、健康，如果某个产品未取得特定认证，在市场中获得成功的可能性就很小。认证实质上已经变成了一种市场门槛。

认证市场体系的发展趋势是，服务正越来越多地由私营机构提供，政府逐渐退出。如中国香港只保留了一家政府下属机构，它不参与市场竞争，主要协助政府进行市场监管。在美国、德国等发达国家，民间合格评定机构很发达，多数认证机构是政府授权的独立民营实验室，它们有企业，也有非营利组织。例如，德国 TUV 认证机构的性质是非营利机构。开展 UL 认证的美国保险商试验所原来是一家非营利组织，后来其认证业务独立出来成立了公司。虽然认证企业对自身的信用看得很重，但营利目标与公正性天然有矛盾，需要适当监管。

在美国，虽然认证服务主要由市场提供，但并不完全由市场提供，大致可分为联邦政府的认证体系、地方政府的认证体系和民间认证体系三大系统。联邦政府对直接影响用户和公众的健康或安全的产品进行认证，如食品和药品管理局（FDA）的医药、生物及其他产品的认证；联邦航空管理局（FAA）的飞机及其他航空产品的适航认证；国防部（DOD）武器装备采办的合格产品目录（QPL）制度；农业部（USDA）对食用肉类、家禽产品分级和认证的自愿认证制度。各州在联邦政府有关部门的授权或委托下进行产品检测，还会按本州的特殊情况在联邦政府的认证条例中增加一些规定，并颁发有关标志或合格证书。各州也可以就本州独特的经济活动开展认证活动，如加利福尼亚州对排放废气产品的认证。

另外，行业协会在认证领域也有着重要地位。例如，美国石油协会（API）是美国商务部和贸易委员会承认的石油机械认证机构，享有很高的国际声誉。拥有 API 标志的石油机械被认为是质量可靠、具有先进水平的产品，在中东、南美洲和亚洲许多国家，一般都要求有 API 标志才能参加投标。

3.3 自愿性认证为主，强制性认证针对高风险产品

在欧洲，除电信、电气和电子产品、机械类高风险产品等必须进行强制性认证，其余的主要采取自愿性认证。尽管自愿性认证是一种自愿行为，但由于欧盟严格的市场监督和抽查，且处罚力度很大，企业不敢造假，许多产品（尤其是新产品和进口品）为了得到市场认可，都会主动认证。美国多数认证也是自愿性的，但零售业一般只销售经过认证的产品。从这方面来讲，获得认证并不完全是可有可无或者“自愿的”。

针对质量安全风险较高、对公众利益影响较大的产品，一些国家和地区会以法规方式要求其在销售和（或）使用前获得强制性认证。在美国，强制性认证只涉及少数高风险产品，如美国食品药品管理局（FDA）、航空管理局（FAA）实施的一些认证。在德国，强制性认证是指根据联邦或州的法律对有关人身安全、健康的产品要求取得的认证。产品必须经监督检验合格后，才允许出厂销售。例如，根据联邦和各州的建筑法规，一些建筑产品（建筑材料、门、窗、墙体等）只有经过检验并附带标志才能出厂销售；如果要跨州销售，还必须有联邦建筑技术研究所认可的材料检验所的认证标志才能通行。一些产品必须经检验符合安全标准后，才准许使用。例如，汽车的生产和销售环节虽不进行强制性监督检验，但新车售出后，上牌照之前必须经过安全检验并贴上合格的标志，才能驾驶使用。CE 认证是欧盟市场上关于安全、健康、环保、卫生等要求的强制性认证，部分产品必须获得公告机构颁发的证书，部分产品可以采取自我申明的方式。

3.4　在未尽职的情况下，认证机构承担相应责任

根据掌握的资料，及对 UL、莱茵等国际认证机构的现场调研，未找到美国、日本、欧盟等国家和地区有关第三方认证机构承担相应责任的明确规定。如在美国，没有任何联邦或州一级的法律条文中，有“若第三方机构所认证的产品有质量问题，该机构需承担相应责任”的类似条款。尽管如此，根据美国侵权法，责任归责原则为：以产品责任为主，但在案件诉讼中，消费者可以根据自己情况进行过错责任归责、担保责任归责等多元化选择。事实上，UL 等国际认证机构都为此购买了保险，这说明在美国、欧盟等发达国家和地区，认证机构有承担责任的风险，为了控制风险才购买保险。

一般来说，经过第三方认证机构认证的产品发生质量问题，要根据企业、认证机构的行为来确定责任。认证机构只能保证认证时、抽检时的产品符合认证要求，为每件商品贴标签时申明该产品符合认证要求的是企业。如果认证机构已经尽责，但企业故意弄虚作假，认证机构不承担责任。如果企业能证明确实落实了认证机构的要求还出现问题，或者能证明是因为认证机构疏忽或失职造成产品质量问题，认证机构要承担责任。

为确保经认证的产品质量符合认证要求，认证机构会对使用其认证标志的产品实施跟踪检查，跟踪检查一般 3 个月 1 次，收费由双方协商确定。如为督促持证企业持续性满足认证要求，UL 公司最少 1 年要进行 4 次工厂检查，对于危险性较大的产品检查次数更多，如电线电缆产品 1 年检查 100 多次。

4 政策建议

针对现存问题并借鉴国外经验，建议政府主管部门在完善体制机制、加强监督管理、培育市场主体、推进国际合作等方面加强工作。

4.1 修改《认证认可条例》，理顺监管责任

修改《认证认可条例》，对新形势、新要求、新问题作出针对性回应。计量、标准、合格评定三个质量管理环节中，计量有《计量法》，标准有《标准化法》，合格评定只有一个条例，对合格评定的内涵、实施、监督、惩戒等缺乏法律规范，建议尽早启动《合格评定法》的研究制定工作。

明晰中央与地方的监管责任。中央部门主要负责监管跨省认证活动，进行一定比例的抽查，以及行政复议、申诉的最终裁定。各级地方政府负责对辖区内认证活动进行监管。跨区域认证活动由上一级政府监管。加强认证认可监督管理部门与各领域主管部门的协同，尽快在认证认可和检验检测监管领域建立多部门失信联合惩戒机制。

4.2 加强监管能力建设，加大惩罚力度

发生质量问题和失信行为时，企业负主体责任。认证机构应对认证结论，以及监督获证企业持续符合认证要求承担责任；检验检测机构对受托检测结果，或抽检批次负责，没有尽责的要承担相应的责任。对生产不符合第三方认证要求或自我申明标准产品的涉事企业，要予以重罚。对承担相应责任的认证机构和检验检测机构，建议以涉案货值为基础进行处罚；认证机构和检验检测机构应当具备承担相应责任的资金条件，或购买保险。完善认证机构和检验检测机构的退出

机制，净化认证和检验检测市场。被取消认证和检验检测资质的机构，其法人代表和主要责任人在一定时限内不得进入该行业。

保持一定比例的抽查，加大惩处力度，形成“严管严罚”的高威慑力，逐步树立消费者对认证的信任。现阶段由于存在“认证乱象”，建议继续以专项治理方式对认证市场实施大比例抽查，除了监管认证行为的合规性，还要监管认证行为的有效性；强制性认证要监管，自愿性认证也要监管，后者更为重要。待“认证乱象”得到控制，对认证行为仅需维持小比例抽查，监管重心转向产品，促使产品持续符合第三方认证要求或企业自我申明标准，出现问题后再倒查认证机构。

加强监管能力建设，为监管部门履责提供有力保障。较大幅度增加中央和地方各级认证认可监管部门的经费和人员编制，加强监管人员培训。

鼓励消费者维权，优化消费者投诉流程，提高赔偿额。对受到消费者举报并查实有问题的企业，提高抽查频率。

4.3　推进认证体系改革，提高认证供给质量

为保障人民人身、财产安全，对质量安全风险较高的领域采取强制性认证方式。按照必要性和最小化原则优化强制性认证目录，精简强制性认证目录范围，产品分类可适当调宽，严格实施动态调整。完善企业自我申明制度。促进部分工业产品生产许可向第三方认证转变。

大力发展自愿性认证，尤其是高品质认证。自愿性认证由认证市场自行管理，政府加强监管。如果该领域有更高标准的自愿性认证，则对获得自愿性认证的直接发放强制性认证证书。

明确 CMA 认定和 CNAS 认可的分工定位，建立 CMA 认定和 CNAS 认可联合工作机制。CMA 认定属于行政许可，应起到“保底线”的

作用；CNAS 认可属于自愿性认定，标准应高于 CMA 许可。属于技术能力重复评价的内容，取得 CNAS 认可的，建议直接取得 CMA 认定，或设计便捷的办理通道。

4.4 推进事业单位改革，培育认证市场

推进认证认可和检验检测事业单位和转制企业的市场化改革，与主管部门彻底脱钩。保留的少数公益类机构的主要职责是，协助政府主管部门完善政策法规，接受政府主管部门委托从事抽查、复核等工作，做市场做不了的事或不宜做的事，不参与市场竞争。消除部门、领域之间的市场壁垒，对各类认证机构、检验检测机构一视同仁，鼓励竞争。

培育第三方认证机构和检验检测机构。按照《关于加快发展高技术服务业的指导意见》《关于政府向社会力量购买服务的指导意见》等文件的要求，加大对认证认可和检验检测服务的政府采购力度。在政府采购产品时提高采信第三方认证认可和检验检测结果的力度。对高品质认证产品给予财税补贴，促进高品质认证产品消费。认证认可和检验检测收费实行市场定价，促进机构间的优胜劣汰。研究认证支出、检验检测支出纳入研发费用等支持政策。加强诚信体系建设。

4.5 利用现代信息技术，加强监管信息系统建设

建立全国统一的认证认可和检验检测机构监管大数据平台，各级监管部门对全国认证认可和检验检测机构的基本信息和诚信等情况信息共享，防止出现监管真空。分类分级披露监管信息，主动向应该掌握信息的群体推送信息。

加强认证认可和检验检测基础数据的应用。如利用服务质量、机

构诚信数据，对认证机构、检验检测机构进行分类管理；利用失信数据和质量问题数据，调整抽检频率和抽检比例；进行全社会产品质量水平分析、政策措施实施效果分析等。

4.6　加强国际合作，积极参与国际合格评定体系建设

进一步加强国际合作，切实推进多边、双边合格评定结果互认，促进协议落地。搭建合格评定交流合作网络，加强与相关国家、地区合格评定体系对接。

在我国产品有一定优势的领域，主导发起认证联盟等多边机制，积极参与国际合格评定体系建设。如中国主导建立的LED认证，已经成为国际电工委员会电子元器件合格评定体系的国际认证制度。

参考文献：

[1] 胡燕. 产品认证——值得重视的国际规则. 信息技术与标准化，2004（11）.

[2] 孙大伟. 我国质量认证体系运行机制研究. 哈尔滨工程大学硕士学位论文，2005.

[3] 国家认证认可监督管理委员会认证认可技术研究所. 认证认可发展战略研究调查报告. 中国标准出版社，2008.

[4] 刘宗德. 认证认可制度研究. 中国计量出版社，2009.

[5] 国家认监委认证认可技术研究所，国务院发展研究中心发展部. 中国认证认可发展战略研究. 中国标准出版社，2010.

[6] 郭金发. 论政府在构建中国特色的认证认可制度中的主导作用——以政府信用为视角. 吉林大学博士学位论文，2010.

[7] 乔东. 中国检验检测体系发展思考. 中国科技投资，2012（19）.

[8] 郭朝先，王虹，李辉. 发达国家对检验认证行业的监管及其借鉴. 中国市场，2012（20）.

[9] 粟志敏编译. 国家质量基础的构成要素——2013年世界银行发布报告. 上海质量，2014（8）.

[10] 高国钧. 强制性产品认证制度的创新与完善. 西南政法大学博士学位论文，2016.

专题八

工匠精神与工匠队伍建设

1 工匠精神的内涵

工匠精神的内涵有狭义与广义之分。

狭义的工匠精神指匠人在制造产品时追求高品质，一丝不苟，拥有耐心与恒心。传统手工业中，工匠精神体现在穿出的一针一线，体现在每一锤下落的精准无误。有学者认为，工匠精神是“手工艺匠人在制作过程中追求完美、追求极致、精益求精的专业态度”。[①]迪恩·卡门认为：工匠的本质是收集改装可利用的技术来解决问题或创造解决问题的方法从而创造财富，它不仅仅是这个国家的一部分，更是让这个国家生生不息的源泉。

广义的工匠精神是指“精益求精的职业精神”。工匠精神是“从业人员的一种价值取向和行为表现，与其人生观和价值观紧密相连，是从业过程中对职业的态度和精神理念”[②]。它不仅追求

① 张昭阳：“东北振兴尤其需要工匠精神”，《吉林日报》，2016年3月29日。

② 查国硕：“工匠精神的现代价值意蕴”，《职教论坛》，2016年第7期。

手工艺极致化，而且在工业化、机械化以及信息化的制造生产当中融入质量至上的职业操守、对生产过程中每一细节都给予重视的工作态度，以及对产品创新、提升科技附加值的追求。它体现的是一种不惜用血汗塑造产品质量的崇高精神，从小到一支笔、一双鞋，大到一辆汽车、一艘船，在生产中把握住每一个细节，改善工艺的瑕疵，找到创新点从而创立出行业可信、消费者认可的品牌。这样的工匠精神，是当代中国发展极为需要的。李克强总理在2016年政府工作报告中提出“鼓励企业开展个性化定制、柔性化生产、培育精益求精的工匠精神”[①]。习近平总书记在党的十九大报告中提出：“建设知识型、技能型、创新型劳动者大军，弘扬劳模精神和工匠精神，营造劳动光荣的社会风尚和精益求精的敬业风气。”[②]中国政府努力倡导的工匠精神就是要让从业人员树立正确的人生观、价值观，让工匠精神成为各行各业应有的价值取向。让更多青年凭借一技之长实现人生价值，让三百六十行人才荟萃、繁星璀璨。[③]

综合地看，工匠精神是“某人为追求产品、服务的高品质，对特定领域（如科学、技术、理论、方法、技能等）专注甚至痴迷，精益求精、勇于创新的精神”。工匠精神具有“热爱、敬业、专注、坚持、精益求精、创新、道技合一”等多重特征。

---

① 鼓励企业开展个性化定制、柔性化生产，培育精益求精的工匠精神，增品种、提品质、创品牌。——李克强总理代表国务院向十二届全国人大四次会议作政府工作报告（2016年3月5日）

② 习近平：十九大报告，2017年。

③ 李克强：《政府工作报告》，2019年。

2 古今中外的工匠精神

2.1 古代中国的工匠精神

中国具有厚实的工匠精神底蕴，工匠精神源远流长。中国古代工匠精神所体现的“精益求精、尽善尽美”的理念对中华文明的发展有着深远影响。《庄子·达生》中梓庆的匠人精神，具有“专注走心、追求极致、荣辱不惊、忘名忘利、敬畏自然，追求天人合一的境界”。“如切如磋者，道学也；如琢如磨者，自修也。”（《礼记·大学》）金缕玉衣、素纱禅衣等制造极品，就是工匠精神在古代中国制造中的重要体现。

中国古代工匠精神分为“技”“艺”“道”三个层次。“技”，是一个匠人所拥有的最基本的能力；“艺”，实质是在“技”的基础上的创造，其中蕴含了方法的凝练和智慧的展现；“道”，是对前面两者的深刻体悟，是对天地规律的触类旁通和对万事万物的虚化理解，“技可进乎道，艺可通乎神”。① 中国古代的“艺徒制度”，不光讲究技术传承与掌握，而且重视师徒之间的互动和领悟；不光传授技艺知识，更教会做事的方法、从业的态度及做人的道德。这种言传身教式的中国古代职业教育模式，师徒共同学习、生活、讨论研究等，实际上就是师徒共同在实践中传承和发扬工匠精神。②

2.2 德国的工匠精神

德国制造具有耐用、可靠、安全、精密等特性，这与德国百余年的“精致、专注、创新”工匠精神紧密相关。

---

① 王文涛：“刍议工匠精神培育与高职教育改革”，《高等工程教育研究》，2017年第1期。

② 李德富、廖益：“中德日之工匠精神的演进与启示”，《中国高校科技》，2016年第7期。

从历史上看，直到1830年，德国还是一个以农业生产为主的国家。之后相当长一段时间，德国假货、仿冒横行。1887年，英国通过了带有侮辱性的新《商标法》，明确规定从德国进口的商品必须标注“Made in Germany”，以区分劣质的德国货和优质的英国货。“德国制造”在当时是一个带有侮辱性色彩的符号。知耻而后勇，德国不断改进制造品质。100多年的工业化进程，某种程度上就是“精工制造”的进程。德国人在各个行业坚持不懈地发扬严谨的工作作风和精益求精的匠人精神，终于使“德国制造”脱掉了伪劣的帽子，成为全球高品质制造的代名词。[①] 如果进一步探究这种根本性转变的历史文化原因，那就是中世纪宗教改革时期劳动观念的转变、手工业行会制度的长期存在和技术的繁荣、严谨的民族性格、双元制的教育体系、严格的企业要求、专注精神（专注于一项产品领域）、标准主义（德国标准化学会的标准）、精确主义、美学主义（美学情怀）、程序主义（秩序主义）、厚实精神（责任、可靠、诚实）以及宗教影响等。

2.3　日本的工匠精神

日本的工匠精神源于中国。从唐朝贞观年间开始，日本派出几千名“遣唐使”到中国学习。从政治改革、教育制度，再到围棋、茶道、酱油、陶艺、锻造、木工、缝纫等各行各业的手工技艺全面学习，奠定了日本人的“职业气质”。明治维新后，日本大量引进欧洲的工业技术，一时间国内出现不少街道私人小工厂，这些工厂的老板通常被称为“职人”，职人往往让孩子“子承父业”，将技术传下去。

二战结束后，日本工业全面学习欧美技术。20世纪50～60年代的日本商品，价格低廉，质量欠佳，充斥仿冒品，毫无审美的独立性

① 李德富、廖益：“中德日之工匠精神的演进与启示”，《中国高校科技》，2016年第7期。

可言。但在学习欧美之后，日本将传统手工业者的匠人精神内化于工业制造，大大提升了制造的品质。日本政府有意识地对民间手工业技艺加以保护，1955 年专门设立了“人间国宝”制度，用以保护匠人和中小型企业，持续倡导匠人精神。[①]20 世纪 70 年代日本完成了向“日本制造”这个金字招牌的跃迁。战后日本经济的成功起飞，很大程度上得益于日本制造迈向高品质的进程。

日本“工匠精神”的核心不仅是把工作当作赚钱的工具，更是树立一种对工作执着、对所做事情和生产的产品精益求精、精雕细琢的精神。在日本企业中，“工匠精神”在企业领导人与员工之间形成了一种文化与思想上的共同价值观，并由此培育出企业的内生动力。

如今，工匠精神渗入到日本各行各业。日本服务认真、精细、人性化的良好体验，也为世人称道。

探究日本工匠精神发扬光大的原因，既与日本道教（强调人性相通）、公平的评价机制和法律监管有关，也与良好的社会氛围、社会舆论导向有关。

2.4 瑞士的工匠精神

瑞士制表匠是瑞士“工匠精神”的代表。瑞士制表商对每一个零件、每一道工序、每一块手表都精心打磨、专心雕琢，他们用心制造产品的态度就是工匠精神的思维和理念。在工匠们的眼里，只有对质量的精益求精、对制造的一丝不苟、对完美的孜孜追求，没有其他。正是凭着这种凝神专一的工匠精神，瑞士手表得以誉满天下，畅销世

① 李德富、廖益：“中德日之工匠精神的演进与启示”，《中国高校科技》，2016年第7期。

界，成为经典。

2.5　美国的工匠精神

美国学者认为，工匠是一群不拘一格，依靠纯粹的意志和拼搏，做出了改变世界的发明创新的人。像本杰明·富兰克林、托马斯·爱迪生、怀特兄弟、迪恩·卡门就是杰出的工匠代表。在他们的资料文献中，富兰克林被认为是美国历史上第一位工匠，他诸多发明的事例被写入教科书。同样的称号也可以用在乔治·华盛顿身上，他既是一位杰出的政治家，也是一位卓越的工匠。美国工匠的共同特征是博学，充满好奇心，根据个人的兴趣来重建世界。①

3　中国工匠队伍建设现状、问题及其后果

3.1　专业技术人才队伍初具规模，对高技能人才需求强劲

中国是人力资源大国。13亿多人口中有9亿多劳动力、1亿多受过高等教育和有专业技能的人才。②在中国产业升级、消费升级、融入全球价值链以及迈向高质量发展进程中，各层次产业对高技能人才的需求强劲，对劳动者素质与技能提出了更高的要求。

3.2　与经济社会发展要求相比，高技能人才仍然严重缺失

人社部2017年第四季度数据显示，中国就业人员有7.76亿人，技术工人有1.65亿人，其中高技能人才仅有4700多万人，占全部就

---

①　蒋小华："原来美国工匠都这样做事，我们是否需要'新工匠精神'" http://www.sohu.com/a/73623048_245018.

②　2016年《政府工作报告》。

业人员的6%[①]。2017年人才蓝皮书《中国人才发展报告》显示，中国高级技工缺口达上千万人[②]。而在日本，整个产业工人队伍中，高级技工占比40%，德国则高达50%。[③] 相关机构的研究还表明，中国技能越高的劳动力缺口越大。[④]

3.3　高技能人才缺失带来诸多不利影响

一是削弱产业竞争力。工匠精神的缺失，工匠队伍的不足，使得中国制造在品质与品牌方面存在很大的短板，使得中高端产品缺乏竞争力。数据显示，2015年中国居民海外消费高达1.5万亿元人民币，其中至少一半用于购物，所购商品也从以往的高档奢侈品转向了性价比较高的日用消费品。

二是带来巨大经济社会成本。工匠精神的缺失，带来诚信缺失。企业制售假冒伪劣产品，破坏市场秩序和社会公正，危害人民群众生命健康和安全[⑤]，降低了全社会的幸福感。据中消协统计，在众多投诉项目（质量、计量、公平交易、合同违约、安全生产、假冒伪劣等）中，质量投诉连续10年超过50%。质量问题还造成了重大资源浪费和经济损失。据估算，中国制造业每年因质量问题造成的直接损失达1700多亿元，间接损失超过1万亿元[⑥]。

三是加重结构性失业问题。随着产业结构、产品结构迈向中高端，技术结构朝着自动化、数字化、智能化发展，对就业结构变化相应提出要求，低质低效低技能的劳动力下岗失业的风险加大。

---

① 《中国人力资源社会保障》，2018年第5期。

② 《中国人才发展报告》，2017。

③ “‘中国工匠’从哪里来”，《中国教育报》，2017年3月15日。

④ 复旦大学、清华大学、JP摩根，中国劳动力市场技能缺口研究，2016。

⑤ 《质量发展纲要（2011—2020年）》。

⑥ “因质量问题我国制造业年直接损失超1700亿元”，《工人日报》，2011年9月22日。

4　中国工匠精神缺失的深层次原因

4.1　孕育传统工匠精神的文化土壤逐步流失

工匠精神的建设需要文化土壤的孕育。中国虽有2000多年的工匠精神传承，但近100多年的经济社会变革，特别是在迈向市场化的过程中，工匠精神赖以存在的文化土壤正大量流失。千百年形成的精益求精、质量至上的精神在“挣快钱、快挣钱”的时代被人们舍弃，逐利之心远胜过做出令人感动的产品。人们过度追求商业利益，“重数量、轻质量”“顾眼前，忽长远”。企业与个人把“聪明劲”用在“灵活性”上，经常对应该遵守的程序和规则采取变通处理方法，甚至为了短期利益或非法利益进行伪造、偷工减料、损人利己。同时这些行为因为政府监管体系的薄弱、市场竞争机制的不健全，未能得到应有的惩罚与有效遏制。

4.2　价值观的扭曲与激励机制的缺失

4.2.1　工匠社会地位不高，人们普遍认为成功就是指升官发财

价值观是人认定事物、辨别是非的一种深层次思维或价值取向。工匠精神的价值观是一种层次很高的文化形态，它需要国家最高层面的鼓励和实质性的激励，才能慢慢形成。当今的中国，权力与金钱成了众人顶礼膜拜的对象，多数人以收入水平作为评判一个人职业生涯是否成功的第一标准。人们视能赚大钱、飞黄腾达者为“能人”“成功人士”，这些人也往往成为社会名人，为社会所推崇与宣扬，而那些默默耕耘、诚实劳动的匠人以及身怀绝技、身手不凡的技工、“土专家”则淡出人们的视线，甚至为人所不屑。在现实中，工匠们付出

很高的劳力、时间与精神成本，但实际回报并不高。工匠成为了“苦行僧”“傻子”的代名词，老实人吃亏成为常态。残酷的现实让工匠们面临着巨大的物质、精神与生存压力。这些状况深深影响到人们的价值取向以及择业敬业意向。

4.2.2 一线职工，特别是技术技能人才发展通道不畅

工匠精神的建设，需要对一代代人进行正确的引导和教育。国内企业往往将更多的报酬分配到营销部门，追求市场规模的扩大和收入的增加，而忽视了对创造产品增加值的中间生产环节的激励。分配的不合理使社会中高学历高创造力的人群流向企业的营销部门，而生产环节的工人得不到重视和应有的报酬，也就缺乏对产品精益求精的态度和改进生产技艺的动力。技能人才社会地位偏低，人们普遍认为技术工人职业发展渠道单一、上升空间和成长模式狭窄。在现行体制下，技工的出路几乎永远被定格在车间一线，繁重的劳作和无休止的加班往往会伴随其全部职业生涯。一个月薪几千元的“白领”岗位能吸引大学生哄抢，而工资上万元的技工岗位却少人问津。

4.2.3 职业教育“低人一等”，重学历文凭、轻职业技能的观念未能根本扭转

一个国家、一个社会需要多种多样的人才，既要有一流的科学家、教授、政治家，也要有高素质的工人、厨师、飞机驾驶员等技能人才。某种程度上，一个国家劳动者技能水平代表着这个国家的技术实力。长期以来，我们大力发展高等教育，各大院校不断扩张以“大批量”产出高学历高文凭的学生数量，而摒弃了适才而育与劳动光荣的理念，一些高等专科学校被本科院校合并，而一些职业教育学校甚至招不到学生。

4.3 有关专业技能人才的开发与教育体制不完善

4.3.1 工程教育实践环节薄弱，产教融合不够深入

在中国高等工程教育体系中，工程实践环节不太受重视。工程教育普遍重理论而轻实践，课程设置偏重科学基础课，工程实践课少。产教融合模式单一，多数是基于校企合作的培养模式，采用顶岗实习或是单项技能的训练。学生没有得到充分的工程与实践训练，一般都缺少对工程设计及运用综合知识解决问题的理解，实际动手能力差，毕业后很难适应实际工作。

4.3.2 企业在人才发展中的主体作用未充分发挥

在高技能人才的培养体系中，很多行业、企业对高技能人才培养的主体作用有待加强，有的企业宁愿每年耗费大量财力送管理人员学MBA，送工程技术人员去高校拿文凭，却不愿在技术工人培训上多投入。在投入压力大、人才流动性大、政府扶持力度不足的多重影响下，企业的人才培育能力和主动性都比较欠缺。由此造成许多企业缺乏内部培养骨干员工与行业人才的体制，而到了急需用人的时候大部分靠的是猎头，互相“挖墙脚”。

5 加强工匠精神与工匠队伍建设的对策

5.1 实施质量驱动的“工匠中国战略”

中央到地方各级政府要高度重视工匠精神的打造与工匠队伍的建设，实施质量驱动的“工匠中国战略”。以建设质量强国与构建21世纪的高技能人才队伍为总目标，充分发挥政府引导作用、市场竞争作用、企业主体作用和职业院校基础作用，完善以培养、评价、使用、

激励为重点环节的专业人才、技能人才工作机制，使高品质产品有好价格，专业人才与现代工匠成长有通道、发展有空间、社会有地位。把质量提升、高技能人才培养作为促进经济转型升级、高质量发展的优先内容。

推动企业制定并实施精细化战略，不断改进与完善产品和服务。通过严格的政府监管促进企业要采取高水平的检测标准，遏制投机取巧。让企业员工在生产经营中自觉践行质量就是生命的价值观，把精益求精、持续改善当成工作常态。

5.2 全面提高技能人才待遇，增强其获得感

建立健全符合技术工人特点的企业工资分配制度。建立企业技术工人工资正常增长机制。探索技术工人长效激励机制，鼓励企业建立生产岗位技能人才津贴制度。深化企业工资分配制度改革，强化工资收入分配的技能价值激励导向。国有企业工资总额分配向高技能人才倾斜。制定企业技术工人技能要素和创新成果按贡献参与分配办法，促进长期稳定提高技术工人收入水平。

积极探索为高技能人才建立企业年金制度和补充医疗保险。对取得高级技工、技师（或预备技师）职业资格证书的，企业可分别按大专和大学本科毕业生待遇水平确定。企业引进急需紧缺的高技能人才，按引进高层次人才的标准享受相关待遇。对技能精湛、业绩突出、岗位需要的高技能人才，可适当延长退休年龄。在调整养老保险金待遇时，退休的高级技师与高级工程师同等对待。鼓励企业建立完善技术带头人制度，在关键岗位、核心技术领域设立“首席技师”，享受高层次人才相关待遇。①

---

① 《河北省人民政府办公厅关于加强企业技能人才队伍建设的实施意见》，2012年11月21日。

鼓励各地根据实际情况，研究探索对高技能领军人才在购（租）住房、安家补贴、子女接受义务教育等方面的支持政策，通过提供人才公寓和发放房租补贴等方式，解决引进高技能领军人才的住房问题。实施积分落户的城市，要重点考虑高技能领军人才落户需求并放宽落户条件限制。①

鼓励行业主管部门、群团组织、行业协会、企业及社会各方面力量，以多种方式对高技能领军人才进行特殊奖励。鼓励企业吸纳高技能领军人才参与经营管理决策，适当提高其在职工代表大会中的比例。②

5.3 构建完善的技能形成与提升体系

构建院校教育、毕业后教育、继续教育、师承教育有机结合，贯穿人才发展全过程的教育体系。建立和完善从中职、高职、应用型本科到专业学位研究生教育的技术技能人才系统化培养体系，促进中等、高等、本科层次职业教育和应用型本科、硕士、博士之间的纵向衔接，促进普通教育与职业教育间的横向沟通以及终身教育的便捷通畅。提高高等职业院校招收中等职业学校毕业生和本科高等学校招收职业院校毕业生的比例，使职业学校与普通学校毕业生拥有同等升学机会，构建学生多样化选择、多路径成才的“立交桥”。

完善产教融合、校企合作的现代技能人才培养模式。推动产教融合以社会、产业、行业的标准对学生进行培养。让学生有效地融入产业活动，把产业理念、产业技术、产业文化引入教学活动中。强化工学结合，形成学校人才培养与企业用工对接、学校教学内容与企业生

① 中共中央办公厅、国务院办公厅印发《关于提高技术工人待遇的意见》。

② http://news.china.com.cn/2018-04/10/content_50858939.htm.

产对接、学校评价标准与企业要求对接的机制，形成教、学、研、产一体化人才培养模式。

推行终身职业技能培训制度。构建劳动者终身职业培训体系，依托各类院校、社会组织建立有利于劳动者接受继续教育和职业培训的灵活学习制度，推进学习型社会建设。为城乡全体劳动者提供普惠、均等、贯穿学习和职业生涯全过程的终身职业技能培训，并将工匠精神、质量意识融入其中。

建立与现代工业文明相适应的学徒制。现代学徒制旨在服务发展、促进就业，进行岗位技能训练，促进人的全面发展。围绕质量是现代学徒制培养的核心，不断深化技术技能人才培养模式改革，切实根据人才成长规律和工作岗位的实际需要，研制人才培养方案、开发课程和教材、设计实施教学、组织考核评价、开展教学研究，建立教学运行与质量监控体系，加强过程管理，有效提高人才培养质量和针对性。形成学校教师和企业师傅共同承担教学任务的“双导师”制，建立健全双导师的选拔、培养、考核、激励制度，推进专兼结合、校企互聘共用的师资队伍建设。①

5.4 改进基层专业技术人才评价机制

根据基层专业技术人才的职业特点、成长规律，合理设置基层专业技术人才评价指标。突出以品德、能力、业绩和贡献为主的评价导向，克服唯学历、唯论文等倾向，提高履行岗位职责的实践能力、工

① 在德国，企业高度参与现代学徒制人才培养，500 人以上的大企业学徒制参与率高达91%。在英国，现代学徒制成为实施国家技能战略的重要途径，并提出要让学徒制学习成为16 岁以上青年的主流选择。欧盟中等教育层次共有学徒370 万人，另有570万学生参加了企业培训。世界其他国家如澳大利亚、美国、加拿大等也开展了各具特色的现代学徒制实践，形成了较为完善的法律制度和经费保障体系。

作业绩、工作年限等评价权重。专业岗位中工作总结、教案、病历、技术推广总结、工程项目方案、专利以及所创造的经济效益和社会效益等同于论文、科研等成果。

提高各级劳动模范评选中高技能人才的比例，在评选企业劳动模范和先进工作者时，要优先考虑有突出贡献的高技能人才。

建立特级技师制度，特别优秀的高级技师可以晋升特级技师，相关待遇参照教授级高工执行。允许符合条件的专业技术人员转评技能等级序列。

5.5　多方参与，共同营造良好的社会氛围

在全社会倡导“精益求精、止于至善、勇于创新”的精神，把培育工匠精神作为现代产业发展的思想基础。以工匠精神来感召各行各业的从业人员爱岗敬业、专注走心，努力实现“道技合一”。把工匠精神塑造作为企业文化建设的重要内容，将工匠精神的培育与思想政治教育、创业教育、专业教育、职业教育、创新激励等有机结合起来，深化各界对工匠精神的认知。

专题九

完善多层次资本市场融资功能，服务经济高质量发展

我国经济由高速增长阶段转向高质量发展阶段，主要任务由“数量追赶”转向“质量追赶”，发展模式由“规模扩张”转向“结构升级”，主要驱动力由“要素驱动”转向“创新驱动”，对金融体系融资功能提出了更高要求，包括需要更多长期资金，特别是长期股权资金；需要更有效的资源配置，对创新创业企业提供更多融资支持等。在这种背景下，原有以银行间接融资为主的模式由于期限短、风险容忍度低、对抵押品要求高等原因已经无法适应现实需要，相比之下，无须资产抵押、风险承受度更高、资金期限更长的资本市场在资金融通方面的优势逐渐凸显。如何通过资本市场融资功能的提升更好地服务实体经济，显得更为必要和紧迫。

然而，我国多层次资本市场融资功能尚不完备。从总量上看，实体经济从资本市场获得的直接融资比例较低；从结构上看，股票市场尚未充分发挥合理配置资源的功能，债券市场为非金融企业提供的融资规模远远小于为金融机构和政府提供的融资规模。多层次资本市场在有效服务实体经济、防控金融风险、服务高质量发展方面存在明显

不足。综合国内外发展经验，可以看出我国多层次资本市场体系在顶层设计、制度安排、监管方式、投资者建设等诸多领域存在不足，使得融资功能无法充分发挥。必须进一步解放思想，以新三板、注册制、私募发行等关键改革为突破口，推动我国多层次资本市场体系融资功能向更高水平迈进，为经济高质量发展提供有力支撑。

1　高质量发展对完善多层次资本市场融资功能提出更高要求

融资是资本市场的基础功能。尽管过去近 30 年来我国资本市场建设取得了积极成效，已是全球第二大股票市场、第三大债券市场、第二大私募市场和位居全球前列的商品期货市场，基本形成了符合中国特色的多层次资本市场体系[①]，然而，融资功能不完备始终是制约我国资本市场持续健康发展的一个突出问题。

具体表现为：其一，直接融资占比偏低。图 1 表明，2002 ~ 2017 年的 16 年间，只有 4 年直接融资比重超过 15% 这一目标值[②]，我国实体经济依然主要从银行贷款等间接渠道获得融资。其二，资本市场优化资源配置的功能尚未充分发挥。优秀的、代表新经济发展方向的企业大量在境外资本市场（而非境内资本市场）上市，创新创业和中小企业获得的股票融资支持力度远低于大型企业。债券市场更多偏向为金融机构和政府提供融资服务，为实体经济服务的力度偏低，尤其是在为中小企业和创新企业融资方面作用有限。其三，资本市场融资功能不完备成为金融不稳定因素之一。股票市场偏重融资忽视投资功能，无法充分反映经济发展成

① “防风险补短板着力提高上市公司质量——阎庆民副主席在中国上市公司协会2018年年会上的致辞”，https：//baijiahao.baidu.com/s?id=1601803825893552469&wfr=spider&for=pc

② 在金融业发展和改革“十二五”“十三五”规划中，都提出了非金融企业直接融资占社会融资规模比重提高至 15%以上的目标。

果，对金融稳定构成重大潜在威胁。债券市场复制了信贷市场的一些痼疾，而且银行高度参与，使得风险仍高度集中于银行体系。

在高质量发展阶段，完善多层次资本市场体系融资功能不是能不能做好而是必须做好。不论是从服务实体经济和防控金融风险目标出发，还是从保障十九大提出的高质量发展任务完成角度出发，抑或是出于拓宽居民投资渠道，适应个性化、多元化的投资目的考虑，都需要不断完善多层次资本市场融资功能。2003 年 10 月十六届三中全会发布《完善社会主义市场经济体制若干问题的决定》，首次明确提出要“建立多层次资本市场体系”。习近平总书记在 2017 年 7 月召开的全国金融工作会议上指出，“要把发展直接融资放在重要位置，形成融资功能完备、基础制度扎实、市场监管有效、投资者合法权益得到有效保护的多层次资本市场体系”。“融资功能完备”被列为多层次资本市场体系建设的首要目标。十九大报告提出要“深化金融体制改革，增强金融服务实体经济能力，提高直接融资比重，促进多层次资本市场健康发展”，提高多层次资本市场的融资功能被视为新时代金融改革的重中之重。

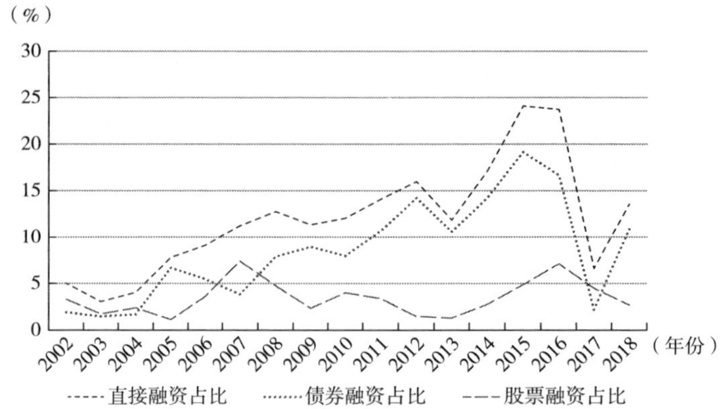

图1　社会融资规模中三类融资占比变化

资料来源：央行网站。

表1　　　　　　　　银行融资与资本市场融资的不同特点

	银行间接融资	资本市场（股票和债券市场）
信息产生成本	低	高
决策类型	集中决策	分散决策
对投资者权利保护的需求	低	高
资金期限	短期	长期为主
被要求提前偿还的风险	高	低
风险容忍度	低	高
价格发现功能	低	高
适合的产业或项目	制造业等成熟产业	基础设施；新兴高附加值行业；研发驱动的行业；对长期资本有需求的产业

资料来源：作者总结。

新时代经济高质量发展对我国多层次资本市场融资功能提出更高要求，主要包括四个方面：其一，通过资本市场获得的直接融资占我国资本形成中的比重应显著提高；其二，通过资本市场应获得更多的长期资金，包括长期股权资金和长期债权资金，以便更好地匹配实体经济向创新、绿色等方向转型的需要，同时帮助分散金融体系的内在风险，维护金融稳定；其三，资本市场融资应能有效克服银行信贷融资的一些固有缺陷，能够更有效地进行资源配置，对创新创业企业提供更多支持；其四，资本市场融资功能应与投资功能实现有效平衡，以推动资本市场持续健康发展。

2　多重因素制约我国多层次资本市场融资功能发挥

从支持实体经济、防控金融风险等维度看，目前我国资本市场融资功能还无法满足高质量发展的要求。其原因是多方面的。

2.1　我国多层次资本市场各板块之间未能形成有效竞争

当前我国多层次资本市场板块之间缺乏有效竞争，融资功能很难借由竞争而获得制度改善和效率提升。图 2、图 3 分别勾勒了美国和中国的多层次资本市场架构。两国资本市场都由场内和场外市场、多个交易场所和交易板块构成，板块之间以不同的规则、标准相区分，以对应不同的投融资需求。然而，美国资本市场是自发形成的，是在竞争中发展壮大起来的，其资本市场层次的形成是根据现实经济需要不断调整的结果。我国资本市场则带有强烈的人为设计色彩，层次的划分、板块的增添相当程度上是政府规划审批的结果。

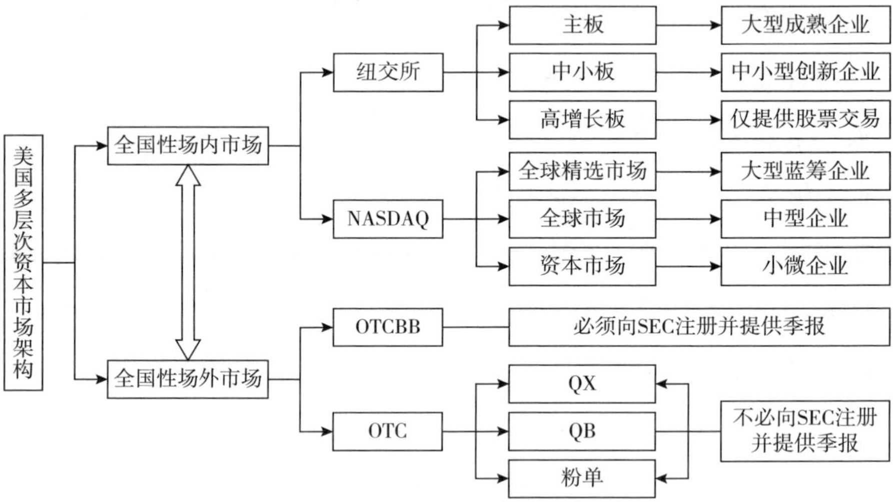

图2　美国多层次资本市场架构

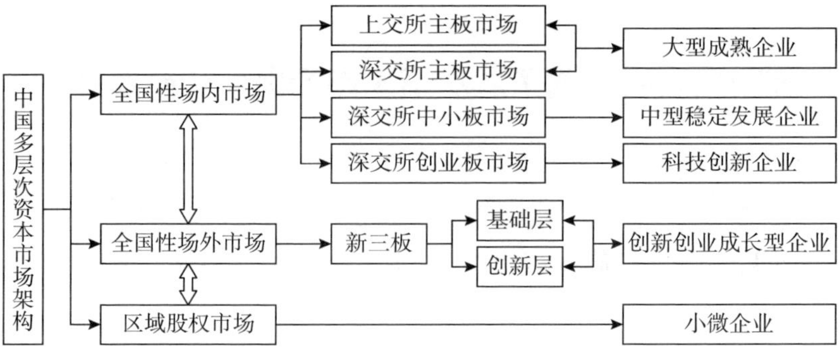

图3　中国多层次资本市场架构

具体来说，美国资本市场发挥融资功能的平台主要包括纽交所和NASDAQ两个全国性证券交易所。每个交易所都由三个板块组成，分别实施差异化明显的上市标准，以吸引不同类型的企业。纽交所的中小板（NYSE MKT）、NASDAQ的资本市场即是专门针对创新创业企业设立的板块。这种交易所内部分层方式形成的多层次资本市场，不仅为投融资双方提供了多样化选择，而且有利于形成有序竞争、相互促进的局面。例如，纽交所传统上本来是为成熟大型企业服务的，但随着NASDAQ的竞争以及纽交所内部分层的实施，为了吸引创新企业上市，纽交所积极开展制度创新，不少高科技公司上市时所青睐的“同股不同权”制度、“独角兽”公司的直接上市制度等创新均是率先在该交易所推行的[①]。

我国多层次资本市场融资功能发挥的平台主要包括上交所、深交所和新三板三个全国性交易场所。上交所内部只有主板，没有进一步分层[②]；深交所分为主板、中小板、创业板三个板块；新三板分为基础层、创新层两个板块。创业板和新三板是两个为创新企业服务的专业板块，但两者在多层次资本市场架构中的地位并不相同。创业板是深交所内部的一个板块，而新三板是一个完全独立的市场，两者之间很难形成充分竞争。因为按照制度设计，创业板是场内市场，为公众上市公司服务，新三板是场外市场，为公众非上市公司服务；创业板股票发行实行核准制，新三板实行注册制；创业板的投资者基本没有门槛要求，但新三板对投资者有很高要求，只有“投资者本人名下最近10个转让日的日均

① 1992年6月9日，纽约证券交易所提出了一个新的上市标准，明确允许不同等投票权的股票上市交易。2017年，纽约证券交易所修订上市规则，以允许科技公司，特别是独角兽公司直接在股票交易所上市，而不依赖于承销商帮助评估需求和确定价格。

② 2018年11月5日，习近平主席在首届中国国际进口博览会上发表主旨演讲时表示，将在上海证券交易所设立科创板并试点注册制，但截至目前尚未落地。

金融资产500万元人民币以上”的自然人才能投资新三板（见表2）。仅仅是投资门槛的巨大差别，就对新三板和创业板的流动性产生重大影响，也决定了这两个板块无法在同一起点上展开有效竞争。

表2　　新三板和创业板制度设计和市场实践对比

	创业板	新三板
启动时间	2009年10月	2013年1月
市场性质	深交所的一个板块，场内市场	全国性证券交易场所，场外市场
服务对象	创新创业领域的上市公众公司	创新型、创业型、成长型中小微企业，属于非上市公众公司
股票发行制度	核准制	注册制
投资者适当性规定	自然人投资者应具有两年以上（含两年）股票交易经验	自然人投资者本人名下最近10个转让日的日均金融资产应该在500万元人民币以上
交易制度	集合竞价和连续竞价	多元化交易机制，包括做市、协议转让和集合竞价
流动性	很高	很低

综上所述，在我国当前多层次资本市场架构下，从制度设计看，上交所因为缺乏内部分层，在服务创新企业方面不存在与深交所的竞争关系，而同样定位于服务创新企业的创业板和新三板却无法形成竞争关系，交易所之间的相互促进、效率改进也就无从谈起了。在当前架构下，主板和中小板市场本身不适合为创新创业企业提供服务；创业板市场受制于在核准、发行、上市、退市等方面的制度建设滞后，在促进创新创业企业融资发展方面的作用十分有限；新三板则因流动性差、价格发现功能弱、融资功能不强等原因，对创新创业企业的吸引力逐渐下降，正面临发展的巨大困境。资本市场的深度改革迫在眉睫。

2.2　股票发行实施核准制不利于创新创业企业上市融资

我国和美国采取了完全不同的股票发行制度，美国是注册制，我国是核准制。表3列示了注册制和核准制的主要区别。注册制的实质

表3　　中美股票发行制度比较

项目	中国	美国
新股发行审核制度	核准制，自 2001 年 3 月 17 日起实施，直到今天	注册制，遵循《1933 年证券法》《1934 年证券交易法》的规定
政府的角色	监管机构对拟上市公司提交的申请文件进行实质审核，对其是否适宜上市做出判断，然后批准或拒绝上市申请	监管机构仅对申请文件做形式审查，只确保信息的充分真实性，不涉及发行实质条件；上市标准由交易所确定
发行对象特点	大型成熟企业更容易获得发行批准	有发行意愿的公司均可以相对公平地获得发行证券的机会
发行实践特点	标准偏高，灵活性差，发行程序烦琐复杂	标准多样，灵活性强，发行程序相对简便
投资者特点	高度依赖于政府决策，理性投资能力偏弱	投资者较为成熟理性

是以信息披露为导向，即监管机构只负责监督拟发行企业信息披露的充分真实性，而不对信息内容作价值判断，不涉及任何发行实质条件。发行人只要按规定将有关资料完全公开，主管机关就不得以发行人的财务状况未达到一定标准而拒绝其发行。这种情况下，有发行意愿的公司均可以相对公平地获得发行证券的机会。相比之下，自 2001 年 3 月以来，我国股票发行一直实施核准制，即由证监会（具体为证监会发行审核委员会）对拟上市公司进行多方面的实质审核，只有审核通过的发行人方可发行股票。在核准制下，监管机构对拟发行企业所需具备的实质条件要求较高，相应地，大型成熟企业由于风险较低而更容易获得上市批准，而具有很大发展潜力但尚未实现盈利的创新创业企业很难通过公开上市或发行公司债券的方式为其项目融资。核准制下，审核机构在很大程度上决定着谁能公开发行上市，以什么价格公开发行上市，不仅整个生态体系很容易滋生垄断、腐败等寻租行为，而且不利于培养理性投资者，投资者与政府职能部门之间的矛盾也更容易被激发。

2.3 我国发行上市标准单一，门槛偏高

自20世纪80年代以来，美国资本市场的一大趋势是，两大交易所不断变革上市制度，调整上市标准，以更好地服务新兴企业。例如，纽交所分别在1995年和1999年两次调整上市标准，在先前“税前利润”的盈利指标基础上，增加了“调整后净利润+市值+收入”和“市值+收入”两套标准。新标准的引入，消除了折旧、摊销等因素对公司盈利的不利影响，以吸引那些因前期投资规模大、折旧高而达不到盈利门槛的优质公司。纳斯达克资本市场主要为小企业提供融资途径。针对小型企业市值低、经营风险高和稳定性差的特点，纳斯达克资本市场设置了三套以“流动性要求”为核心的挂牌标准，分别是股东权益标准、市值标准以及净利润标准。企业可以根据自身情况在不同标准之间进行选择，以最有利的方式发行上市。

相比之下，我国不同板块的发行上市条件差异不大，标准单一，门槛偏高，灵活性不够。具体来说，发行上市标准，以净利润、营业收入或现金流、股本要求为主，并且主板和中小板的条件基本没有差异。创业板的上市准入标准虽然相比主板市场有所放宽，但对于创新企业和新设企业而言，仍然较为严格，门槛偏高。例如，创业板市场与主板市场一样，对净利润指标过于强调，要求企业上市之前不能有“未弥补的亏损”，这一硬性要求显然不符合许多创新企业的运营特征，因而将很多企业拒之门外（见表4）。

表4　我国主板、中小板、创业板发行条件比较

<table>
<tr><th rowspan="2">项目</th><th rowspan="2">主板</th><th rowspan="2">中小板</th><th colspan="2">创业板</th></tr>
<tr><th>标准一</th><th>标准二</th></tr>
<tr><td>净利润</td><td colspan="2">净利润最近三年为正且累计超过3000万元</td><td>最近两年连续盈利且净利润累计不低于1000万元，且持续增长</td><td>最近一年盈利，且净利润不少于500万元</td></tr>
</table>

续表

项目	主板	中小板	创业板	
			标准一	标准二
营业收入或现金流	最近三年营业收入累计超过 3 亿元，或最近三年经营现金流量净额累计超过 5000 万元		—	最近一年营业收入不低于 5000 万元，且最近两年营业收入增长不低于 30%
股本要求	发行前股本总额不少于 3000 万元，发行后不少于 5000 万元	发行前股本总额不少于人民币 3000 万元	发行后股本不低于 3000 万股	

2.4　我国以公募发行为主，很少私募发行

近年来，美国资本市场的一个趋势是，借助公开市场开展的融资活动呈现下降趋势，私募发行却日趋活跃。图 4 显示了 1999 ~ 2017 年美国资本市场的年度 IPO 数量。1999 年，IPO 数量为 486 笔，2017 年则只有 160 笔。IPO 数量下降的一个重要原因在于公开发行的成本太高，企业难以承受。替代证券公开发行的是私募发行。私募发行特别适合于小型企业和新兴企业，这些企业由于公开发行成本过高、条件相对严格等原因无法利用公开资本市场，私募资本市场则提供了替代性的融资选择。

图4　1999 ~ 2017年美国年度IPO数量

资料来源：https：//www.statista.com/statistics/270290/number-of-ipos-in-the-us-since-1999/。

根据美国《证券法》的要求，所有证券的发行和销售要么必须在 SEC 进行注册，要么就必须取得注册豁免。不注册就开展的融资行为，称为私募发行。私募发行使得发行人能够避免特定的监管负担，有利于减少发行成本以及筹集资本所需要的时间。这对于创新创业企业特别重要。不过，私募发行在融资方面较为宽松，在投资方面的要求往往就比较严格。例如，普通投资者（即所谓的非特许发行人）只能投资小额募集的私募发行股票，而合格投资者（即所谓的特许投资人）则有更多的投资选择。当前美国主要的私募发行规则是 1982 年引入的监管规则 D，主要用于股票的私募发行，具体包括 504、505、506 条款（见表 5）。其中 506 条款在 2012 年《乔布斯法》通过后进行了相应修改。此外，144A 规则主要用于债券的私募发行。

表5　　美国主要的股票私募发行规则

监管规则	相关融资规定	投资人的相关规定
监管规则 D-504 条款	发行金额上限为 100 万美元	非特许发行人，而且数量不受限制
监管规则 D-505 条款	发行金额上限为 500 万美元	非特许发行人，且数量被限制在 35 人
监管规则 D-506 条款	发行金额没有上限；发行可以进行公开宣传和广告	只有特许投资人才能投资

表 6 估计了近年来美国证券市场公开发行和私募发行的情况，可以发现，私募资本市场的发行数量远远高于公开市场，筹资的资本金额也显著领先。2014 年，公开发行筹集的新资本金额约为 1.35 万亿美元，而通过所有私募渠道筹资的新资本约为 2.10 万亿美元。

表6　美国证券市场公开发行和私募发行的情况

年份	公开发行数量（笔）		私募发行数量（笔）		
	公开股票发行	公开债券发行	监管规则 D	规则 144A	其他私募发行方式
2009	942	1445	18295	1240	942
2010	1072	1930	25993	1607	930
2011	863	1465	27336	1148	960
2012	954	1473	28184	1302	531
2013	1250	1510	30429	1602	841
2014	1176	1576	33429	1534	674

资料来源：BAUGUESS等，2015。

相比之下，私募发行在我国尚缺乏明确的法律规定。我国证券市场融资，不论是股票还是债券，都以公募发行为主。另外，由于场内股票市场的投资者以个人为主导，这意味着股票公开发行的重要资金来源是大量散户。我国既没有建立起适合创新创业企业的私募发行制度，企业的融资选择权受到极大限制；个人投资者在为企业融资提供资金来源方面也缺乏相应的保护机制，二级市场交易行为很容易受到一级市场融资行为的影响，这是导致资本市场异常波动较为频繁的重要原因之一。

2.5　我国板块之间缺乏转板对接和退出机制，无法做到“可上可下，可进可退”

美国多层次资本市场各个板块之间建立起了有效的衔接机制和退出机制。纽交所和 NASDAQ 多个板块之间可以利用快速通道进行内部转板；NASDAQ 允许纽交所主板上市公司转板至 NASDAQ 全球精选市场。美国场外市场与场内市场也是相互联通的，如果一家上市公司面临经营困难，无法满足纽交所或者 NASDAQ 的上市要求，就可以退市到 OTCBB 市场或者 OTC 市场。OTCBB 和 OTC 之间也有衔接，如一家公司为避免成为“报告公司”，不向 SEC 提交财务报告，也可以选择从 OTCBB 退到 OTC 市场。除了较高层次向较低层次的转移，较低层次也可以向上转移。例如，场外交易市场的股票如果符合一定条件，就可以申请转移到纳斯达克资本市场。

相比之下，我国当前资本市场各个板块之间虽然有一定的联通，主要体现在新三板承接的 A 股退市功能上[①]，但整体看来，不论是沪深交易所的主板、创业板、中小板之间，还是新三板到交易所市场之间、新三板和区域股权市场之间都缺乏美国那样的转板对接机制安排。此外，与股票发行核准制下上市资源稀缺相对应，我国股票退出十分困难。根据相关统计，纽交所和 NASDAQ 的平均退市率（每年退市公司占当年全部上市公司数量的比值）分别约为 6% 和 8%。相比之下，Choice 数据显示，截至 2018 年 6 月底，我国沪深两市累计共有 109 只股票退市，其中因被吸收合并或重组而退市的 41 只，B 股 10 只，仅有 58 只股票强制退市，占 A 股全部上市公司的比重仅为 1.6%。有效衔接机制的缺乏，再加上退市制度的不健全，不仅使得企业无法做到“可上可下，可进可退”，选择权受到限制，而且不利于我国资本市场优化资源配置、促进优胜劣汰、提升上市公司质量、保护投资者合法权益。

2.6 我国机构投资者队伍薄弱，缺乏长期稳定的资金来源

在美国资本市场上，以共同基金、保险基金、养老基金等为代表的机构投资者持股市值比重一直呈现上涨趋势。有数据表明，1945 年，美国机构投资者持股比例仅为 9%，2014 年则高达 81%。相比之

① 这种联通最主要体现在退市制度安排中。根据相关规定，强制退市公司股票应当统一在全国中小企业股份转让系统设立的专门层次挂牌转让，也就是新三板中专门的“退市股板块”。

下，我国股票市场机构投资者持股占比明显偏低，散户持股比例较高。截至 2015 年第三季度，散户持股比例高达 44.8%。①

中美股票市场投资者结构的差异主要源于机构投资者实力的差异。以保险基金为例，近年来，美国保险资产占 GDP 的比重稳定在 40% 左右；相比之下，2017 年我国保险业总资产 16.75 万亿元，占 GDP 的比重达到历史高位，但也只有 20.25%。由于社会保障体系的不同，我国养老基金的规模更是远远小于美国。机构投资者实力的薄弱，意味着我国多层次资本市场缺乏稳定的长期资金来源，对融资功能的发挥产生很大限制。

2.7　我国尚未为资本市场高质量发展提供适宜的监管环境

表 7 列示了中美两国在资本市场监管方面存在的主要不同之处。例如，在美国，资本市场的一级市场实行统一监管，证监会集中统一对所有发行的证券（包括股票和债券）进行注册，如果不注册，就必须符合豁免注册的标准。相比之下，我国资本市场监管分割问题十分突出。特别是在企业债券市场，发展改革委、人民银行和证监会三家机构，分别监管企业债、银行间市场各类非金融企业债务融资工具和公司债券。与发行方面监管权分散、多头监管的体制相对应，债券结算托管机构、信用评级机构、债券二级市场交易也由不同机构分别监管。多头监管不仅影响了监管效率，而且可能产生重复建设、监管空白等其他严重问题。整体看来，中国资本市场不论从监管方式还是监管能力看，尚不能为资本市场融资功能的发挥提供有力的投资者保护和松紧适宜的监管环境。

① 华泰证券研究所："中美股市投资者结构比较"，2016年2月。

表7　　中美资本市场监管环境比较

	中国	美国
政府监管	监管分割问题十分突出，特别是在债券市场，多头监管影响了发行和交易效率	证监会处于监管核心地位，集中统一对所有发行的证券要求注册，如果不注册，就必须符合豁免注册的标准
自律监管	交易所和行业协会相对不重要，与证监会之间是上下级关系，缺乏独立性	非常重要，与政府监管有机结合。如交易所制定上市标准、信息披露规则；美国金融监管局（FINRA）则负责经纪自营商的监管
监管方式	资本为重、准入为主，行为监管相对受到忽视	主要监管资源都集中在事中和事后
投资者保护	尚存在很大进步空间，如司法救济乏力，遭受损失的投资者往往很难获得有效的救济	特别注重投资者保护，投资者可以通过单一诉讼、共同诉讼和集团诉讼等多种方式获得司法救济

3　提升多层次资本市场融资功能的政策建议

提升多层次资本市场融资功能，对于促进我国经济转型、产业升级至关重要，对我国经济高质量发展具有深远意义。

3.1　以强化主板市场、新三板内部分层为抓手，形成层次清晰、差异发展、适度竞争的多层次资本市场格局

当前我国资本市场服务创新创业企业明显乏力，这与顶层设计不足有很大关系。上交所和深交所没有形成良性竞争关系，创业板与新三板市场之间又无法形成竞争关系。为此，可有两种解决思路。

一是改变上交所层次单一的现状，实施内部分层，引入专门服务于创新创业企业的板块，形成与原有主板市场、深圳主板（中小企业板）、创业板市场差异化发展、互为补充、良性竞争的新格局。2018年11月5日，习近平主席在首届中国国际进口博览会上发表主旨演

讲时表示，将在上海证券交易所设立科创板并试点注册制。这必将有利于完善多层次资本市场体系，提升资本市场融资功能。

二是对新三板进行重新定位，淡化场外交易场所定位，强化类NASDAQ的市场定位，形成新三板与上交所、深交所差异化发展、互为补充、良性竞争的新格局。强化新三板的内部分层十分重要。理由在于：目前新三板已成为全球上市（挂牌）企业数量最多的证券交易场所，但却面临好企业转板、流动性严重不足、券商做市动力不足、挂牌企业数量下降等困境。NASDAQ 可以与纽交所在同等起点上展开竞争，但由于制度设计的限制，我国新三板无法与主板、中小板和创业板在同一起点上展开竞争。当前，迫切需要对新三板进行重新定位，使其成为能够与主板市场差异化发展、与创业板市场形成直接竞争的服务创新创业企业的专业化平台，以便更好地融入我国多层次资本市场体系中，在融资功能完备方面发挥类似 NASDAQ 在美国多层次资本市场那样的作用。

对新三板进行重新定位，重点应从三项关键改革入手。

强化新三板内部分层。目前新三板已经划分为基础层、创新层，以此为根基，可考虑进一步增添一个新的层次——精选层，将精选层定位为与创业板能够直接展开竞争的板块。

调整制度设计。对于新设立的精选层，应实施与创业板基本一致的制度，包括投资者适当性制度、交易制度、信息披露制度，目的在于增加新三板的流动性和市场吸引力。

强化新三板的融资功能，并将新三板融资金额纳入社会融资规模统计中。目前在我国社会融资规模统计中，非金融企业境内股票融资指在本地注册的非金融企业通过境内正规金融市场进行的股票融资，包括 A 股股票首发、公开增发、现金型定向增发、配股、行权筹资以及B股筹资，不包括新三板的融资。应在统计中补足这一遗漏。

3.2 加大股票发行的注册制改革，更好发挥市场机制作用

股票发行实施核准制是影响我国资本市场融资功能充分发挥作用的关键因素之一。注册制改革是一项系统工程，不能单兵“突进”，而需要一系列配套制度共同发挥作用，包括退市制度、信息披露制度、投资者保护制度等。近年来证监会在这些配套制度建设方面做出了许多努力，以期望对注册制改革的推出做好更充分准备。鉴于注册制改革的“关键节点”地位，市场化发行机制的建立是我国资本市场核心改革方向之一，应对注册制的实施抱有更加积极的态度。近期在上交所设立科创板并试点注册制的计划，表明注册制推出的进程将比预期更快。

正确认识注册制。注册制并不等同于没有上市门槛，可以没有节制地发行股票。注册制的本质是发行机制的高度市场化，并不意味着政府角色的完全退出，也不意味着没有监管。

可考虑在创业板市场推行注册制改革试点，并进一步健全新三板的注册制。即证监会不再对拟上市企业进行实质性审查，从直接决定谁能上市变为以信息披露监管为主，从事前监管为主变为突出强调事中事后监管。在大幅提升交易所独立性的前提下，将对拟上市公司进行实质审查的职责由证监会移交给交易所，并提高审批程序透明度。

继续加强配套制度建设，包括完善信息披露和退出制度，加强公司治理建设，加大投资者保护力度，实施具体的、可执行的赔偿机制，加强交易所独立性等。

3.3　增加发行上市标准的多样性，降低企业发行门槛

吸收 NASDAQ、纽交所等国际重点交易所的经验，适时调整上市条件，特别是调整创新创业企业的上市条件，使之与这类企业轻资产、前期投入大、缺乏盈利等特点相匹配。

增加标准的多样性。改变原来以盈利、营业收入等为主导标准的状况，增加"市值""现金流""股东权益"等新的标准，以适应不同企业的需要。

针对不同板块，实施多套差异化的上市标准，实现对上市资源的精细化管理和精准服务。

适当降低创业板、新三板的发行门槛，并在创业板、新三板率先试点"同股不同权""直接上市"等新机制。

适度拉大主板和中小板发行上市条件的差异性，以更好地推动两个板块的差异化发展。

3.4　健全私募发行制度，形成多种募集方式共生共进的多层次资本募集市场

制定多种私募发行规则，不同的规则匹配不同的投资者适当性、募集总额、募集场所等限制条件，以满足不同的投资和融资需要。

率先在创业板、新三板实施私募发行试点。

3.5　加强对接转板机制建设

在主板、中小板、创业板之间，新三板的基础层和创新层之间，建立顺畅的内部转板机制。

探索新三板挂牌公司到交易所上市的介绍上市机制。建立新三板

与区域性股权市场的合作机制。

探索新三板摘牌公司、新三板“退市股板块”公司继续退出到“区域股权市场”的机制。

3.6 大力培育资本市场投资者队伍，健全投资者适当性制度

大力发展天使投资和风险投资，支持促进民间资本进入天使投资和风险投资领域，为创新创业企业的早期发展拓宽更多的资金来源。

通过加强自愿养老体系建设、促进寿险公司规范发展等举措，着力培育养老基金、保险基金等契约型储蓄机构，拓宽资本市场长期稳定的资金来源，引导其进入资本市场进行长期投资。

对当前的投资者适当性政策进行进一步细化，并进行量化评估，定期对相关标准进行调整，以更好满足现实需要。

3.7 改善监管方式、提升监管能力，为资本市场融资功能的发挥提供适宜的监管环境

尽快结束债券市场多头监管局面，实现债券市场互联互通。将发展改革委、人民银行、证监会分别拥有的债券发行审批职能集中；统一银行间债券市场和交易所债券市场同类券种的发行规则和交易规则；推动证券登记、结算托管、信用评级等基础设施的一体化进程。

增加交易所和行业协会的独立性，推动政府监管和自律监管的有机结合。

通过增加资源、扩充编制、提升能力等方式强化监管部门的行为监管能力。

参考文献：

[1] 廖士光等. 纽交所和纳斯达克上市制度变迁及启示. 证券市场导报，2018-1.

[2] 祁斌、查向阳等. 直接融资和间接融资的国际比较. 新金融评论，2013（6）.

[3] 清华大学国家金融研究院课题组. 完善制度设计，提升市场信心——建设长期健康稳定发展的资本市场. 2015-11.

[4] 沈悦、戴士伟、罗希. 中国金融业系统性风险溢出效应测度. 当代经济科学，2014-11（6）.

[5] 章武生. 美国证券市场监管的分析与借鉴. 东方法学，2017（2）.

[6] 周小川. 资本市场的多层次特性. 金融市场研究，2013（8）.

[7] Allen，F.，Qian，J.，Shan，S.，and Zhu，L.，2016，“Explaining the Disconnection between China’s Economic Growth and Stock Market Performance，” working paper，Shanghai Advanced Institute of Finance，Shanghai Jiao Tong University.

[8] BAUGUESS，et.al，“Capital Raising in the U.S.：An Analysis of the Market for Unregistered Securities Offerings，2009–2014”，OCTOBER 2015，https：//www.sec.gov/dera/staff-papers/white-papers/unregistered-offering10-2015.pdf.

[9] Joshua T. White，Outcomes of Investing in OTC Stocks，DECEMBER 16，2016，SEC，Stanford Law School Securities Class Action Clearinghouse & Cornerstone Research，“Securities Class Action Filings 2013：A YearIn Review” at 3，available at http：//securities.stanford.edu/research-reports/1996-2013/Cornerstone-Research-Securities-Class-Act ion-Filings-2013-YIR.pdf.

专题十

稳外资与促进高质量发展

1　我国改善营商环境成效明显

改善营商环境一直是我国对外开放、吸引外资的政策重点。从广义的营商环境来讲，十八大以来，我国以开放的主动赢得发展的主动、国际竞争的主动，在扩大市场开放、外资管理体制改革和改善营商环境等方面出台了一系列政策举措，对外资吸引力不断增强，引资规模不断扩大，营商环境的逐步改善也获得国际社会和外资企业的认可。

1.1　我国出台一系列改善营商环境、加大引资力度的政策举措

十八届三中全会通过的《中共中央关于全面深化改革若干重大问题的决定》提出，建立公平开放透明的市场规则、建设法治化营商环境。2015 年 5 月颁布《关于构建开放型经济新体制的若干意见》，要求“着力构建稳定、公平、透明、可预期的营商环境”。同年，习近平总书记强调“中国利用外资的政策不会变、对外商投资企业合法权

益的保障不会变、为各国企业在华投资兴业提供服务的方向不会变”。习近平主席在2018年博鳌亚洲论坛强调，创造更有吸引力的投资环境等对外开放重大举措，要尽快使之落地，宜早不宜迟，宜快不宜慢。2018年《政府工作报告》中强调，要促进外商投资稳定增长，加强与国际通行规则对接，建设国际一流营商环境。

具体而言，我国在以下几个方面着力完善外商投资环境。

一是外商投资管理体制实现重大改革。作为加快开放型经济新体制建设的重要内容，逐步探索实施准入前国民待遇+负面清单的外商投资管理模式，体现我国外资管理理念转变，是外资管理体制的重大改革。自2013年十八届三中全会《中共中央关于全面深化改革若干重大问题的决定》提出后，2013年上海自贸试验区自建立起就开始实施准入前国民待遇+负面清单管理的外资管理模式。2015年《关于构建开放型经济新体制的若干意见》提出创新外商投资管理体制是重点任务之一，2015年十八届五中全会通过的《中共中央关于制定国民经济和社会发展第十三个五年规划的建议》进一步提出“对外资全面实行准入前国民待遇+负面清单管理制度”。经过在全国11个自贸试验区的探索实践，2017年我国外商投资产业指导目录将鼓励类有股比要求的条目以及限制类、禁止类，统一列为外商投资准入特别管理措施（外商投资准入负面清单）；明确未列入外资准入特别管理措施的领域，按“内外资一致”原则管理；从重事前审批向事中事后监管转变，明确并进一步扩大“备案制”管理及其范围。2018年出台了全国性外商投资准入特别管理措施（负面清单），不再列在外商投资产业指导目录门下，2019年出台鼓励外商投资产业指导目录。

二是持续扩大市场准入。十八大以来，我国不断扩大市场开放，开放领域越来越多。上海自贸试验区建立以来，就开始实施准入前国

民待遇 + 负面清单管理的外资管理模式，上海自贸试验区负面清单从 2013 年版的 190 条，减少至 2014 年的 139 条。2015 年建立全国自贸试验区实施统一的负面清单，从 2015 年版的 122 条措施减至 2018 年版的 45 条、2019 年版的 37 条；2018 年出台全国外商投资准入特别管理措施（负面清单），其中的限制性措施也从 2017 年《外商投资产业指导目录》的 63 条减至 48 条，2019 年缩减至 40 条。一系列举措增强了企业对市场开放的信心，2018 年美商会调查显示，46% 的受访企业认为，未来三年中国将进一步对外资开放市场，比 2017 年提高 12%。

三是推出一系列扩大开放、积极利用外资的政策措施。在十八届三中全会提出有序开放和放开部分服务业领域的外资准入限制后，2017 年以来国务院先后发布《国务院关于扩大对外开放积极利用外资若干措施的通知》和《国务院关于促进外资增长若干措施的通知》，分别提出 20 条和 22 条吸引外资新政；十九大释放内外资一视同仁的政策信号和诸多切实举措；主动宣布一系列金融开放举措，令国内外市场主体惊叹“开放远超预期、力度空前”。2018 年 6 月出台《国务院关于积极有效利用外资推动经济高质量发展若干措施的通知》，参照国际通行的投资管理架构体系，从投资自由化、便利化、投资促进、投资保护、优化区域开放布局和推动国家级开发区创新等六个方面，进行了新的部署并出台了一系列针对外商诉求的政策措施。

四是以自由贸易试验区等开放平台建设，加快探索国际化、市场化和法治化的营商环境。我国建立自贸试验区就是为全面深化改革和扩大开放探索新途径、积累新经验。习近平主席曾指出“试点对改革全局意义重大。要认真谋划深入抓好各项改革试点……多出可复制可推广的经验做法，带动面上改革”。自贸试验区对接国际高标准经贸规则，坚持制度创新，在贸易、投资自由化便利化改革创新、政府职能转变等方面成效明显。经过近六年的探索实践，实施自主开放和营商环境改善后市场集聚效应显著。根据商务部中国外商投资报告数据，2018 年，全国自由贸易试验区实际使用外资 1073 亿元人民币，以不到 2% 的国土面积吸收了占全国 12% 的外资，吸引外资的引领促进作用十分突出。习近平主席在进博会上又提出增设上海自贸试验区的新片区，鼓励和支持上海在推进投资贸易自由化便利化方面大胆创新探索，积极营造国际一流的营商环境。

五是加大知识产权保护力度，实施减税降费、提高投资便利化水平等一系列政策措施。我国高度重视知识产权保护工作，已经建立了较为完备的知识产权法律体系，保护力度不断提高。2013 年修订《商标法》，增加了惩罚性赔偿制度，将法定赔偿限额从 50 万元提高至 300 万元，保护力度大幅度提高。2017 年修订《反不正当竞争法》，进一步完善了对商业秘密的保护。知识产权司法保护不断加强，在北京、上海、广州等地设立专门的知识产权法院或知识产权法庭，跨区域管辖专利等知识产权案件，知识产权司法公信力进一步提升，有效提升了知识产权专业化审判水平。除此之外，知识产权行政主管部门采取积极主动的保护措施，行政执法力度持续加强。2018 年，我国重新组建国家知识产权局，商标、专利执法由市场监管综合执法队伍承担，执法力量得到整合与加强。我国还实施减税降费、不断提升投资便利化水平等政策措施。比如：自贸试验区探索实施“多规合一”（城乡规划、土地利用总体规划、国民经济和社会发展规划、环境保护规划等）；探索外商投资企业商务备案与工商登记“两证合一”，促进外商准入便利化。

六是各地结合实际出台加强引资工作的配套政策和细则。各地积极营造优良的营商环境，优化招商引资方式，提升服务质量和水平，很多地方努力落实中央精神和要求，出台了一系列加强引资工作的配套政策和细则。各地在加大财政奖励力度、加强用地保障和知识产权等权益保护、支持外资企业参与省研发公共服务平台建设和政府科技计划项目并享受相关配套资金扶持、人才支持等方面，出台切实具有吸引力的政策举措，有效提振外国投资者对中国政策走向和市场前景的信心。

七是出台《外商投资法》，以基础性法律为外资提供更好法律保障。2019 年 3 月 15 日《外商投资法》获得十三届全国人大二次会议通过并于 2020 年 1 月 1 日正式实施，将为我国积极有效利用外资、推动新一轮高水平对外开放提供更加有力的法治保障。

1.2 我国对外资吸引力不断增强

事实是最好的证明。我国吸引外资取得突出成效，我国利用外资规模不断扩大，在全球跨境投资中地位日益提升，足以证明我国营商环境不断改善。

一是我国利用外资规模持续稳步扩大。据联合国贸发会议最新报告显示，在 2017 年全球跨国投资总量下降 23% 的大背景下，我国吸引外资逆势增长 1.9%，达 1363.2 亿美元，比 2006 年我国利用外资规模增长超过一倍。按人民币计算（根据我国商务部统计），2017 年实际使用外资 8775.6 亿元人民币，同比增长 7.9%，利用外资规模创历史新高。2018 年，我国吸引外资表现一枝独秀，在全球跨境投资同比下降 41% 的情况下，我国吸引外资规模逆势增长 6%。

二是我国在全球跨境投资中地位日益提升。吸收外资规模上，我国已连续25年居发展中国家首位，2008年以来一直稳居全球引资前三位。由于经济增长潜力与前景较好，特别是我国市场准入不断放宽、营商环境持续改善，我国一直都是外资青睐的重要投资目的地。联合国贸发会议《世界投资报告》显示，在跨国公司的海外投资目的地中，中国仍是全球最具吸引力的投资目的地之一。

三是我国外资投资结构不断优化。随着我国经济快速发展、国内产业结构和经济转型升级，特别是加快服务业市场开放步伐，吸引外资的结构和质量不断优化。国际金融危机以来，由于我国成本优势削弱、部分劳动力密集型制造业转移到周边发展中国家，我国制造业吸收外资自2012年起实际规模和占比连续下降，从2007年的54.6%下降到2017年的24.6%，实际使用外资金额335.1亿美元。服务业作为吸引外资的主要领域，2017年实际使用外资达954.4亿美元，占比增至73.7%（见图1）。

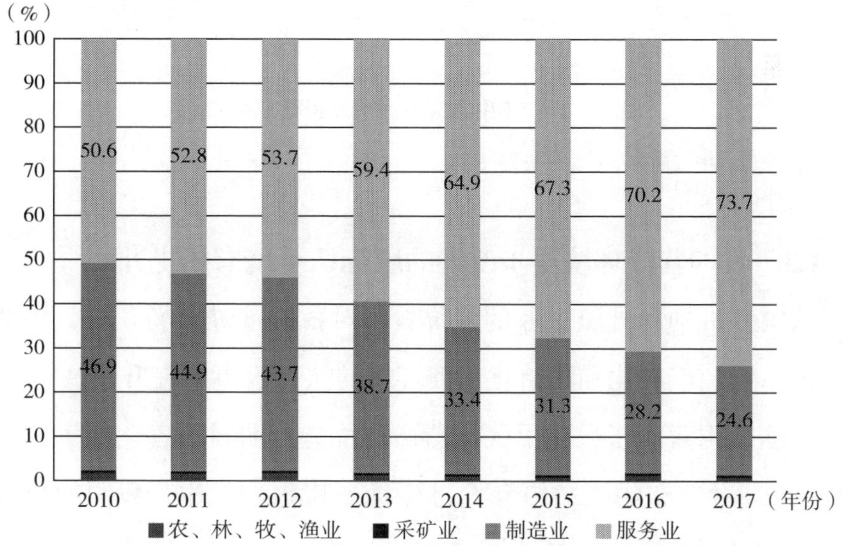

图1　中国实际利用外资结构变化

资料来源：商务部外资统计。

具体来看，2017年我国实际利用外资最多的行业依次为制造业、信息软件服务、房地产业以及租赁与商务服务业，分别占到当年总投资额的24.6%、15.3%、12.4%和12.3%（见图2）。随着科技创新对经济发展的作用日益体现，2017年这一趋势更为突出，我国高技术产业实际吸收外资同比增长61.7%，占比达28.6%，比2012年所占比重提高14.5个百分点。特别是高端制造业和高技术服务业成为新的外商投资热点，增速明显，均高于吸收外资总体7.9%的增幅，呈现良好的发展趋势和前景。

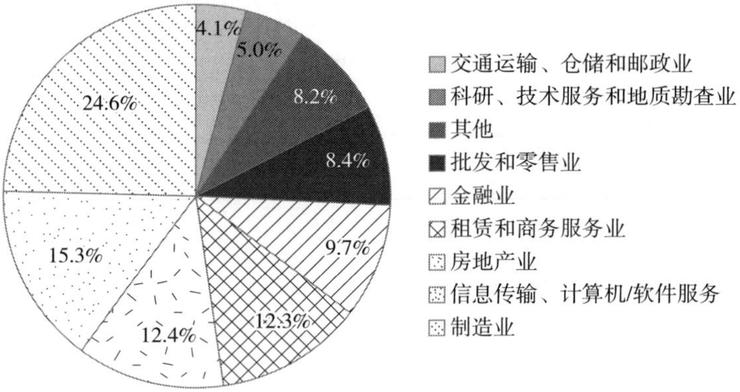

图2　2017年中国实际利用外资行业分布

资料来源：中国商务部吸收外资统计。

1.3　我国营商环境逐步改善的国际认可度有所提升

从国际机构和外资企业的评价看，对我国推进市场开放，特别是营造国际化、市场化和法治化营商环境的认可度不断提升。

国际机构营商指数显示我国营商环境持续明显改善。在世界银行2018年10月发布的《2019年全球营商环境报告》中，我国的全球排名从2013年的第96快速上升至第46。按照世界经济论坛《2017—2018全球竞争力报告》，从制度、政策和生产力要素三个层面对各国

12 项指标进行评估，中国国家竞争力稳中有升，在全球居 27 位，列金砖国家之首。

外资企业对我国营商环境整体评价在改善。根据每年召开外资企业座谈会所了解的情况，结合美欧日等外资企业在华商会每年对会员企业开展的营商环境调查报告，总体来讲，外资企业认可十八大以来我国在外资管理体制改革、扩大市场准入和改善营商环境方面的改革和实践。高度肯定中国在简化行政管理、提高监管透明度、放宽参与标准化工作和知识产权保护等方面取得一定的进展。如中国美国商会最新发布的《2018 中国商务环境调查报告》显示，62% 的受访企业认为，过去五年“中国政府政策制定和沟通的透明度有所提高”；认为过去五年“知识产权保护执法力度改善或保持不变”的企业占比从 2014 年的 86% 提高到 2017 年的 96%，认为“知识产权保护力度不足是阻碍创新重要因素”的企业占比从 40% 下降到 27%；认为“投资环境正在恶化”的会员企业占比从 2016 年的 31% 减少到 2017 年的 24%，认为投资环境有所改进的会员占比则从 2016 年的 24% 提高到 2017 年的 35%（见图 3）。

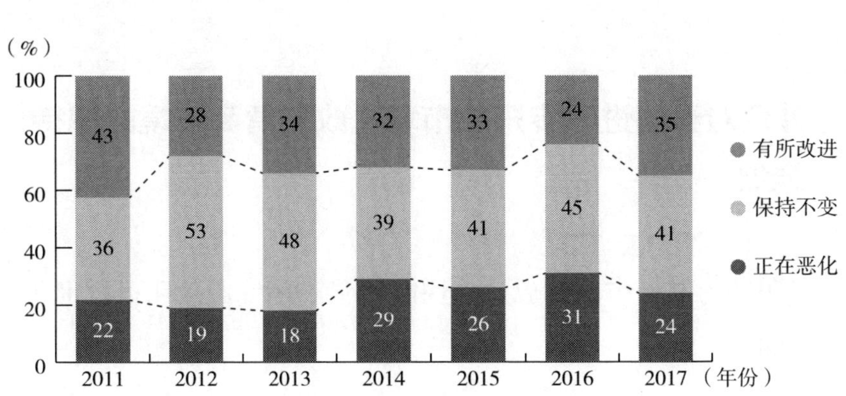

图3　美国商会会员企业对中国投资环境的总体评价

资料来源：《2018中国商务环境调查报告》。

不断改善的营商环境，增强了外资企业的获得感（见图4）。2017年，中国美国商会约有64%的会员企业表示在华营收有所增长，明显高于此前两年58%和55%的水平；近75%的受访企业表示实现盈利，在过去三年中比例最高。同时，74%的企业计划于2018年扩大在华投资，这一比例为近年来的最高；约60%的会员企业视中国为前三大投资目的地之一，体现了中国在跨国企业全球投资布局中的重要性。

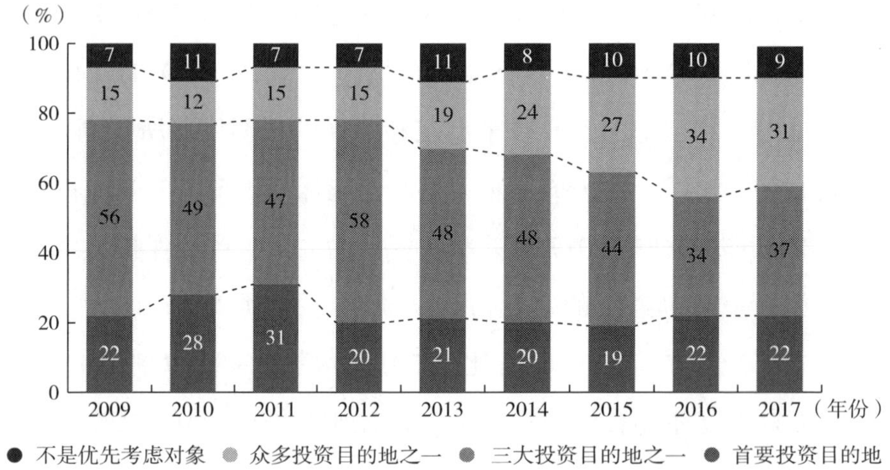

图4　美国商会会员关于中国在全球投资计划中的重要性评价

资料来源：《2018中国商务环境调查报告》。

2　外企对我国进一步开放市场、改善营商环境的期待日益强烈

我国着力扩大市场开放、加快改善营商环境成效明显，但仍存在提升空间。

2.1　美欧对中国进一步扩大市场仍较为关切

美欧跨国企业均表示，欢迎在全国范围实施外资准入负面清单，对中国市场开放预期显著向好，2018 年认为未来三年中国将进一步开放市场的受访企业占比同比提高 12 %。

美欧在新一轮国际贸易投资规则重构中将关注重点转向服务业开放和投资自由化两大领域，希望进一步释放其在相关产业的优势。中国在相关领域国际竞争力不足，开放度与市场需求相比，还有一定的差距。以服务业开放为例，入世后中国 100 个服务业分部门已按承诺开放，目前开放分部门已近 120 个，但按照 OECD 服务业限制性指数（STRI）衡量，中国总体服务贸易限制水平较高，部分服务行业对外资准入的限制仍高于世界平均水平，远高于美欧。

尽管我国一直扩大市场开放，但美欧仍希望中国继续缩短负面清单，扩大高端制造业和服务业市场准入，进一步开放互联网、电信、法律、教育、医疗和文化领域；减少数据跨境流动对吸引高水平外资在华研发制造的不利影响；对数字贸易、医疗服务、商业服务、健康大数据等领域的开放和便利化举措有更多期待。

有企业反映，在部分已开放领域，存在形式多样的市场准入限制，如有些部委许可手续仍旧繁杂，导致部分领域开放举措难以快速落实到位；企业面临部门规章所要求的行业准入限制与外商投资负面清单存在矛盾，实际开展业务经营仍需耗费时日，以获得行业技术性和专业性许可。此外，产品市场准入审批等，难以适应经济新业态发展、科技快速变革等需要，从而影响企业抢占宝贵商机。欧盟商会《2018 年商业环境调查》显示，有 46% 的受访企业认为由于存在市场准入限制和监管上的障碍，经历过错失商机。

所谓“对等开放”日益成为各方关注焦点。近年来，中国对外投资的快速发展，特别是对欧美投资规模迅猛提升、并购日益活跃，目标领域逐渐由资源型产业转向技术、品牌和高附加值产业，引发各方关注。美欧频繁提出投资领域的“对等开放原则”（reciprocity），认为相对于本国市场的开放性，美欧企业在中国仍面临各种市场准入限制。美方强烈表示“对等开放”事关重大，对中国投资环境的国际形象和外企对华投资信心将产生巨大影响，要求我国进一步放宽市场准入，强烈呼吁对在华美国企业的知识产权加强保护、在市场竞争中给予公平待遇。欧盟企业、政府官员也多次表达“中国政府应当遵循对等开放原则”，呼吁使双方企业在对方市场享受同等市场准入机会。

2.2 外资企业期待我国加快改善营商环境

虽然我国营商环境总体上呈现出改善趋势，2019 年的营商指数全球排名为第 46 位，虽然比前些年有较大幅度提升，但仍落后于美国、德国、日本等发达国家，在 20 国集团（G20）中排倒数第 6 位，仅高于印度尼西亚、阿根廷、巴西和印度、南非。

近年来，部分外资企业认为在我国经营压力增大。比如：2017 年美中贸易全国委员会调查中，75% 的会员企业感觉外资企业不如以往受欢迎。

2.3 外资企业反映我国市场环境不完善

一是知识产权保护仍待加强。《中国欧盟商会商业信心调查 2018》显示，受访企业普遍认为中国正在提高其研发环境的总体质量，69% 的受访企业认为中国的研发环境优于或持平于世界平均水平，认为中国的研发环境优于世界平均水平的欧洲公司数量是 2016 年的两倍。但不少企业认为仍存在妨碍其充分施展研发能力的问题。

二是期盼《外商投资法》实施细则尽快出台。2019 年 3 月十三届全国人大二次会议通过《外商投资法》，提升中国投资环境的透明度、稳定性和开放水平，但外资企业希望加快出台《外商投资法》实施细则。

3 吸引外资面临的新形势、新要求

全球跨境投资竞争激烈，美国特朗普政府实施贸易投资保护主义、减税政策，引发全球新一轮减税竞争，对我国吸引外资带来新的挑战和压力。我国经济正处于由高速增长阶段转向高质量发展阶段，对改善营商环境、提升引资质量提出更高的要求。

3.1 全球投资政策呈两极分化趋势，投资保护主义与吸引外资优惠政策并行

全球跨境投资竞争日趋激烈。当前，各国为推进国内转型升级和工业化发展，纷纷出台了吸引外资政策，加剧了全球跨境投资竞争激烈程度。2017 年，65 个经济体合计出台 126 项投资政策，其中 84% 为促进便利化自由化措施（见图 5）。以美国为代表的发达国家实施了减税政策，新兴经济体也实施各种引资优惠政策。特别值得注意的是，《2018 世界投资报告》指出，随着产业政策成为各国发展战略的核心，决策者需要更有效地利用投资政策工具，而投资政策也日益迫切地需要按照新的产业发展战略逐步进行自身的现代化修订与完善（见图 6）。

随着逆全球化和民粹主义思潮兴起，全球范围内贸易与投资保护主义抬头。从全球范围看，虽然投资便利化自由化及促进政策仍是各国投资政策的主基调，但每年仍有相当比重的投资限制性政策措施出

台，在全球新增投资政策中占据近 1/5 的比重。吸引外资政策与投资保护主义并行，使全球范围的投资政策制定变得越来越复杂、分化和不确定。为了减少不确定性和改善投资关系的稳定性，2018 年联合国贸发会议提出应建立一个基于规则、兼顾可持续性和包容性的全球投资制度。

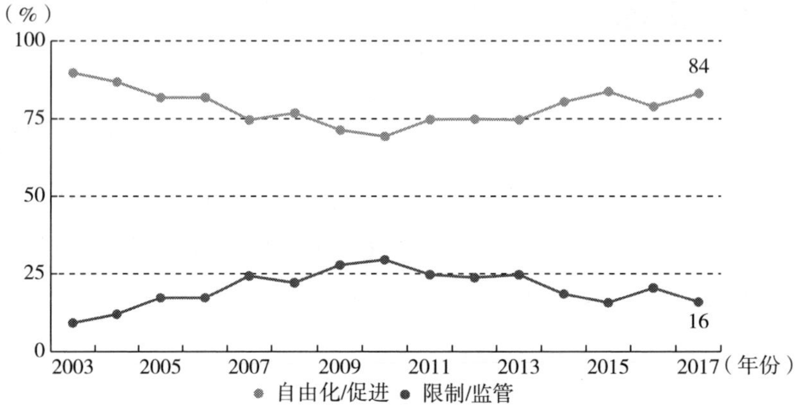

图5　2017年全球各国投资政策走向

资料来源：《2018世界投资报告》。

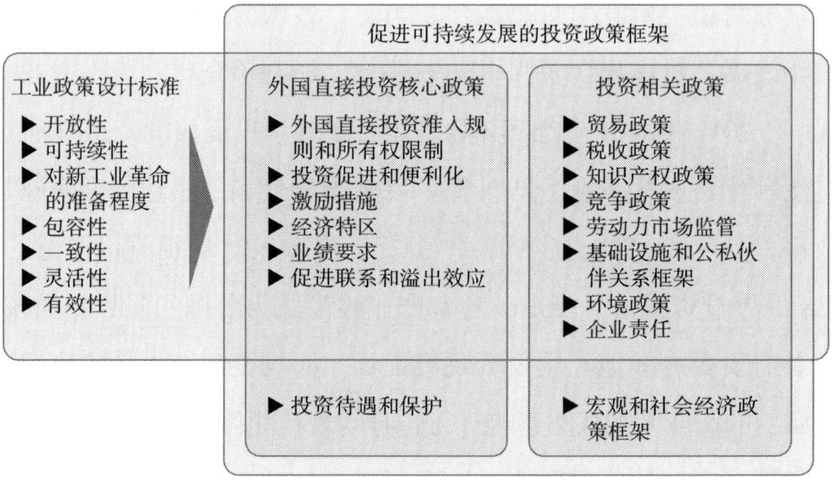

图6　产业政策与投资政策间的相互作用

资料来源：《2018年世界投资报告》。

3.2　美国与欧盟研究出台新的外资安审政策，增加了我国对外投资环境的不确定性

随着中国对外投资规模的快速上升、投资领域和方式发生变化，加剧了美欧对中国投资长期潜在影响与技术快速追赶的担忧，特别是担心其核心技术流失和工业基础进一步削弱。近年来，随着逆全球化和贸易投资保护主义抬头，美欧着力加强安全审查，研究增加限制性审批程序、技术交流限制等措施。

美国是全球跨国投资的最大目的地和最大来源地，但特朗普政府奉行“美国优先”理念，不断加大对外国赴美投资的审查力度。2018年8月，特朗普签署《外商投资风险评估现代化法案》（FIRRMA），完成对2007年美国《外国投资与国家安全法》的修订与更新。新法案扩大了外国投资委员会（CFIUS）对外国投资国家安全审查的权限，显著增强审查力度和延长审查周期，针对我国的色彩明显，如要求对中国赴美投资进行两年一次的针对性审议，且存在联合其盟友加严外资安审的倾向。此外，美国也通过加严签证审批、限制科技人员交往等进一步制约中美技术领域的交流。

FIRRMA导致全球主要经济体在外资安全审查立法等规则机制上进一步加严的趋势，不利于全球投资并购自由化和便利化。2019年初，为保护欧盟国家在关键的科技和基础建设领域的利益，首个欧盟层面的外资审查机制法案获得批准，并于3月颁布、4月正式生效，2020年10月将付诸实践（见表1）。此后，日本也升级对于外商投资的审查。日本财务省、经济产业省和总务省发表联合声明，将于8月1日起加严外资审查，内存芯片制造、软件开发、通信设备制造等20个高科技产业均被列入严格限制之列，以防止技术外流和加强网络安全的保护。

表1 欧盟安全审查机制的核心关注

核心基础设施	能源、交通、电信、数据存储、空间或金融基建和敏感设施
核心技术	人工智能、机器人、半导体、潜在军民双用技术、网络安全、空间或核技术
核心投入品	关键输入（critical inputs）的安全供应
核心能力	对敏感信息获取或控制能力

资料来源："欧盟境外直接投资审查框架条例的立法建议"。

3.3 中美经贸摩擦持续升级，对市场预期带来不确定性

中美贸易摩擦走向不确定，对跨国公司的信心和投资布局将产生较大影响。受访企业表示，中美贸易摩擦升级对企业本身、供应链上下游的业绩影响已经显现，外部环境不确定性增强对预期和信心有较大冲击，部分企业考虑延缓在华投资项目落地或减少未来投资规模。

3.4 产业升级和新业态发展，对监管模式和政策提出新要求

近年来，外商投资越来越多投向服务业和高端制造业，加上技术革命促进新模式新业态发展，都对制度环境提出更高要求。传统的管理方式已难以适应新产业发展的需求，相比国际新形势，不利因素日益凸显。主要表现在以下两方面。

一是关注中国如何应对国际上竞争新政。美国减税政策出台以吸引企业回流，不少美资企业关心中国是否会有相应的税收政策变化，以鼓励外资企业留在本地。此外，跨境投资竞争激烈，各国纷纷出台颇具吸引力的引资政策，相比周边国家，中国在税收优惠这一方面已无竞争力。虽然我国推进清理"乱"收费，逐步取消不合理收费，但企业反映收费项目仍较多，特别是政府减免收费后，中介服务等部分

经营性收费较高或提升的问题需引起重视。

二是数据流动监管政策日益受关注。随着信息化发展，产业融合发展成为常态，越来越多的产业发展与电子商务和大数据高度相关。有越来越多的企业反映，认为数据跨境流动监管不适应新技术时代市场发展需要。由于对企业运营和竞争力的不利影响逐步显现，不少公司对将所有业务放在中国国内持有一定保留。

3.5　我国高质量发展，亟待进一步发挥外资作用

十九大提出创新是转型发展的根本推动力，要释放新动能，无论技术创新、绿色发展，还是产业升级与新业态发展，抑或是参与高水平国际竞争，外资都可以也必将发挥至关重要的作用。

3.5.1　新技术革命带来产业布局与创新开放新趋势

首先，新一轮技术革命推动产业结构与布局调整，新经济快速发展带来新机遇。第四次工业革命中，多项重大新技术取得突破和交汇发展，以云计算、大数据、人工智能为支撑的智能制造正在成为全球竞争新的制高点。数字经济的快速发展、智能化制造、制造业与服务业融合发展，推动生产制造、服务方式和消费模式等诸多产业形态不断创新，成为全球价值链发展的新动力和新增长源泉。

其次，开放式创新对技术进步的作用日益突出。国际合作在创新领域的作用越来越明显；研发创新产业链不断延伸，研发外包成为研发全球化新形式；新兴国家日益成为研发全球化的重要力量，加强与东道国本土机构的合作成为跨国公司海外研发策略的重要取向。据普华永道发布的《2016 年全球创新 1000 强》报告，北美、欧洲、日本等传统研发强国的企业占比逐步下降，中国等新兴经济体占比明显提

高[①]（见图7）。为尽快融入本地市场，跨国公司越来越重视同本土机构合作，从短期、临时性研发合作，转向更多建立长期稳定的战略合作与协同创新关系。

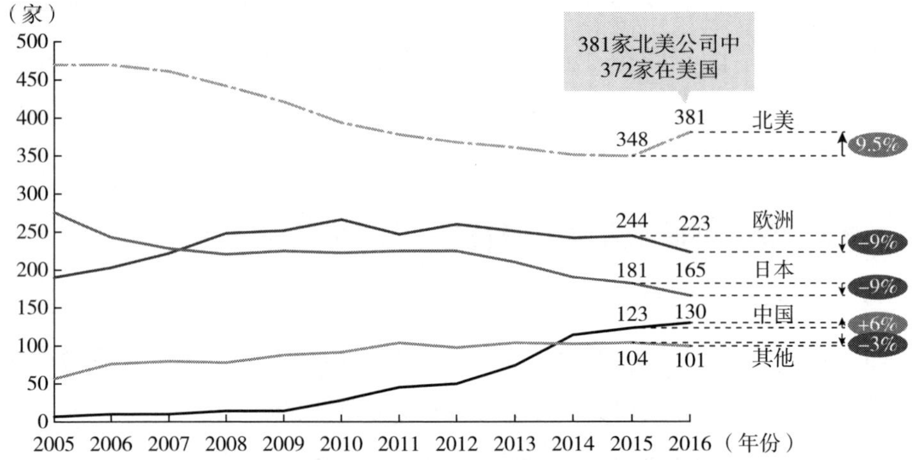

图7　2005～2016年全球创新1000强报告地域分布

资料来源：《2016年全球创新1000强》报告，普华永道。

3.5.2　全球价值链发展对通关物流便利化要求日益提升

在国际分工更加深入、细化的背景下，贸易便利化对降低成本的影响更为凸显和重要。《全球价值链发展报告》提出，运输不便、清关效率低、行政手续烦琐等贸易成本有时比税收对于贸易的阻碍程度要高得多，尤其在需要零部件来回跨越国境的生产部门，其影响更为严重。该报告显示在机动车、计算机和机械等具有复杂价值链的部门，贸易成本是关税成本的4倍。

对发展中国家而言，融入全球或区域价值链最主要阻碍之一就是贸易成本。

① 中国从2005年的10余家企业增加到2016年的130家企业，同期美国则从460多家下降到381家。

世界经济论坛和全球贸易便利化联盟共同发布《全球贸易促进报告》（*The Global Enabling Trade Report*），通过“贸易促进指数”（Enabling Trade Index）①，对全球136个经济体在市场准入、边境管理、交通与数字化基础设施、运输服务及商业运营环境等方面的表现进行评估（见图8）。2017年最新发布报告显示，新加坡连续位列全球第一；根据世界银行联合国际学术机构共同完成的全球物流绩效指数②，2007～2017年，全球清关平均效率小幅升至2.71，发达地区的清关程序效率普遍高于发展中地区。中国是发展中地区清关效率最高的，且从2016年的3.32提高到2018年的3.61，高于世界平均水平，但显著低于效率最高的制造业强国德国（4.2）、日本（4.03）、新加坡（4.0）和自由港——中国香港（3.99）。

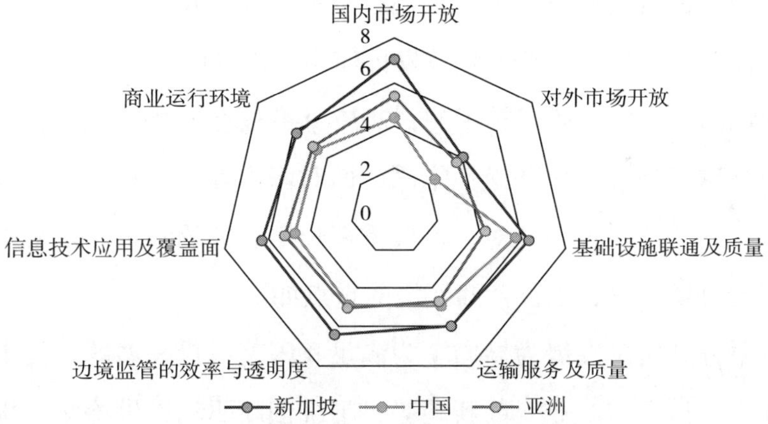

图8　中国与新加坡“贸易促进指数”比较

资料来源：《全球贸易促进报告》。

① 《全球贸易促进报告》每两年编制一次，由世界经济论坛和全球贸易便利化联盟共同发布，旨在为全球决策者研究通过贸易促进经济增长和社会发展水平提供决策参考。

② 采用评分制的方式评价清关程序的效率，即速度、简便性和手续的可预见性，分数是全部受访者的平均分数，分数从1~5代表评价从最差到最好。

4 打造国际一流营商环境促进经济高质量发展的政策建议

外商投资在我国经济增长、产业转型升级、对外贸易和创新发展等方面发挥了积极的促进作用。根据《2018 中国外商投资报告》，2017 年外资企业在我国进出口中的占比为 44.8%，纳税占全国的 18.7%、占当年规上工业企业利润的 24.9%。特别是，在研发与创新投入方面，外资企业作用不容忽视，在研发人员（22.8%）、研发经费投入（22.1%）和有效发明专利（19.1%）中都占据重要地位。

我国经济迈向高质量发展，其重要内容是适应我国比较优势变化，加快经济发展动力从要素投入转向创新驱动，需要进一步发挥外资企业作用，整合全球资源实施开放创新，不断提高创新能力。加强引资工作、促进高质量发展，关键就是加快完善相关政策、着力打造国际一流营商环境，为外资企业发挥作用提供更多空间。

受国内外经济形势好转影响，2017 年我国吸收外资规模达历史新高。但全球经济复苏根基尚不牢固，面对国内外新形势、高质量发展新要求，既要加强短期应对，也要重视长期利益的考量。未来中国进一步扩大市场开放、改善营商环境的重点如下。

以服务高质量发展为导向。为满足我国高质量发展的新要求，适应国际经济技术与产业变革新趋势，围绕创新驱动、供给侧结构性改革等重点，补齐吸引外资相关政策短板，以高水平引资工作增强外资溢出效应，加快培育我国国际竞争新优势。

对标国际高标准经贸规则。面对全球跨境投资激烈竞争态势、政策新趋势和我国比较优势转变的双重变化，积极对标国际高标准的经贸规则，以切实有效的政策举措，加快推进市场开放，进一步改善营商环境，为包括外资企业在内的各类市场主体提供越来越好的服务，以增强我国国际竞争新优势的培育、提升对外资的综合吸引力。

积极回应外资企业的关切与诉求。重视外资企业合理诉求、维护外资合法权益，重点解决外资企业反映成本不断升高、知识产权保护不力、市场准入不足、内外资企业不公平竞争、环保一刀切等方面的突出问题。

统筹考虑我国对外投资和吸引外资的需求和政策举措。无论是从吸收外商直接投资还是从对外直接投资看，我国已成为有影响的全球跨境投资大国，坚持扩大市场开放和改善营商环境，彰显我国坚持对外开放和推进经济全球化的决心。与此同时，随着中美贸易摩擦升级、欧美对高技术领域外资准入加严审查、通过制度性安排限制我国企业海外投资布局获取先进技术，我国应着力改善营商环境和高科技领域的市场开放，进一步增强外资企业对技术进步的溢出效应。

具体来说，应在以下方面着力。

加快重点领域市场开放

今后一个时期美欧各界将会坚持所谓市场“对等开放”，并以此为由影响国际舆论，对中国海外投资实行更严苛的安全审查，以迫使中国开放市场。这一议题将在相当长一段时间成为双边贸易投资关系的焦点，其影响将逐步扩大。

进一步扩大市场开放，既要高度重视美欧诉求，又要坚持以我为主，适应经济高质量发展要求，加快推进高端制造业和先进服务业领域开放；积极鼓励外资企业在我国设立研发中心和区域总部等功能性机构，促进创新发展；研究出台对健康大数据等新兴产业开放政策。与此同时，及时完善与扩大市场开放相关配套措施，梳理和修订与负面清单不符合的行政许可规章，推动市场开放政策及时落地，展现我国开放魄力与实效。

加快市场化改革，打造公平竞争的市场环境

营商环境是企业投资布局的关键因素。面对全球跨境投资的激烈竞争，应加快落实十九大精神，高度重视外资企业核心关切，进一步对接国际高标准和通行规则，加快市场化改革，加快推进公平竞争市场环境建设。

规范地方环保和税收等执法，加强全国执法一致性的监管。加强知识产权保护力度，加快引入惩罚性赔偿制度，切实改变执法不严和惩处不力局面。落实准入后国民待遇，支持外资企业公平参与创新发展、政府采购，不设置不合理限制条件，鼓励在华外资企业同等享受产业政策和高新技术企业等优惠政策，对外商投资企业在境内生产的产品一视同仁、同等对待。

进一步完善法律法规，提高政策的稳定性和可预期性

法律法规是吸引外资并促使其发挥应有作用的重要制度保障。

加强与进一步扩大开放的法治建设，加快出台《外商投资法》实施细则，营造稳定、可预期、法治化的政策法规环境。增强政策、标准和法律法规等制定程序的透明度，促进外资公平参与我国相关政策与标准制定工作，不断拓展外资企业参与制定、提出意见建议或对不利决定提出申诉的机会与渠道。进一步增强执法公平性，切实做到内外资企业一致对待。

加快投资协定与自贸协定升级谈判的步伐，以制度安排优化引资环境

要加强国内统筹协调，提升改革开放的整体性、系统性增强国际协调与合作，构建更加良好的经贸关系与外部环境。在参与国际投资规则讨论的同时，需加强区域或双边投资协定谈判与更新升级。加快推进中欧双边投资协定谈判，遏制其进一步出台不利于中国海外投资的安审条款，为相互投资提供良好的市场与政策环境，促进企业实现预期投资收益。

加强政策宣传和外资企业投诉机制，不断增进外资企业的理解与认同

需以明确的政策方向和改革开放举措，加强舆论宣传、引导市场预期，避免外企对我国改革开放最新政策举措了解不深入或误读，进一步增强对政策走向和市场前景的信心。一方面，及时对我国中央和地方政府出台的对外开放等政策进行宣传，让外资企业和国际组织等及时了解、增进理解。如开展各种政策宣讲，专题推介我国近几年改革投资管理体制的重要内容和具体实践，帮助境外企业更加了解、认可中国营商环境。另一方面，加快落实完善外商企业投诉机制，及时回应外资企业关切、解决现实问题，在知识产权保护、公平竞争和相关政策变化方面为外资企业解疑释惑，可邀请外资企业商会等参与投资环境的评估。

加快营造政策环境，促进外资企业参与高质量发展

主动作为，营造有助于提升外资质量、助力我国高质量发展的政策环境。

更大力度推进简政放权，梳理修改行政许可与负面清单不符的部门规章，进一步推进证照分离改革，切实降低制度性交易成本。

完善符合国际先进标准和国内急需等产品的市场准入制度，简化审批、加快流程，如建立无污染标识制度和绿色准入制度，为高质量产品提供更快的市场准入渠道等。

为适应跨国企业在研发创新和整合全球资源过程中，对数据跨境流动需求的快速提升，通过自贸试验区加快探索，在妥善处理好信息安全与跨境流动需求的背景下，试点部分开放数据自由流动，为内外资企业提高跨国经营效率、促进开放研发和信息交流创造必要条件。

着力提升教育、医疗、社会保障、环境、出入境管理等服务水平，提升对外企高端人才和专业人才的吸引力。

加快关键领域开放进程，以监管模式改革促进便利化提升。将我国高质量发展要求与跨国企业高水平国际经贸规则的核心关切进行对标，在符合两方面需求的领域加快扩大市场开放步伐。同时，深入研究数字经济和技术革命带来的开放需求，以全产业链发展的视角改革监管模式，促进生产型服务业和新产业新模式的快速发展。

创新思路，结合双方优势应对摩擦冲击，寻求新时期双赢发展

中美经贸摩擦对跨国公司全球供应链的稳定和有效运行产生冲击，且美国对高技术领域的双边合作严加管控，不利影响将逐步显化，也给拥有关键技术和敏感领域的跨国公司提出挑战。例如，苹果、英特尔等在华销售占企业全球销售的25%，高通甚至高达60%以上，摩擦升级对这些公司的业绩和发展带来巨大冲击和不确定性。

在此情况下，需顺应形势变化、抢抓机遇，变被动应对为主动布局：跨国公司希望分享中国经济增长和高质量发展机遇，应鼓励和支持跨国公司的战略布局与中国发展战略相向而行，以长远发展眼光共同探索谋划合作路径、创新合作模式。

参考文献：

[1] 联合国贸发会议. 2018年世界投资报告. 2017年世界投资报告.

[2] 世界银行. 2019年全球营商环境报告.

[3] 美中贸易全国委员会. 中国商务环境调查报告，2018.

[4] 中国美国商会. 美国企业在中国. 2018中国商务环境调查报告，2018年度白皮书.

[5] 中国欧盟商会. 2017/2018欧盟企业在中国建议书.

[6] 世界经济论坛. 2017–2018年度全球竞争力报告.

[7] 赵晋平、张琦、许宏强、赵福军等. 国务院发展研究中心对外经济研究部. 自贸试验区建设综合评估报告.

[8] 赵晋平、王金照、赵福军、胡江云. 国务院发展研究中心外经部. 改善我国营商环境报告.

[9] 赵晋平、许宏强. 自贸试验区建设对我国营商环境的影响，2016–5.

[10] 高粱. 欧盟外资安全审查草案之简介及对中国企业的影响，2017–9.

[11] 美国荣鼎公司报告"RECORD FLOWS AND GROWING IMBALANCES– Chinese Investment in Europe in 2016".

[12] 美国调查研究报告"国调查研究报告ECORD FLOWS AND GROWING IMBALANCES– Chinese Investment", 2017–4.

[13] "Two–Way Street: 2017 Update US–China Direct Investment Trends", Thilo Hanemann, Daniel H. Rosen, and Cassie Gao.

专题十一

优化营商环境，促进高质量发展

1　高质量发展要求加快优化营商环境

促进企业扩大投资要求优化营商环境。我国经济面临下行压力，同时民间投资还具有很大潜力，但多方面的原因导致民间投资的潜力没有充分释放出来。例如，由于“玻璃门”“弹簧门”等原因，民间投资存在有钱无处投、想投进不去的现象。不合理的投资准入限制，冗长和不可预测的投资审批周期，都限制了企业的投资空间。再如，一些地方存在滥用行政权力侵犯企业财产、不公平竞争损害优秀企业的现象，均极大地伤害了企业家的信心。因此，提振企业家信心和释放民间投资的重要基础是加快优化营商环境。

推动经济结构转型升级要求加快优化营商环境。我国正处在经济结构转型升级的关键时期，但许多领域的制度都不适应经济结构转型升级的需求。例如，发展金融、信息、物流、医疗、教育等现代服务业，是我国经济结构转型升级的重要方向，但这些领域普遍存在行政性垄断、审批过多、监管不合理的问题，严重抑制了现代服务业的发展。再如，互联网、物联网、云计算、大数据和人工智能等新技术快速发展，对传统产业形成替代竞争甚至颠覆，一些行业特别是强监管型行业的旧制度如果不改革的话，就直接限制新经济、新模式和新业态的发展。因此，要为新经济新动能创造发展空间，就必须按照审慎包容原则重塑既有监管制度。

释放就业创业活力要求加快优化营商环境。我国就业压力较大，特别是大学生就业难问题长期存在，每年新增约 800 万大学毕业生，这些高素质人才如果就业不充分，不但是人力资源的浪费，还会给社会稳定带来冲击。据统计，民营企业特别是中小企业贡献了城镇就业岗位的 80%以上，是吸纳就业的主渠道。因此，从支持大众创业万众创新、创造更多就业机会来讲，需要加快优化营商环境，减少创办中小企业的限制和成本，增加中小企业的数量和成活率。

不断深化对外开放要求加快优化营商环境。坚持对外开放是我国的基本国策，也是促进我国经济高质量发展的重要途径。从近年来美国、欧洲、日本等国家企业在中国的商会组织发布的调研报告来看，营商环境是外资企业当前最为关心的问题，也是影响外资企业投资信心和决定未来投资规模的关键因素。过去几年，我国利用外资出现了增速放缓甚至下滑迹象，加快优化营商环境的任务显得尤其迫切。外商不仅希望中国进一步扩大对外开放水平，还希望中国建立相对稳定、透明、可预期的政策环境。

促进公平竞争和优胜劣汰要求加快优化营商环境。当下我国市场经济秩序还存在许多不规范的现象，例如有些企业存在假冒伪劣、坑蒙拐骗、不讲诚信的行为，有些企业以生态环境、劳动者健康为代价维持低价竞争，有些企业大肆侵犯知识产权，等等。这些现象如果得不到纠正，就会出现“劣币驱逐良币”的结果，与我国高质量发展的目标背道而驰。持续巩固提升产品质量和企业素质，就需要加快优化营商环境，不断完善市场竞争的规则，加强监管力度，维护良好秩序，通过公平竞争实现“优胜劣汰”。

2 我国优化营商环境的做法与成效

党的十八大以来，我国以深化行政体制改革、转变政府职能为主线，一手抓产权保护，一手抓简政放权、放管结合和优化服务，多管齐下统筹推进优化营商环境，主要做法和成效体现在以下方面。

2.1 完善产权保护制度

2016 年 11 月，中共中央、国务院发布《关于完善产权保护制度依法保护产权的意见》，明确了产权保护的十大任务：加强各种所有制经济产权保护；完善平等保护产权的法律制度；妥善处理历史形成的产权案件；严格规范涉案财产处置的法律程序；审慎把握处理产权和经济纠纷的司法政策；完善政府守信践诺机制；完善财产征收征用制度；加大知识产权保护力度；健全增加城乡居民财产性收入的各项制度；营造全社会重视和支持产权保护的良好环境。

该《意见》有力推动了中央各部门和地方各级政府保护产权的工作。结合十大任务，许多部门和地方政府都制定和发布了具体落实措施。例如，最高人民法院于 2016 年年底印发《关于依法妥善处理历史形成的产权案件工作实施意见》，并于 2017 年年底公布依法再审三起重大涉产权案件，其中张文中案、顾雏军案由最高人民法院直接提审，李美兰案由江苏省高级人民法院指定南京市中级人民法院重审。2018 年 5 月，最高人民法院对原审被告人张文中诈骗、单位行贿、挪用资金再审一案进行公开宣判，撤销原审判决，改判张文中无罪。张文中案给背负“历史原罪”的民营企业一个实事求是的说法，增加了民营企业继续投资发展的信心。

2.2　大力推进简政放权

不断深化商事制度改革，激发社会创新创业的热情

一是改革注册登记制度。在完成“注册资本由实缴改认缴”“先照后证”“减少前置审批事项”等改革措施的基础上，进一步推进“多证合一”改革，实行“多证合一、一照一码”，在全国层面实行“二十四证合一”，同步推进电子营业执照试点，加快企业登记管理全程电子化，大幅度缩短企业从筹备开办到进入市场的时间，目标是到2019年上半年全国范围内压缩到8.5个工作日。二是推行“证照分离”改革试点。此项改革试点分类处理“证”的管理，解决“准入不准营”的问题，在10个自贸试验区复制推广上海市改革试点成熟做法，选择审批频次比较高、改革后效果比较明显的116项行政许可事项，先行开展改革试验，改为取消、备案、告知承诺等。三是全面推进企业简易注销登记改革。我国自2017年3月1日起全面实行企业简易注销改革，对未开业企业、无债权债务企业实施简易注销程序，简化企业申报材料、压缩公告日期到45日。商事制度改革推动了新一轮创业热潮，市场主体数量出现了“井喷”式增长，2018年相比2012年，市场主体增加了约82%，其中，法人主体增加了128%，工商个体户增加了65%。

深化行政审批制度改革

一是加快制定市场准入负面清单。在国内负面清单方面，国家发改委、商务部2016年选择4个省市开展市场准入负面清单试点，

2018年根据试点情况启动修订工作，发布《市场准入负面清单（2018年版）》。在外资负面清单方面，2018年我国发布《外商投资准入特别管理措施（负面清单）》，大幅度放宽市场准入，清单长度由63条减至48条，共在22个领域推出开放措施。二是清理规范投资项目报建审批事项。国务院2016年对65项报建审批事项进行改革，清理规范后减少为42项。发布《政府核准的投资项目目录（2016年本）》，企业投资建设目录外的项目，实行备案管理，出台《企业投资项目核准和备案管理办法》，确立企业投资主体地位，激发市场主体扩大合理有效投资。三是减少职业资格许可和认定事项。人社部陆续分七批合计取消了434项职业资格许可和认定事项，削减比例达70%；2019年1月公布的最新《国家职业资格目录清单》共139项，并要求清单之外一律不得自行设置职业许可和认定事项，降低人才负担和制度成本。四是削减工业产品生产许可证。按照“最大限度取消审批项目、最大限度下放审批权限、最大限度优化审批程序”的原则，2017年到2018年两次压减工业产品生产许可证管理目录，在国家层面取消了33类产品的许可，保留了3类产品的强制许可，下放了12类产品的许可；目前仍实施许可的有24类产品；同步实施“一企一证”改革，公示获得许可的企业名单。五是针对工程建设项目开展审批制度改革。2018年5月国务院决定在15个市和浙江省开展工程建设项目审批制度改革试点，目标是将审批时间由当前的平均200多个工作日压减至120个工作日；2019年3月，国务院决定在全国开展工程建设项目审批制度改革。

不断加大税费改革力度

一是加大减税力度。从2016年到2018年的三年间，国务院每年都推出减税的重大措施，降低企业负担。2016年国务院全面推开营改增，根据财政部、国家税务总局的测算，一年累计减税近 7000 亿元。2017 年国务院推出六项减税举措，包括扩大享受企业所得税优惠的小型微利企业范围、提高科技型中小企业研发费用税前加计扣除等，据财政部测算，2017 年全年新增减税超过 3800 亿元。2018 年《政府工作报告》明确提出全年为企业和个人减税 8000 亿元。2019 年实施更大规模减税，重点降低制造业和小微企业税收负担。二是清理规范行政事业性收费。为切实减轻企业和个人负担，2017 年 4 月 1 日起，国家发改委和财政部取消或停征 41 项中央设立的行政事业性收费，其中 35 项为涉企收费；并在中国政府网公布中央和地方政府性基金及行政事业性收费目录清单，目前有 21 项全国政府性基金，31 项全国性及中央部门和单位涉企行政事业性收费事项。三是清理经营规范性服务收费。国家发改委2015年制定了实行政府定价管理的《中央涉企经营服务收费目录清单》和《中央涉企进出口环节经营服务收费目录清单》，要求省级政府公布定价收费目录清单，2017 年进一步对以企业为缴费主体的各类经营服务性收费进行清理规范，重点是行政审批前置中介服务收费、行业协会商会收费等。四是加大减费的力度。根据国家发改委公布的数据，2016 ~ 2017 年累计减轻企业负担超过 5000 亿元。据人社部数据，2015 年以来先后 4 次降低或者阶段性降低了社会保险费率，总体的社保费率从 41% 降到 37.25%，总体的降幅接近 10%，累计降低企业成本约 3150 亿元。2018 年，《政府工作报告》制定了全年为市场主体减轻非税负担超过 3000 亿元的目标。总体趋势是减轻税费的力度越来越大，2018 年税费减免规模达到 11000 亿元以上。

2.3 强化事中事后监管

全面推行“双随机、一公开”制度

为应对市场主体数量快速增长，一些领域存在检查任性、执法扰民和执法不公等突出问题，2015年国务院提出大力推广随机抽查，规范监管行为的要求。一是明确监管总体要求。要求随机抽取检查对象，随机选派执法检查人员，抽查情况及查处结果及时向社会公开，减轻企业负担和减少权力寻租。2018年全国深化“放管服”改革转变政府职能电视电话会议进一步提出目标，五年内要健全以“双随机一公开”为基本手段、以重点监管为补充、以信用监管为基础的新型监管机制。二是规范“双随机、一公开”实施机制。2016年原国家工商总局要求对市场主体的监督检查都必须通过“双随机”方式进行，明确抽查事项占总执法事项的70%以上；2017年要求年度抽查工作中，企业数量抽样比不低于3%。2018年下发《随机抽查事项清单（第二版）》，涵盖登记事项检查、公示信息检查、直销行为检查、流通领域商品质量检查等八大类。三是推动各部门各地方出台落实举措。发展改革委在项目稽查、交通运输部在运输治理、生态环境部在环境执法、市场监管部门在工业产品生产等方面都发布了“双随机、一公开”的实施办法；地方也涌现出一些典型做法，福建把抽查检查结果信息作为企业信用风险分类的重要考量因素，对风险高的加大抽查比例和频次，增强了对市场主体的威慑力。

探索综合监管和社会监督

随着企业业务范围日益跨界化，活动半径日益全球化，各部门“互不通气”式的专项监管越发无力。同时，部分企业反映疲于应对多头执法、重复检查，亟须加强综合监管。一是健全综合监管执法体制。2015年国务院提出要探索推进统一市场监管和综合执法模式，按

照减少层次、整合队伍、提高效率的原则，配置执法力量。2018 年组建成立国家市场监督管理总局，整合工商、质检、食品、药品、物价、商标、专利等多项执法职责，成立一支集中统一的、综合型的市场监管执法队伍。二是强化大数据监管支撑。2015 年国务院提出要运用大数据技术及时掌握市场主体经营行为、规律与特征，提高政府科学决策、风险预判和精准化监管能力。北京市 2018 年年初推出“市场监管风险洞察平台”，将北京 164 万余家企业纳入监测范围，每个企业名下关联数据达 220 余项，其便捷易用、指向精准的功能得到一线市场监管人员的认可和国务院办公厅的表扬。三是鼓励社会监督和投诉举报。目前来看，政府唱“独角戏”已难以有效解决监管中的矛盾和问题，国务院提出一方面要推进行业自律，另一方面鼓励社会监督，创造条件鼓励群众积极举报违法经营行为，充分利用新媒体等手段及时收集社会反映的问题，形成消费者“用脚投票”的倒逼机制。

坚持包容审慎监管

近年来，一大批新技术、新产业、新业态、新模式竞相涌现，这是支撑经济转型升级、实现高质量发展的希望所在。国务院多次要求改革传统监管模式，实施包容审慎监管。一是制定包容性准入制度。从微信、移动支付、快递、网约车等新兴业态的发展过程来看，都是采取先“看一看”的态度，才有了今天的规模。考虑到新经济在业务模式、特点和成长路径等方面有其独特性，2017 年《政府工作报告》要求本着鼓励创新、包容审慎的原则，制定新兴产业监管规则。2019 年 8 月，国务院办公厅出台《关于促进平台经济规范健康发展的指导意见》，要求推进平台主体登记便利化，合理设置行业准入规定和许可。二是推行动态监管和风险分类。国务院在 2016 年“放管服”改革工作要点中提出，对看得准的基于“互联网 +”和分享经济的新业态，要量身定制监管模式；对一时看不准的，可先监测分析、包容发展，不能一下子管得过严过死；对潜在风险大的，要严格加强监管；对以创新之名行非法经营之实的，要坚决予以打击、加强监管。三是把握安全和用户权益底线。在新兴经济领域，各类涌现出的新事物如跨界融合业务层出不穷，难免会带来安全问题的叠加放大，妥善处理鼓励创新与保障安全的关系成为监管探索的方向。比如针对共享单车押金管理、网贷平台“跑路”、无人机“黑飞”、网约车出现致死事故等，各监管部门及时划清红线，同时要求平台企业强化社会责任担当，守住安全底线和维护用户权益。

强化信用联合奖惩

市场经济是信用经济，但长期以来，一些市场主体对自身信用不珍惜。随着信息技术的广泛应用，获取监管对象信息的渠道日益丰富，强化信用监管水到渠成。一是加快社会信用体系建设。2014 年国务院发布《社会信用体系建设规划纲要 2014—2020》，目前联席成员已达 40 个部门，建成“信用中国”网站，汇集、整理政府部门所掌握的、可公开的企业、自然人信用记录，以供各类经济主体查询。截至 2018 年 7 月底，全国信用信息共享平台已归集各类信用信息 231 亿条，“信用中国”网站已归集行政许可信息 7744 万条，行政处罚信息 2543 万条。二是强化企业信用归集和公示。原国家工商总局 2014 年起加快形成全国统一的企业信息公示大数据平台，按照以企业登记机关为枢纽，并将各方面掌握的企业信息记于企业名下。2017 年发布《政府部门涉企信息归集资源目录（第一版）》，涉及 50 个部门需要归集的涉企行政许可事项 998 项，以及 48 个部门需要归集的涉企行政处罚事项 3287 项，全面展示企业事前许可和事中事后处罚信息。三是推进政务诚信与个人诚信。政务诚信是社会诚信之本，具有表率和导向作用，2016 年国务院下发关于加强政务诚信建设的指导意见，提出要加强政府采购和招商引资等重点领域诚信建设，将危害群众利益、损害市场公平交易等政务失信行为作为治理重点。对拒不履行承诺、严重损害企业合法权益的要依法依规追责，2018 年年底前通报一批典型案例。此外，为增强社会成员的诚信意识，2016 年国务院提出加快推进个人诚信记录建设，推动完善个人实名登记制度，健全个人严重失信行为披露、曝光与举报制度等。四是健全联合激励与惩戒机制。中央办公厅、国务院办公厅印发《关于加快推进失信被执行人信用监督、警示和惩戒机制建设的意见》，规定了涵盖担任公职、行业准入、政府支持、出境限制、消费限制等 11 个大类共 37 项联合惩戒措施，并要求法院及时准确更新失信被执行人名单信息。以最高人民法院为例，从 2013 年 10 月至 2018 年 6 月 30 日，全国法院累计发布失信被执行人名单 1123 万例；全国 280 万失信被执行人迫于信用惩戒压力自动履行了义务。

促进市场公平竞争

公平竞争是市场机制高效运行的重要基础，但各种不公平竞争的现象如地方保护、区域封锁、企业垄断等仍然屡禁不绝，这既与政府部门的过度干预或不当干预有关，还与企业的不正当乃至垄断行为有关。为促进公平竞争，重点开展三方面工作。一是建立公平竞争审查制度。2016 年国家提出在市场体系建设中建立公平竞争审查制度，及时纠正滥用行政权力排除、限制竞争行为，并要求从 2016 年 7 月起，国务院各部门、各省级人民政府及所属部门均应在有关政策措施制定过程中进行公平竞争审查。2017 年发展改革委等部门出台《公平竞争审查制度实施细则（暂行）》，进一步明确审查机制和程序、细化审查标准，开展排除限制竞争存量政策措施的清理工作。2019 年 2 月，市场监管总局出台《关于发布公平竞争审查第三方评估实施指南的报告》。二是加强法律和组织保障。2017 年全国人大修订出台《反不正当竞争法》，针对商业贿赂、商业秘密保护、互联网市场不正当竞争等实践问题，强化了对新形势下不正当竞争行为的规制，促进与《反垄断法》等相关法律协调。2018 年《深化党和国家机构改革方案》将原来分散在发展改革委、商务部、工商总局的反垄断执法职责进行整合，执法主体融合后，有助于执法标准的统一和执法行为的协调。三是加强重点领域专项执法。针对侵犯知识产权、制售假冒伪劣、非法集资、信贷欺诈、电信诈骗等行为，开展专项执法行动，依法予以严厉打击，维护公平有序的市场环境。

2.4 优化政务公共服务

加快推进“互联网 + 政务服务”

打造“不打烊”的在线“数字政府”，推进线上线下服务一体化融合，已成为全球政务服务发展的主流趋势。十八大以来，国家加快推进政务信息化工作。一是明确“互联网 + 政务服务”整体要求。2016 年国家从规范网上服务事项、优化网上服务流程、创新网上服务模式、推进实体大厅与网上平台融合发展等方面对“互联网 + 政务服务”提出总要求；2018 年出台推进政务服务“一网、一门、一次”改革实施方案，目标是到 2019 年年底，省级政务服务事项网上可办率不低于 90%；70% 以上政务服务事项实现“一窗”分类受理；省市县各级 100 个高频事项实现“最多跑一次”。二是规范“互联网 + 政务服务”技术体系。为解决网上政务服务平台不互通、数据不共享，线上线下联通不畅等问题，2016 年国家印发“互联网 + 政务服务”技术体系建设指南。2017 年又提出加快推进政务信息系统整合共享的

“十件大事”，2018 年 6 月底前实现国务院各部门整合后的政务信息系统接入国家数据共享交换平台。三是强化政务服务平台和政府网站督查。近年来，先后就全国政府网站信息内容建设情况、全国政务服务体系、全国互联网政务服务平台展开三次普查，普查结果显示，截至 2017 年 4 月，全国县级以上地方各级人民政府共设立政务大厅 3058 个，覆盖率 94.3%；互联网平台办件量占比达到 20.6%。对于办事入口不统一、政务信息不共享、事项上网不同步、平台功能不完善和服务信息不准确等问题，要求各地采取措施进行整改，切实便利企业群众办事创业。

全面清理各类证明事项

为解决“奇葩”证明、重复证明、循环证明、无谓证明及证明材料过多过滥等问题，消除企业和群众办事难、办事烦等苦诉，重点开展以下工作。一是开展“减证便民”专项行动。2018 年中央办公厅、国务院办公厅印发《关于深入推进审批服务便民化的指导意见》，要求凡没有法律法规依据的一律取消，能通过个人现有证照来证明的一律取消，能采取申请人书面承诺方式解决的一律取消，能被其他材料涵盖或替代的一律取消，能通过网络核验的一律取消，开具单位无法调查核实的证明一律取消。二是限期取消或停止证明事项。2018 年国务院办公厅印发《关于做好证明事项清理工作的通知》，要求国务院部门规章和规范性文件等设定的各类证明事项可直接取消的，要作出决定立即停止执行，对应当取消但立即取消存在困难的，应采取必要措施，确保最迟在 2018 年年底前取消。三是实施证明事项清单管理。对于已取消的证明事项，要及时通过互联网等向社会公布目录并做好宣传解读工作，公布新的办事指南，保证平稳过渡。对于确需保留的证明事项，组织各地区、各部门公布清单，逐项列明设定依据、开具单位、办理指南等。清单之外，政府部门、公用事业单位和服务机构不得索要证明。

推行便捷、高效、规范的政务服务

为解决企业和群众办事的“难点”“堵点”“痛点”，进一步提高公共服务质量和效率，重点开展三方面工作：一是推动公布政府权力清单和责任清单。2015 年国务院要求各部门各地方编制权力清单和责任清单，以清单形式列明行政权责及其依据、行使主体、运行流程等，推进行政权责依法公开，逐步实现同一事项名称、编码、依据、类型等基本要素在国家、省、市、县四级统一。二是推进公共服务事项规范化。2018 年国务院要求全面梳理教育、医疗、住房、社保、民政、扶贫、公共法律服务等与群众日常生产生活密切相关的公共服务事项，编制公共服务事项清单及办事指南，逐步推进公共服务事项规范化。三是创新政务服务方式。大力推广首问负责、一次性告知、并联办理、限时办结等制度，积极推行一站式办理、上门办理、预约办理、自助办理、同城通办、委托代办等多种形式的政务服务，消除“中梗阻”，打通群众办事“最后一公里”。

3 我国营商环境面临的突出矛盾

尽管我国营商环境改革取得了巨大进步，但改革远未完成。根据世界银行营商环境排名，2019 年中国在全球 190 个经济体中排名第 46 位，与先进国家还有很大差距。调研中企业普遍反映，目前政府办事效率、办事成本、办事便捷度等确实有了大幅改善，比如开办企业方便了、审批事项少了、审批时间缩短了，但这些并不是企业最为关切的，企业认为开办后“能不能正常经营”“能不能赢利”“能不能活下来”才是根本，涉及市场行情、产权保护、税费负担、要素成本、政策协同等多个方面。这些都是企业反映当前我国营商环境所面临的突出问题。

3.1　产权保护有待进一步加强

十八大以来，我国产权保护的法治环境大幅改善，保护力度也大幅提高。但在具体实践中，各地侵害企业合法权益的事件还常有发生，主要表现在以下几个方面。

一是政府直接干预企业经营的问题。很多企业反映，2016 年以来全国广泛开展的环境保护督查工作，一些地方在执行过程中无缓冲期，信息不透明且不可预期，直接干预企业经营，使得很多企业被迫限产、停产或关停，导致企业无法按时交货，出现大面积违约。企业认为这是对其合法经营权的侵犯。同时，这些做法还会导致供应链的断裂，包括外资企业在内的一些大企业反映，由于不能及时向下游供应商供货，使其难以履约，加速了其向海外进行产业转移的步伐。

二是产业政策、环保政策“一刀切”的问题。尽管国家三令五申要求各地在执行产业政策、环保政策时禁止“一刀切”，要统筹推进、分类施策，但一些地方经常采用“一律关停”“先停再说”等简单粗暴的方法。如在去产能过程中，简单以规模为标准，不分地区、不分企业经营好坏、不分是否达到标准，达不到规模就关停。再比如在环保治理中，对一些需要连续生产的企业采取错峰生产、临时性关停等措施，不仅大大增加了其生产成本，还降低了装备使用年限。企业认为，政府在进行经济社会治理中，应利用严格的环保、安全、劳动者保护等标准倒逼企业，由市场竞争来实现企业的优胜劣汰。

三是"新官不理旧账"的问题长期得不到解决。很多地方政策不连续，发展规划没有一张蓝图，个别官员法律意识淡薄、契约观念欠缺，甚至为创造个人政绩，在政府换届和领导人员更替后，违反或撕毁过去政府与企业签订的合约，侵犯企业的合法权益。2018 年以来，全国发生了多起民营企业公开实名举报地方官员"不守信""不履约"的事件，充分表明"新官不理旧账"问题的尖锐性。

四是地方政府滥用司法权力的问题。一些地方政府不依法办事，利用公权力侵害企业产权、个人产权的事仍时有发生，如在企业正常纠纷中过度利用司法权力保护本地企业；招商引资时"敲锣打鼓"，项目上马后"关门打狗"；在城市规划调整、征地拆迁过程中，搞"侵略式"强拆，不给予企业必要的搬迁补偿费用；违规查封扣押冻结民营企业资产，等等。

3.2 要素成本缺乏竞争力

长期以来，我国一直是全球低成本制造业基地，但这种优势目前已大幅削弱，要素成本已缺乏竞争力。根据中国中小企业发展促进中心《2018 年全国企业负担调查评价报告》，企业反映当前成本负担重的领域主要为用能用地、物流、融资等要素成本。此外，近两年原材料成本大幅上涨也成为企业关切的焦点。

第一，上游原材料价格快速上涨。2016 年以来，受供给侧结构性改革、市场供需变化等多重因素影响，我国基础性原材料价格上涨过快。根据国家统计局统计，2017 年我国燃料动力类原材料价格上涨 13.1%，黑色金属材料类上涨 15.9%，化工原料类上涨 8.4%；2018 年 1 ~ 8 月，又分别上涨 6.8%、6.9% 和 5.1%。一些大宗商品价格涨幅尤为显著，如钢材，兰格钢铁云商平台监测数据显示，

2016 年全国钢材综合价格上涨 70.1%，2017 年又上涨 22.3%，创下 2012 年以来的新高，而且 2018 年仍在高位运行。受原材料价格快速上涨影响，下游制造类企业利润空间大幅压缩，企业普遍反映“日子不好过”。

第二，劳动力成本优势明显弱化。根据国家统计局统计，我国城镇单位就业人员年平均工资从 2008 年的 2.89 万元提高到 2017 年的 7.43 万元，10 年间增长了近 2 倍，其中制造业就业人员从 2.44 万元提高到 6.45 万元，而且每年还在以 10% ~ 20% 的速度增长。与其他一些新兴经济体相比，我国劳动力成本已处于劣势，据测算，2015 年我国劳动报酬为 4.4 美元 / 小时，而印尼和墨西哥的劳动报酬仅为我国的 23%、48%，印度劳动报酬在 2014 年也仅为我国的 40%。与波兰、匈牙利、捷克等中东欧国家相比，我国也没有优势，如据华为波兰公司介绍，2018 年当地的研发人员成本相当于广东的 70%，具有熟练技能的产业工人成本大约为 6 万元人民币 / 年，低于我国东部沿海地区。

第三，中小企业的资金成本长期居高不下。根据中国中小企业发展促进中心《2018 年全国企业负担调查评价报告》，64% 的企业希望出台“降低融资成本，拓展融资渠道”等方面的政策。融资成本之所以偏高，企业认为主要在于“银行贷款基准利率较高”“利率上浮的幅度较大”“中间业务收费过高”“融资条件过高”等。调查表明，大多数中小企业的银行贷款利率在基准利率的基础上上浮 30% ~ 50% 很常见，并需额外承担担保费、帮助银行“做存款”、变相购买银行理财、名目繁多的中间服务费、帮助银行解决各种营销指标和问题等成本，而额外的成本往往比账面上支付的贷款利息要高得多。

第四，土地成本持续上涨，能源成本缺乏竞争力。根据国土资源部监测，全国105个城市工业用地平均价格从2010年的607元/平方米上升到2018年第二季度的821元/平方米，东部沿海地区涨幅尤为突出，如珠三角地区从2010年的762元/平方米上升到2018年第二季度的1407元/平方米，特别要关注的是最近几年上涨幅度明显加快，从2015年以来的3年多时间里，东部地区工业用地价格增长了近33%。此外，我国的能源成本也缺乏竞争力，根据波士顿咨询公司的分析，墨西哥、印度、印尼等国家的天然气成本仅为我国的1/3，泰国也仅为我国的2/3左右。

3.3 企业税费负担重

近几年，国家在降税清费等方面做了大量工作，实实在在地为企业减少了2万亿~3万亿元的税费，但调研中发现，企业在这方面的获得感并不强烈。原因包括多个方面，一是在经济下行过程中，市场行情欠佳，一些企业经营困难；二是原材料及要素成本持续上升，企业利润空间被压缩，抵消了税费的减免；三是企业认为，在加强税收及社保征管后，实际承担的税负在增加。总体而言，企业认为税负负担重仍是当前营商环境的一个突出问题。

一是企业承担的综合税负总体偏高。根据世界银行营商环境排名，我国企业承担的包括税收及“五险一金”在内的综合税负为67%，居全球190个经济体的第二位，其中税收负担19%，“五险一金”负担48%。在过去经济高速增长时期，企业通过高周转能够消化较高的综合税负，但现在情况已完全不一样了，经济增速降低，当前又遇到相对较“紧”的宏观环境，企业承受能力在下降。

二是征管规范化后，企业实际承担的税负在提升。近几年我国税收收入增长较快，如2018年上半年，增长15.3%，高出名义GDP增长率近6个百分点，一个重要的原因是我国税收制度完善了、税务部门征管能力提升了。正是由于堵住了“后门”，使得企业感受到实际税负增加了。同样，社保交税务征收后也会导致企业实际承担的社保费用增加，根据江苏省有关部门测算，交税务征收后，江苏每年社保资金会增加1/3，也就是说企业的社保负担要增加1/3。

三是涉企经营服务性收费门类多、价格高。根据中国中小企业发展促进中心《2018年全国企业负担调查评价报告》，51%的企业呼吁普惠性降费。调研中也有企业反映，一个80kVA变压器移位，电力部门要收取10万元的移位费。

四是不同类型的企业税费负担差异巨大。从20世纪90年代以来，在我国国民收入分配结构中，企业部门占比总体呈上升趋势，且与OECD主要国家相比，企业部门占比明显偏高。但企业部门内部差异巨大，金融部门占比高，生产部门占比低，也就是说相对于企业利润而言，金融部门税费负担轻，生产部门税费负担重；垄断生产企业、房地产企业税费负担轻，制造业、高科技企业税费负担重；大企业税费负担轻，中小微企业税费负担重。

3.4　政府服务效率和能力有待提升

“放管服”改革是持续改善我国营商环境的三根支柱，缺一不可。从当前的改革效果和企业反应来看，简政放权工作推进得相对较快，企业也切实感受到了政府行政效率的提高，但强化管理和优化服务工作还有待加强，尤其是优化服务方面，仍然存在效率低、方式落后、质量不高等问题。

一是政府服务效率还有待提升。各地普遍都设立了政务服务中心，为企业和群众办事提供一门式服务，但在实际操作中，各地方和各行业相差较大，如一些地方已经实现了从“跑部门”到“跑政府”的转变，但更多地方仍然需要“多头找部门”“多次办理”，一些领域仍然存在办事环节多、流程复杂、协调难度大、时间周期长等问题，比如工程建设项目审批领域。调研中一些地方也反映，尽管很多事项实现了“一个窗口”办理，但由于流程没有变化，只是从“企业跑”变成了“部门跑”，增加了部门协调任务，要从根本上实现高效便捷的“一窗式”服务，还需要加强推进政府机构改革、职能调整等工作。

二是互联网政务服务建设滞后。变“群众跑腿”为“数据跑路”关键是要建设统一的互联网政务服务平台。目前各地都在积极推进“互联网＋政务服务”建设，但进展并不顺利，很多地方建成了政务服务平台，但因为各部门数据信息不能互联互通，需要重复填表，通过链接进入不同网站，并不能做到一网通办，导致网上可办事项少、办结率低，如浙江省不到10%。之所以数据信息不能共享，既有技术原因，如各部门已形成的数据格式、标准差异较大，整合需要技术突破、统一标准；也有制度原因，如一些地方反映，中央各部委“条”上的数据自成体系，共享难度大，需要中央统筹协调。

三是公共服务需要提升服务质量和能力。目前各地都建有大量服务于中小微企业的经营管理、技术服务、创业服务等公共服务平台，但公共服务平台多是政府部门的延伸，尚未建立起有效运作的长效机制，市场化能力弱。同时，与全国数千万户中小微企业相比，能够享受到公共服务的企业还不够普遍。此外，大部分公共服务平台的服务产品针对性不强，缺少深度服务，对企业需求大而化之不够精准，难以解决实际问题，难以获得企业认同。

3.5 政策存在不清晰、不确定和偏向性等现象

一是我国推进全面深化改革以来，从中央到地方出台了一系列数量众多的政策文件，如仅在“放管服”改革方面，中央层面就有120余项政策文件，充分说明了此项改革的艰难。但对企业而言，认为政策数量过多、变化过于频繁，不仅需要花费大量时间学习和适应，而且往往是这边刚适应，那边又变了。另外，还有一些企业反映，有些改革在实践执行中只是为应付政策、做表面文章，并没有实质性突破，如在工程建设项目审批制度改革中，施工证审批改革为联审网上办结，并要求办结时间从过去的15个工作日缩短到5个工作日，但实践中，有些企业反映实际办结时间与改革前差不多，有时甚至还要长，改革仅是把准备材料的时间、部门协调的时间前置了。

二是不同部门出台的政策缺乏协同性和统一性。各个部门甚至一个部门内部不同的单位，从自己部门角度出发制定政策，往往都是正确的，但从其他部门的角度来考虑，却有偏差，因此经常会出现不同部门之间的政策“打架”。如一些地方反映，在近几年经济下行过程中，相关经济部门要求加快招商引资、加快开工，但环保部门来了又要求关停、整改，非常矛盾。

三是很多政策仍然具有偏向性。企业认为，市场利润与优惠政策相比，企业更关注的是市场，而不是优惠政策。目前中央和地方设立的很多专项政策、专项资金等，只能惠及一部分专门盯着政策的企业，而且不利于对整个产业、市场的支持，应该加强以普惠性政策为主，让那些专注于市场的企业也能享受到。另外，企业也反映，在供给侧结构性改革过程中，去产能政策“去”的实际都是民营企业，说明国家政策存在很大程度的倾向性。

3.6 信用体系还有待完善

社会信用体系有效运行是市场机制发挥作用的基础。自 2014 年我国提出《社会信用体系建设规划纲要（2014—2020 年）》以来，我国社会信用体系建设取得不断进步，表现在联合惩戒措施应用范围持续拓展、联合奖惩机制实施成效不断扩大、信用信息归集共享总量大幅增长、统一社会信用代码制度全面实施等多个方面。同时，我们也要看到，与以信用为核心的新型监管体制的要求相比，我国社会信用体系建设还存在很大差距。

一是政府主导的跨部门、跨地区信用全覆盖体系还不完善。人民银行、市场监管、税务、电力、海关、环保等部门缺乏制度化的动态信息披露机制，信息透明度不高，部门之间互不联通、缺乏有效共享。全国信用信息共享平台已上线 3 年，归集各类信用信息超过 259 亿条，但也存在部分地区共享平台建设迟缓、数据归集力度不强、信用信息覆盖面较小、共享数据量较少、信用信息更新滞后、难以形成跨部门跨地区的信用记录应用等问题。

二是市场化的信用服务机构和信用服务市场发展不足。政府行政执法数据开放度不够，很多涉及市场交易和社会交往中的信用信息没有以适当方式进行公开，并且对行业组织、互联网企业等社会力量依法采集相关信息支持力度不够，导致很多市场化的信用服务机构实力相对弱小，信用服务市场发展缓慢。

三是依法守约、诚实守信的良好风尚还没有形成。公民和企业社会信用观念普遍淡薄，社会信用意识普遍不强。在金融活动中，企业提供虚假信息、违约骗贷，一些企业利用互联网平台非法集资等；企业生产经营中，对诚信经营的重要性认识不够，制假、售假，商业欺骗时有发生，如近几年频频发生的上市公司造假、天价鱼、天价虾、假疫苗等事件。

四是信用联合奖惩机制尚不完善。尽管建立了红黑名单制度，但尚未贯穿于商贸、金融、租赁、旅游、环保等各个领域，没有形成联合奖惩的机制。对于失信行为的惩罚力度不够，往往只有演变成全社会事件后才从重惩罚。同时，对于诚实守信的行为也没有形成相应的奖励机制。这种惩处制度，致使失信惩罚成本太低，根本起不到敬畏信用的威慑作用。

4 进一步优化营商环境促进高质量发展的建议

营商环境就是生产力，优化营商环境就是解放生产力、提升竞争力。营造市场化、法治化、国际化的营商环境，是实现高质量发展的基础。我国营商环境改革取得了巨大的成绩，但也仍然存在进一步改革的巨大空间，特别是在一些企业反映的关键问题上还需要进一步突破。建议聚焦实业企业和中小企业面临的突出矛盾，在产权保护、要素成本、税费负担、金融改革等关键领域出台有力度的措施，大幅提升营商环境改革的实效，进一步提升企业投资发展的信心。

4.1 进一步加强产权保护

产权制度是社会主义市场经济的基石，保护产权是坚持社会主义基本经济制度的必然要求。宪法规定了“社会主义公有财产神圣不可侵犯”和“公民的合法的私有财产不受侵犯”，但在实践中，由于受“一大二公”的“左”的思想影响，以及法治观念的淡薄，侵害公民合法私有财产的现象仍大量存在。因此，建议将加强产权保护当作优化营商环境的基础性工作。在落实《关于完善产权保护制度依法保护产权的意见》基础上，建议重点关注两点。

首先，抓紧纠正一批冤案错案，完善产权保护制度。一件产权案件的错判、误判、乱判，不仅关系到一个企业的利益，而且影响整个社会的信心。除了最高人民法院决定重审的三个重大典型案件，建议加大力度和扩大范围，对一些存在明显问题的产权保护案件、典型案件进行重审。更重要的是，从典型案例入手，开展深入剖析，找出深层次体制原因，坚持治标与治本相结合、改革体制与完善法治相促进，系统研究提出进一步完善产权保护的制度。

其次，规范政府行为，减少监管政策对企业利益的不合理侵犯。建议借鉴西方发达国家经验，完善公共政策制定的程序。一是要加强决策的民主化。我国社会治理形成了党委领导、政府负责、社会协同、公众参与的社会管理模式。对于涉及企业财产利益的重大政策，应充分保证社会各界及相关企业参与的渠道，并公开相关参与者的意见，避免闭门造车或部门利益至上。二是加强决策的科学性。对于涉及企业财产利益的重大政策，事前应建立专家咨询机制，事中事后应加强评估，避免政策出台的随意性。对于新增加的监管措施特别是强制性技术标准，应给予企业必要的过渡期，切忌“一刀切”“急于求成”。三是加强政策的法治化。对于涉及企业财产利益的重大政策，应加强司法审查，不合法的应避免出台，需要利益补偿的应合理补偿，特应避免在出现安全事故后采取全行业、全区域停产整顿措施，所谓“一人得病、全家吃药”。

4.2 缓解要素成本上升过快的矛盾

要素成本是决定企业全球竞争力的基础性因素，是决定企业投资选择的关键选项。随着我国经济发展水平的提升，要素成本上升是必然趋势，但是总体水平应与发展阶段相适应，否则我国经济就会在全球竞争中失利。

一是推进金融领域改革。尽快落实十八届三中全会提出的“扩大金融业对内对外开放，在加强监管前提下，允许具备条件的民间资本依法发起设立中小型银行等金融机构”的改革要求，明确准入门槛，进一步扩大城市银行、村镇银行、互联网银行、小贷公司、融资租赁、担保公司等各类金融机构的竞争，解决“居民有钱无投资渠道、企业缺钱无融资渠道”的突出矛盾，为实体经济发展补充资金血液。特别是在去杠杆背景下，“堵后门”的措施进一步增加了企业尤其是民营中小企业的融资难度，需要更大幅度“开前门”，维持实体经济运转。

二是控制土地和房地产的过快增长势头。尽快落实十八届三中全会提出的“在符合规划和用途管制前提下，允许农村集体经营性建设用地出让、租赁、入股，实行与国有土地同等入市、同权同价”和“保障农户宅基地用益物权，改革完善农村宅基地制度”等改革要求，盘活土地存量，增加土地供给。按照“房子是用来住的、不是用来炒的”定位，建立符合国情、适应市场规律的基础性制度和长效机制，抑制房地产泡沫，降低企业的经营成本。

三是深化垄断产业改革。加快推进供水、供电、供热、供气、铁路运输、公共交通等领域的改革，要加快推进国有企业改革，建立现代企业制度，提升企业效率；要继续推进产业重组，将公益性业务、垄断性业务与商业性业务剥离，避免交叉补贴；要加强对行业中的垄断新环节的监管，激励企业不断提升服务质量和降低服务成本。

四是改进去产能的调控方式。在煤炭、钢铁等基础性产业去产能工作取得阶段性成果并基本实现供求平衡的新形势下，下一步应减少行政手段的干预，严格执行质量、环保、安全等标准，让市场机制发挥作用，通过市场竞争去落后产能、增先进产能。防止行政干预带来新的供求失衡，影响下游产业的竞争力。

4.3 进一步降低企业税费负担

政府对企业征收的税费是维持政府运行的必要手段，但如果征收过多就会抑制企业的投资积极性，甚至引起企业资本逃离，因此，在我国税费负担相对较重的背景下，减税降费是提升我国投资吸引力的重要方面。

一是要尽快降低社保缴费。改变目前“高费率、高优惠”的社保缴费制度，实行“低费率、严征管”的制度。在严格征管即将实施的背景下，应大幅降低费率，达到国外主要经济体相近的水平。另外，为解决“老人未缴”形成的缺口，可以加大国有资本对社会保障体系的支持力度，包括利用国有资本收益支持社保基金，增加国有资本划拨社保基金的比例，等等。

二是继续加大降税力度。一方面要优化税制结构，降低间接税比重，提高直接税比重，提高税负的公平性，增强国内企业的竞争力；另一方面要逐步降低宏观税负的水平，既要合理安排财政支出，也要控制税收增长幅度，在保障必要公共服务水平的条件下，降低企业和个人的负担，激励社会投资的积极性。

4.4 加快推进“互联网 + 电子政务”

发展“互联网 + 电子政务”，推进各地各部门在协同联动、流程再造、系统整合等方面深化改革，是当前深化“放管服”改革、引领政务服务创新的基础性工作。

一是加快建成全国一体化的在线政务服务平台，推进跨地域、跨层级、跨系统便捷办事。坚持"联网是原则、孤网是例外"，做好地方平台、部门专网、独立信息系统的整合接入工作，推进审查事项、办事流程、数据交换等方面的标准化建设。要充分运用云计算等新兴技术，加快推进既有业务系统的统筹整合、集约利用，避免重复分散建设，形成新的壁垒。

二是深入推进政务数据共享和政务资料对外开放，为提升政务效率和促进创业创新提供基础。要破除部门利益，健全数据共享的激励约束机制、分类共享的责任义务，做好政务信息系统改造对接、建立全国数据共享交换体系、建立数据资源共享列表等，大力推动跨地区、跨部门、跨层级、跨条块的数据共享，实现"一次录入、大家共享"。在不涉及国家秘密、商业秘密和个人隐私的前提下，还要大力推动政务资料资源对社会开放，吸引社会上的开发者、创业者基于开放的政务数据进行增值开发再利用，让"死数据"变成"活水之源"。

三是运用大数据、人工智能等新兴技术提升监管和服务能力。在市场主体快速增长、事前审批大幅减少的背景下，事中事后监管的工作量必然爆炸式增长，应对之策就在于推进"互联网+监管"，依靠大数据、人工智能解决人手不足、能力不足的问题。实现从职能部门"单打独斗"转变为综合监管、"智慧监管"，就必须适应经济社会活动数字化、网络化、智能化变革趋势，主动学习运用大数据、人工智能等先进技术和理念，获得市场主体从静态特征到动态行为，从单一到多维等全方位、实时化的立体信息，洞察规律和监管重点。

4.5　加快建立以信用为基础的监管体系

我国正处在从"以事前审批为基础的监管"向"以信用为基础

的监管”转变时期，构建“以信用为基础的监管”是简政放权、激发市场活力的前提条件。建立“守信者一路绿灯，失信者处处受限”的市场环境，才能真正让市场发挥优胜劣汰的作用，提升经济发展的质量。

一是要进一步加强信用体系建设。我国采取了政府主导的信用体系建设模式，已经建立了基本框架，下一步需要深化的工作包括：优化完善信用平台，在各级政府形成互联互通、业务协同、信息共享的公共信用信息平台“大系统”，为查询使用信用记录和实施联合奖惩提供大数据支撑。加强信用信息归集共享，加大公共信用信息归集力度，提高数据归集的规范性、准确性和时效性，完善信用共享机制，实现公共信用信息与征信信息、行业信用信息及第三方信用服务机构信息等市场信用信息的共享。扩大信用服务，拓宽信用服务渠道，通过政企合作，开发各种信用产品，服务于社会。

二是健全对失信主体的管理制度。下一步需要建立和完善对失信主体的管理制度，包括：失信行为的认定制度、对失信主体的提示和警示制度、失信行为限期整改制度、失信信息公示制度、失信信息共享制度、失信联合惩戒制度、失信主体的信用修复制度等。

三是完善守信激励和失信惩戒制度。对于守信市场主体，政府可在各个方面提供便利，包括行政审批的绿色通道、公共服务的便利化、日常检查和专项检查的频次优化等，有关信息还将提供给金融、合作伙伴等市场主体使用；对于失信市场主体，政府有关部门可在各个方面给予制约，包括：列为各行业的重点监管对象，从严审核行政许可审批项目，从严控制生产许可证发放，限制新增项目审批、核准，限制股票发行上市融资或发行债券，限制发起设立或参股金融机构，限制申请财政性资金项目，限制参与基础设施建设，限制参与政府采购项目等。更重要的是，将失信信息公之于众，通过市场机制对失信者进行惩罚。

4.6　加强法治化建设

营商环境归根到底是制度环境，国家法规是制度环境的关键基础。加强法治化建设，才能为营商环境改革提供重要保障。

一是要加快法规修订步伐。一方面要修订不合时宜的规定。我国当前的一些法规，包括国家法律、行政法规、行政规章、部门规章、地方性法规、地方政府规章等，仍然遗留了一些不合理的监管，无法适应简政放权提高市场化水平的现实需要。例如，在工程建设审批领域，我国跟国外相比明显存在较多的审批环节，完全可以取消这些审批环节提升办事效率。另一方面要加快立法支持创新。对于新技术革命带来的新问题，需要新的法律制度予以支持，为我国新经济、新业态、新模式的发展创造条件。例如，智能驾驶的发展需要重新立法，在驾驶者、道路、车辆等各个环节作出新的规定。又如，电子政务的发展要求法律在电子档案、电子签名等方面给予法律支持。

二是依法办事营造公开透明、可预期的政务环境。按照“政府法无授权不可为”和“市场主体法无禁止皆可为”的理念，提高政府部门的法治化水平。应取消法规没有授权的各项行政许可（审批、核准、备案和登记）和各种收费，在市场监管领域全面推行“双随机、一公开”制度，在出台新的政策前应坚持民主化和科学化程序，避免仓促出台措施又紧急刹车的现象。

4.7　完善容错纠错机制

营商环境改革涉及国家制度的方方面面，改革试点总是从突破旧制度开始，并尝试新的办法，因此必须允许改革者突破旧制度，允许改革者在创新中出现失误。

一是要授权试点地方和部门突破旧的制度。建议国家建立改革授权制度，根据改革内容由各级政府的“深化改革领导小组”受理试点地方和部门提出突破旧制度的申请，在适当的层面予以书面授权。对于书面授权范围内的改革，在巡视和审计时不算作“违规行为”。

二是落实容错与纠错机制。按照中央颁布的《关于进一步激励广大干部新时代新担当新作为的意见》，真正落实“三个区分开来”，特别是对于突破旧制度带来的新问题要予以包容，帮助改革者在探索中完善改革方案。

专题十二

基础设施通达均衡程度与区域高质量发展

区域协调发展是我国长期以来指导地区经济发展的基本方针，更是高质量发展在区域发展上具体要求的直接体现。实现区域协调发展，基础设施是关键，并且作用日益凸显。一个地区的基础设施与国内不同区域、国际市场的通达程度，直接影响着各地区能否顺利融入国内、国际市场，能否获得长足的发展动力。当前，我国的基础设施通达程度在不同区域间还存在不小的差距，在区域间、城乡间、城市群乃至城市内部都有较为明显的体现，成为影响我国实现区域协调发展的重要阻碍因素。2018 年 9 月，中央全面深化改革委员会第四次会议审议通过了《关于建立更加有效的区域协调发展新机制的意见》，明确提出了实现基础设施通达程度比较均衡的目标。如何进一步实现基础设施通达程度在区域层面的均衡化，将成为推进区域协调发展、实现高质量发展的关键环节。

1 高质量发展在区域发展方面的要求

党的十九大提出，我国社会主要矛盾已经转化为人民日益增长的美好生活需要和不平衡不充分的发展之间的矛盾。从区域层面来看，这一矛盾主要体现为区域的不平衡不充分发展。我国经济发展已进入新时代，推动高质量发展就是要着力解决区域发展的不平衡不充分问题，实现各区域的充分发展，破除区域发展不平衡的藩篱，增强区域发展协同性，扩展区域发展新空间。具体来看，高质量发展在区域上的要求主要体现在以下几方面。

一是区域发展要具有较高的效率。充分激发市场活力，提高要素的配置效率，实现经济更有效率的发展，是实现高质量发展的基本要求。在我国当前的区域发展过程中，存在着不小的要素流动障碍，阻碍了资源配置效率的提高，不利于区域经济的充分发展。发展不充分，是当前我国发展进程中所面临的重要问题之一。要实现区域经济的充分发展，就需要破解生产要素流动中所遇到的机制性障碍，提高生产要素在空间上的配置效率，释放区域发展的潜力，实现区域发展的充分性。

二是区域发展要更加平衡与协调。区域平衡与协调发展，不仅是高质量发展的重要体现，也是实现高质量发展的内在要求。首先，不同区域的自然资源、产业基础、人文环境等差异较大，各地区应结合区域实际，在高质量发展中用足用好自身优势、补齐短板，形成有本区域特色的现代化经济体系，实现本区域的充分发展。其次，每个区域要根据自己特色充分发挥比较优势，形成各区域分工协作、互利互惠、合作高效的区域发展协作格局。最后，区域发展要考虑到平衡发展的要求，中央与地方应着力缩小地区间发展差距，实现区域平衡发展，为推动我国经济高质量发展提供有力支撑。

三是区域发展要具有可持续性。过去以要素驱动和投资驱动为主导的增长方式使我国实现了经济的高速增长，但同时也带来了经济运行粗放等问题，导致增长质量不高、环境污染严重、资源供给紧张，中国发展的质量和可持续性受到严重影响。引领经济新常态，实现有效益、有质量的增长，必须提高资源利用效率，控制环境污染，保护生态环境。一方面，各地区要充分利用有利的地理环境等条件，合理改造不利的地理环境条件，扬长避短，因地制宜发展经济，实现本区域的可持续性发展。另一方面，按照生态功能区划分要求，保护好人类赖以生存的大气、淡水、海洋、土地和森林等自然资源和环境，实现区域间在经济、社会、资源和环境等领域的协调发展。

四是区域发展要有利于国土空间安全。安全是发展的根本保障，没有国土安全，就没有区域发展，就没有区域发展平衡与高效等目标的实现。我国改革开放的经验充分证明了稳定与发展的关系。如何解决我国与周边国家在领土、领海方面的争端问题，如何解决恐怖势力侵扰国内发展的问题，如何应对敌对势力对我国主权安全的挑战，如何切实保证国家安全与区域安全，为区域发展提供安全稳定的发展环境，是实现高质量发展的根本保障。

高质量发展在效率、协调、可持续以及安全等方面对区域发展提出了更高的要求，并且这些要求彼此之间也存在着相互影响。其中，发展效率是高质量发展在区域上提出的最基本的要求。效率的提升意味着经济综合实力的增强，不仅意味着在给定要素投入的情况下可以实现更多的产出，也意味着能够有助于区域发展过程中平衡问题、可持续问题以及安全问题的解决。

2 基础设施通达均衡程度对高质量发展的影响

基础设施是链接不同区域、不同国家的纽带，基础设施的通达程度往往决定了一个地区与国家的发展动力与势头。就国内情况来看，基础设施通达程度在不同区域间还存在一定的差距，有待实现进一步的均衡。自改革开放以来，东部沿海地区由于天然的地理优势，有着便利的港口等海运条件，处于开放的前沿，较早较快地融入全球化进程中，实现了率先发展。而中西部地区，由于地处内陆，与国际市场的直接联系有所欠缺，往往只能通过东部地区实现与国际市场的对接，是在发展中处于落后的地区。

一方面，我国国内基础设施通达均衡程度的提高，可以加快国内市场一体化进程，密切不同区域间的经济社会联系。另一方面，我国与其他国家间的国际基础设施的通达程度也在不断提高，这进一步增强了中国与世界的联系，密切了与国际市场的互动。国内各区域与国际联系的基础设施通达均衡程度的提高，还改变了国内不同区域的区位优势，释放了区域的发展活力，有利于我国尤其是内陆地区的对外开放，有利于区域协调战略的顺利实施。对于高质量发展而言，基础设施通达均衡程度的提高具有以下积极影响。

一是基础设施通达均衡程度的提高，可以提高经济发展的效率。基础设施通达程度的提高，既可以增加国内各区域间的经济联系，推进国内市场一体化，又密切了与国际市场的互动，促进中国进一步融入全球化。国内国际市场的打通，扩大了市场的空间范围。市场空间的扩大使生产要素可以在更大市场范围内配置，可以配置到能够更大发挥要素生产力的地方，改善生产要素的生产效率，提高经济整体的发展效率。

二是基础设施通达均衡程度的提高，可以增强经济发展的可持续性。交通基础设施通达程度不足，由于无法与外部区域相联系，生产与生活被封闭在一个较小的区域内，只能进行自给自足的小农生产。尤其是一些山区的居民，由于没有收入来源，也无处购买粮食，可能会为了生存的需要，砍伐森林种植粮食，既破坏了地区的生态环境，还不利于山区土地环境适合经济作物优势的发挥。交通基础设施通达程度的提高，能够改变这一恶性循环，市场空间的扩大，可以让更大范围内的人口融入市场中来，各地区可以按照各自的比较优势进行生产，有利于生产效率的提高，也就不再需要为了粮食而砍伐森林、破坏生态。

三是基础设施通达均衡程度的提高，有利于增加经济发展的平衡性。一方面，基础设施通达程度的提高，可以促进企业在贫困、偏远地区落地设厂，为当地居民提供更为丰富、多元的就业岗位，增加居民收入。另一方面，交通基础设施的改善，不仅有助于交通不便利地区的特产向外地输出，改善原有居民的生活水平，促进该地区的发展，还有助于贫困地区的人口外出务工，实现在发达地区的就业，通过人口转移改变群体的收入状况。

四是基础设施通达均衡程度的提高，有利于增强国家安全。首先，通达程度的提高可以增强经济发展的平衡性，进而增强了国家面对冲击时的抵抗能力，增强了国家的安全。其次，综合国力的上升本身就是对国家安全最有力的支撑。此外，基础设施通达程度的提高，可以改善边境地区的生活工作环境，增加边境地区对人们的吸引程度。更多人口在边境地区居住，不仅可以节约国防成本，而且能够一定程度上减少领土纠纷、保障国土安全。另外，基础设施通达程度的提高，可以改善地区的生活条件，消除滋生恐怖势力的土壤。此外，基础设施通达程度的提高，也有利于提高应对国家安全问题时的响应效率。

3 从区域高质量发展的要求来看基础设施通达均衡程度方面存在的问题

从基础设施的投资总额来看，近些年来中国年均基础设施投资已超过 5000 亿美元，超过美国，成为基础设施投资全球第一大国。从基础设施投资占比来看，过去 20 多年中国的基础设施投资占 GDP 的比重平均超过 8%，远高于世界平均水平 3.8%，也高于日本（5.0%）、欧盟和美国（2.6%）的水平。持续大规模的基础设施投资使得我国的基础设施面貌发生了历史性变化。根据《全球竞争力报告》，中国基础设施竞争力指数排名不断上升，由 2006 年的排名第 52 位上升至 2017 年的第 44 位，远高于人均 GDP 的排名。截至 2016 年年底，全国铁路营业里程达 12.4 万公里，其中高速铁路 2.2 万公里以上，国内高铁通车里程占全球高铁通车里程的 60%；高速公路总里程达到 13 万公里，自 2011 年超过美国 9.2 万公里以来，高速公路规模全球排名一直保持第一位；上海、北京两市的城市轨道通车里程分别达到 579.2 和 574 公里，分别位居全球第一和第二。整体来看，目前多节点、全覆盖的综合交通运输网络已初步形成，"五纵五横"综合运输大通道基本贯通，多层次城市骨干网络正在加速建设，构建了全方位、多层次、多渠道的交通运输对外开放和国际合作新格局。[①]

① 关于中国交通运输基础设施发展的具体成就参见《中国交通运输发展》白皮书，2016年12月29日。http://www.scio.gov.cn/zxbd/wz/Document/1537413/1537413.htm

但是从区域高质量发展的要求来看，基础设施的发展仍然存在一些问题。

3.1 西部地区的交通基础设施密度偏低，既影响要素效率提升，也影响区域之间的公平性和国土空间开发的协调性

从大的区域板块来看，交通基础设施整体呈现出东强西弱、南密北疏的特征，西部与东部地区和中部地区存在非常大的差异。无论是从铁路还是从公路来看，西部地区交通基础设施的密度既大幅低于经济发达的东部沿海地区，也明显低于区位条件较好的中部地区。西部地区单位国土面积铁路里程只有东部地区的 1/4，不足中部地区的 1/3；西部地区单位国土面积高速公路不足东部地区的 1/5 和中部地区的 1/4。这种差距在高铁发展方面更加明显。东部部分省份已经实现市市通高铁，如福建省高铁里程超过 1500 公里，在我国率先实现市市通高铁；而西部仍然有省份尚未开通高铁（如西藏和宁夏），很多省份即便开通了高铁，也只有少数城市（如内蒙古、四川等）。区域之间交通基础设施的巨大差异影响了区域之间的连通性，一方面影响了要素的合理流动，限制了要素效率的提升，特别是在部分产业开始转出东部沿海地区和外需受限而迫切需要开拓国内市场的背景下，提升西部区域的连通性对于提升效率具有更加重要的作用；另一方面也影响了西部地区特别是一些内陆沿边地区的发展，不利于区域差距的缩小和国土空间的协调开发。实证研究表明，等级公路密度每提高 1 个百分点，地区经济规模将提高约 0.2 个百分点；地区通达性每提高 1 个百分点，地区经济规模将提高约 1.13 个百分点。

3.2 农村基础设施发展水平和质量不高，限制了农村居民参与发展的机会，影响农村居民共享发展成果

经过多年的大力建设，农村地区的交通基础设施发展取得了长足的进步。“十二五”末，基本实现所有乡镇通公路和东中部地区建制村通硬化路，西部地区建制村通硬化路比例达到 80%。但是与城市地区相比，农村地区的基础设施差距仍然非常大，具体表现在两个方面。一是农村基础设施的不足。目前仍然有 400 多个乡镇、3.9 万个建制村没有开通硬化路，这些地区都属于贫困地区。基础设施的不足在很大程度上限制了这些地区摆脱贫困。二是农村基础设施的质量较差。根据全国人大常委会在全国 31 个省（自治区、直辖市）开展的道路交通安全法执法检查情况的报告[①]，农村公路的交通安全设施明显不足，导致重特大交通事故时有发生。目前农村公路的危险路段已超过 160 万公里，占农村公路总里程的 40% 以上，亟待增设安全防护设施；近十年来，近 35% 的重特大道路交通事故发生在农村公路。另“据测算，全国约 100 万公里需要大中修，占总里程的四分之一”[②]。

3.3 城市群内部不同城市之间轨道交通联系不紧密，既限制了中小城市效率的提升，也不利于大城市病的解决

城市群已经成为我国人口和经济集聚的主体形态，城市群的发展质量关乎整体经济的发展质量。然而现有的城市群的基础设施发展模式限制了城市群发展质量的提升。与大城市内部轨道交通相比，城

① 参见《全国人民代表大会常务委员会执法检查组关于检查〈中华人民共和国道路交通安全法〉实施情况的报告》。

② “‘十三五’交通扶贫规划及交通扶贫工作开展情况”新闻发布会，http：//www.gov.cn/xinwen/2016-11/24/content_5136995.htm.

市群内部城市之间特别是大城市与其周边的小城市之间的轨道交通联系相对较弱。从国际经验来看，城市群内部的连通主要依靠城际铁路和高速公路 / 快速道路；特别是在大城市人口、产业向城市群内中小城市疏散转移过程中，城市群区域轨道承担关键的支撑功能。对比国外的城市群发展可以发现，我国现有的“高速公路 / 快速道路 + 铁路 + 城市轨道”交通基础设施模式难以满足人口高度集聚的城市群特别是世界级城市群的高质量发展。特别是，“一亩三分地”的发展思维限制了城市群区域轨道的发展。大多数世界级城市群已经构建以城际铁路和市郊铁路相配套的城市群区域轨道交通网络，通过构建 1000 ~ 2000 公里规模区域轨道网络支撑 50 ~ 70 公里范围通勤出行。如，东京首都圈内参与公共交通的市郊铁路总长 2013 公里，占轨道交通的 87.3%；市郊铁路每天运送旅客 2843 万人，占轨道交通总客运量的 78%。而北京截至 2017 年年底仅建成 3 条市郊线，日均客运量非常有限。

3.4　城市内部过度依赖地铁的轨道交通模式容易导致城市内部连通性显著不均衡，制约城市整体效率的提升，加大了城市财政和债务负担，影响城市的可持续发展

发展轨道交通是人口规模大且密集度高的城市解决城市出行的重要手段。然而在中国的城市轨道交通发展过程中，地铁单一制式的格局非常突出，70% 以上的城市轨道交通采用地铁制式，轻轨、单轨、有轨电车所占比重较低。图 1 给出国内外不同城市的地铁里程和人口规模。通过对比可以发现：一些人口规模较小的城市往往为了追求“形象工程”也大规模修建地铁；一些特大、超大城市的地铁里程要远大于国外同等人口规模的城市。以地铁为主城市轨道交通的建设

成本和运营维护成本都非常高。在轨道交通的建设高峰期，部分城市轨道交通建设资金投入甚至达到同期城市可支配财力的50%。根据城市轨道交通协会的统计，2017年，31个地铁运营城市中，仅北京、广州、深圳、武汉4个城市运营收入超过成本。在地方财政能力有限的条件下，过度发展地铁轨道交通将制约多层次轨道交通系统的建设，加剧城市内部不同区域之间的连通性差异。同时，也会加大城市的财政和债务负担，造成资源的浪费，影响城市效率提升和发展的持续性。

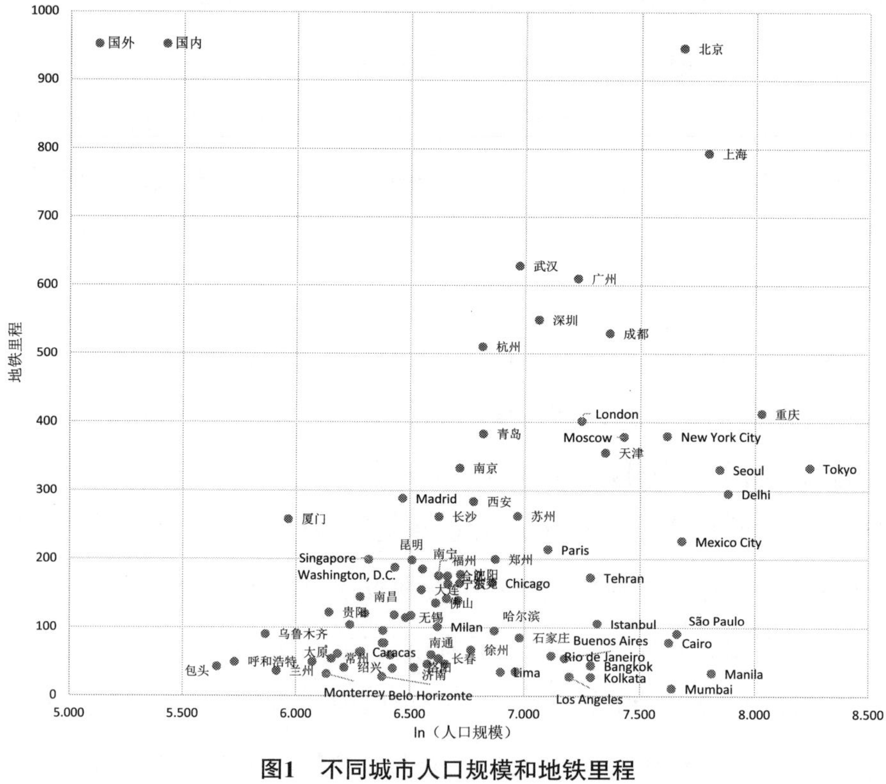

图1　不同城市人口规模和地铁里程

注：国内城市地铁为截至2017年规划总里程（包括已经运营+在建+未建）。

3.5　综合交通枢纽能力和水平明显不足，既影响了区域发展的效率，又增加区域资源环境压力

我国国土辽阔，区域之间资源要素禀赋差异较大，跨区域交通运行需求非常大。综合交通枢纽作为综合交通运输体系的重要组成部分，是衔接多种运输方式、不同区域的客、货转运载体。但是目前我国综合交通枢纽规划设计不统一、建设时序不同步、运营管理不协调、方式衔接不顺畅、法规标准不适应、先进技术应用滞后等问题非常突出，导致各种交通方式仍处于各自为政的状态，制约了跨区域多式联运、联程联运，直接影响了区域高质量发展。一方面，限制了跨区域多式联运方式的发展，导致跨区域运输成本较高，运输效率较低，影响区域发展效率的提升。目前我国多式联运发展水平仍然较低，运量规模仅占全社会货运量的3%左右；运行效率不高，货物中转转运所耗费的成本约占全程物流成本的30%。根据交通运输部的相关数据，多式联运运量比重提高1个百分点，可使社会物流总费用占比降低约0.9个百分点，节约成本1000亿元左右①。另一方面，一定程度上造成了运输结构的不合理，增加了交通拥堵和资源环境压力，影响区域发展质量的改善。与其他的运输方式相比，公路运输更容易导致交通拥堵和事故，消耗的能源更多，污染排放物也更多。而如果不考虑远洋运输，中国目前的货运更多依赖公路。2016年，京津冀地区货运总量中，公路运输占84.4%；区域内公路货运以重型柴油车为主，保有量占区域内汽车保有量的4%左右，而氮氧化物排放占区域氮氧化物排放总量的20%。重型载货车已成为这一地区氮氧化物浓度超标的主要原因之一。

---

① http：//www.xinhuanet.com/fortune/2017-01/22/c_1120358997.htm

4 政策启示和建议

4.1 补齐西部地区和农村地区的基础设施短板，为落后地区的加快发展奠定基础

西部地区、农村地区的基础设施短板限制了其发展条件的提升，阻碍了其部分要素参与现代生产，影响了其发展更高附加价值的产业。推动西部地区和农村地区的加快发展需要不断提高其基础设施的水平和质量。要加快完善西部地区高速公路网络，提高西部地区国家高速公路建设中央投资比例，降低西部地区基础设施建设的融资压力。完善国家干线铁路网布局，加快西部的区际干线建设。继续加大对西部地区干线铁路建设的支持力度，加快中西部地区，尤其是西部地区的干线铁路发展。支持构建高速铁路网络，打造以纵横布局、对角连通、多心放射的高速铁路通道布局。农村公路建设是农村交通发展的薄弱环节，更是制约农村地区脱贫的重要因素。继续落实国务院“双百工程”相关部署，加强中西部地区，尤其是贫困地区农村公路建设，提升交通基础设施在扶贫中的作用。

4.2 加快构建适应城市群发展和城市发展需求的基础设施系统，提升城市群和城市发展的效率和宜居性

高效、便捷、一体化的基础设施是人口和经济高度集聚且流动频繁的城市和城市群健康可持续发展的必要基础。提升城市和城市群发展质量，必须合理规划和布局基础设施系统。要积极推进城际铁路建设，加快形成与新型城镇化发展相适应的城市群内部旅客运输的城际铁路。鼓励市郊铁路，加强中心城市和外围城市之间快速联系，促进城市轨道与铁路两套系统之间互通互联，整合城市周边

既有铁路基础设施资源。根据城市人口规模、空间格局和政府财力，合理规划城市轨道网规模，选择合适的轨道交通制式，既要防止城市轨道交通“大跃进”式发展，又要防止轨道交通滞后于人口的增长和经济的发展。

4.3　消除基础设施区际壁垒，加强综合交通运输枢纽建设，促进基础设施一体化，推动运输结构的优化

建立跨行政区的基础设施协同建设机制，打通各种形式的“断头路”，疏导基础设施的梗阻。根据人口分布的空间形态，科学布局不同层次、不同功能的客运枢纽，紧密衔接城市轨道交通、地面公共交通、市郊铁路设施与干线铁路、城际铁路、干线公路、机场等不同交通基础设施，实现各种客运方式有机、无缝衔接。根据经济集聚的空间特征，统筹建设货运枢纽，强化货运枢纽的集疏运功能，鼓励发展多式联运，优化运输结构，降低物流成本和交通运输对资源环境的破坏。

4.4　完善基础设施的投融资机制，控制与基础设施建设、运行和维护相关的债务风险，防止基础设施不合理建设影响区域可持续发展

鼓励不同地区根据自身的特点，依法依规改革投融资体制，探索建立透明、规范、长效的基础设施投融资新机制。对于基础设施的审批设定科学合理的举债标准。规范开展基础设施领域政府和社会资本合作（PPP），积极吸引民间投资参与基础设施建设项目，鼓励开展多元化经营，创新城市轨道交通项目市场化融资模式，积极培育“基础设施＋城市开发”综合运营商，降低基础设施建设融资压力。

专题十三

政绩考核、干部激励和高质量发展

1 政绩考核与干部激励对于高质量发展的重要作用

中国特色社会主义进入新时代，我国经济将从高速增长向高质量发展阶段转变。政府绩效考核须适应新阶段发展要求，立足实际、面向未来，引导各级政府和领导干部转变发展理念、改进工作方式、提高治理能力，推动各项事业实现高质量发展。

1.1 推动各级政府树立高质量发展的政绩观

政绩考核是各级政府和领导干部政绩观的最直接体现。习近平总书记要求，“各级党委、政府和干部要把老百姓的安危冷暖时刻放在心上，以造福人民为最大政绩，想群众之所想，急群众之所急，让人民生活更加幸福美满”“要牢固树立正确的政绩观，既要做让老百姓看得见、摸得着、得实惠的实事，也要做为后人作铺垫、打基础、利长远的好事，既要做显功，也要做潜功，不计较个人功名，而是追求人民群众的好口碑、历史沉淀之后真正的评价”。高质量发展需要切实贯彻落实新发展理念，路线确定之后，建设“高素质专业化干部队伍”在很大程度上将成为重要的决定性因素之一。通过充分发挥政绩考核与干部激励在落实新发展理念过程中的正向激励作用，合理设置政绩考核指标、改进政绩考核工作方式方法、建立考核长效机制，在考核过程中体现因地因需差异，增强考核的系统性、科学性、全面性和针对性，有助于充分调动各区域、各战线、各层级干部的积极性与能动性，为树立新时代领导干部政绩观、贯彻落实好新发展理念、推动高质量发展提供动力机制。

1.2 推动形成适应高质量发展的政府行为模式

政绩考核是政府行为的“指挥棒”。在 2013 年全国组织工作会议上，习近平总书记明确指出，“要改进考核方法手段，既看发展又看基础，既看显绩又看潜绩，把民生改善、社会进步、生态效益等指标和实绩作为重要考核内容，再也不能简单以国内生产总值增长率来论英雄了”。[①]高质量发展强调发展的系统性、科学性、全面性与可持续性，需要高效的行政系统作为支撑。通过建立健全干部政绩考核与激励机制，针对性建设好高质量发展战略下政府绩效的统计体系、标准体系、指标体系、评价体系，推动形成引导并规范政府行为的制度环境，把有质量、有效益、可持续的经济发展和民生改善、社会和谐、文化建设、生态文明建设、党的建设等作为考核评价主要内容，加大对资源消耗、环境保护、消化过剩产能、安全生产等指标考核权重，加强对科技创新、教育文化、劳动就业、居民收入、社会保障、人民健康状况等内容的考核，推动政府行为进一步满足高质量发展的时代性与现代化发展要求。

---

① http://epaper.bjnews.com.cn/html/2013-06/30/content_444153.htm?div=-1.

1.3 推动政府治理体系和治理能力现代化

政府绩效考核是行政管理体制改革的重要内容，是推动政府治理现代化的重要环节。通过建立科学、规范、系统、完整的政绩考核与干部激励评价机制，既有助于推进政府治理的科学化、规范化和精细化，也可以根据绩效考评结果及时发现并改进政府运行中存在的问题，推动政府职能转变和治理能力的提升，改变过去低效粗放做法，实现公共资源配置优化、政府履职透明规范。在此基础上，建立健全行政履责评估与责任追究机制，对过去一定程度上存在的拍脑袋决策、拍胸脯蛮干，造成国家利益重大损失、群众利益严重侵害、公共资源严重浪费、生态环境严重破坏的做法，具有重要的遏制和纠正作用。对政绩进行深入综合分析，可以辩证地评价政府及领导干部的主观努力与客观条件、前任基础与现任业绩、个人贡献与集体作用，对于引导政府多做铺垫性、打基础、利长远的工作，识别和制止“形象工程”“政绩工程”具有重要的保障作用。

1.4 推动形成激励干部担当作为的制度保障

政府政绩考核是干部选拔、调整、激励、约束的重要手段。当前我国经济发展进入转型期，全面深化改革进入攻坚期和深水区，既要激励干部干事创业勇于担当，也要允许干部试错、宽容失败与失误。对此，必须强化政绩考核结果的分析与运用，将其作为干部选拔任用、评先奖优、问责追责的重要依据，使政治坚定、奋发有为、勇于担当和创新的干部得到褒奖和鼓励，使慢作为、不作为、乱作为的干部受到警醒和惩戒，这样才能引导干部发扬成绩、改进不足，更好地忠于职守、担当奉献。同时，也要建立干部在改革创新中的容错纠错机制，按照习近平总书记提出的“三个区分开来”重要指示，综合考虑动机态度、客观条件、程序方法、性质程度、后果影响以及挽回损失等条件，对干部工作中的失误进行综合分析，该容的大胆容错，不该容的坚决不容，切实保护好勇于干事创业的干部。

2　高质量发展阶段对政绩考核与干部激励的总体要求

2.1　准确把握高质量发展的内涵及对干部队伍建设要求

高质量发展以“创新”为首要动力，创新驱动和发展动能转换落实情况应作为政绩考核的重要依据；“协调”是持续健康发展的内在要求，供给侧结构性改革成效、区域协调发展和乡村振兴战略实施成效等应作为考核的重要着眼点；“绿色”是可持续发展的必要条件，政绩考核相应须提高“生态成绩单”考核权重，突出生态保护修复、环境治理、污染防治考核指标；“开放”是繁荣与发展必由之路，要加大对现代化经济体系、高层次开放型经济模式建设成效的考核力度；“共享”是中国特色社会主义制度的本质要求，考核中应注意落实发展成果由人民群众共享的理念，加大对人民群众获得感、幸福感、安全感的考核权重。要把发展的系统性、动态性和长期性充分体现在新时期政府绩效和干部考核工作当中，既看当前，又看长远，注重对发展质量、结构和效益的综合考核，坚持以人民为中心，统筹兼顾质量变革、效率变革与动力变革，以符合新发展理念的政绩考评体系引领“五位一体”全面可持续发展。与此同时，贯彻落实新发展理念和推动高质量发展，需要广大干部强化“四个意识”，坚定“四个自信”，不断加强专业知识，全面提高学习本领、政治领导本领、改革创新本领、科学发展本领、依法执政本领、群众工作本领、狠抓落实本领、驾驭风险本领，提高政治站位，把握工作重点，敢于担当有为。

2.2 健全新时代干部政绩考核综合评价与工作制度体系

新时代贯彻和落实高质量发展，在干部政绩考核工作中要做到“三个加强”和“两个避免”。一要加强政绩考核综合评价指标体系建设。依据新发展理念，重点工作要求完善考评机制，改进考评方法与考评流程，提高政绩考核的科学性、全面性和客观性，充分发挥政绩考核对于干部队伍建设的激励鞭策作用。二是加强政绩考核工作制度体系建设，确立新时代干部政绩考核指导思想、价值导向并将其通过党内法规条例等手段制度化、规范化。研究制定党政领导干部考核工作条例，协调好年度与日常考核，完善考核工作规范。三要加强新兴数字信息手段对政绩考核工作的技术支撑，充分结合大数据、云计算、人工智能等技术在考核数据采集和分析中的重要作用，推动信息互联和数据共享，打破“信息孤岛”，提高考核效率。四要避免“一刀切”考核。在制定出台总体考核框架基础上，要结合各地区经济社会发展水平与发展阶段差异，建立因地制宜的政绩考核与评价体系，科学合理、因地因需设置政绩考核指标，结合地区实际改进和优化考核工作方法，用以调动和保护好各区域、各领域、各层级干部在高质量发展体系下干事创业的积极性。五是避免为考而考、结果闲置的问题。加强考核结果分析运用，引导干部正确认识考核结果，使考核结果与干部激励方式紧密衔接，针对高质量发展各阶段重点战略目标，完善考核奖惩问责、容错纠错相关体制机制建设，凝聚干部创新创业强大合力。

3　我国政绩考核与干部激励工作进展与主要问题

政府政绩考核是引导各级政府和领导干部树立正确发展导向、评价政府履职和领导干部工作业绩、促进提高行政效率并激励干部队伍提高效能的重要制度安排。改革开放以来，我国干部政绩考核工作逐步从注重实绩的 GDP 导向，向有质量、有效益、可持续的科学发展导向转变；从领导班子和干部年度考核，向目标责任考核、绩效考核、任职考察等系统考核转变，考核的科学性和精细化程度不断加强。1996 年，中组部印发《县级党政领导班子政绩考核办法及考评标准体系》，分为“经济发展”“社会发展”“精神文明建设和党的建设”3 个大类、18 个专项指标。2009 年，中组部印发《党政工作部门领导班子和领导干部综合考核评价办法（试行）》，分为“思想政治建设”“领导水平”“工作实绩”“反腐倡廉”“完成重点目标任务”5 个方面、40 余个指标要点。2018 年，中组部印发《关于进一步激励广大干部新时代新担当新作为的意见》，进一步明确新时代干部选人用人思路导向与考核激励方向，对于考什么、如何考、考核结果怎么用等提出要求，凸显了党中央对新时代政绩考核与干部激励工作的高度重视。

省市地方也积极开展具体实践。一是出台政绩考评管理办法，实现政绩考核和干部激励有“法”可依。例如，贵州省在 2005 年制定出台了《贵州省县（市、区、特区）党政领导班子和领导干部考核评价试行办法》，明确了考核内容、考核指标、考核方法、考核过程、考核结果等具体规定；广东省深圳市为规范政府绩效评估与管理工作，于 2009 年制定出台了“1+3”政府绩效评估政策文件，其中“1”是指《深圳市政府绩效评估与管理暂行办法》，“3”是指三个配套文件:《深圳市政府绩效评估与管理指标确定及数据采集规则》《深圳市政府绩效评估与管理方法和程序操作规则》《深圳市政府绩效评估与管理结果运用规则》,有力推动了政府绩效评估的体制机制建设。二是设立专门的政府政绩考核管理部门。例如,浙江省杭州市2006年整合市目标办、市满意办、市效能办三部门职能,设立杭州市综合考评委员会办公室,作为考评委员会常设办事机构,主要职责是负责市直属单位综合考评、效能建设等工作,协调、管理直属单位各类工作检查、评比、考核、奖励等事项,指导区、县(市)综合考评和效能建设工作。三是创新政绩考核机制,提高考核过程中的民主化和科学化水平。例如,山东省青岛市以建设服务型政府为目标,不断完善政绩考核模式,加大开放考核力度。2009年年底,青岛市政府56个部门综合开展“向市民报告、听市民意见、请市民评议”活动。“向市民报告”,即由各部门主要负责人集中述职,通过视频网络系统向市民代表报告全年工作情况;“听市民意见”,即听取市民代表和社会各界的意见建议,认真抓好整改落实;“请市民评议”,即邀请市民代表根据市政府各部门工作职责、年度主要工作目标、述职报告,结合平时了解掌握的情况,现场填写评议票。

总体上看,现有政绩考核体系与地方政绩考核创新实践有力地推动了各级政府政绩考核与干部激励工作。但客观而言,针对高质量发展战略下全面落实新发展理念、把握和引领经济发展新常态、建设现代化经济体系等重点要求,在考核结构、内容与评价方法上还存在不匹配、不适应的方面。具体表现为:

3.1 政绩观念与新发展理念不匹配

新发展理念提出的创新、协调、绿色、开放、共享发展,重在强调发展的系统性、科学性、全局性、可持续性，是新时代政绩考核与干部激励工作的根本遵循。自中央提出建设“高素质专业化干部队伍”以来，建立与新发展理念相适应的政绩观就成为政绩考核与干部激励工作的重要方向。但在实际工作中，一些地方政府和部门的政绩观、用人观仍然没有完全转变。一方面，对新发展理念的认识不到位。干部考核与选拔任用过程中“唯 GDP 取人”“唯量取人”“唯票取人”的现象依然存在，通过这种方式选拔出来的领导干部在工作中贯彻落实新发展理念的动力和积极性存在严重不足。另一方面，对新时期重点工作任务的把握不准确。现阶段政绩考核工作普遍采用 2009 年版中组部印发的方案，内容与指标上尚未针对新时期重点工作目标进行调整优化。尽管 2013 年中组部下发通知对政绩考核中突出科学发展导向等方面做出部署，但多为原则性、总体性要求，当前考核工作中的重点任务仍需进一步细化和明确，同时有必要在内容、结构、流程、指标、保障等方面进行改进。

3.2 考核内容与考核标准不适应高质量发展要求

一是考核主体比较单一。现阶段政绩考核工作主要依靠党委政府专职部门进行专项考察，尚未形成专职部门、主管部门和智库等专业第三方机构相互配合、相互制约的考评机制，衔接高效、运转有序的专业化考评工作体系尚未建立。二是考核对象不够明确。存在对班子、班子成员和一般干部使用同一套考核体系进行评价的情况，不能很好体现不同考核对象的实际工作内容，造成考核结果失真，影响了考核结果的有效运用。三是考核指标设计不够完善。一些地区在干部政绩考核中仍然存在考核内容模糊、标准不清、指标缺失等问题。有的地区在干部考核中认为绩效考核仅为业绩考核，不涉及德能勤廉等内容；有的地区能够定量去考核政“绩”，却难以定性考核政“德”，未将干部作风真正落实到廉政建设责任制考核范畴。四是考核标准欠缺分类和差异化，尚未充分根据不同地区经济社会发展阶段的实际需要建立因地考核、因需考核机制，以及尚未根据干部类别、岗位职责差别建立差异化的政绩考核体系。同时，还存在考核指标五花八门的现象，既有领导干部和一般干部考核指标雷同问题，也有指标理想化、不切合地区发展实际等问题，主要表现为宏观指标多、微观指标少，定性指标多、定量指标少，规模指标多、效益指标少等，造成政绩考核的针对性与操作性下降，导致“绩”难考实，“德”难把握，“廉”难考全，难以从客观上真实、全面反映干部工作实绩。五是考评工作队伍亟待加强。高质量发展体系对于考评工作的专业化、精细化、规范性提出了更高要求，考评工作队伍相应的专业知识能力和政策把握能力有必要进一步加强。对于深入领会高质量发展的内涵与要求，准确把握干部政绩考核对于落实高质量发展的重要意义和重点任务等方面，现阶段政绩考核人员的综合素质和专业化水平参差不齐，亟须强化其政策把握和专业考评能力。

3.3 考核过程与考核方法欠缺科学高效

一是考核方式方法相对比较单一的问题。除干部提拔任用考察，大部分干部政绩考核通常采用年终一次性集中考核，缺少动态性和行政全流程考核机制，使考核结果缺少全面性与时效性。干部岗位职责清单和考核指标体系脱节，考核过程的随意性和人为因素加大。现行考核方法上侧重使用民主测评、个人谈话、查阅档案资料等，在行政领域群众满意度调查和实绩分析等方面的考察不足，导致考核主体对考核对象的了解缺乏综合性、整体性与立体感。二是考核过程存在不同程度上的形式主义因素。有的地区缺乏规范的政绩考核工作程序设计，考核过程比较随意；有的地区采取临时张贴公告等方式进行突击考核，在常态性考核和即时性考核方面缺少统筹把握。三是考核结果运用不到位。考核结果形成后往往不能得到及时有效运用，一些地区的考核评议仅存在“评价—反馈”两个环节，缺少后续改进和回应的工作机制。针对有异议的考核结果，大部分地区还未建立起有效的反馈、申诉和复议机制。四是专业第三方评估制度不健全。在行政体系内部考核模式的基础上，缺少由党政智库机构和专业第三方政策评估机构参与的外部协同考核模式。同时，民意调查与群众综合评价机制不够完善。针对事前论证、事中事后评价等特定考核环节，以及与群众生产生活密切相关的行政领域，听取群众意见和开展民意调查的渠道与路径缺失，缺少社会问责、质询和提出意见的有效通道。

3.4　激励机制与容错纠错保障机制不足

一是缺乏干部激励的系统性制度设计。尽管《公务员法》中对于公务员职务任免、升降、工资福利等激励作出了原则性规定，但内容尚不够系统完善，有的规定分散在不同实施细则中，呈现一定的碎片化问题。由于欠缺完整系统的政策依据，各地只能自行进行探索，激励工作的规范性与制度保障相对不足。二是相关规定操作性不强。现阶段干部激励规定局部上存在内容笼统、类目不清、定性较多定量较少等问题，致使实际激励效果往往达不到预期。有的制度修订和废止不够及时，激励措施存在冲突；对自觉践行新发展理念、善于领导科学发展、实绩突出、群众满意度高的优秀干部，现行正向激励的类型和规格亟待深入研究和细化。三是激励手段比较单一。在提拔任用、薪酬奖励、轮岗培训、带薪休假、家庭保障等多元激励手段方面存在显著不足，对于公务员职务职级并行、机关事业单位绩效工资和津贴标准调整以及党和国家功勋荣誉表彰制度等激励手段总体还处于起步探索阶段。四是激励与考核挂钩不紧密。“考核指挥棒”作用尚未得到充分发挥，仍存在干好干坏一个样、干多干少一个样的现象，考核工作的激励与鞭策作用大打折扣。五是考核激励过程中对个体差异性关注不足。主要表现在：分类分岗位激励机制尚不完善；干部职业发展规划关注和投入不足；行政机关、事业单位激励机制趋同；执行监管不到位等。六是容错纠错保障机制不足。对于干部在改革创新中因缺乏经验、先行先试出现的失误与错误缺乏有效评判与评估方法，容错纠错过程缺少具体原则与标准。

4　影响政绩考核与干部激励机制的主要因素

4.1　现行行政管理体制制约

各级各地党委政府的职能结构、基础条件、职务与职责存在差异，在贯彻落实高质量发展总方针总任务的基础上，需要建立因地考核、因需评价机制，统一的政绩考核评价体系难以完全适用，亟须进行分类设计与分级协调管理。首先是职能结构的影响。十八届三中全会《中共中央关于全面深化改革若干重大问题的决定》提出“有效的政府治理”，其内涵就是要求政府在职责范围内管好该管的事，优化治理体系，提升治理能力，而政府结构优化与政府职能优化则是实现这一目标的必要条件。经济新常态下，高质量发展为党和政府结构优化提出了新的要求，“放管服”改革为政府职能转变提供了现实路径。基于此，我国启动了新一轮的党和国家机构改革，并要求各地区各部门贯彻执行。从现实情况来看，地方党委政府职能结构呈现出多样性特征，比如我国有中央直接领导的省、自治区、直辖市和特别行政区，市一级还有较大的市、省会城市、省辖市、计划单列市、自治州，另外还有管县的市、不管县的市，设区市和不设区市等。某些区域的党政机构进行了职能结构改革试验，因而各地党委、政府的职能内容和形式不可能完全一致，针对党政机关干部的考核方式也不应当千篇一律。其次是基础条件影响。在促进高质量发展治理目标和工作思路明确的前提下，党政机关管理效能的提升对于干部素质、人员编制、信息化水平、机关文化等内部基础条件有很强的依赖性。地方党政机关在上述几个方面均存在较大差异。一是干部综合素质总体呈现东部中部区域较高、西部区域较低，高层级党政机构较高、低层级党政机构较低的特点；二是某些党政机关局部人员超编严重，人员难以疏解，某些单位特别是事关社会管理和社会服务的基层行政编制严重不足；三是地方党政机关信息化建设水平差距明显，发达地区党政机关已经开始利用大数据技术优化公共治理，欠发达地区则甚至连基础电子政务要求都难以达到；四是区域文化差异塑造了不同的行政文化，行政文化又影响了党政干部的价值取向和工作作风；五是职务与职责影响。政绩考核的目的不仅是一种约束，更是一种正向激励和实绩导向，要针对不同职务类别对于党政干部的不同要求来设计考核原则与考核方案。以政府机关公务员为例，我国公务员职位包括综合管理类、专业技术类和行政执法类，同时还有领导职务和非领导职务区别。不同职务对应不同职责，不同职责对公务员的要求是不同的，需要建立基于不同职务和级别的干部胜任力素质模型，对不同层级的干部进行“精准”考核。

4.2 经济社会发展阶段差异

一方面，不同经济社会发展阶段的战略重心与目标系统有所差异；另一方面，不同地区经济社会发展的中长期规划、重点工作任务、领导班子年度工作思路有所不同。因此，需要将通用性评价和针对具体发展阶段的特征性评价有机结合，在评价指标设置与绩效比重上进行综合考量。我国经济社会发展大致可以分为三个阶段：新中国成立初期的社会主义建设探索时期、改革开放后的经济社会高速发展时期和新时代中国特色社会主义高质量发展时期。不同时期对党政干部的要求既有共同点，比如又红又专、德才兼备，又有差异性。这种差异性主要体现如下。在第一阶段，党和国家主要政策目标是巩固社会主义国家政权，稳定社会秩序，恢复生产，解决人民温饱问题，这个时期的党政干部突出强调奉献精神，不仅党政机关涌现出了很多甘于奉献的好干部，社会各条战线也培养出了享誉全国的劳动模范。进入改革开放以后的第二阶段，在解放思想大潮下，国家开始鼓励敢于创新和对于经济发展贡献突出的干部，出现了下海潮、出国热。在这一时期，我国逐步确立了分税制财政体制，鼓励地方政府与地方干部进行政策试验和政策创新，发挥积极性发展地方经济，提升 GDP。在第三阶段，我国进入了新时代中国特色社会主义高质量发展新时期，综合国力进一步提升，世界第二大经济体地位进一步稳固，经济从高速增长向高质量发展转变，同时国际政治经济形势也出现了全球化和逆全球化并行的趋势，这个时期对于党政干部的基本要求是要具有政治意识、大局意识、核心意识和看齐意识，坚决维护习近平总书记核心地位，维护以习近平同志为核心的党中央权威和集中统一领导。除经济社会发展阶段，不同地区经济社会发展的中长期规划、重点工作任务、领导班子以及年度工作思路均会对干部工作要求和素质能力有特殊要求。一是区域差异。高质量发展要求区域协调发展、共享发展成果，但由于不同区域资源禀赋不同，区域间经济社会发展中长期规划既有差异性、又有竞争性，因此干部考核应倾向于鼓励在某些重点领域具有重要贡献和突出才能的干部和专业技术人才，比如了解金融、新能源、人工智能的人才。二是重点工作任务差异。面对当前防范化解重大风险、精准脱贫和污染防治三大攻坚战，对地方党政干部上述三个方面的考核指标必定进一步细化和加大权重。三是领导班子及年度工作思路差异。从现实情况来看，在宏观经济社会环境未发生巨大变化情况下，我国领导干部在任期内基本都能保持政策稳定性和管理风格的一致性，干部考核导向变化也不大。但由于继任者工作经历、专业背景、领导风格差异，特别是当其面临的阶段性工作任务不同时，不同领导班子工作思路以及同一领导班子不同年度工作思路都会有较大差异，这些则导致干部考核和激励原则及方案产生新变化。

4.3　技术与信息化手段进步

一方面，技术与信息化手段进步提高了干部政绩考核手段的现代化和考核结果的科学化程度。以往的干部政绩考核相对注重定性评价，定性考核具有针对性强、灵活性强、评价结果直观等特点，但缺乏对“量”的把握，在分析时不易比较，在评价时也易受各种主观和环境、条件等客观因素影响。网络化、信息化、大数据的出现改变了原有干部政绩考核评价相对侧重定性评价的技术局限，使得利用信息技术开展政绩考核的数据采集（如民意调查数据等）、传送、分析等成为可能，有助于建立定性考核与定量考核相结合的考核体系，也使得干部政绩考核过程中的全程评价、动态考核成为可能，提高了政绩考核手段的现代化和考核结果的科学化水平。另一方面，技术与信息化手段进步提高了干部政绩考核过程的透明度。随着传播技术的进步，基于桌面和移动互联网的兴起和普及，新媒体传播平台（如“三微一端”等）已经成为社会舆论的新阵地。在新媒体环境下，公众对政府信息公开的要求逐渐提高，使得政府信息公开的常态化制度建设越发成为必需。干部政绩考核过程和阶段性考核结果作为政府信息公开的重要内容，及时、全面公开有利于推动各级政府打造诚信政府、服务政府。总体来看，新技术的运用解决了以往干部政绩考核存在的封闭性、神秘性、公众参与程度不够、缺乏必要监督等问题，媒体监督、公众监督、社会反馈等机制建设正在成为考核工作的重要组成部分。

4.4 政府角色与治理重心转变

一方面，高质量发展阶段，政府角色应更多体现在用改革激发社会活力、用规范引导社会预期、用政策保障社会公平、用法律和监管规范社会秩序上，加快实现从管治型政府向责任型、服务型、监管型、法治型政府转变。切实推动高质量发展，当务之急就是要推进政府治理体系与治理能力现代化，进一步深化行政体制改革，全面从 GDP 导向的经济业绩考核变革为以高质量发展为导向、以新发展理念为支撑的综合政绩考核，充分调动各级政府推动高质量发展的积极性、自觉性、创造性，最大限度减少政府对市场机制和市场资源配置方式的直接干预，创新完善宏观引导与事中事后监管，更大激发市场活力、增强内生动力、释放内需潜力。另一方面，现阶段社会治理重心向基层下移，干部政绩考核体系设置需注重基层干部考核的针对性和有效性，进一步推动基层经济社会高质量发展进程。习近平总书记指出，“社会治理的重心必须落实到城乡、社区”；

十九大报告提出，要“加强社区治理体系建设，推动社会治理重心向基层下移”。在社会治理重心向基层下移的过程中，需要建立与之相匹配的政府政绩考核体系，考核指标设置与权重分配也应重点考虑基层公共服务、公共管理、公共安全，以及利益表达、利益协调、利益保护等社会治理的重点领域和关键环节，充分发挥好“考核指挥棒”的导向力和驱动力，形成权责明晰、奖惩分明、分工负责、齐抓共管的政府治理责任链条。

5　推进高质量发展阶段政绩考核与干部激励工作的建议

5.1　在政绩考核工作中更加鲜明体现高质量发展要求

准确把握高质量发展理念对于转变政府职能、推进政府治理体系与治理能力现代化建设总体要求，加快构建科学规范、系统完备、操作性强的政绩考核工作体系。一是政绩考核目标定位要进一步突出新发展理念。围绕高质量发展目标设定、任务分解和责任落实以及目标实施过程和实现程度评价，结合对发达国家政府绩效考核经验的吸收与借鉴，针对现阶段我国经济社会发展对于政府行政管理的客观需要，对考核内容、考核流程、考核方法、技术支撑、考核结果运用等方面进行系统性设计，在干部考核中突出对于政治领导能力、科学发展能力、创新驱动能力、风险驾驭能力与开放共享能力等方面的综合考核，发挥好“考核指挥棒”的导向作用。二是基于新时期政府职能定位和高质量发展重点工作任务，构建科学化、实操性强的高质量发展评价指标体系，综合涵盖行政职能与政府内部管理，建立高质量、专业化、精细化的政绩考评结构。三是在考核中充分考虑不同地区、不同行为主体落实新发展理念的具体情况，因地因需建立差异化政绩考核体系。例如，对生态脆弱和限制经济开发的地区综合考虑自然生态状况、资源承载能力和经济结构特点等因素，在设置共性考核指标的同时结合地区定位和资源禀赋建立差异性考核指标，针对经济增长、发展动力、民生保障、生态保护等调整指标权重，强化地区发展定位。

5.2 健全多元化考核主体的政绩评价组织体系

一是健全多元考评主体。建立考评专职部门、主管部门和专业第三方政府绩效评估机构相互配合制约的考评主体结构，充分发挥党政智库、社会组织、技术支持部门等社会力量在政绩考评中的作用，在特定考评环节合理引入公众评议和专业第三方评估，加快建立以数据为支撑，各级政府部门和社会机构多方参与的高质量发展政绩考评信息系统，实现考评信息的综合性、连续性和开放共享，保障第三方评估的客观性和科学性。二是优化考评组织管理。探索建立政府绩效管理联席会议制度，明确牵头单位，设置议事职能机构，统筹推进经济社会高质量发展重点领域的综合性、系统性、全局性政绩考核与评估工作。建立专业化政府绩效评估部门，负责统筹协调政府与第三方评估机构开展政府绩效评估工作。三是完善政绩考核法治化建设。加快推进政府部门职能法定，细化各级政府权力清单和责任清单，构建程序公开、标准公开、结果公开的政府政绩考核工作规范，健全考评全流程监督机制，加快完善政绩考核工作的法治保障。四是优化考核工作队伍。通过专题学习和集中培训等方式，加强考核工作队伍对于高质量发展内涵与重点相关政策的准确把握能力，着力提升考核人员的政治意识、大局意识、核心意识、看齐意识，针对性提高考核人员的专业化工作能力与综合素质。

5.3　强化政绩考核的标准化、专业化和技术支撑

一是构建专业化、标准化、规范化的政绩考评流程。科学设计以新发展理念为导向的政绩考评工作流程，对政策立项、任务落实、执行监管、社会反馈等关键环节进行重点考评，明确各环节具体工作内容、标准和规范，形成环环相扣的全流程工作链条，为各地推进高质量发展政绩考评工作提供方法指引，并依靠技术路径进行考评过程监督与考评结果核验，保证考评过程的公正性。二是强化数字化信息化技术支撑。充分利用大数据、云计算、人工智能等新兴数字信息技术手段，保证考核对象与考核过程信息的真实、全面和客观性，将以往定时定点的静态考核数据转变为实时更新的动态数据链，及时获取掌握基础数据，结合预设的评估标准与统计分析框架，根据需要进行实时统计与问题研判。加强信息管理与数据共享，打破信息孤岛，对不同层级、不同部门间的考核信息建立关联机制。三是综合应用多样化考核方法。在客观全面掌握考核信息的基础上，综合采用数据分析、比较分析、环境分析等方法，提升常态性考核质量，提高即时性考核效率，灵活运用民主测评、民意调查、个别谈话、实绩分析等方法增强考核客观性。四是加强政绩考核与激励理论研究工作。围绕优化高质量发展框架下政府与市场、社会的关系，以提升政府治理体系和治理能力为核心，抓住法治型与服务型政府建设主线，准确把握政府在经济调控、市场监管、社会治理和公共服务供给等领域的职能结构，持续强化科学行政、依法行政、廉洁行政体制机制保障，为构建完备、科学、协同、差异化的考核结构提供理论支撑。

5.4　建立激励、容错与问责并重的考核结果运用机制

一是健全行政问责制度。建立干部考核负面清单制度，健全行

政问责机制，依法明确行政问责范围、责任划分、问责种类、问责程序和问责时限等，推进行政问责的制度化和规范化。二是大力推进考评结果和运用情况公开。建立电子民调系统，在日常政绩考核中注重收集社情民意，开展阶段性满意度调查，通过政府门户网站、媒体报刊、新闻发布会等多种途径，将考评结论、结果等级、发现问题、整改建议与考评结果运用情况及时向社会公开，接受公众监督和质询，形成信息发布、公众参与、风险预警、问题诊断、政策优化和绩效改进的良性循环。三是创新完善多元激励机制。加强干部激励的制度设计，建立分类分地区激励机制，对党政机关和事业单位实施差异化激励；根据不同地区经济社会发展差异加快推进地区附加津贴制度。持续优化干部队伍薪酬体系，将干部考评结果与奖励激励挂钩，完善提拔任用、社会保障、培训教育、带薪休假、荣誉表彰等多元激励机制。四是健全容错纠错机制。突出鼓励创新的政绩考核工作导向，从培养教育、选拔任用、日常管理、考核监督等环节明确容错纠错工作流程，综合运用案例教育、负面清单等方法作为容错依据，使容错纠错机制进入干部人事制度安排中，协调好其与干部选拔任用、问责制度的关系，严格界定容错机制不适用事项，形成科学合理的容错纠错制度体系，激发干部在高质量发展中干事创业的积极性、主动性和创造性。

专题十四

增强消费对高质量发展的引领和支撑作用

1　当前我国消费发展出现深刻变革

当前，我国在消费结构、消费方式、消费人群、消费市场格局等方面，均出现了不同于以往的深刻变革，消费结构持续升级。在一些新兴消费领域和消费创新等方面，还与发达国家同步甚至相对领先，为经济高质量发展提供了坚实的市场支撑。

1.1　中高端商品及服务消费成为消费结构升级的新亮点

经过改革开放 40 年的发展，我国居民消费总体由“有没有”向“好不好”转变（见表 1），更加注重品牌和品质，对商品及服务体验消费的质量、安全、效能、绿色等要求不断提升。在中高端消费需求不断增长的同时，居民服务消费增速已高于商品消费增速，占整个消费支出的比重明显上升。据测算，2013 ~ 2017 年我国居民人均服务消费支出由 5040.9 元增加到 7317.4 元，增长 45.2%，年均递增 9.8%，高于人均商品消费支出近 2.1 个百分点，服务消费比重也从 38.1%上升到 40%（见图 1）。

表1　　　　1990年以来城乡居民对食品、耐用品的消费情况

城镇居民								
年份	粮食（千克/人）	肉禽（千克/人）	汽车（辆/百户）	彩电（台/百户）	冰箱（台/百户）	空调（台/百户）	移动电话（部/百户）	计算机（台/百户）
1990	130.7	25.2	–	59.1	42.3	0.3	–	–
1995	97.0	23.7	–	89.8	66.2	8.1	–	–
2000	82.3	25.5	0.5	116.6	80.1	30.8	19.5	9.7
2005	77.0	32.8	3.4	134.8	90.7	80.7	137.0	41.5
2010	81.5	34.7	13.1	137.4	96.6	112.1	188.9	71.2
2015	112.6	38.3	30.0	122.3	94.0	114.6	223.8	78.5
2016	111.9	39.2	35.5	122.3	96.4	123.7	231.4	80.0
2017	–	–	37.5	123.8	98.0	128.6	235.4	80.8
农村居民								
年份	粮食（千克/人）	肉禽（千克/人）	汽车（辆/百户）	彩电（台/百户）	冰箱（台/百户）	空调（台/百户）	移动电话（部/百户）	计算机（台/百户）
1990	262.1	12.6	–	4.7	1.2	–	–	–
1995	256.1	13.6	–	16.9	5.2	0.2	–	–
2000	250.2	18.3	–	48.7	12.3	1.3	4.3	0.5
2005	208.9	22.4	–	84.0	20.1	6.4	50.2	2.3
2010	181.4	22.2	–	111.8	45.2	16.0	136.5	10.4
2015	159.5	30.2	13.3	116.9	82.6	38.8	226.1	25.7
2016	157.2	30.6	17.4	118.8	89.5	47.6	240.7	27.9
2017	–	–	19.3	120.0	91.7	52.6	246.1	29.2

注：2010年及之前年份的城镇居民粮食、肉禽数据为购买量。

资料来源：《中国统计年鉴》。

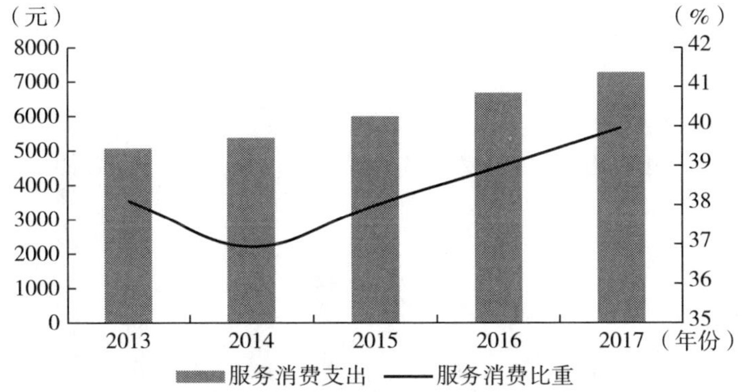

图1　2013～2017年我国居民人均服务消费支出及其占比

资料来源：国家统计局、Wind数据库。

1.2　新技术应用和商业模式创新加速消费方式变革

以大数据、云计算、人工智能等为代表的新兴技术蓬勃发展和深度应用，极大推动消费创新，并深刻改变了居民消费方式。以网络零售为例，2017 年我国网络零售额已达到 7.2 万亿元，自 2014 年以来保持 30% 以上的年均增速，与社会消费品零售总额的比例接近 20%（见图 2、图 3），中国已成为世界第二大互联网消费国。

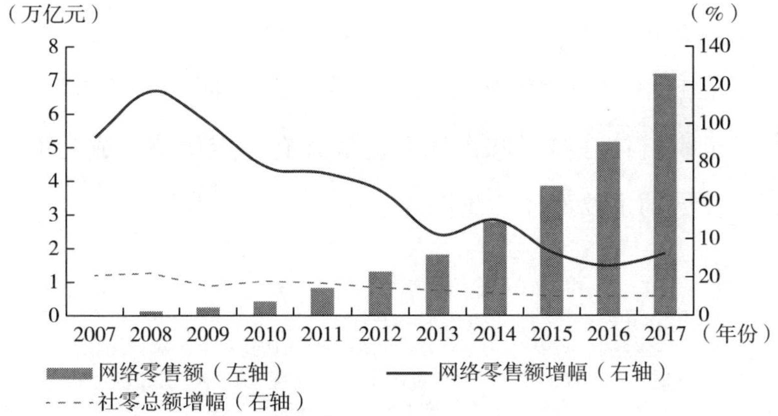

图2　中国网络零售额及增长率（2007～2017年）

资料来源：《中国统计年鉴》（2007～2017），商务部。

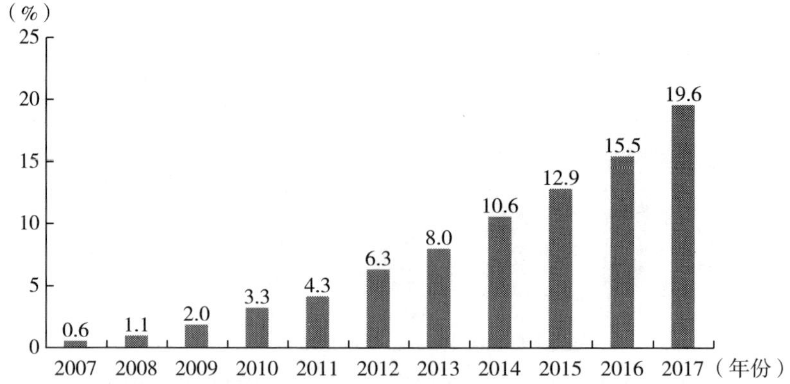

图3 中国网络零售总额与社会消费品零售总额的比例（2007～2017年）

资料来源：《中国统计年鉴》（2007～2017），商务部。

1.3 消费人群结构变化为消费扩张和创新提供持续动力

从消费人群结构来看，首先，2017年我国中等收入群体规模已达4.3亿人，成为全球中等收入群体人数最多的国家[①]。2017～2021年，中国消费市场将新增15万亿元左右，中产阶层及富裕消费者将贡献81%的消费增量[②]。中等收入群体具有稳定的收入和较高消费倾向，成为扩张和引领消费升级的中坚力量。

其次，我国1980年以后出生人口总规模已超过5亿人。新生代年轻人具有超前的消费理念，乐于接受新鲜事物，与发达国家相比，我国年轻消费群体在数量和占比上，都具有一定优势，成为引领我国消费创新发展的主要群体（见图4）。

① 中等收入群体是指一个国家中生活较为宽裕、收入达到一定水平的人群。目前，对中等收入群体的判断标准并不一致，使用较多的是Homi Kharas（2010年）提出的“家庭人均每天支出10—100美元”的标准，该标准的下限是两个贫困线最低的发达国家（葡萄牙、意大利）的平均贫困线，上限为最富裕的发达国家（卢森堡）收入中位数的2倍，由此排除了低收入发达国家中的穷人和高收入发达国家中的富人。测算数据参见Brookings Development，Aid and Governance Indicators：Middle Class database。

② 美国波士顿咨询公司（BCG），阿里研究院：《中国消费趋势报告（2016）》。

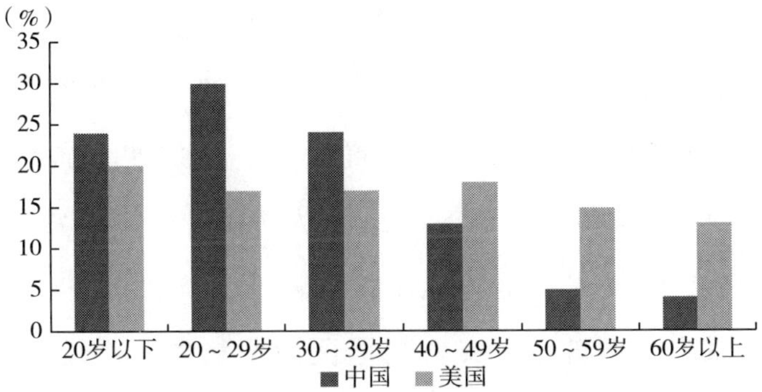

图4　2016年中美不同年龄网民数量占比

注：中国网民平均年龄为28岁，美国网民平均年龄为42岁。

资料来源：波士顿咨询公司（BCG）、阿里研究院、百度发展研究中心、滴滴政策研究院。

最后，2017 年我国 60 岁及以上老年人为 2.4 亿多人，新出生婴儿 1758 万人，其中二孩占比超过 50%。老年人和婴幼儿群体消费也不断成为消费市场的亮点。我国老年抚养比、少儿抚养比以及总抚养比持续提高，老年人群和婴幼儿刚性消费需求持续提升（见表 2）。从趋势上看，老年人群和婴幼儿的刚性消费规模仍将继续扩张，消费需求也将呈现更加高端化和多样化。据测算，2014 ～ 2050 年，我国老年人口的消费潜力占 GDP 的比例将从 8% 左右增长到 33% 左右，养老产业有望成为最具发展潜力的支柱产业之一。①

表2　　我国不同年龄人口比例及抚养比（2013～2016年）

年份	按年龄组分			总抚养比（%）	少儿抚养比（%）	老年抚养比（%）
	0 ～ 14 岁比重（%）	15 ～ 64 岁比重（%）	65 岁及以上比重（%）			
2013	16.4	73.9	9.7	35.3	22.2	13.1
2014	16.5	73.4	10.1	36.2	22.5	13.7
2015	16.5	73.0	10.5	37.0	22.6	14.3
2016	16.7	73.5	10.8	37.9	22.9	15.0

资料来源：《中国统计年鉴》（2017）。

① 中国（海南）改革发展研究院课题组：《转型闯关——“十三五”：结构性改革历史挑战》，中国工人出版社2016年版。

1.4 国内外市场一体化发展加速消费市场格局调整

随着互联网技术的深度普及应用，生产和消费资源在更大范围、更深层次进行整合和优化配置，进一步加快全国统一市场建设，促进了中西部和农村地区居民消费加快升级，消费潜力快速释放。2017 年，居民人均消费支出增速高于全国水平的 15 个省区市中有 11 个来自中西部地区；农村居民消费水平[①] 增长 7.2%，高于城镇居民 3 个百分点。随着对外开放的不断扩大，我国出现加速融入全球消费市场的新趋势，不仅国外高品质消费品和服务加速进入国内市场，进一步优化国内市场供给，熨平国内外消费市场的落差（见图 5），而且促进上海、北京等一些消费领先城市成为全球消费中心城市，引领区域乃至全球消费升级和创新的能力不断提升（见表 3）。

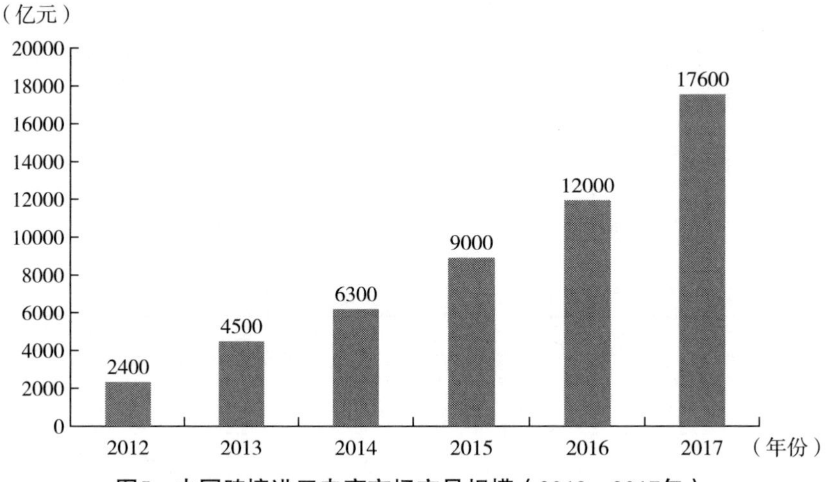

图5 中国跨境进口电商市场交易规模（2012～2017年）

资料来源：中国电子商务研究中心。

① 即支出法GDP中居民消费支出与总人口的比值。

表3　　全球跨境（奢侈品）零售商吸引力前十位的地区

排名	全球跨境零售商吸引力	全球跨境奢侈品零售商吸引力
1	伦敦	伦敦
2	中国香港	中国香港
3	巴黎	巴黎
4	迪拜	东京
5	纽约	纽约
6	上海	上海
7	新加坡	新加坡
8	北京	迪拜
9	科威特城	北京
10	东京	大阪

资料来源：JLL，Destination Retail 2016 – Retailers expanding in leading cities around the world。

2　消费变革为经济高质量发展提供强劲动力和有力支撑

当前消费领域呈现的深刻变革，为我国经济增长提供新的动力，并将从供给和需求两个方面促进经济结构优化和增长动力转换，为实现从高速增长向高质量发展转变提供重要的市场基础和创新动力。

2.1　消费成为拉动经济增长的主动力

从典型工业化国家发展历程来看，当人均 GDP 达到 11000 国际元[①]左右，经济增长率出现趋势性放缓，经济结构发生显著变动，消费保持较快发展，拉动经济增长和创新的引擎功能更加突出（见表 4）。

① 本报告中采用的国际元均为麦迪森1990年国际元。

表4　　部分国家不同经济发展阶段的消费率和消费贡献率

国家	指标	经济高速增长期结束前后	
		前十年均值（%）	后十年均值（%）
美国	消费率	77.0（1949～1958年）	76.2（1959～1968年）
	居民消费贡献率	55.1（1949～1958年）	57.4（1959～1968年）
日本	消费率	63.6（1963～1972年）	67.0（1973～1982年）
	居民消费率	55.8（1963～1972年）	56.1（1973～1982年）
	居民消费贡献率	63.1（1963～1972年）	74.7（1973～1982年）
韩国	消费率	62.0（1984～1993年）	64.1（1994～2003年）
	居民消费率	51.3（1984～1993年）	52.7（1994～2003年）
	居民消费贡献率	57.2（1984～1993年）	59.6（1994～2003年）

资料来源：美国经济分析局、日本总务省统计局、CEIC数据库、Wind数据库。

2008年国际金融危机以来，最终消费支出不断增加，最终消费率稳步提高，其实际增速高于资本形成增速。2009～2017年，我国最终消费支出由17.3万亿元增加到43.5万亿元，资本形成总额由16.2万亿元增加到36.1万亿元，货物服务净出口由1.5万亿元增加到1.6万亿元（图6）。

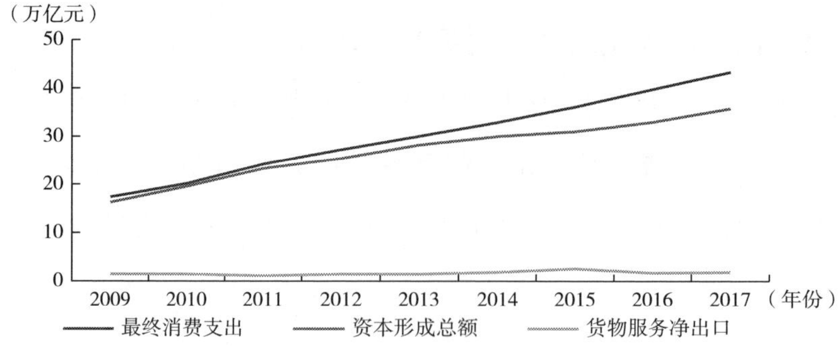

图6　2009～2017年我国三大需求变化情况（支出法）

资料来源：wind。

2009 ~ 2017 年，最终消费率由 49.4% 提高到 53.6%，资本形成率则由 46.3% 下降到 44.4%（见图 7）；最终消费支出实际增速不断加快，而资本形成总额增速则不断放缓。其中，2014 ~ 2016 年最终消费支出实际增速比资本形成总额增速分别高出 0.1、2.1 和 2.1 个百分点（见图 8）。

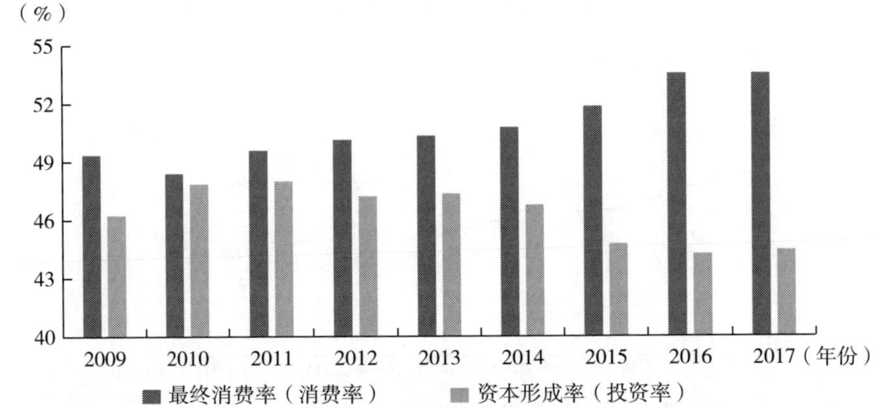

图7　2009 ~ 2017年我国最终消费率和资本形成率

资料来源：wind。

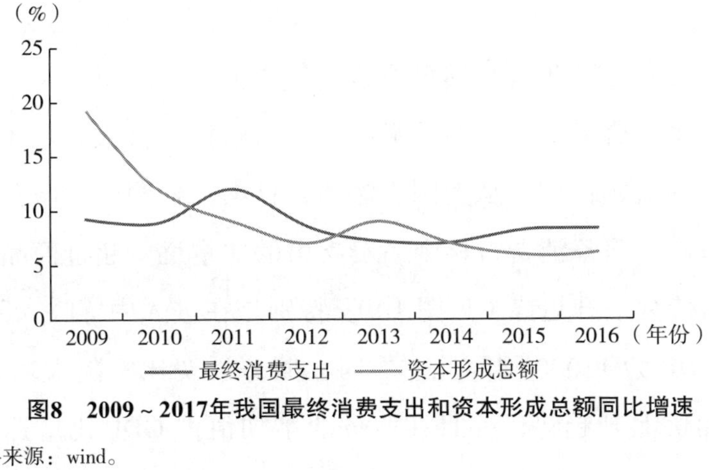

图8　2009 ~ 2017年我国最终消费支出和资本形成总额同比增速

资料来源：wind。

随着在 GDP 总量中占比的不断提高，最终消费对 GDP 增长的拉动作用[①]也日益增强。2013 ~ 2017 年，最终消费支出对 GDP 增长的

① 拉动=国内生产总值增长速度与贡献率的乘积。

拉动由 3.6 个百分点提高到 4.1 个百分点，提高了 0.5 个百分点；资本形成总额对 GDP 增长的拉动则由 3.4 个百分点下降到 2.2 个百分点，下降了 1.2 个百分点；货物和服务进出口对 GDP 增长的拉动作用亦远远低于消费支出（见图 9）。2011 ~ 2017 年，最终消费支出对经济增长的贡献率由 54.9% 提高到 58.8%，对经济增长的平均贡献率达到 55.6%，比资本形成总额高 12.1 个百分点。

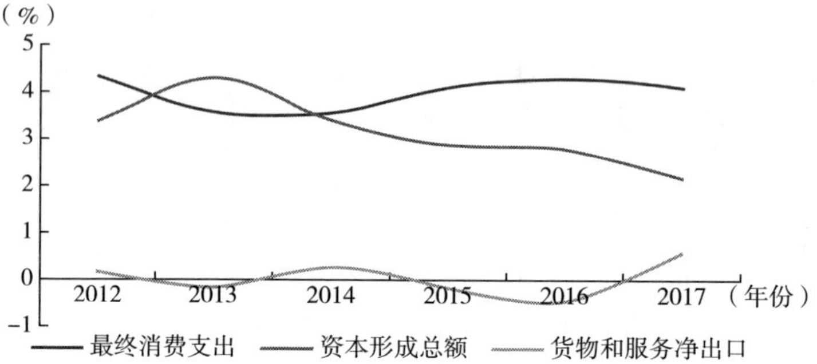

图9　2012 ~ 2017年三大需求对GDP增长的拉动

资料来源：Wind。

2.2　消费变革为经济转型升级提供方向

一方面，消费变革特别是服务消费的增长，对服务业较快发展形成有力的引领作用。从美国、法国、日本、韩国、中国台湾的发展历程来看，服务消费占整个消费支出的比重逐步超过商品消费的比重，呈持续上升趋势（见图 10）。特别是在进入中等收入阶段后，当人均 GDP 为 11000 国际元左右时，服务消费比重随人均 GDP 增长出现加快上升趋势，并且在服务业增加值占 GDP 比重达到 60% 左右时，在消费总额中服务消费将超过商品消费，带动经济从工业经济转向服务经济形态（见表 5）；直到人均 GDP 超过 20000 国际元、进入高收入发展阶段时，服务消费比重的上升势头才有所减缓（见图 11）。

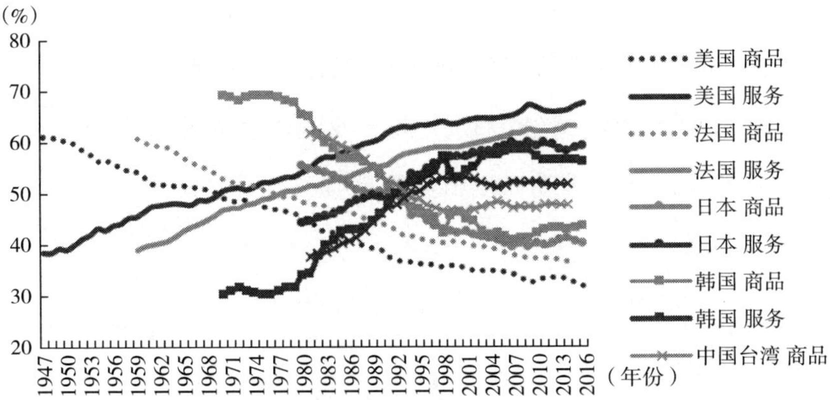

图10　典型工业化国家和地区商品和服务消费比重的变化

资料来源：CEIC数据库、Wind数据库、法国统计局。

表5　服务消费比重超过商品消费比重的时间点　单位：%

国家 / 地区	年份	服务消费比重	商品消费比重	服务业增加值占 GDP 比重
美国	1970	50.8	49.2	66.6
法国	1977	50.1	49.9	64.3
日本	1993	50.4	49.6	63.1
韩国	1992	50.3	49.7	55.0
中国台湾	1994	50.7	49.3	60.0

资料来源：美国经济分析局、法国统计局、日本总务省统计局、CEIC数据库、Wind数据库。

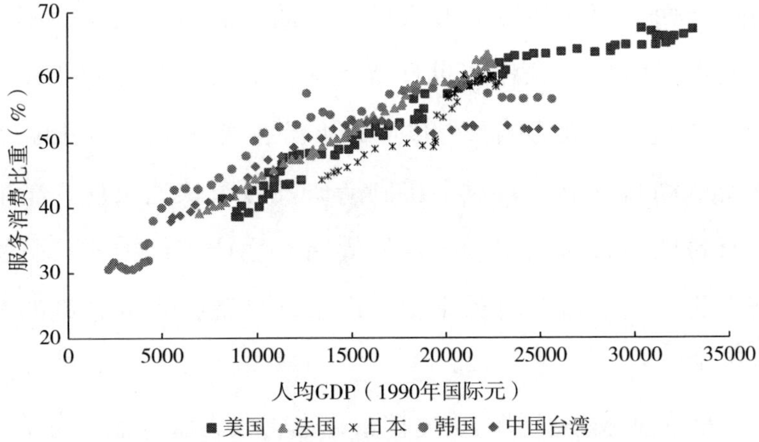

图11　人均GDP与服务消费比重的关系

资料来源：国务院发展研究中心经济增长数据库、荷兰格罗宁根增长与发展中心数据库、法国统计局、CEIC数据库、Wind数据库。

2017年，我国服务业增加值占GDP比重为51.6%，与发达经济体相同发展阶段的情况基本一致（见图12）。从发达经济体发展经验来看，随着服务业的持续发展，未来我国服务消费增长仍有较大潜力，对服务业发展的推动作用将继续增强。

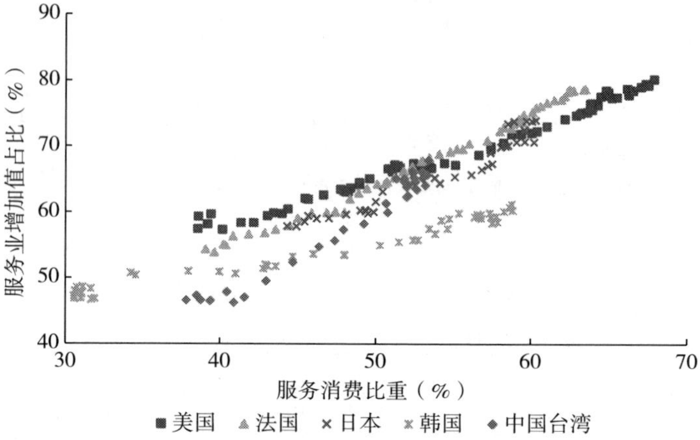

图12　服务消费比重与服务业增加值比重的关系

资料来源：美国经济分析局、法国统计局、日本总务省统计局、CEIC数据库、Wind数据库。

另一方面，商品消费的升级换代、消费品市场的不断细分，对制造业转型升级的引领作用也日益增强。消费变革对制造领域的传统发展方式构成较大影响。受供应链下游各类基于互联网的新业态、新模式变革创新的驱动，对上游制造研发环节快速反应、精准营销等要求日益明显，包括定制、众筹等新兴生产组织模式，引发制造业以需求为导向、以信息为中枢、以柔性制造技术为基础的产业变革（见图13）。

发展享受型服务消费的快速扩张，也将成为服务业自身结构升级的主要动力。随着居民收入的增长和需求的变化，服务消费内部结构发生了较大调整。从典型工业化国家和地区的服务消费变化趋势

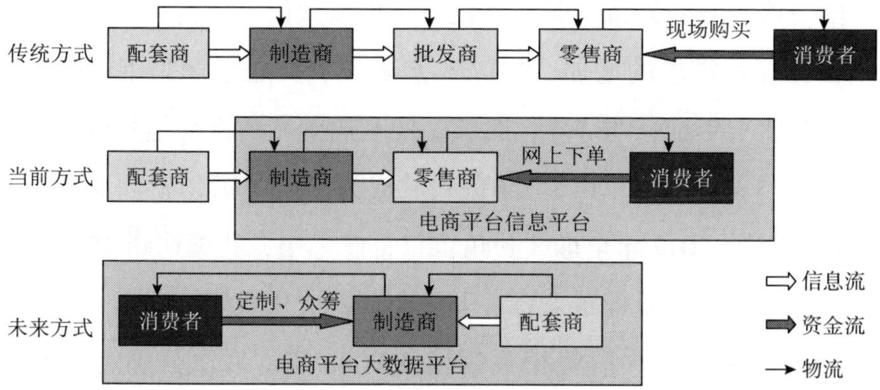

图13　消费变革对制造领域的影响

资料来源：任兴洲、王微、王青等（2016）。

来看，交通运输消费[①]所占比重的上升幅度有限，医疗保健、文化休闲等消费的比重大幅提高。以美国为例，在人均 GDP 达到 11000 国际元（1959 年）时，居民交通运输消费占整个消费支出的 2.7%，2016 年为 3%，仅上升 0.3 个百分点，医疗护理消费占整个消费支出的比重则由 4.7%大幅攀升到 2016 年的 17.2%。另外，娱乐消费占整个消费支出的比重由 1959 年的 1.9%增加到 2016 年的 3.8%，金融保险消费占整个消费支出的比重由 1959 年的 3.9%上升至 2016 年的 7.5%，分别提高 1.9 和 3.6 个百分点。

2.3　消费是创新创业最活跃、最集中的领域

在消费需求日益多样化、多层次的情况下，我国消费市场不断细分，人们对各类商品和服务的创新要求越来越高，从而有效激发创新活力。例如近几年共享经济的蓬勃发展，改变了人们传统的消费观

---

① 与美国、法国的居民消费支出统计分类不同，日本、韩国、中国台湾的“交通运输”包括了汽车及零部件、车用燃料方面的支出。为尽可能做相同口径的比较，以美国、法国在相同发展阶段的交通运输服务支出比重作为分解系数，对这三个国家和地区的数据进行调整。

念，给消费领域的创新创业带来机遇。再以微信支付为例，随着支付和消费便捷性需求的增加，2017 年水电气、交通违章等生活缴费的交易笔数比上年增长 78.7%，餐饮、便利店消费的交易笔数分别增长 64.8%和 45.6%（见图 14）。消费领域成为当前我国创新创业最活跃的“试验场”。2017 年全球“独角兽”企业[①]中，我国达到 98 家，位居世界第二。从行业分布来看，电子商务、文化娱乐、汽车交通、本地生活、医疗健康等消费相关领域共有 48 家，占比分别为 50%和 42.3%，均高于全球水平（见图 15）。

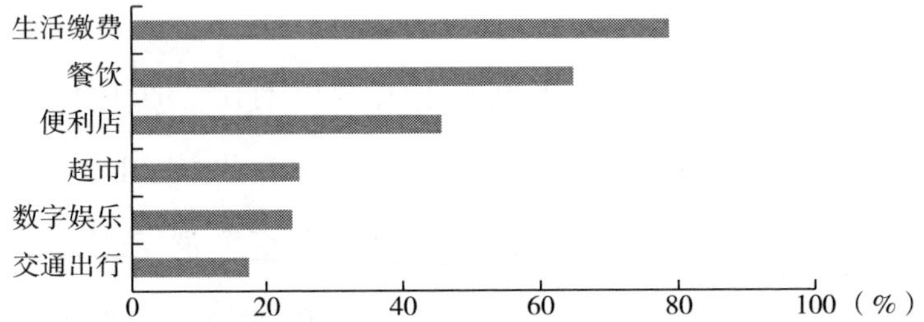

图14　2017年微信支付主要应用场景的交易笔数增长情况

资料来源：腾讯原子智库。

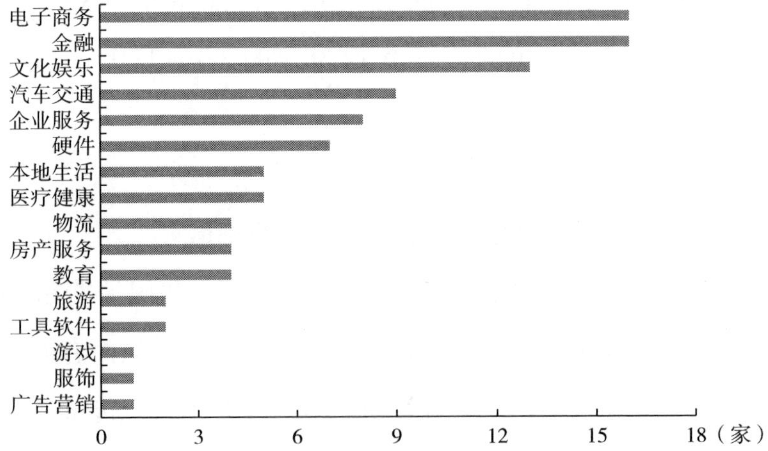

图15　2017年我国“独角兽”企业的行业分布

资料来源：德勤中国。

① 即估值在10亿美元以上的初创企业。

3　当前影响消费对高质量发展发挥积极作用的主要问题及挑战

近年来，我国在扩大消费规模、提高消费水平、改善消费结构等方面取得了显著成绩，消费对经济高质量发展的积极作用初步显现。然而，当前制约消费对高质量发展进一步发挥作用的体制机制障碍仍然突出，影响甚至抑制消费与高质量发展相互促进机制的形成。

3.1　居民负债增长较快对消费的挤出效应日益显现

2017年，全年住户存款与贷款出现由正转负（见图16）。当年住户存款增加值比2015年仅增长4.5%，而住户贷款增加值增长84.2%。居民负债不断攀升，尤其是近年来住房贷款的过快增长，导致居民可支配收入中用于消费的额度被大量挤占。2017年居民人均消费支出增速为7.08%，增速已较2014年降低2.5个百分点（见图17）。随着住宅价格快速上涨从一二线城市向三四线城市蔓延，对消费的挤出效应将更加突出。消费升级和扩张进程有所减缓，将从需求传导到生产和供给领域，从而影响我国产业结构升级和服务创新的进程。

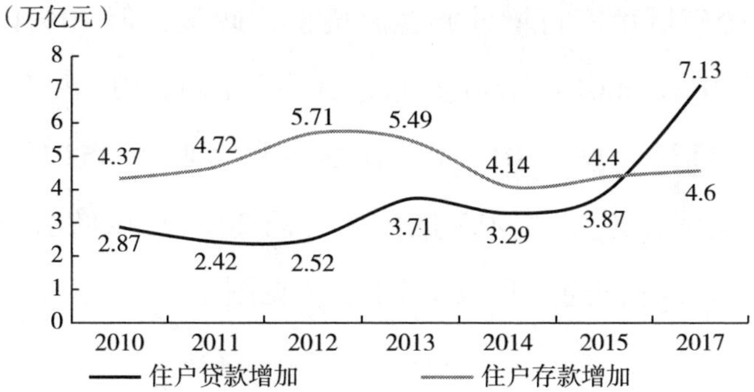

图16　我国住户贷款和存款增加情况（2010～2017年）

资料来源：中国人民银行。

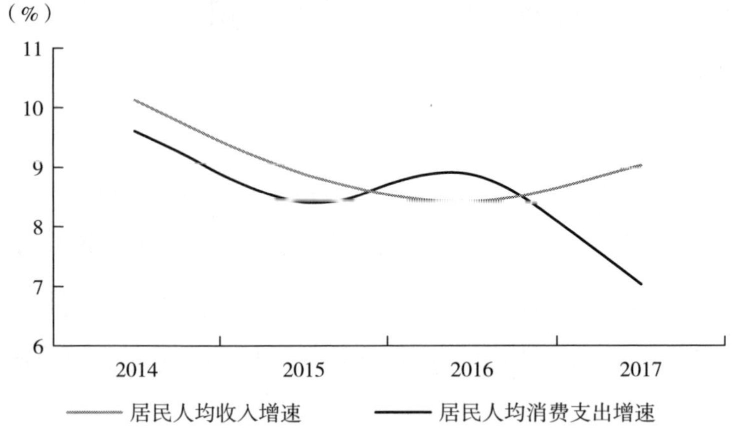

图17 我国居民人均消费支出增长情况(2014～2017年)

资料来源:《中国统计年鉴》(2017)。

3.2 产业升级和服务创新进展偏慢

与居民消费需求相比,现阶段改善型、享受型商品和服务有效供给明显不足,导致大量中高端商品和新兴服务消费外流。以旅游业为例,2006～2015年我国出境游人数由3452万人次增长到12786万人次,年均递增15.7%,境外消费也由158亿美元猛增到2150亿美元,出境旅游消费额已位居世界第一,年均增长33.7%;与境外消费形成鲜明反差,境外游客消费额增长缓慢。虽然我国自2011年开始,相继在14个省区市实行境外游客离境退税政策,但70%以上的入境游客消费集中在500～3000美元,其中旅游购物所占不到10%[①],按国际收支口径计算,2010年我国旅游服务收入458.1亿美元,支出548.8亿美元,逆差为90.7亿美元;而2017年旅游服务逆差达到2251亿美元,7年间逆差扩大了24倍(见图18)。

① 中国旅游研究院:《2015中国入境旅游发展年度报告》,旅游教育出版社2015年版。

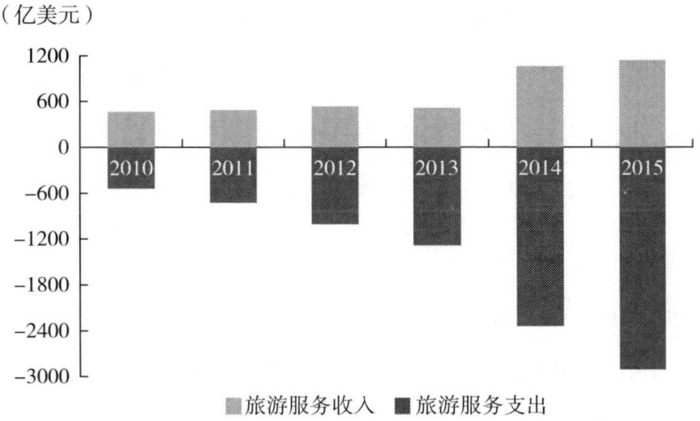

图18　2010～2015年我国旅游服务的国际收支情况

资料来源：国家外汇管理局。

3.3　消费创新的可持续性有待增强

我国在消费创新和商业化应用领域的成就，主要得益于具有别国难以具备的规模优势和后发优势。我国网民人数多、人口基数大，不仅能让新产品和新商业模式快速达到规模，而且具备容纳多家创新企业的市场容量，从而使消费规模和水平得到快速发展。但与此同时，原创创意和顶层技术的短缺，严重影响了我国消费创新的可持续性，在商业模式和产品创新达到一定阶段时，消费创新所面临的“天花板”效应开始显现。

3.4　服务领域监管体系不适应市场创新发展要求

随着服务业新业态、新模式的不断涌现，一些监管理念和监管制度已不适应融合、扁平、高效、专业等监管要求。以条块为主的监管体系，过多依赖行政手段，重审批、轻监管的情况依然存在，产业政策更多体现为支持特定行业、技术、企业为主的选择性政策，引入大数据、社会共治等新手段和新理念步伐偏慢。一些现行法律法规不适应发展需要，新兴消费行业标准缺失，现行服务标准和规范整体水平不高，与国际接轨不够。此外，对内对外开放水平有待进一步提升，部分服务行业依然面临行政审批过多、相关限制性条件过严等问题，部分服务行业还不同程度地存在垄断和区域壁垒。

3.5 商业模式创新中的公平竞争问题日益显现

由互联网等新技术和新商业模式催生的新消费市场，经过近年来的爆发式增长，已开始由市场初创阶段，进入快速发展的市场成长阶段。而监管也应从初期的“放水养鱼”，逐步转向科学合规监管。由于互联网经济在吸引消费者过程中，当超过规模临界点后，存在突出的边际成本快速降低的特征，因此容易形成所谓“赢者通吃”的竞争格局。如果不在竞争行为、跨界发展等领域制定相应的规则，就容易造成优势平台企业滥用市场支配地位，导致平台上的经营主体经营成本日益提升，甚至超过实体经营成本，进而影响到创新溢出效应的充分发挥。例如互联网平台企业凭借自身的资本和市场优势，以及资本市场持续输血和不同业务之间的交叉补贴，从消费者导流和价格两方面影响实体领域创新。

3.6 对消费者权益的保护力度偏弱

当前我国在信用体系建设、消费者权益保护等方面力度偏弱，网络诈骗、假冒伪劣、虚假宣传等问题依然存在，消费信息安全、金融支付安全、消费者权益保障等风险依然偏高。消费者权益保护机制和制度不完善，一方面使消费者在消费过程中产生较大的顾虑，进而降低了消费意愿；另一方面，由于消费者权益保护力度的不足，使消费变化和市场需求变化的信息难以顺畅、快捷地反映到生产领域，进而影响供给领域捕捉和满足新的消费需求，影响到消费与高质量发展相互促进机制的形成和发挥功能。

4　进一步增强消费对经济高质量发展引领支撑的思路

要充分发挥消费对制造业、服务业等领域，对研发、生产、流通等环节转型升级所形成的牵引、带动和支撑功能，要加快解决长期存在的老问题、老矛盾，缓解和消除新兴消费领域和商业模式发展中出现的新问题。最终构建适应消费扩大、升级和创新的政策体系及制度框架，进一步增强消费对经济高质量发展的引领和支撑作用。

4.1　提升和完善相关基础设施和智慧化消费载体

继续加强交通基础设施建设。加快大型城市群的城际快速交通网络、中心城市综合交通客运枢纽等建设；强化城市新区、产业园区餐饮、购物、医疗、教育等服务功能，补齐消费设施配套短板。

加快提高信息基础设施水平。积极推进下一代互联网规模化应用，鼓励大数据、增强现实、虚拟现实等现代技术在商业载体、旅游景点、文体场馆等消费场景的覆盖和应用。

加快适应新业态、新模式的智慧化消费载体建设。完善商业设施布局，合理规划并着力打造一批商旅文融合、功能配套设施齐全的智慧商圈和特色街区。加强新兴消费设施的合理布局，鼓励实现集中集聚集群发展。

加强新型贸易平台建设。充分利用大型城市机场、铁路等枢纽，在主要商圈、综合保税区等开设跨境电子商务线上线下（O2O）体验店。增强海外跨境电商仓储及配送设施网络建设。

4.2 优化和创新服务消费供给体系

进一步优化服务消费的中高端供给。重点发展以健康、美容、教育、培训、文化、体育、旅游为代表的新兴服务行业，促进我国服务消费结构加快调整升级。

结合服务消费个性化、差异化、定制化的发展趋势以及互联网、大数据的广泛深度应用，大力探索多样化、创新型业态和商业模式创新。推动人工智能示范应用以及共享经济、众筹定制等模式创新发展。

多途径培育服务消费新增长点。针对城乡居民服务消费要求迫切、消费潜力大的重点领域，加强分类指导，有针对性地制定服务消费发展的促进政策。

强化服务消费与商品消费融合互动。推动旅游、文化、购物、娱乐、健康、餐饮等行业的集聚和一体化发展，创新产品业态和商业模式，构建多样化消费创新的良好生态。

4.3 深化服务消费领域的准入和监管改革

发挥市场准入负面清单制度改革的牵引作用，推进“照后减证”，清理修改不合时宜的法律法规和规范性文件，放宽健康养老、医疗美容、文化创意、休闲娱乐等服务消费领域的市场准入，提高审批透明度和可预期性。

打破垄断促进公平竞争。在教育、医疗、文化、体育、人力资源等服务领域，对可市场化的服务，增加民间资本进入。采取政府补贴、购买服务等方式，鼓励社会组织、非营利机构参与提供公共服务和公益服务。

建立以质量为导向的动态监管机制。坚持“鼓励创新、包容审慎”原则，对处在不同发展阶段的服务业新业态、新模式进行分类管理，加强对服务消费供给主体特别是平台型企业合规经营和竞争行为的监管，防止垄断行为。

构建服务消费市场多元共治模式。实现部门内监管流程再造和跨部门协同监管，加强与企业的数据合作对接，提升监管效能；发挥行业协会、消费者协会以及媒体的监督作用，强化信用结果应用。

4.4　扩大服务消费领域对外开放

推动新兴服务领域的开放。在互惠互利基础上推动我国与贸易伙伴国家之间的贸易投资自由化和便利化，着力推动健康医疗、教育文化、休闲娱乐等新兴服务消费领域的开放。

提高国际消费的便利化。进一步简化、优化人员和货物出入境管理，积极扩围双边免签证国家，加强国内不同口岸和城市出入境信息共享；探索对游学、医疗、美容、庆典、老人等特殊游客和人群提供入境签证便利化措施；提高邮轮母港的游客出入境管理的便利化水平。

4.5　营造新兴消费领域和商业模式创新过程中的公平竞争环境

互联网经济与传统产业的差异性，导致传统反垄断理论和政策需要创新和发展，垄断标准、行为、影响评估需要加强。要在理论创新的基础上，以公平竞争和反垄断的基本原则为基础，建立判定和评估互联网经济垄断行为和不公平竞争的标准和依据。进一步明确政府、平台企业、经营企业和消费者的权利和义务，特别是在知识产权、举证责任、司法救济、税收、反垄断、消费者权益保护等方面。

要把增进消费者福利作为监管的根本和核心内容。加强对消费安全、个人隐私、条款公平、自主选择等合法权益的保护，改善消费体验，提升消费福利。从静态保护竞争环境、消费者利益为主，转向保护消费者和经济长期利益和全局利益，保护创新生态和消费生态，增强新技术和商业模式创新应用，增强对创新创业的溢出效应。

监管关注点从企业数量或市场占有，转向竞争行为，例如阻碍进入者、滥用市场支配地位等。把公平竞争审查和监管的内容，从互联网平台内部，拓展到互联网平台和实体企业、互联网平台之间，以及关联业务运营等方面，最终构建利益相关方的合规对称监管体系。特别是对于互联网平台企业跨界进入金融、新闻等领域，要依据国际惯例，对其相互关系和业务联系进行严格界定甚至业务相对隔离。

4.6 加强政策协同和试点探索

努力保障宏观经济稳定，特别是要抑制房价过快、过大范围的上涨，弱化对消费的挤出效应，强化消费者对收入和经济的良好预期，为消费升级和扩张创造良好的经济环境。

进一步加强部门沟通协作，完善治理机制。转变主要依靠商务部门推动服务消费发展的观念，有效整合政策资源，发挥政策合力，更好地营造多行业多业态协同发展的消费生态。同时，更多发挥中间组织、平台企业、媒体、消费者保护组织等治理主体治理功能，建立扁平、专业、及时、高效的社会共治体系。

探索进一步开展国际消费城市建设试点的制度创新和政策创新。从国家层面合理布局和统筹推进，依托具备条件和基础的大型城市开展创新试点，围绕扩大服务消费的体制机制、政策体系及发展载体建设等内容进行先行先试。在取得初步经验的基础上在全行业及全国复制推广。

参考文献：

[1] JLL，Destination Retail 2016 – Retailers expanding in leading cities around the world.

[2] 德勤中国，投中信息. 中美独角兽研究报告（2017）. https：//www.sohu.com/a/190176396_118792，2017.

[3] 刘世锦. 中国经济增长十年展望（2018—2027）：中速平台与高质量发展. 中信出版社，2018.

[4] 美国波士顿咨询公司（BCG）. 阿里研究院. 中国消费趋势报告（2016）. https：//wenku.baidu.com/view/，2017.

[5] 任兴洲、王微、王青等. 互联网+流通：创新实践、成效与政策. 中国发展出版社，2016-10.

[6] 王微、王青. 对培育建设国际消费中心的政策建议. http：//www.drc.gov.cn/xsyzcfx/20170405/4-459-2893046.htm，2017.

[7] 中国（海南）改革发展研究院课题组. 转型闯关——"十三五"：结构性改革历史挑战. 中国工人出版社，2016-2.

专题十五

高质量发展与成果共享

1　高质量发展与成果共享的关系

1.1　成果共享是高质量发展的应有之义

高质量发展是相对于以往的经济增长观念提出的。传统的经济增长重视速度，通常用GNP或GDP的增速来测量一个国家的经济状况，只要增速为正，经济就在扩张；只要增速高于用来对比和参照的其他国家和地区，经济就处在中高速或高速增长阶段。但是，传统的经济增长概念，并没有很好地反映质量，包括经济结构的变化和质量、产品构成的变化和质量、居民生活水平、分配状况等。正如发展经济学所指出的那样，经济增长并不等同于经济发展，"发展中国家与发达国家的经济差距可以用GNP或GDP近似地表示出来，但人均GNP或GDP远远无法描述这一国居民的实际福利状况"[①]。

经济质量之中，除了经济结构、产品构成、创新活动等内嵌于经

① 张培刚、张建华：《发展经济学》，北京大学出版社2009年版。

济之中的内容，也包括居民生活水平、分配状况等衡量经济成果共享的部分，因其影响因素复杂，又涉及原有发展路径影响和主观评价，因而不易被简单化地测度或比较，也往往被传统的经济增长观念所忽略。世界银行的研究指出，增长的质量包括机会的分配、环境的可持续性、公共财政的管理、良好治理结构的构建等，是构成经济增长进程的关键性内容[①]。亚洲开发银行2007年提出了“包容性增长”的概念，对国际减贫影响很大，成为国际共识，核心是确保社会成员人人享有公平参与经济活动的机会，共享经济发展的成果。

因此，为了扭转速度至上的传统经济增长观念所带来的弊病，高质量发展既要摒除将速度和质量人为割裂的两分论，也要重视增长质量中以往容易被忽视的成果共享，成果共享应当是高质量发展的应有之义。

1.2　成果共享也是实现高质量发展的重要途径和保障

成果共享源自国民的生存权和发展权，共享的内容主要是差距可接受的收入分配及教育、医疗卫生、社会保障、住房保障等基本社会权益，以及对这些基本社会权益的保护，包括对机会公平和结果公平的维护。

首先，成果共享包括了对社会成员受教育水平、享有医疗卫生服务等投入，是对人力资本的投资，对经济发展的潜力和可持续性起到非常重大的支撑作用。主要工业化国家经验表明，是否拥有一支有足够规模且受教育水平足可与工业要求相匹配的产业人员队伍，是决定一个国家工业化成败的关键因素之一。美国就是这方面的典型案例，

---

① 维诺德·托马斯、王燕著，张绘等译：《增长的质量》（第二版），中国财政经济出版社2017年版。

美国建国以来一直高度重视公共教育，“一战”前后美国成为最早实现义务教育普及的国家之一，“二战”后美国成为高等教育入学率最高的国家，这些都是支撑美国继英国后成功崛起为世界头号强国的重要基石。“二战”后韩国、新加坡、中国香港、中国台湾等国家和地区的经验也表明，东亚虽然社会领域投入相对于欧美有所不足，但投入集中于教育、医疗卫生，钱花到了刀刃上，这一投入偏好是东亚经济崛起的重要支撑，被称为“发展型社会政策”。

其次，成果共享是对消费的促进，加强了经济增长的动力。发展成果更广范围、更大程度地惠及民众，民众收入提高，又有社会保障，既对个人、家庭正在或可能面临的风险托底，也增强了消费能力，必然对扩大消费起到拉动作用，为经济可持续增长加强动力。日本正是这方面的典范。“二战”结束后，经过民主化改造，日本建立起一套有效的社会保护体系，而且努力增进经济成果共享，提出了“国民收入倍增计划”，20 世纪 70 年代喊出的“一亿国民皆中流（中流即中产阶级）”口号闻名于世，向全世界展示了一个富裕、共享、团结的国家形象，为日本制造及日本大国形象崛起作了重要的铺垫。正是因为广泛地促进发展成果共享，“二战”后日本经济发展主要是由国内消费拉动的，而非一般所认为的国际贸易拉动，这是日本经济能够保持长期稳定的重要原因[①]。

最后，成果共享对于促进社会关系和谐、防止出现社会关系紧张乃至动荡作用很大。成果共享使民众能够广泛、深度地参与经济发展，获得实惠，能够赢得民众对经济发展乃至政府威信最大的信任，形成全社会利益的最大公约数，也能有效地防止社会动荡。在社会关

① 查默斯·约翰逊著，金毅等译：《通产省与日本奇迹》，吉林出版集团有限责任公司2010年版。

系出现紧张时，及时地推进成果共享以弥补社会的“短板”，也能起到避免事态恶化的作用，这是成功跨越中等收入经济体的宝贵经验。

1.3　成果共享不足，则经济增长难以持续

没有质量的增长，特别是社会成员参与不足、成果共享不足的增长，哪怕短时期内速度再快，长时间看不仅仅是经济增长不可持续，而且往往带来的是治理的崩塌，这样的例子在现代社会不胜枚举。例如，从 20 世纪 60 年代初开始，凭借着前期外国资金启动、后期石油美元支撑，巴列维王朝治下的伊朗经济发展迅猛，GDP 从 1962 年的 47 亿美元迅速增长到 1979 年的 904 亿美元[①]，成为中东国家乃至众多发展中国家的亮点，被誉为“白色革命”。然而，伊朗经济的长期高速发展并没有很好惠及民众，最后腐败横行，分配状况恶化，通货膨胀严重，最终导致了 1979 年革命的爆发。

1.4　实现成果共享，核心是处理好公平与效率的关系

众多国家的实践经验表明，成果共享实现得好与不好，对经济增长有着截然两分的影响。这正反映出各国发展理念对发展成果共享的认识也是两分的：从正面来看，成果共享是对经济、社会等必不可少的投资，能够带动和扩大消费，有利于经济协调、可持续增长；从反面来看，成果共享需要从财富和收入分配中划走更多的份额且这些份额不能直接重新投入经济生产，企业获取利润随之减少，国家也需要发挥更多的平衡、协调、组织作用，福利的刚性负担加重，实际上是为了避免发生社会风险不得不付费，而且能少付费则偏向少付费。

---

① 数据来源：Worldbank Data，按现价美元计算。

从深层次来看，对成果共享的不同认识，实质是不同主体对公平与效率这一基本关系的认识。成果共享的核心是公平，既包括公平地对社会成员进行能力上的赋能，这主要是通过教育、医疗卫生以及编织社会安全保障网等实现，目的是确保机会公平；也包括结果的公平，防止经济发展成果向某些群体、某些领域单向地流动并形成资源独占，避免社会陷入失衡、冲突和断裂。

成果共享所关联的公平与效率的关系，涉及如何在市场经济体制和社会体制之间取得平衡。市场经济体制的核心是竞争，市场主体追求的目标是利益最大化，即使在形式上资源禀赋不同、能力水平不同、努力程度不同的社会成员能够共同参与市场经济活动，但其后果显然是不同的，市场体制对财富和收入分配差距乃至社会分化有不断加大的倾向，这是现代市场经济体制形成以来各国历史所确证的。社会体制起到的作用正是对冲这一倾向，让这一代人在经济活动结果上尽量缩小差距，让下一代人在参与经济活动时的资源禀赋和能力差距尽可能缩小，让所有人在遭遇重大风险时有安全网托底，从而在经济和社会之间起到平衡作用。毕竟，经济内嵌于社会结构之中，当社会结构撕裂崩溃时，经济结构也将解体，资产价格重新归零。

在处理公平与效率关系上，最常见的一个问题是受多方面复杂因素影响，虽然很多国家、很多利益主体都在口头上、形式上把公平摆在至关重要的位置，但实际上仍然偏好经济增速和经济规模的扩张。正如世界银行研究指出的那样，“由于过度关注实物资本，工业化国家和发展中国家可能经不住诱惑，推行不惜代价补贴实物资本的政策。这会形成有利于既得利益的局面，而且难以扭转。从社会的角度看，存在对教育和卫生保健投资不足以及对自然资源的过度开发的情况。”[①]对正处于经济增长方式转换期、目标是趋向高质量增长的我国来说，这是一个需要引起充分重视的经验和教训。

2　成就、问题与挑战

2.1　改革开放以来成就巨大

改革开放以来，中国国内生产总值从1978年的3679亿元增长到2017年的827122亿元，城镇化率从1978年的17.9%上升到2017年的58.5%，近年来对世界经济增长的贡献率超过30%。人民享受到了改革开放的实惠，生活水平得到了巨大的提升，全国就业人员从1978年的40152万人增加到2017年的77640万人，居民人均可支配收入从1978年的171元提升到2017年的25974元，比1978年实际增长22.8倍，年均增长8.5%[②]。

在消除贫困、共同富裕的理念指引下，中国政府持续开展了以农村扶贫开发为中心的减贫行动，贫困人口从改革开放之初的7.7亿农村贫困人口（按照2010年标准）下降到2017年年末的3046万人，贫困发生率从97.5%降至3.1%[③]，成为世界上减贫人口最多的国家，为全球减贫事业作出了重大贡献。

党的十八大以来，教育、医疗卫生、就业、社会保障等重点领域各项改革不断深化，收入分配有所改善，成果共享的实现进入了一个新的阶段。

在教育领域，2012年以来国家财政性教育经费占GDP比例一直

---

① 维诺德·托马斯、王燕著，张绘等译：《增长的质量》（第二版），中国财政经济出版社2017年版，第5页。

②③ 数据来源：国家统计局。

保持在 4% 以上，2017 年我国学前教育毛入园率、小学学龄儿童净入学率、初中阶段毛入学率、高中阶段教育毛入学率和高等教育毛入学率都超过了中高收入国家平均水平。在医疗卫生领域，基本公共卫生服务全面加强，职工医保和居民医保实现了对 13 亿多人口的全覆盖，基层机构综合改革取得显著成效，公立医院改革积极推进，药品生产、流通领域的改革全面推进。在就业领域，城镇就业规模持续扩大，就业结构不断优化，劳动权益保障水平有所提高，重点群体的就业促进工作成效显著，创业创新对就业的带动效应逐步显现，失业率一直稳定在较低水平，城镇就业人员年平均工资涨幅高于 GDP 增速。在社会保障领域，加强了针对弱势群体的社会救助力度，推进了养老保险、医疗保险等的制度整合，多元化住房保障制度建设全面推进，针对老人、妇女、儿童、残疾人的福利保障水平稳步提升。在收入分配方面，采取了就业优先战略，完善生产要素按贡献分配机制及税收、社会保障等再分配体制建设，全力推进扶贫攻坚，加大对腐败和非法收入打击力度，一系列旨在增加收入、缩小差距的政策举措取得了明显成效，居民收入水平进一步增长，收入差距扩大的趋势得到了遏制。

2.2 存在的问题

虽然成就很大，也应该清醒地认识到，成果共享的实现仍然面临着众多趋势性挑战和长期发展中积累的不平衡不充分问题，与人民群众对美好生活的期盼还有相当的距离，必须引起重视。

在收入分配方面，总的来看，虽然 2012 年到 2015 年中国居民基尼系数有所下降（分别是 0.474、0.473、0.469、0.462），但 2016 年、2017 年是 0.465、0.470，连续两年上升，与 2015 年以来农民工收入增速放缓的趋势（从2014年的9.8%下降到2015～2017年的7.2%、6.6%、6.4%）吻合[①]，表明2016年之前基尼系数下降与前期劳动者收入长期偏低后的“补涨”有密切关系，如劳动者收入增长没有劳动生产率提升为支撑，则难以长期保持较高的增速。同时，生产要素分配不合理的问题依然突出，劳动者报酬和居民收入在国民收入分配中的比重仍然偏低，收入两极化的问题仍然严重，合理的收入分配格局尚未形成。随不同收入阶层社会流动性的降低，阶层固化的风险还在加大。

教育领域存在的主要问题包括学前阶段普惠性资源不足，中西部农村学前教育还有待发展；基础教育阶段区域、城乡、校际之间硬件、师资水平还有较大差距；职业教育、高等教育的教学内容、培养模式与经济社会发展需求的匹配度还不够；部分群体特别是特大城市流动人口子女受教育权利的保障还不充分。此外，虽然办学体制、管理体制、经费投入体制、考试招生制度、教学管理制度、人事薪酬制度等已有改革部署，但还未落到实处。

医药卫生领域主要问题表现在医保、医疗、医药三方面。医保制度方面，群体间待遇差距大、基本服务保障不充分、部分群体经济负担重、医保管理水平不高等问题还很突出。医疗服务体系方面，基层能力仍显薄弱，公立医院逐利机制尚未充分破除，服务模式仍以疾病治疗为中心，疾病预防、健康促进等短板明显。药品保障供应方面，低水平重复竞争、创新能力不足、部分药品质量不高、流通秩序混乱等问题依然存在，基本药物制度也有待完善。

就业领域面临着若干挑战和问题。劳动力市场人为分割和就业歧

① 数据来源：国家统计局。

视现象仍未完全消除，劳动安全、收入、社保等的规范化程度和权益保障水平还有待提高，部分群体就业质量仍然不高。在快速老龄化、新一轮技术革命、产业结构深度调整及全球化深化冲击下，劳动者技能能否跟得上市场需求变化的问题正在凸显，从中长期看劳动力市场存在较大的结构性失业风险。

社会保障领域问题主要包括很多保障项目分人群设计，公平性不足；一些保障项目保障水平仍然不高，保障功能不足；整体来看统筹层次低，携带性差，不能适应人口大规模流动的现实情况。随着老龄化冲击全面到来，养老保障、医疗保险等的收支平衡压力还将加大，而目前社会保障管理水平仍显粗放，精算平衡能力不强。

2.3　面临的挑战

一是人口多，底子薄，仍然是发展中国家。中国是世界第一人口大国，石油、天然气等工业化关键资源可开采储量、人均拥有量与世界平均水平有相当差距，经济虽然长期持续高速发展，但总体仍是一个发展中大国，大而不强的问题依然突出。这在客观上对成果共享的实现造成阻碍，直接影响到医疗卫生、社会保障等的筹资水平和统筹层次。

二是城乡、区域发展差距大。其一，城乡二元社会与新中国以来工业化路线有密切关系，改革前，虽然城市和农村内部基尼系数非常低，但城市和农村差距很大；改革开放后，随着工业化、城镇化不断吸纳农村人口，截至2017年农民工总数达到2.87亿人，其中1.72亿人外出务工，1.15亿人在本地①，将传统的城乡二元结构带入城市，形

① 国家统计局：《2017年农民工监测调查报告》。

成了新二元结构。城乡二元社会对成果共享有非常大的影响，比如随迁子女教育属地化、医疗卫生服务面向常住人口、消除针对非户籍人口的就业排斥、缩小社会保障城乡差距等都是长期没有得到根本解决的问题。其二，我国工业化布局最初就偏重沿海地区，虽然计划经济时期进行过调整，但改革开放后先行一步的东部和中西部经济发展差距迅速加大，2000 年东部地区生产总值在全国比重为 53.5%，比 1978 年高了 10 个百分点[①]，虽然西部大开发、振兴东北地区、促进中部地区崛起等重大战略决策的实施对这一趋势有所扭转，但整体上东部和中西部差距仍然较大，成果共享的基础很不一致，表现为公共服务、社会保障筹资水平、实际提供水平等差距很大。

三是政府自身能力建设还存在短板。其一，和发达国家中央到地方一般三个层级相比，中国政府层级多达 6 级，从中央政府到省区市、地级市、县、乡镇到最小的自治单位行政村和城镇社区，决策半径过长、层级间能力差距过大、行政成本过高等问题突出。其二，长期以来政府长于行政管理，行政管理思维影响深重，而且历次行政体制改革实质上都演化为分权改革，对过于集中的行政管理权并未有实质的触动。

四是对社会领域的基本规律把握不足，一些做法产生了重大偏差。其一，计划经济时期，中国形成了强政府、弱社会的格局，而且行政权力高度渗入社会生活的方方面面，改革至今这一格局总体上仍没有改变，仍然是政府独大，“唱独角戏”。其二，过去很长一段时间内，过分重视经济增长，对民生投入不足，虽然近年来加大了对民生的投入，但一条腿长一条腿短的问题依然突出。其三，改革初期，受

① 国家统计局：《波澜壮阔四十载民族复兴展新篇——改革开放40年经济社会发展成就系列报告之一》。

当时发达国家盛行的新自由主义、公共管理学派等思潮影响很大，把所有和“计划”有关的事物都划为落后，视为改革对象，计划经济时期中国在医疗卫生、教育等领域所取得的举世瞩目的成就和经验被忽视，反而不顾社会领域基本规律，在一切领域都试图套用经济效益的逻辑，选择了主要由市场提供公共服务、政府可以少投入甚至不投入的道路，但这在发达国家也找不到先例。这些观点和做法在思想上造成的困扰和在实践中造成的问题（特别是激励约束机制扭曲和失位带来的影响），至今仍对成果共享的进一步实现造成阻碍。

3 相关政策建议

3.1 坚持把成果共享放在至关重要的位置

成果共享不足是世界性的问题，也是我国改革开放事业继续下去不能不面对的问题。改革开放以来，我国实现成果共享的方式主要是经济发展带动就业规模扩大，扶贫方面也以开发扶贫为主，虽然客观上劳动者收入有所增长，但相比其他生产要素而言，劳动者收入占国民收入分配的比重长期以来是较低的；就再分配而言，我国成果共享水平也还不高，如按照国际上常用的社会支出服务口径来衡量，近年来我国民生支出在财政支出中的比例才超过了 30%，和发达经济体相比还有非常大的距离。因此，把高福利、“民粹主义”等套用过来并不合适，我国成果共享真正的问题是福利水平不高、群体间差距较大，加上劳动者兜里没钱，这才是近年来“新三座大山”之所以成为社会热点的重要原因。

问题是客观存在的，关键还在于树立正确的发展观念，把成果共享放在至关重要的位置，而且要落到实处。首先，我国需要建立一套科学、合理、有说服力的民生支出统计指标。当前我国仍没有一套权威的民生支出统计指标，不同层级政府部门在解释民生支出时，有的主要是公共服务、社会保障，但很多将社会安全费、国防军事费用乃至基础设施投资等都计算进来，按照这样计算民生支出占财政支出比重超过60%～70%，达到民生支出较高的发达国家水平，和民众获得感不符，受到社会各方质疑、诟病之处甚多。建议以国际上常用的社会服务支出口径为参照，以公共服务、社会保障为主，尽快建立规范、权威的民生支出统计指标体系和信息公布制度。

其次，我国公共服务、社会保障在财政支出中比例偏低（大体上相当于主要发达经济体的一半），直接影响到财政资金本应发挥的功能，长期而言对维护和增进政府的合法性有负面的效果。如财力允许、管理能力跟得上，适时稳步提升民生方面的财政支出比例，应当是我国基本建设成为现代化国家道路上的一件大事，很可能成为倒逼政府职能转变的一个着力点。其政策体系设计包括中长期比例目标定多少、怎么提、投入的方式（如增加投入能否转换机制）等，应当尽早引起重视，加大研究力度。

3.2　处理好公平与效率的关系

在经济增长方式面临转变、经济增长速度放缓的时间节点上，在如何处理公平与效率的关系上，有两种不同的取向：或是继续加大投资力度，将公共服务、社会保障等事项在优先顺序上推后，尽可能保持甚至逆势提升经济增速，把效率优先推上一个新的台阶；或是减少不符合经济规律的过高投资，根据能力限度合理加大成果共享，既能调和社会关系、防止紧张冲突，又能为未来的经济增长周期加强人力资源等方面的储备。

从后发国家赶超过程的后半段来看，随着经济增速放缓，之前公平与效率在一定程度上可以兼得的局面不复存在，各国政府不得不对这一问题作出选择。韩国、中国台湾、中国香港等成功跨越“中等收入陷阱”的国家和地区，在经济赶超过程的后半段都不约而同地选择了加大成果共享的路线，在短时间内高效率地建立起一套比较完整的社会保障体系，同时继续保持教育、医疗卫生等公共服务的公平性和可及性。事实上，长期以来在这个问题上处理得比较好的北欧国家，在处理经济周期波动对经济增长和社会发展带来的冲击时，采取的也是类似的路线。

在这一取向选择问题上，首先从大思路上应当明确，公平是不可能自动解决的。发达国家的公共服务和社会保障体系既是第二次世界大战“打”出来的，也是“二战”前苏联率先建立退休制度给“逼”出来的。现在出了这样那样的问题，有制度本身的问题，但更大的问题还是因为全球化和缺乏社会竞赛动力背景下，主要发达国家政治经济形势发生了重大变革，在效率与公平的关系上更加强调效率，认为公平可以自动解决。将导致发达国家出现问题的一个重要认识根源作为公理，对我国来说显然是不适用的。

其次，从当前国情来看，除了将经济增速保持在合理区间，在财力、能力限度的范围内下决心加大成果共享，是一项符合经济发展基本规律、公平与效率兼顾、可行性得到实践证明的路线选择。这就需要突破改革开放前 40 年政府全方位深度介入经济增长、政府与各种利益主体关系相互交织的格局，加强政府的中立性和各项能力建设，保障人民平等参与经济活动权利的实现，着力解决公共服务和社会保障发展不平衡不充分的问题，使改革发展成果更多更公平地惠及全体人民。

最后，在推动更好实现公平的过程中，考虑到经济发展方式转变导致经济运行中的不确定性增加，还应当注意具体的方式方法，避免出现大的波动。其一，除了继续稳步推进划拨国有资产充实社会保障基金，提高社会保障管理水平和支出效率、适度降低社会保障费率应是目前的一个重点。其二，在调整过程中应当注意平滑过渡。社保缴费改由税务部门征收后，设置过渡期并保持实际费率水平稳定是一个合理的选择，有利于稳定企业的预期；延迟退休是各国解决养老基金可持续问题的主要办法，但也应在制度设计上平滑过渡，并做好宣传解释工作。

3.3　重点领域具体改革建议

第一，形成和谐有序的收入分配格局。一是保持经济稳定增长，进一步把“蛋糕”做大，为进一步实现成果共享奠定更加坚实的物质基础。二是在完善初次分配方面，坚持按劳分配，增加劳动者特别是一线劳动者的劳动报酬，努力实现劳动报酬增长和劳动生产率提高同步；健全市场的秩序和公平性，完善按要素分配的体制机制，着力实现机会均等；拓宽居民劳动收入和财产性收入渠道，按照“提低、扩中、限高”的原则，扩大中等收入群体的比重。三是在再分配方面，逐步建立综合和分类相结合的个人所得税制，适时推进房地产税改革，合理调节过高收入；加快推进基本公共服务均等化和社会保障制度体系改革，坚决打赢脱贫攻坚战，进一步缩小差距。四是规范收入分配秩序，建立个人收入和财产信息系统，加强对公民合法财产权益的保护；进一步推动国有企业、公共部门薪酬制度改革，推进公开透明；加大对腐败和各种非法经济行为的打击力度，全力遏制公权力、行政垄断等非市场因素获取收入，取缔非法收入。

第二，落实教育综合改革。一是促进教育公平。扩大普惠性资源，基本普及学前三年教育；深入推动城乡义务教育一体化发展，逐步缩小区域、城乡、校际差距；普及高中阶段教育，提高中等职业教育发展水平，提升新增劳动力平均受教育年限。财政经费进一步向困难地区、困难群体倾斜。二是全面提升教育质量。创新人才培养方式、教学组织形式和考核评价体系，促进职业教育及培训体系与市场需求、产业需求的对接，加快一流大学和一流学科建设，优化创新型、复合型、应用型和技术技能型人才培养机制。三是推进相关领域体制改革。理顺不同层级政府之间的责任关系，支持和规范社会力量兴办教育；以评价体系、督导体制等为重点完善教育管理体制；建立分类考试、综合评价、多元录取的考试招生模式，推动考试招生制度进一步发展。

第三，深化医药卫生体制改革。一是落实健康中国战略，把健康融入所有政策。二是从治疗为中心转向以疾病预防和健康促进为中心，进一步强化传染病防控、妇幼保健等公共卫生服务，积极应对老龄化挑战。三是抓住关键问题进一步深化医改。通过完善服务体系、强化医保管理等，加快推进分级诊疗制度建设；通过改革筹资和分配制度，完善内外部治理等，加快推进现代医院管理制度建设；全民医保制度要突出保基本和公平性，提升管理能力；完善药品供应保障制度，确保有药可用、用得起药、用放心药、合理用药，医药产业健康发展，创新能力不断提升；整合监管体系，完善法律法规和技术标准，实现全行业、全链条综合监管。四是要正确处理政府和市场的关系，在基本医疗卫生服务领域政府要有作为，在非基本医疗卫生服务领域市场要有活力。

第四，完善促进就业创业的体制机制。一是把稳定和扩大就业放在优先地位，努力实现经济发展和扩大就业的联动。二是完善劳动力市场，大力消除就业歧视，营造公平就业环境，破除妨碍劳动力流动的体制机制阻碍。三是根据不同行业、企业及劳动者特点，建立健全政府、企业、工会三方协调机制。四是加大终身教育培训体系、公共职业培训体系建设力度；完善就业服务体系，拓展服务渠道；健全就业、收入调查和信息发布制度。五是规范市场秩序，改善营商环境，加强对中小微企业、初创企业和创新型企业必要的政策支持。

第五，健全社会保障制度。一是建立科学、合理、动态调整的统筹城乡社会救助体系，完善最低生活保障制度及核查退出机制。二是加快推进养老保险、医疗保险的制度整合，稳步提升保障水平，缩小待遇差异，提升公平性。三是加快落实延迟养老金领取年龄、建立待遇动态调整机制等关键改革，尽早解决基金的可持续性问题。四是建立全国性的社会保险公共服务平台，提升保险统筹层级和可携带性。五是加快老年照料支持体系建设，加强妇女儿童权益保护，发展残疾人事业。六是坚持房住不炒的定位，建立健全多主体供给、多渠道保障、租购并举的住房保障制度。

第六，进一步深化扶贫工作。一是到 2020 年按国际贫困线（每天生活费 1.9 美元，按购买力平价计算）基本消除极端贫困后，可参照较高国际贫困线（每天生活费 3.1 美元，按购买力平价计算）适时提高贫困线标准，并逐步将反贫困重点转向相对贫困。二是更加重视社会政策的再分配功能，既要为贫困人群提供更多的受教育机会和职业培训机会，也要通过完善社会保障、老年服务等加强其社会保护。三是应重点关注新二元结构下的城市贫困问题和老龄化冲击下的老年贫困问题。

专题十六

崇尚质量品质的文化氛围与高质量发展

1　高质量发展对文化氛围的要求

当前，我国经济已经从高速度增长阶段转向高质量发展阶段，其首要要求就是坚持新发展理念，坚持质量第一、效益优先。这就需要从生产、消费、体制机制、社会心理等方面对接高质量发展的要求，营造适应和引领高质量发展的文化氛围。

1.1　在供给侧强化质量第一、效益优先的生产理念

一是弘扬创新创业的优秀企业家精神。党的十九大报告指出，激发和弘扬企业家精神，鼓励更多社会主体投身创新创业。习近平总书记系列重要讲话中多次出现“企业家精神”“企业家作用”“企业家才能”等关键词，指出中国发展要弘扬企业家精神。

二是传承工匠精神，树立精益求精的敬业风气。党的十九大报告指出，建设知识型、技能型、创新型劳动大军，弘扬劳模精神和工匠精神，营造劳动光荣的社会风尚和精益求精的敬业风气。李克强总

理指出，质量时代需要把“创新精神、企业家精神和工匠精神协同起来，形成社会发展的强大动力”。[①]

三是增强自主创新精神，培养现代科学精神。党的十九大报告指出，高质量发展时代需要倡导创新文化，强化知识产权创造、保护、运用。习近平总书记指出，要有骨气和志气，加快增强自主创新能力和实力，弘扬追求真理、勇攀高峰的科学精神，推动科技事业高质量发展。

1.2　在需求侧塑造简约适度、绿色低碳的消费理念

一是要倡导节约消费、简约消费，反对浪费。党的十九大报告指出，倡导简约适度的生活方式，反对奢侈浪费和不合理消费。习近平总书记指出，要传承良好的乡风、家风，生活中要勤俭节约，传承勤俭节约的中华美德。[②]

二是要倡导绿色消费，构建绿色生活模式。党的十九大报告指出，推进绿色发展，倡导绿色低碳的生活方式，开展创建节约型机关、绿色家庭、绿色学校、绿色社区和绿色出行等行动。习近平总书记指出，推动形成节约适度、绿色低碳、文明健康的生活方式和消费模式，形成全社会共同参与的良好风尚。

三是将绿色消费和绿色生产结合起来，用绿色消费倒逼绿色生产。党的十九大报告指出，加快建立绿色生产和消费的法律制度和政策导向，建立健全绿色低碳循环发展的经济体系，实现生产系统和生活系统的循环链接。习近平总书记指出，要充分认识形成绿色发展方式和生活方式的重要性、紧迫性，把推动形成绿色发展方式和生活方式摆在更加突出的位置。[③]

---

① http://www.gov.cn/xinwen/2016-12/16/content_5149075.htm.

② http://news.youth.cn/sz/201803/t20180318_11517053.htm.

③ http://www.xinhuanet.com//politics/2017-05/27/c_1121050509.htm.

1.3 贯彻自由竞争、公平有序的现代市场经济理念

一是推进创新文化建设，激发创新创业者活力。党的十九大报告指出，要加强知识产权保护，激发创新主体活力，促进技术创新和应用。习近平总书记指出，要倡导创新文化，强化知识产权创造、保护、运用。①

二是推进消费者维权文化建设，保护消费者合法权益。党的十九大报告指出，完善促进消费的体制机制，增强消费对经济发展的基础性作用。习近平总书记指出，要坚决遏制各类食品安全违法犯罪行为，推动全社会更加关注食品安全，提高群众消费安全感和满意度。②

三是建立健全自由平等竞争的市场体系。党的十九大报告指出，完善社会主义市场经济体制，必须以完善产权制度和要素市场化配置为重点，实现要素自由流动、价格反应灵活、竞争公平有序、企业优胜劣汰。

四是要转变政府治理理念，建设服务型政府。党的十九大报告指出，转变政府职能，深化简政放权，创新监管方式，增强政府公信力和执行力，建设人民满意的服务型政府。习近平总书记指出，执政就是为人民服务，落实以民为本、以人为本的执政理念，维护好最广大人民根本利益。③

五是要加快普法行动，完善社会主义法治文化。党的十九大报告指出，加大全民普法力度，建设社会主义法治文化，树立宪法法律至上、法律面前人人平等的法治理念。全面推进依法治国需要增强全社会法治观念，必须在全社会弘扬社会主义法治精神，建设社会主义法治文化。

① http://media.people.com.cn/n1/2017/1018/c120837-29594814.html.
② http://finance.china.com.cn/news/20120916/1022312.shtml.
③ http://opinion.people.com.cn/n1/2016/0310/c1003-28188779.html.

1.4　努力构建自信、高尚、注重品质的社会文化环境

一是增强文化自信，构筑中国精神。党的十九大报告指出，文化自信是一个国家、一个民族发展中更基本、更深沉、更持久的力量。推动中华优秀传统文化创造性转化、创新性发展，继承革命文化，发展社会主义先进文化，激发全民族文化创新创造活力。不忘本来、吸收外来、面向未来，更好构筑中国精神、中国价值、中国力量，为人民提供精神指引。

二是提升国民道德素质和社会文明程度。党的十九大报告指出，社会文明水平尚需提高，要提高人民思想觉悟、道德水准、文明素养，提高全社会文明程度。加快建设学习型社会，大力提高国民素质。加快构建中国特色哲学社会科学，深化中国特色社会主义和中国梦宣传教育，弘扬民族精神和时代精神。加强互联网内容建设，营造清朗的网络空间。

三是要繁荣社会主义文艺，用优秀的作品感染人、鼓舞人。党的十九大报告指出，繁荣社会主义文艺，在深入生活、扎根人民中进行无愧于时代的文艺创造。倡导讲品位、讲格调、讲责任，抵制低俗、庸俗、媚俗。习近平总书记指出，勇于创新创造，用精湛的艺术推动文化创新发展，用高尚的文艺引领社会风尚。①

四是要加强文化交流，推动中华文化走出去，增强国家文化软实力。党的十九大报告指出，要尊重世界文明多样性，以文明交流超越文明隔阂、文明互鉴超越文明冲突、文明共存超越文明优越。推进国际传播能力建设，讲好中国故事，展现真实、立体、全面的中国，提高国家文化软实力和中华文化影响力。习近平总书记指出，要在推进人类各种文明的交流交融、互学互鉴中，增强我国的文化软实力，维

① http://politics.people.com.cn/n1/2016/1130/c1024-28915226.html

护世界和平。①

综上，高质量发展在供给侧、消费侧、体制机制和社会文化环境等方面对文化氛围提出了新的、更高的、符合时代发展趋势的要求，这些要求彼此之间相互影响、相互促进、相互补充，共同发挥重要作用。其中，供给侧重点强调创新创业文化建设，消费侧重点强调简约、绿色消费理念，体制机制方面对生产者、消费者、管理者均提出了新要求，社会文化环境主要强调文化自信、文化开放、文明互鉴。生产决定供给，供给决定消费，但消费倒逼生产，生产、消费均需要监管和治理，自信开放包容的社会文化环境是厚植厚培生产、生活高质量发展的坚实土壤。

2 崇尚质量品质的文化氛围对高质量发展的作用

文化能为人民提供坚强的思想保障、强大的精神力量、丰润的道德滋养。营造崇尚质量品质的文化氛围，对提升产品和服务质量，塑造新消费理念，增强体制机制改革和监管效力，优化社会文化环境等具有十分重要的意义。

2.1 崇尚质量品质的文化氛围会有效促进产品和服务质量提升

崇尚质量品质的文化氛围，有助于遏制低质量产品和服务的出现。近年来我国相继发生过“问题奶粉”“问题疫苗”“夺命电梯”“夺命公路”等重大食品、药品和基础设施安全事件，这是低质量发展问题的突出表现。在全社会营造崇尚质量品质的文化氛围，既可以倒逼

---

① http://culture.people.com.cn/n/2014/1030/c172318-25936571.html

机制对各种产品和服务供给侧的质量监管和市场执法提出更高要求，也可不断增强消费者维权意识，助推消费者维权问题得到有效解决。

崇尚质量品质的文化氛围，有利于增加高品质、高质量产品和服务的供给。从政府层面来看，崇尚质量品质的文化氛围必然要求“以人民为中心”，必然要求“满足人们对美好生活的需要”，这有利于更正一些地方政府和企业的“短期利益观”“唯利是图观”“创新不可能观”，从而转向和强化“为民造福是最大的成就观”和“创新发展是第一动力观”等价值取向。

发达国家的现代化进程是产品和服务质量跃升的进程，也是崇尚质量品质文化氛围不断营造的过程。比如，20 世纪 50 年代的日本，曾经是国际低质量产品的代名词，这对日本产品的国际竞争力产生了恶劣影响。为此，日本全面引进美国的质量管理理念和方法，定期举办“质量管理课程”研修班，大大提升了质量管理意识，促进了“全公司质量管理”体系的形成，并在企业形成“创造性的质量管理小组”。随后，日本的“即时生产”“精益生产”“肯定列表制度”等质量管理理念和方法成为美国、英国等先进国家质量管理的学习范本。

2.2　崇尚质量品质的文化氛围有利于塑造注重品质内涵的消费理念

消费升级的关键是消费理念的升级。消费升级的表现是人们对消费产品和服务的内容、品相和结构等方面要求的提升。物质丰富是消费升级的基础，但消费观念引领消费实践。积极健康的消费理念可以有效避免奢侈性、炫耀性、攀比性等非理性消费。仅注重感官刺激的消费理念会带来低级趣味、追求数量、只看重眼前等不健康消费行为。

崇尚质量品质的文化氛围会促使人们站在社会发展和人类可持续发展的角度来合理安排消费。随着经济社会的发展，不可再生能源日渐枯竭，生态环境破坏日益严重，崇尚质量品质的文化氛围可以促进人们践行注重节约、简单的绿色生活理念，自觉践行绿色生产和绿色社区理念，形成可持续发展的消费理念和方式。

2.3 崇尚质量品质的文化氛围是增强体制改革和监管效力的深层次动力

崇尚质量品质的文化氛围是健全市场经济体制的主要推动力。崇尚质量品质的文化氛围直接要求市场产品和服务向着质量化、品质化发展，进而要求市场竞争更加自由、更加公平、更加开放，从而促进政府和社会各界共同努力不断完善市场经济体制，最大限度地提升市场效率。

崇尚质量品质的文化氛围是形成新的市场监管体制机制的深层次动力。新的文化理念是突破旧体制机制、旧生产关系束缚的关键，是对旧体制、旧生产关系进行批判的有力武器，也是形成新制度观念、新文化规范的重要引领和保障。崇尚质量品质的文化氛围自然要求不断提升市场监管效力。

崇尚质量品质的文化氛围必然要求加强法治建设。崇尚质量品质的文化氛围要求建立自由公平、规范有序的市场经济体制，这必然要求加强法治建设，通过法治手段来促进现代市场经济体制的建立和运行。只有通过有效的法治手段，才能保障市场经济体制的公平和效率。

2.4　崇尚质量品质的文化氛围有助于全面优化社会文化环境

崇尚质量品质的文化氛围有助于建立高质量发展的文化自信。高质量发展的文化自信，是指相信社会大众具有创造高质量发展的能力，相信企业主体具有创造高质量产品和服务的财力、物力和人力，相信高质量发展的制度设计和政府监管的公正性、公平性和合理性。有利于对个人、企业和政府形成相对有效的引导和约束，成为促进高质量发展的除了制度、经济的第三种力量，在全社会营造出自立自强、自信他信的文化氛围。

崇尚质量品质的文化氛围有助于提升国民道德素质和社会文明水平。可以激发全民族文化创新活力，更好构筑中国精神、中国价值。可以促进人民思想觉悟、道德水准和文明素养的有效提升，从而全面提升社会文明水平。可以丰富互联网信息服务，促进网络文化繁荣发展。

崇尚质量品质的文化氛围有助于提升文艺创作水平和国家文化软实力。繁荣文艺创作，必须坚持思想精深、艺术精湛、制作精良相统一，推出讴歌时代的精品力作。有助于打造文艺精品，造就一大批德艺双馨的名家大师和高水平创作人才。可以促进与国外先进物质文化和精神文化的交流与合作，增强国际文化传播力和国家文化软实力。

3　形成崇尚质量品质的文化氛围存在的问题与挑战

与高质量发展的要求相比，当前我国崇尚质量品质的文化氛围尚未充分形成，创新创业、消费理念、制度文化、社会心理等方面还面临着一系列的问题和挑战。

3.1 企业家精神和工匠精神还存在一定的缺失

企业家精神在于倡导竞争，敢于变革，勇于冒险，追求卓越，为社会作出贡献。企业家精神是创新创业的重要内容，是高质量发展供给侧结构改革与更新的重点内容。但是，目前我国企业家精神仍然十分稀缺，“拿来主义”“模仿创新”“跟随创新”的思想仍然占据着大量企业家的头脑。大多数人认为我国仍处于“技术红利”汲取阶段，认为技术创新距离我们还比较遥远。

科学精神和工匠精神是企业生存、经济发展的关键。科学精神崇尚实事求是、务实求真、合作开放、批判包容。工匠精神包括敬业、精益、专注、创新等方面的内容，是一种职业精神，它是职业道德、职业能力、职业品质的体现，是从业者的一种职业价值取向和行为表现。但是，工匠精神在我国并没有得到很好的继承和发扬，在工匠评价体系、工匠发展体制、工匠文化氛围等方面仍存在一定缺失。

3.2 注重品质内涵的绿色消费理念尚未普遍形成

我国消费理念进入拐点，消费者对质量品质日益重视。随着我国居民人均可支配收入的进一步增加，居民消费需求出现了新变化，文化、娱乐、体育、健康等新消费需求急剧增长，呈现出多元、细分、注重品质内涵等消费特点。从“价格导向”到“价值导向”、愿意为品质溢价买单的消费群体不断增加。尤其是绿色消费已经逐渐成为潮流和现实需要。

但是，我国大众消费观念升级存在一定滞后现象。部分消费者仍停留在追求产品全球化、标准化、规模化、奢侈化阶段，没有向本土化、个性化、理性化、情感化方向转变。部分消费者仍处于“暴发户”消费心理阶段，在消费上追求数量、追求奢华，甚至以浪费数额作为消费是否高端是否有面子的尺度。部分消费者还不认同绿色理念，甚至对绿色消费理念持阴谋论和怀疑论态度。

3.3　自由公平的市场经济文化建设亟待完善

一些传统价值观念阻碍了市场经济的高质量发展，限制了高质量发展微观主体的活力。传统社会中形成的一些社会治理思想，比如“礼仪尊卑”“上下有别”“重农轻商”“重义轻利”等，这些与市场经济“个体独立、利益导向、竞争导向”的要求有冲突。这些传统的根深蒂固的思想在社会主义市场经济体制的建立和执行中发挥了消极作用，影响了市场上契约精神、自由竞争、优胜劣汰作用的充分发挥。

知识产权文化建设还不尽如人意，影响了市场公平和创新活力。知识产权文化作为一种先进文化，以“尊重知识、崇尚创新、诚信守法”为核心，其体现的文化价值观念核心是“以创新为荣、剽窃为耻，以诚实守信为荣、假冒欺骗为耻”。我国制定了明确的知识产权发展战略、规则和监管措施，但是具体执行乏力，严重影响了技术创新和市场创新。

3.4　崇尚质量品质的社会心理基础还比较薄弱

我国高质量发展的文化自信尚未充分建立。一方面是因为低质量的产品和服务事件频发，大大损害了生产者的形象和消费者的信心；另一方面是因为高质量发展的评判观念、评价标准大多来自发达国家和地区的文化、制度输出，国内高质量发展的价值观念、制度标准在世界上影响力较小，缺少国际话语权。

国民道德素质和社会文明程度仍需提升。国民道德素质和社会文明程度是崇尚质量品质文化氛围营造的重要影响因素。与高质量发展的基本要求相比，与发达国家的文明程度相比，我国国民道德素质和社会文明程度还需要进一步提升，全国范围内不平衡不充分的矛盾也比较突出。网络文化存在不良信息泛滥、网络道德失范、网络暴力恶搞等多方面问题，网络语言、网络风气亟待整治、净化。

激励人、鼓舞人的文化精品生产和消费存在一定的滞后性。“山寨文化”“拿来主义”严重影响了我国文化产品和服务的创新。一些文化消费产品提供商过于追求短期利益，主要靠所谓的模仿创新来占据市场，基本不考虑知识产权和产品内涵与品牌影响力。这些行为不仅影响了我国文化产品的市场感召力和国际竞争力，也对社会心理氛围产生了消极影响。

4 政策启示和建议

当前和今后一个时期，要营造崇尚质量品质的文化氛围必须从供给侧、消费侧、体制机制、社会文化环境等方面进行系统性提升，全方位营造崇尚质量品质的文化氛围，为我国经济高质量发展提供更深厚、更持久的动力。

4.1 促进生产者牢牢树立新发展理念和创新意识

让“五大发展理念”统领高质量发展的文化价值理念体系。发展是解决我国一切问题的基础和关键，发展必须是科学发展，必须是高质量的发展，必须坚定不移贯彻创新、协调、绿色、开放、共享的发展理念。

弘扬企业家精神，重视企业家尊严，提升企业家社会地位，激发企业活力，壮大创新发展的市场主体。加强行业组织建设，营造联盟式创新、开放式创新文化氛围。制定各类产品质量行业标准，组织或支持开展面向本地区或本行业人群的公益性培训交流活动。从知识创新、制度创新、技术创新、产品创新、消费创新等方面形成符合高质量时代要求的联合式、开放式创新组织文化和高质量产业文化氛围。

树立社会公众的质量意识，将中国传统“工匠精神”融入现代社会经济发展过程中。继承中国传统文化中“独具匠心”的传统工艺精神，建立标杆引领、品牌带动、技术支撑、质量驱动的激励机制，全面提升产品质量，在全社会树立质量意识，为“中国制造”正名。拒绝“山寨文化”，厚植“工匠文化”，倡导专注坚守、追求卓越、质量第一，推动品质革命，多出精品、多出人才。

弘扬科学精神，积极营造自由、独立、开放的技术创新文化氛围。拒绝僵化、封闭、束缚个人智慧、压抑个人潜能的科技文化环境，释放广大科研人员的创新活力，提升科技群体的整体素质。建立活跃、开放、有强大激励机制的科技文化环境，激发科研人员的创新潜能，充分发挥科研人员的创造性和能动性。加大科学知识普及力度，培养科学文化精神，形成有利于技术创新的社会氛围。

杜绝“官本位”和“权威主义”观念，打造有利于创新的学术、科研文化生态。创建鼓励创新、鼓励挑战权威、生动活泼的学术环境。营造科技创新人员自由思想的文化氛围，拒绝将科研院所、大学办成官场。鼓励生动活泼的进取精神和奇思妙想，宽容科技创新的挫折与失败。营造积极健康的社会氛围，培育高质量发展的文化土壤。摒弃“官本位”，追求“民本位”；摒弃“权力本位”，追求“能力本位”；避免“唯上主义”，追求“唯实求真”。不断提升创新工作者的社会地位、创新的勇气和信心。

4.2 鼓励消费者树立绿色简约的消费观念，形成良好的消费风气

增进生态文明时代的认识，倡导全社会树立绿色消费观念。坚持绿色发展理念，充分认识人与自然和谐的基本规律，深刻理解绿水青山就是金山银山的思想精髓，恪守人与自然和谐发展的基本环境伦理，形成推进人民富裕、国家富强、中国美丽的基本互动机制。加快推进绿色行政机关、绿色校园、绿色社区、绿色交通、绿色建筑等方面的建设进程。

提升文化创新驱动力，打造新型文化消费和文化生产空间。围绕时代产业发展和市场需求，促进中华传统文化、传统技艺与数字创意科技文化融合发展，重视生产性文化服务业发展，打造文创园区、创客空间和文创类特色小镇等各类平台，为文化消费提供有效实验基地，为文化生产打造有机创新空间，为文化消费和供给有效结合营造创新环境，从根本上提升我国文化消费水平和质量层次。

4.3 建立健全积极向上、自由平等、监管有力的市场竞争规则

抓住重点，积极优化公正、公开、公平的市场竞争环境。实现公正的重点是政府民主公正廉明、依法办事；实现公开的重点是游戏规则、行政管理程序、行政信息公开透明；实现公平的重点是国民机会均等，消除垄断与特权，促进民企、国企、外企公平竞争；减少市场准入限制，充分激发微观主体自由、平等、竞争的文化信念和创新活力。

转变政府职能，找准服务型政府定位，完善创新文化制度。明确政府在创新文化建设中的重心应在科学侧而非技术侧，即重点支持以非盈利为目的的基础研究而非以盈利为目标的技术开发。明确政

府在创新文化建设中重心应在供给侧而非需求侧，即需要各级政府建立支持激励创新和创业的体制机制、稳定的宏观经济环境和法治化的市场体系，而非确定技术攻关内容、技术路线，甚至盲目去给企业许多补贴。

强化社会公众的知识产权意识，营造尊重知识鼓励创新的文化氛围。摒弃儒家文化的“等级层次观念”，强化“自由、独立、平等”的知识产权意识，摒弃“尊重教育而不尊重人才”“尊重知识而不尊重知识产权”的旧思维观念习惯。完善相关知识产权立法，提高我国知识产权的国际协调性，遏制“法不责众”意识指导下的群体性侵权。加快对部分知识产权法规予以完善的步伐，使知识产权立法与实践相衔接，保证法律规定在实践中能够真正付诸实施。

大力弘扬以“契约精神”为中心的市场经济制度文化。强化竞争意识和公平意识，避免不合理的部门垄断和寻租行为，让市场参与者更关心如何提升产品和服务质量，而不是更关心谁来获取市场的垄断特权。强化平等观念和行为方式，拒绝“官本位”“等级观念”“故作谦虚”等与市场经济的核心精神具有较大冲突的价值取向。强化“法制”意识，抵制“人治”意识，由法制来引导、规范、保障和约束市场，避免法律、规章“因人而异、因事而异”的观念和行为习惯。

更新产品和服务质量监督管理办法，树立社会公众的质量品质意识。构建以相对科学完善的质量信用法律法规体系为基础，以政府质量信用管制为主导，以企业质量信用管制为主体，以第三方质量信用管制为补充，以消费者维权意识和经营者诚信意识浓厚的社会文化环境为支撑的现代质量监管文化体系。可尝试引入日本“肯定列表制度”、美国“认证认可与强制检验制度”、德国“消费者组织管理制度”等先进质量管理经验，及时更新相关质量监管制度和执行办法。

4.4 坚定文化自信，营造积极向上的社会主义先进文化发展氛围

坚持党管文化，牢牢掌握意识形态工作领导权，培育和践行社会主义核心价值观，厚植我们民族和国家最持久、最深层的精神力量，确立文化体系赖以良性运行的价值中轴。建设具有强大凝聚力和引领力的社会主义意识形态，使全体人民在理想信念、价值理念、道德观念上紧紧团结在一起。加快构建中国特色哲学社会科学的理论创新，把社会主义核心价值观和中国梦融入社会发展各方面，转化为人们的情感认同和行为习惯。建立健全网络治理规章制度，加强依法治网，净化网络语言，增强把关意识，加快形成繁荣发展的网络文化生态，增强国家软实力。

增强文化自信，加强中华优秀传统文化的创造性转化和利用。树立中华民族五千多年文明自豪感，增强革命文化荣誉感和社会主义先进文化成就感。充分吸收中华优秀文化，创造出体现时代性、原创性、群众性的优秀文化产品和服务。在坚守中华文化主体立场前提下，充分吸收借鉴世界文明优秀成果，持续催生能造福中国乃至世界人民的理论成果和文创产品与服务。

创造无愧于时代的优秀作品，用高品质的文艺作品吸引人、感染人、打动人、鼓舞人。努力创作生产更多传播当代中国价值观念、体现中华文化精神、反映中国人审美追求，思想性、艺术性、观赏性有机统一的优秀作品。坚持以人民为中心的创作导向，以中国精神塑造文艺精品的灵魂，用优秀的文艺作品讲好中国故事、传播好中国声

音、阐发中国精神、展现中国风貌，增强民族文化自信。

4.5 加强国际文化交流，强化自信开放包容的社会文化心理

正确看待中华传统文化的历史性作用，促进中华文化在国际交流合作中扬弃创新。传统文化作为一种历史性的存在，是中华民族振兴的重要根基。中国传统文化中有积极进取、自强不息、孜孜不倦、勇于开拓的创新精神，但农业社会、科举制度、封建统治的长期影响使传统文化具有保守倾向。中国传统的思维方式“重伦理、轻法制”“重人文、轻科学”“重人事、轻自然”“重跨越、轻逻辑”“重整体、轻分解”，缺乏自然科学探索的兴趣和技术性创造精神。要坚持批判地继承中国传统文化，发扬传统文化中的创新精神，吸收外来文化中的积极成分，不断丰富社会主义先进文化。

正确理解国外个人主义、自由主义与发达资本主义经济社会发展的关系，有选择地吸收西方先进文化的有益成分。以美国为例，美国文化中的个人主义促进了社会经济发展，但也带来了很多弊端，并非完美无缺。在美国这块地广人稀的大陆上，个人主义曾在开拓荒野发展经济、反抗外来压迫、对抗封建残余中发挥过积极作用。在美国独立战争中，个人主义的“自由”“平等”口号成为鼓舞人民、教育人民、动员人民的巨大精神力量。但是，个人主义和自由主义一旦控制不好，超过了一定限度，也会阻碍社会、经济的发展。比如，美国的“枪击”“暴乱”等恶性群体性事件与个人主义、自由主义和物质主义具有一定的内在关系。所以，对西方文化不全盘否定，也不照单全收，以中华文化为主体，吸收其有益成分，为新时代中国高质量发展所用。

强化“开放”意识，强化“内协外竞”发展意识，警惕“民族主义”抗拒心态。摈弃“小国寡民”思想，树立全球化、开放性竞争的

意识，促进经济社会可持续发展。警惕文化上的民族主义抗拒心态。防止民族主义，过度高扬传统精神，贬抑经济、技术、制度，敌视普遍规则，拒绝国际合作。防止以弘扬中华传统文化和建立民族文化自信为名，宣扬与国际通行文化价值观念和规则相抵触的民族主义观念。防止打着"文化自信""文化传承"旗号宣扬封建主义文化、官僚主义文化。坚持"引进来"和"走出去"并重，坚持稳步推进"一带一路"建设，坚持推进高水平的贸易和投资自由化、便利化，发展更高层次的开放型经济。

参考文献：

[1] 冯俏彬. 我国经济高质量发展的五大特征与五大途径. 中国党政干部论坛，2018–1–6.

[2] 任保平、文丰安. 新时代中国高质量发展的判断标准、决定因素与实现途径. 改革，2018–4–15.

[3] 迟福林. 以高质量发展为核心目标建设现代化经济体系. 行政管理改革，2017–12–10.

[4] 蒲晓晔、JarkoFidrmuc. 中国经济高质量发展的动力结构优化机理研究. 西北大学学报（哲学社会科学版），2018–1–15.

[5] 林兆木. 关于我国经济高质量发展的几点认识. 人民日报，2018–1–17.

[6] 李仁武. 以创新文化建设助推战略性新兴产业发展——基于硅谷经验和广州实践的分析和思考. 探求，2018–3–26.

[7] 陈晓. 大力推进创新文化建设. 中国人民大学哲学院学习时报，2018–3–21.

[8] 古荒. 以工匠之窄，铸创新之宽. 学习时报，2018–2–28.

[9] 关利平、周传鹏. 中国传统文化中的科学精神及其对当代创新文化生成的影响. 创新创业理论研究与实践，2018–2–10.

[10] 卢学红. 弘扬知识产权文化促进创新文化繁荣. 中国知识产权报，2018–1–12.

[11] 范俊敏、祁欣洋. 创新文化研究述评. 经营与管理，2016–4–28.

[12] 俞鼎、盛晓明. 新时代创新文化的语境转换. 中国社会科学报，2018–8–2.

[13] 张炜、高静. 创新文化及其作用机制的研究述评. 科技管理研究，2010–6–8.

[14] 吴金希. 理解创新文化的一个综合性框架及其政策涵义. 中国软科学，2010–5–28.